Edition KWV

Die „Edition KWV" beinhaltet hochwertige Werke aus dem Bereich der Wirtschaftswissenschaften. Alle Werke in der Reihe erschienen ursprünglich im Kölner Wissenschaftsverlag, dessen Programm Springer Gabler 2018 übernommen hat.

Weitere Bände in der Reihe http://www.springer.com/series/16033

Jens Jacobs

Produktlebenszyklus-orientiertes Controlling am Beispiel des produktbezogenen Businessplans

Springer Gabler

Jens Jacobs
Universität Siegen
Siegen, Deutschland

Bis 2018 erschien der Titel im Kölner Wissenschaftsverlag, Köln
Dissertation Universität Siegen, 2009

Edition KWV
ISBN 978-3-658-24329-6   ISBN 978-3-658-24330-2   (eBook)
https://doi.org/10.1007/978-3-658-24330-2

Die Deutsche Nationalbibliothek verzeichnet diese Publikation in der Deutschen Nationalbibliografie; detaillierte bibliografische Daten sind im Internet über http://dnb.d-nb.de abrufbar.

Springer Gabler
© Springer Fachmedien Wiesbaden GmbH, ein Teil von Springer Nature 2011, Nachdruck 2019
Ursprünglich erschienen bei Kölner Wissenschaftsverlag, Köln, 2011

Springer Gabler ist ein Imprint der eingetragenen Gesellschaft Springer Fachmedien Wiesbaden GmbH und ist ein Teil von Springer Nature
Die Anschrift der Gesellschaft ist: Abraham-Lincoln-Str. 46, 65189 Wiesbaden, Germany

Geleitwort

Der verschärfte Kostenwettbewerb, aber auch die gestiegenen Anforderungen der Kunden an Produkte haben dazu geführt, dass es heute nicht nur erheblich aufwändiger, sondern auch wesentlich risikobehafteter ist, neue Produkte auf den Markt zu bringen. Noch vor der eigentlichen technischen Produktentwicklung müssen sich Unternehmen mit den Kunden- und Marktanforderungen vertraut machen, die Kosten- und Preisstruktur der relevanten Märkte kennen, mögliche technologische Entwicklungen aufgreifen und daraus resultierend ein Produkt bzw. ein Produktbündel konzeptionieren, das über den gesamten Lebenszyklus betrachtet positive Erfolgsbeiträge für das Unternehmen erbringt. Damit nähert sich die produktbezogene Betrachtung einer unternehmerischen, strategischen Perspektive an, wie sie beispielsweise bei neu gegründeten Unternehmen in ihren Businessplänen zu finden ist. Als Instrument für die Erfolgsmessung bietet sich beispielsweise die Kapitalwertmethode an, wobei zu beachten ist, dass alle Entscheidungen, insbesondere in den frühen Produktlebenszyklusphasen (Produktkonzeption und -entwicklung), mit erheblicher Unsicherheit einhergehen. Deshalb reicht eine einmalige Vorabplanung keineswegs aus, sondern das Produktmanagement muss in der Lage sein, zu jedem Zeitpunkt planerisch, steuernd und kontrollierend in das Leistungsangebot und dessen Vermarktung einzugreifen. Daher und insbesondere auch vor dem Hintergrund kürzerer Produktlebenszyklen ist die Einrichtung eines lebenszyklusorientierten Controllings aus unternehmerischer Sicht bei vielen Produkten Voraussetzung, um die mit neuen Produkten einhergehenden Erfolgspotentiale auszuschöpfen und Risiken adäquat begegnen zu können.

In der betriebswirtschaftlichen Literatur gibt es bislang nur wenige Ansätze, die sich mit umfassenden Controllingkonzeptionen für das Produktlebenszyklusmanagement auseinandersetzen. Genau hier setzt Herr Dr. Jens Jacobs an, indem er für verschiedene Produkttypen, z.B. Serienprodukte und Einzelanfertigungen, Instrumente entwickelt bzw. vorstellt und diese gesamthaft in den produktbezogenen Businessplan integriert. Dabei kann er zwar auf die Grundstruktur klassischer Businesspläne zurückgreifen, passt dies aber an die spezifischen Anforderungen für jede Produktlebenszyklusphase an. Er stellt somit einen dynamischen Businessplan vor, der spezifisch auf das Produktmanagement und den Produkttyp zugeschnitten ist und der ständigen Veränderungen unterliegt. Zu berücksichtigen ist dabei, dass sich auch die Auswertungszwecke und damit auch der benötigte Instrumentenkanon während des Produktlebenszyklus verändern und damit an die Bedürfnisse der jeweiligen Phase anzupassen sind. Gleichzeitig müssen die verschiedenen Entscheidungsebenen betrachtet werden, z.B. die Betriebserfolgsebene und die Zahlungsebene. Während die Zahlungsebene die Bereitstellung der notwendigen Cash Flows unter Berücksichtigung der erforderlichen Unternehmensliquidität zum Gegenstand hat, betrachtet die Betriebserfolgsebene die durch das Produkt bedingten Veränderungen des Betriebsvermögens unter Berücksichtigung von ständigen Datenänderungen, Risikopositionen und Zinseffekten.

Die Arbeit von Herrn Dr. Jens Jacobs zeichnet sich durch eine überzeugende theoretische Fundierung und durch einen hohen Anwendungsbezug aus. Sie liefert einen umfassenden Überblick zu Fragen des produktlebenszyklusorientierten Controllings und ist damit sowohl für Wissenschaftler als auch für Praktiker interessant. Die klare Struktur, die präzise herausgearbeiteten Ergebnisse und schließlich die vorgestellten Fallbeispiele liefern eine sehr gute Grundlage für weitere Forschungsarbeiten und können der betrieblichen Praxis als Handlungsleitlinie zur Verbesserung des Produktlebenszyklusmanagements dienen.

Siegen / Boulder im Juni 2010

Peter Letmathe

Vorwort

Viele Güter, seien sie Produkte, Dienstleistungen oder Mischformen auch als hybride Leistungsbündel bezeichnet, absolvieren eine Art „Leben". Dabei durchlaufen sie immer wieder gleich strukturierte Phasen. Dieser Produktlebenszyklus ist in der Literatur oft aufgegriffen worden. Trotz dessen spielt das Thema in der Forschung unterschiedlicher Disziplinen weiterhin eine wesentliche Rolle. Ziel der Auseinandersetzung mit dem Produktlebenszyklus ist die fundierte Vorbereitung von Entscheidungen des Produktmanagements zur langfristigen Steigerung des Erfolgs eines Leistungsbündels. Das Produktlebenszyklusmanagement dient somit dem Unternehmen zur frühzeitigen Planung und Steuerung aller Aspekte des Managements eines Leistungsbündels.

Die vorliegende Arbeit betritt gegenüber der aktuellen Literatur hinsichtlich einer umfassenden Betrachtung und Aufarbeitung des Produktlebenszyklusmanagements sowie der Ausgestaltung eines produktlebenszyklusbezogenen Controllings Neuland. Für die frühzeitige Planung und Steuerung ist es notwendig, die bisher eher isolierten Perspektiven eines Produktlebenszyklusmanagement – Marketing, Informations- und Kommunikationstechnologie sowie Kostenrechnung – in ein umfassendes Produktlebenszyklusmanagement zu integrieren. Darüber hinaus wird darauf aufbauend ein produktlebenszyklusbezogenes Controlling entwickelt. Das produktlebenszyklusbezogene Controlling ermöglicht die Unterstützung des Produktlebenszyklusmanagement z.B. durch die Bereitstellung wichtiger Informationen.

Neben der theoretischen Fundierung und der konzeptionellen Herausarbeitung der Thematik stehen die Relevanz für die Praxis und die Anwendung in der Praxis im Vordergrund. Anliegen in diesem Kontext ist es, der Unternehmenspraxis Hinweise für den strukturierten Ausbau des Produktlebenszyklusmanagements zu geben.

Diese Dissertationsschrift entstand während meiner Tätigkeit am Siegener Mittelstandsinstitut und am Lehrstuhl für Betriebswirtschaftslehre mit dem Schwerpunkt Wertschöpfungsmanagement insbesondere in kleinen und mittleren Unternehmen des Fachbereiches Wirtschaftswissenschaften, Wirtschaftsinformatik und Wirtschaftsrecht der Universität Siegen. Gerade die Projektarbeit im Rahmen von verschiedenen Forschungsprojekten trug zu meiner akademischen Ausbildung bei und inspirierten die Auseinandersetzung mit dem Produktlebenszyklusmanagement und dessen Controlling.

An dieser Stelle möchte ich mich bei allen Personen, die mich bei der Entstehung der Arbeit unterstützt haben, bedanken. Mein besonderer Dank gilt meinem Doktorvater, Herrn Professor Dr. Peter Letmathe. Er ermöglichte mir einerseits das

Promotionsprojekt und gab mir andererseits die Gelegenheit im Rahmen unterschiedlichster Projekte Erfahrungen im theoretischen und praktischen Bereich der Betriebswirtschaftslehre zu sammeln. Herrn Professor Dr. Volker Stein möchte ich für die Übernahme des Zweitgutachtens und für die freundliche Unterstützung in Form von konstruktiven Ratschlägen und Diskussionen danken. Herrn Professor Dr. Joachim Eigler danke ich für die Übernahme des Vorsitzes der Promotionskommission sowie für die wertvolle Zusammenarbeit in verschiedenen Projekten.

Darüber hinaus möchte ich mich bei meinen Kolleginnen und Kollegen am Institut und am Lehrstuhl für Betriebswirtschaftslehre mit dem Schwerpunkt Wertschöpfungsmanagement sowie am Lehrstuhl für Produktionssysteme der Ruhr-Universität Bochum für die Bereitschaft zu fachlichen Diskussionen und den Ratschlägen bedanken. Auch den studentischen Mitarbeitern des Instituts gilt mein Dank für die vielfältige Unterstützung. Vor allem bedanke ich mich exemplarisch bei Frau Monika Wagner und bei Herrn Marc Zielinski für das Korrekturlesen der Arbeit.

Insbesondere möchte meinen Eltern Ernst und Margarete Jacobs danken. Ihre uneingeschränkte Unterstützung hat mir erst ermöglicht diesen Weg einzuschlagen und somit diese Arbeit anzufertigen. Ihnen widme ich diese Arbeit.

Siegen, im August 2010   Jens Jacobs

Inhaltsverzeichnis

Abbildungsverzeichnis

Tabellenverzeichnis

Abkürzungsverzeichnis

CIM	Computer Integrated Manufacturing
DIN	Deutsches Institut für Normung e. V.
EN	Europa Norm
EOP	End of Production
ERP	Enterprise Ressource Planning
F&E	Forschung und Entwicklung
FMEA	Failure Mode and Effect Analysis
ISO	International Organization for Standardization
QFD	Quality Function Deployment
PDM	Produktdatenmanagement
PLM	Product Lifecycle Management
SOP	Start of Production
TCO	Total Cost of Owernship
TÜV	Technischer Überwachungs-Verein e. V.
VDI	Verein Deutscher Ingenieure e. V.

1 Einleitung und Überblick

Die wirtschaftswissenschaftliche Auseinandersetzung mit einem Thema ist kein Selbstzweck, sondern resultiert oft aus einem vorhandenen Problemdruck, der sich aus der Realität und aus Forschungslücken heraus ergibt. Zur Beantwortung der Forschungsfragen können wiederum diverse wissenschaftliche Problemlösungshilfen, die von unterschiedlichen Wissenschaftspositionen getragen sind, herangezogen werden. In der vorliegenden Arbeit wird ein akutes Handlungsfeld der Unternehmenspraxis herausgearbeitet und einer konzeptionellen Lösung zugeführt. Dafür werden zuerst die Ausgangssituation und die wissenschaftstheoretische Methodik der Arbeit konkretisiert.

1.1 Die Produktlebenszyklusorientierung im Produktmanagement als Handlungsfeld und Zielsetzung der Arbeit

Innovationen, vor allem in Form von Marktneuheiten, sind ein wesentlicher Bestandteil des wirtschaftlichen Geschehens, denn aus volkswirtschaftlicher Sicht ist der Fortschritt eine grundlegende Voraussetzung für das langfristige Wachstum einer Wirtschaft.[1] Das wirtschaftliche Wachstum kann als Zunahme der verfügbaren Menge an Sachgütern und Dienstleistungen für jeden Menschen verstanden werden.[2] Darum wird die Innovationstätigkeit zum Beispiel durch die Vergabe von Patentrechten aktiv gefördert. Aus betriebswirtschaftlicher Perspektive sind Innovationen für die Wettbewerbsfähigkeit von Unternehmen ebenfalls von grundlegender Bedeutung. Dabei fließen Innovationen oft in neue Produkte ein.

Produkte repräsentieren ein Sachziel eines Unternehmens und sind Ausgangspunkt für monetäre und nicht-monetäre Konsequenzen im Unternehmensgeschehen. Neue Produkte gelten demzufolge als eine wesentliche Erfolgsquelle von Unternehmen,[3] deshalb kann ihnen und ihrem Management eine große Bedeutung beigemessen werden. Durch gesellschaftliche und/oder technische Veränderungen, die auch mit Innovationen einhergehen können, ist die Existenz eines Produktes jedoch zeitlich begrenzt. Einem Produkt kann daher eine Art „Leben" unterstellt werden. Solche lebenszyklusorientierten Betrachtungen haben ihren Ursprung in der Biologie.[4] Da oft die Lebensdauer eines Produktes beispielsweise hinsichtlich des Absatzes annähernd zyklisch verläuft, bietet es sich an, diesen Verlauf zu analysieren und Maßnahmen zu dessen Beeinflussung zu entwickeln. Dieser zyklische Verlauf konnte in verschiedenen Studien nachgewiesen wer-

---

[1] Vgl. Sharma/Sylwester/Margono (2007), S. 216.
[2] Vgl. Maußner/Klump (1996), S. 1.
[3] Vgl. Vahs/Burmester (2005), S. 9; Stratmann (2001), S. 1.
[4] Vgl. zum Beispiel Becker (2006), S. 723.

© Springer Fachmedien Wiesbaden GmbH, ein Teil von Springer Nature 2011
J. Jacobs, *Produktlebenszyklusorientiertes Controlling am Beispiel des produktbezogenen Businessplans*, Edition KWV, https://doi.org/10.1007/978-3-658-24330-2_1

den.[5] Andere Bezugsobjekte der Lebenszyklusbetrachtung können Branchen, Unternehmen, Unternehmensbeteiligungen und Technologien sein.[6]

Das Konzept des Produktlebenszyklus kann als ein wichtiges Instrument des strategischen Managements angesehen werden. Das strategische Management fokussiert die potenzielle Leistungs- und Wettbewerbsfähigkeit eines Unternehmens, also alle Handlungsfelder, die eine dauerhafte und bedeutende Wirkung auf den Erfolg haben können.[7] Hierfür kann das Konzept des Produktlebenszyklus in seiner klassischen Form Informationen über die Marktentwicklung bezogen auf das Produkt bereitstellen. Darüber hinaus liefert das Produktlebenszykluskonzept in erweiterten Konzeptionen Aussagen über Handlungsfelder vor und nach der Vermarktung der Produkte. Dabei werden während des Lebenszyklus eines Produktes in den verschiedenen Phasen vielfältige, heterogene Aufgaben erforderlich. Diese reichen von der Produktentwicklung über die Produktion und dem Service bis hin zur Entsorgung des Produktes.

Zwischen den Aufgaben verschiedener Lebenszyklusphasen können starke Interdependenzen existieren. Entscheidungen, die in frühen Phasen getroffen werden, können erhebliche Auswirkungen auf spätere Phasen des Lebenszyklus haben. Besonders deutlich wird dies an der frühen Festlegung eines großen Teils der Lebenszykluskosten eines Produktes.[8] Die Möglichkeit der Verbesserung der gesamten Lebenszykluskosten durch die Berücksichtigung der Auswirkungen von Entscheidungen und deren Optimierung wird unter dem Begriff „Trade-off-Effekte"[9] diskutiert. Gerade die Untersuchung von „Trade-off-Effekten" ist ein wichtiges Element der Lebenszyklusbetrachtung. Dies betrifft nicht nur die Kosten eines Produktes sondern ebenso den Absatz eines Produktes. Allein die Bestimmung des Zeitpunktes für den Markteintritt kann beachtliche Auswirkungen auf die gesamte lebenszyklusbezogene Rentabilität eines Produktes haben. Ein früher Markteintritt bedeutet höhere Preise, die für das Produkt realisiert werden können, höhere Marktanteile und einen höheren kumulierten Gewinn.[10]

Das Produktlebenszyklusmanagement hat demzufolge die Zielsetzung, eine zyklusgerechte und vor allem eine phasenübergreifende Steuerung zu realisieren, um einerseits den Absatz und andererseits die Kosten des Produktes zu beeinflussen. Somit ist das Produktlebenszyklusmanagement mit seinen Entscheidungen sehr nahe am wichtigen Erfolgsfaktor Produkt. Im Produktlebenszyklusmanagement wird die Steuerung unter anderem durch die Antizipation von Handlungsfeldern

---

[5] Vgl. Tellis/Crawford (1981), S. 125 ff.
[6] Vgl. zum Beispiel Zehbold (1996), S. 66 ff.; Schild (2005), S. 156 ff.
[7] Vgl. Bea/Haas (2005), S. 20; Letmathe (2002), S. 27; Baum/Coenenberg/Günther (2007), S. 2.
[8] Zu diesem Effekt vgl. Berliner/Brimson (1988), S. 140.
[9] Zu den Trade-off-Effekten vgl. Susman (1989), S. 8 ff.
[10] Vgl. Pantele/Lacey (1989), S. 56.

2

und von notwendigen Aufgaben auf der Basis von Erfahrungen sowie dem Erkennen von Mustern erreicht. Für die Handlungsfelder und Aufgaben können im nächsten Schritt Orientierungshilfen in Form von standardisierten Maßnahmen vorgesehen werden. Dabei ist es sinnvoll, auch die Rahmenbedingungen – also die Voraussetzungen für die Orientierungshilfen – zum Gegenstand des Managements zu machen.

Eine wichtige Konsequenz erhöhter Innovationstätigkeit sind kürzere Lebenszyklen von Produkten.[11] Mit der Verkürzung der Produktlebenszyklen kommt dem Management eines Produktlebenszyklus eine besondere Bedeutung zu. Sich verkürzende Lebenszyklen von Produkten wirken sich negativ auf die Renditeentwicklung und auf die Möglichkeit zu lernen aus. Es verringert sich die Zeit der Marktanwesenheit und dadurch die Möglichkeit Erlöse zu generieren. Wegen der geringeren Menge an Produkten, die abgesetzt und produziert werden, können Lernkurveneffekte nur eingeschränkt realisiert werden. Es verschlechtert sich in diesem Kontext das Verhältnis zwischen den Investitionen, zum Beispiel für die Produktentwicklung, und den Erlösen während des gesamten Produktlebenszyklus. Das bedeutet, dass alle Möglichkeiten im Rahmen des Produktlebenszyklusmanagement zur Beeinflussung der Erlöse und der Kosten ausgeschöpft werden müssen.

Die Steuerung des kompletten Produktlebenszyklus ist aufgrund der vielen Einflussfaktoren, beteiligten Organisationseinheiten und vielfältigen Entscheidungen sehr komplex. Nicht nur über den gesamten Lebenszyklus hinweg, auch innerhalb der Phasen kann es zu Schwierigkeiten bei der Koordination der Bereiche bzw. der Entscheidungen kommen. Verschärft wird die Situation durch die Dynamik einzelner Phasen wie die Entwicklungs- und die Einführungsphase. Gerade während der Entwicklung eines Produktes können sich die Rahmenbedingungen und die Fakten, zum Beispiel die Produktgestaltung, schnell ändern.

Ein aktives Management hat vor dem Hintergrund eines dynamischen Wettbewerbs eine große Relevanz.[12] Da das Management des Produktlebenszyklus sehr komplex ist, wird eine umfassende Unterstützung benötigt. Es müssen beispielsweise spezifische Informationen bereitgestellt sowie eine Vielzahl an Aufgaben und Bereichen koordiniert werden. Der Produktlebenszyklus selbst muss geplant und aktiv gesteuert werden. In der Praxis hat sich zur Unterstützung des Managements das Controlling herausgebildet. Trotz einiger differierender Auffassun-

---

[11] Vgl. Bayus (1994), S. 300. Brunn kann eine Produktlebenszyklusverkürzung für den Automobilsektor für die Jahre zwischen 1970 und 2005 nachweisen. Vgl. Brunn (2009), S. 67 ff. Zur Verkürzung von Produktlebenszyklen können Studien mit unterschiedlichen Aussagen herangezogen werden. Vgl. zum Beispiel Kinkel (2005); Bayus (1998).
[12] Vgl. Teece/Pisano/Shuen (1997), S. 513.

gen hinsichtlich der konkreten theoretischen Verankerung des Controllings wird dessen Notwendigkeit auch in der Wissenschaft anerkannt.[13]

Das Controlling kann zur Unterstützung des Produktlebenszyklusmanagements vordringlich die Funktionen Informationsversorgung und Koordination übernehmen. In der Literatur wird deshalb ein produktlebenszyklusorientiertes Controlling mit den adäquaten Instrumenten gefordert.[14] Auch in der Praxis wird ein solches Controlling angestrebt.[15] Das Controlling muss hierfür in seiner Ausgestaltung dem Controllingobjekt, dem Produktlebenszyklusmanagement, angepasst werden. Nur dann kann eine adäquate Unterstützung gewährleistet werden.

1.2 Lücken in der betriebswirtschaftlichen Forschung zum produktlebenszyklusorientierten Controlling und wissenschaftstheoretische Einordnung der Arbeit

Zur Darstellung des aktuellen Forschungsstands werden hier das Konzept Produktlebenszyklus, das Produktlebenszyklusmanagement und das produktlebenszyklusorientierte Controlling konsekutiv betrachtet. Das produktlebenszyklusorientierte Controlling fokussiert die Unterstützung der Steuerung des anbieterorientierten Produktlebenszyklus. Der anbieterorientierte Produktlebenszyklus lässt sich vom nachfragerorientierten Produktlebenszyklus durch die Perspektive abgrenzen. Während der nachfragerorientierte Produktlebenszyklus das Produkt aus Kundensicht betrachtet, analysiert der anbieterorientierte Produktlebenszyklus ein Produkt aus der Perspektive des Herstellers.[16]

Erste, klassische Modelle des anbieterorientierten Produktlebenszyklus betrachten lediglich den Absatz von Produkten. Erweiterte Modelle beziehen zusätzlich Handlungsfelder vor und nach dem Absatz des Produktes mit ein.[17] Für ein umfassendes Produktlebenszyklusmanagement kann nur ein erweiterter Produktlebenszyklus herangezogen werden, da die alleinige marktseitige Steuerung zu kurz greift und viele wichtige Handlungsfelder vernachlässigt. Für die Zielerreichung der Arbeit ist es zudem erforderlich, die bestehenden erweiterten Produktlebenszykluskonzepte zu modifizieren und die Rahmenbedingungen für das Produktlebenszyklusmanagement zu identifizieren. Die Notwendigkeit einer Erweiterung des anbieterorientierten Produktlebenszykluskonzeptes ergibt sich ferner aus der ungenügenden Berücksichtigung von Produktionsaspekten. So werden

---

[13] Vgl. Horváth (2009), S. 9 ff.; Küpper (2008), S. 1 ff.
[14] Vgl. zum Beispiel Stratmann (2001), S. 25 ff.; Horváth (2009), S. 61; Riezler (1996), S. 7.
[15] Zu Beispielen vgl. Schwarz (2008), S. 113; Bernauer (2008), S. 216 f. Studien weisen jedoch einen geringen Einsatz von lebenszyklusorientierten Instrumenten aus. Vgl. Franz/Kajüter (2002b), S. 580.
[16] Vgl. Schild (2005), S. 156.
[17] Vgl. Abschnitt 2.1.1.

bisher in keinem Produktlebenszyklusmodell zum Beispiel der Produktionsanlauf und der Produktionsauslauf integriert.

Der Gedanke der Steuerung eines Produktlebenszyklus entstammt dem Marketing. Dort werden für einzelne Phasen Handlungsempfehlungen für den Marketingmix gegeben. Auch in der Unternehmensrechnung ist mit der Lebenszyklusrechnung ein Instrument zur Bewertung von Produkten über ihren Lebenszyklus hinweg vorhanden.[18] Gerade in den letzten Jahren ist mit dem Informationsmanagement ein weiterer Bereich, der das Thema Produktlebenszyklus fokussiert, hinzugekommen. Gegenstand ist hierbei die strukturierte, konsistente Verwaltung sowie Organisation der Daten, Dokumente und Informationen eines Produktes während dessen gesamtem Lebenszyklus.[19] Das im Informationsmanagement diskutierte Product Lifecycle Management fokussiert stark den technischen Part der Produktentwicklung und vernachlässigt dabei den betriebswirtschaftlichen Teil.

Im Marketing werden vornehmlich phasenspezifische Empfehlungen gegeben – für die Marktphase – und somit Interdependenzen zwischen Phasen vernachlässigt. Dieses Problem tritt zudem bei verschiedenen Instrumenten des Projektcontrollings auf. Es resultiert aus der isolierten Betrachtung von Produktlebenszyklusphasen, insbesondere der Vorlaufphase, und einer Ausrichtung auf einzelne Ziele wie Kosten oder Zeit. Einzig die Lebenszyklusrechnung hat das Potenzial, eine erweiterte betriebswirtschaftliche Unterstützung des Produktlebenszyklusmanagements zu leisten.[20] Die Lebenszyklusrechnung liefert vor allem monetäre Aussagen und vernachlässigt dabei andere Informationen. Grenzen der Lebenszyklusrechnung in der Umsetzung in Unternehmen erfordern andere instrumentelle Möglichkeiten für die Unterstützung eines Produktlebenszyklusmanagements.[21]

Dieser Überblick bezüglich des Stands der Forschung zeigt auf, dass Ansätze zum Management des Produktlebenszyklus und zu dessen Unterstützung existieren. Allerdings beziehen sich diese oft lediglich auf isolierte Bereiche wie das Marketing, den Service oder die Forschung und Entwicklung (F&E). Dadurch können die „Trade-off-Effekte" nicht realisiert werden, weil eine Analyse der Auswirkungen von Entscheidungen in der frühen Phase des Produktlebenszyklus auf andere Handlungsfelder nicht vorgenommen wird.

---

[18] Vgl. zum Beispiel Zehbold (1996), S. 77 ff.; Schweitzer/Küpper (2008), S. 214 ff.
[19] Vgl. Scheer et al. (2006), S. 13 ff.
[20] Vgl. Riezler (1996), S. 12 f.; Kemminer (1999), S. 142 f.; Schild (2005) S. 182 ff.
[21] Zu Schwierigkeiten in der Realisierung der Lebenszyklusrechnung in Unternehmen vgl. Schild (2005), S. 251 ff.

Weil ein umfassendes Produktlebenszyklusmanagement bisher in der Literatur nicht thematisiert wird, wird dieses auf Basis des erweiterten anbieterorientierten Produktlebenszykluskonzepts entwickelt. Das Produktlebenszyklusmanagement in einer erweiterten Konzeption erlaubt eine frühe umfassende Betrachtung und Planung der Handlungsfelder im Produktlebenszyklus. Dadurch können die „Trade-off-Effekte" ermittelt und genutzt werden. Somit kann sowohl die Kosten- als auch die Erlössituation verbessert werden.

Im anbieterorientierten Produktlebenszyklus müssen zur Unterstützung der Steuerung Entscheidungen vorbereitet und fundiert, Informationen bereitgestellt, Funktionen koordiniert sowie Entwicklungen frühzeitig erkannt werden.[22] Für das umfassende Produktlebenszyklusmanagement spielen sowohl phasenspezifisch als auch phasenübergreifend Strategien und Instrumente eine wichtige Rolle. Nur durch die Beschreibung möglicher Strategien und Instrumente können die Anforderungen an die Ausgestaltung eines produktlebenszyklusorientierten Controllings erfasst werden. Vorhandene Ansätze eines produktlebenszyklusorientierten Controllings fokussieren oft das nachfragerorientierte Produktlebenszykluskonzept.[23] Andere Vorschläge beschränken sich lediglich auf einzelne Aspekte bzw. Instrumente des Controllings wie die Informationsbereitstellung.[24]

Um die Anforderungen eines umfassenden Produktlebenszyklusmanagements erfüllen zu können, bedarf das produktlebenszyklusorientierte Controlling neben einer organisatorischen Ausgestaltung geeigneter Instrumente. Aus diesem Grund wird hier ein produktbezogener Businessplan herausgearbeitet. Der produktbezogene Businessplan ist ein spezifisches Analyse- und Steuerungsinstrument für das produktbasierte Geschäftsmodell. Er dient somit insbesondere der Planung und Kontrolle des Produktprojektes. Der produktbezogene Businessplan durchleuchtet alle relevanten Themen im Produktlebenszyklusmanagement und verknüpft organisatorisch die betriebswirtschaftliche mit der technischen Dimension.

Die Arbeit ist interdisziplinär konzipiert, um der Verzahnung der Handlungsfelder und den verschiedenen Aspekten eines umfassenden Produktlebenszyklusmanagements und dem verbundenen produktlebenszyklusorientierten Controlling gerecht werden zu können. So werden das Produktlebenszyklusmanagement und seine Rahmenbedingungen aus dem Blickwinkel verschiedener Wissenschaftsdisziplinen wie der Mikroökonomie und dem Informationsmanagement kurz erörtert. Die Interdisziplinarität ist einerseits ein Element der Betriebswirtschafts-

---

[22] Vgl. Riezler (1996), S. 51 ff.
[23] Vgl. beispielsweise Männel (1992); Schimmelpfeng (2002).
[24] Vgl. zum Beispiel Riezler (1996); Stratmann (2001); Schild (2005).

lehre und andererseits für das Nutzen von Synergien angebracht, auch wenn die Interdisziplinarität nur mit Schwierigkeiten realisiert werden kann.[25]

Im Zentrum der Arbeit steht mit dem produktlebenszyklusorientierten Controlling eine spezifische Form des Controllings. Das Controlling ist eine in ihrer theoretischen Auseinandersetzung junge Teildisziplin der Betriebswirtschaftslehre. Die Arbeit ist vornehmlich in der betriebswirtschaftlichen Literatur zum Controlling bzw. dem Management Accounting anzusiedeln. Das Controlling als ein Teilbereich der Betriebswirtschaftslehre ist hinsichtlich seiner Konzeption schwer abzugrenzen.[26] Es gibt unterschiedliche Auffassungen, welche Aufgaben das Controlling als Führungsteilsystem wahrnimmt.[27]

Die Arbeit basiert auf der Annahme von Gesetzmäßigkeiten[28], die sich hier insbesondere im Produktlebenszyklus widerspiegelt. Die Annahme kann einerseits durch die empirischen Belege der marktseitigen Lebenszyklen gerechtfertigt werden. Andererseits ist der gesamte Ablauf des Lebens eines Produktes in Analogie zur Biologie zu sehen und kann mit einer festen Abfolge von Aktivitäten und Ereignissen beschrieben werden. In der Arbeit werden die Effektivitätsmaßstäbe der Betriebswirtschaftslehre – zum Beispiel Erfolg und Wettbewerbsfähigkeit – angesetzt.[29]

In der Arbeit wird die deduktive Erklärungsmethode gewählt, das bedeutet, dass eine Aussage aus einer vorhandenen Erkenntnis abgeleitet wird.[30] Es werden vorhandene Modelle bzw. Theorien teilweise um neue Aspekte erweitert und miteinander in Verbindung gesetzt. Das Fundament der Arbeit bildet mit dem Produktlebenszyklus ein empirisch belegtes Faktum. Trotzdem kann die Arbeit nicht vollends den Kriterien des kritischen Rationalismus, zum Beispiel der intersubjektiven Nachprüfbarkeit, entsprechen. Die Ergebnisse werden in einem Fallbeispiel veranschaulicht und kritisch getestet. Dabei handelt es sich um eine deskriptive Fallstudie, die jedoch nicht auf empirischen Daten beruht.

1.3 Aufbau der Arbeit

Nachfolgend werden die umrissenen Schritte zur Zielerreichung in den Ablauf der Arbeit überführt. Im 2. Abschnitt werden die verschiedenen Produktlebenszykluskonzepte dargestellt und deren Aussagefähigkeit bewertet, bevor das Management und das Controlling des Produktlebenszyklus herausgearbeitet werden. Dabei wird auf die zwei differierenden Grundformen des Produktlebenszyklus

---

[25] Vgl. Stein (2000), S. 11 f.
[26] Vgl. Horváth (2009), S. 9 ff.; Küpper (2008), S. 1 ff.
[27] Vgl. hierzu Abschnitt 4.1.
[28] Vgl. Schanz (1990), S. 193 f.
[29] Vgl. Stein (2000), S. 11
[30] Vgl. Kornmeier (2007), S. 35.

näher eingegangen. Auf Basis der Beurteilung der vorhandenen Konzepte wird das Produktlebenszyklusmodell als Grundlage für das Produktlebenszyklusmanagement weiterentwickelt.

Das Produktlebenszyklusmanagement greift im 3. Abschnitt relevante Faktoren, die Einfluss auf den Produktlebenszyklus haben können, auf und fokussiert deren aktive Beeinflussung. Auf Basis der Erweiterung des Produktlebenszyklusmodells werden adäquate Instrumente und Strategien erörtert. Um eine ausschließlich phasenbezogene Verbesserung des Produkterfolgs zu vermeiden, werden anschließend mit der Lebenszyklusrechnung und verschiedenen informationstechnischen Lösungen Instrumente für das Management des gesamten Produktlebenszyklus dargestellt. Im 4. Abschnitt wird zur Unterstützung des erarbeiteten Produktlebenszyklusmanagement ein spezifisches Controlling beschrieben. Zuerst wird anhand der Historie des Controlling und einer theoriegeleiteten Diskussion erläutert, welche Funktion das Controlling übernehmen kann. Aufbauend auf dem Vorgehen und den Erfordernissen des Produktlebenszyklusmanagements wird die Ausgestaltung des Controllings in funktioneller, instrumenteller und organisatorischer Sicht aufgezeigt.

Als ein wichtiges Instrument des produktlebenszyklusorientierten Controllings wird im 5. Abschnitt ein produktbezogener Businessplan erörtert. Hierfür wird das Geschäftsmodell als Analyseinstrument und Grundlage eines Businessplans ausgeführt. Zur Veranschaulichung des produktlebenszyklusorientierten Controllings und insbesondere des produktbezogenen Businessplans wird im 6. Abschnitt ein Beispiel mit zwei Unternehmen, die ein neues Produkt planen, vorgestellt. Beide Unternehmen agieren zwar in der gleichen Branche, unterscheiden sich jedoch in wesentlichen Charakteristika. Die Darstellung beschränkt sich auf die finanzielle Planung. Dennoch kann auf wesentliche Unterschiede im Produktlebenszyklusmanagement aufgrund der divergierenden Charakteristika verwiesen werden. Den Abschluss der Arbeit bildet mit dem 7. Abschnitt ein zusammenfassendes Fazit.

2 Der Produktlebenszyklus und seine Determinanten

Zuerst werden die verschiedenen produktbezogenen Lebenszyklusmodelle dargestellt und gewürdigt, bevor auf die einzelnen Phasen eines Produktlebenszyklus
eingegangen wird. Für den Erfolg eines Produktes müssen die Einflussfaktoren
auf den Produktlebenszyklus in die Betrachtung des Produktlebenszyklusmanagements aufgenommen werden. Aus diesem Grund werden Einflussfaktoren aus
betriebswirtschaftlicher und volkswirtschaftlicher Sicht erläutert. Dabei wird ein
Fokus auf die frühen Phasen des Produktlebenszyklus gelegt. Die Relevanz der
ersten Phasen wird besonders an der frühzeitigen Festlegung und der abnehmenden Beeinflussungsmöglichkeit der Kosten im Verlauf des Produktlebenszyklus
offensichtlich.

2.1 Produktbezogene Lebenszykluskonzepte

Im Folgenden werden Lebenszykluskonzepte für Produkte als Grundlage für das
Produktlebenszyklusmanagement detailliert beschrieben. In der Literatur existiert
eine verwirrende Vielfalt an produktbezogenen Lebenszykluskonzepten. Ziel des
folgenden Abschnitts ist es daher, eine Systematisierung aufzuzeigen. *Produktlebenszyklen* können in Analogie zu lebenszyklusorientierten Kostenrechnungen in
zwei Fälle unterteilt werden. Auf der einen Seite in einen *nachfragerorientierten
Ansatz*, in dem die Sichtweise des Nachfragers im Hinblick auf das einzelne Produkt vorherrscht. Diese ist eng mit lebenszyklusorientierten Kostenrechnungen
verbunden. Von dieser Sichtweise muss auf der anderen Seite der *anbieterorientierte Ansatz* abgegrenzt werden, in welchem der Absatz und die Fertigung eines
Serienproduktes im Zentrum des Interesses stehen.[31] Anbieterorientierte Konzepte fokussieren mit der Herstellersicht die zyklenartigen Verläufe von Absatz (und
Deckungsbeiträgen) je nach Konzept in der Zeitspanne von der Produktidee bis
zur Entsorgung. Eine andere ähnliche Systematik von produktbezogenen Lebens-
zyklusmodellen bietet Uhl. Dort wird eine gleiche Aufteilung wie hier, nur mit
anderen Bezeichnungen, vorgenommen.[32]

---

[31] Vgl. Kemminer (1999), S. 104 ff.; Zehbold, C. (1996), S. 19 ff. Kemminer bezieht die Einteilung auf
Kostenrechnungsansätze, dabei stützt er sich auf eine Gliederung von Susman (1989), S. 9; Aufgrund
der erwähnten Situation in der Literatur wird die Systematik generell auf produktbezogene Lebenszykluskonzepte angewendet. Zur Systematisierung von Produktlebenszykluskonzepten können der
Literatur verschiedene Ansätze entnommen werden. Diese werden in Abschnitt 2.1 detailliert erläutert. Zu lebenszyklusorientierten Kostenrechnungen siehe vertiefend Abschnitt 3.4.1.

[32] Der Autor charakterisiert den anbieterorientierten Ansatz als Lebenszyklusmodell auf unternehmens-
individueller Ebene für eine Produktart und den nachfragerorientierten Ansatz als branchenweites
Lebenszyklusmodell. Vgl. Uhl (2002), S. 45 f.

© Springer Fachmedien Wiesbaden GmbH, ein Teil von Springer Nature 2011
J. Jacobs, *Produktlebenszyklusorientiertes Controlling am Beispiel des produktbezogenen Businessplans*, Edition KWV, https://doi.org/10.1007/978-3-658-24330-2_2

2.1.1 Anbieterorientierter Ansatz zur Strukturierung des Managements

Der anbieterorientierte Lebenszyklus von Produkten ist ein Modell, das vor allem für die Mehrfachproduktion bzw. für Produkte, die auf einer gleichen Technologie beruhen, geeignet ist und dabei die Entwicklung des Absatzvolumens von Produkten über die Verweildauer am Markt, also die Wettbewerbsdynamik, beschreibt. Es können im Wesentlichen drei Entwicklungsstufen identifiziert werden:[33]

1. *das klassische Produktlebenszykluskonzept*, welches das Produkt von der Markteinführung bis zum Marktausscheiden betrachtet,
2. *integrierte Lebenszykluskonzepte*, welche den Betrachtungshorizont um die Entstehung und die Entsorgung erweitern und
3. *das systemische Lebenszykluskonzept*, das neben den Phasen des integrierten Lebenszyklus einen Fertigungs- und mehrere Beobachtungszyklen umfasst.

In der Abbildung 1 werden die Struktur der einzelnen Phasenkonzepte und der Zusammenhang zwischen den Produktlebenszykluskonzepten deutlich.

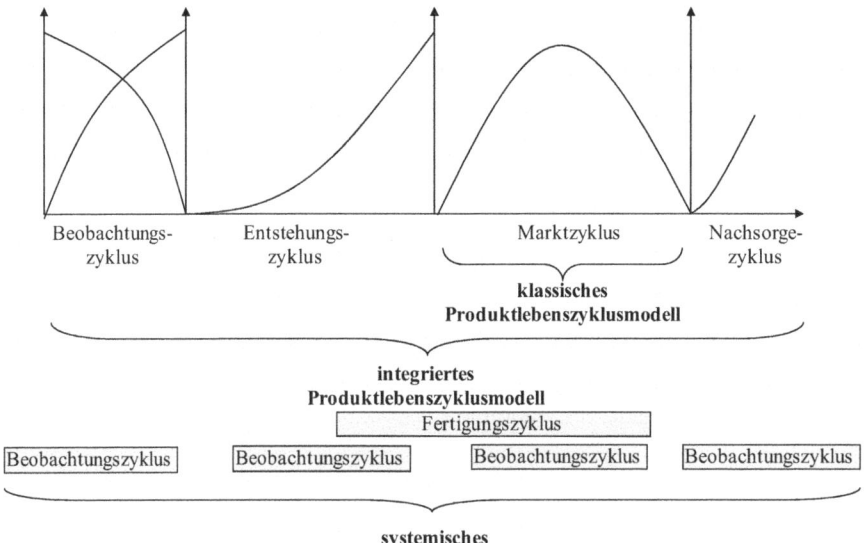

Abbildung 1:   Anbieterorientierte Produktlebenszykluskonzepte[34]

---

[33]   Vgl. Kemminer (1999), S. 89; Klenter (1995), S. 54 f.; Höft differenziert zwischen „klassischen" und erweiterten Produktlebenszykluskonzepten. Dazu ist anzumerken, dass der systemische Produktlebenszyklus später veröffentlicht wurde. Die Erweiterungen des Produktlebenszyklusmodells bestehen bei Höft in der Integration des Innovationsprozesses. Siehe Höft (1992), S. 53 ff.
[34]   Eigene Darstellung.

Ausgangsüberlegung des Lebenszyklusgedankens im Hinblick auf Produkte ist die Einteilung der Lebensdauer in Phasen. Obwohl die exakte Quelle des – klassischen – Produktlebenszyklus nicht erkennbar ist[35], kann konstatiert werden, dass dieser insbesondere für das Marketing und für strategische Überlegungen ein wichtiges Konzept ist und der Diffusions- bzw. der Adoptionstheorie entstammt. Diese Theorien tragen demzufolge zur theoretischen Fundierung der klassischen Produktlebenszykluskonzepte bei. Des Weiteren wurden vielfältige Studien zur Verifizierung des Produktlebenszykluskonzepts durchgeführt.[36] Die Verläufe von klassischen Produktlebenszyklen wurden an verschiedenen Produkten empirisch untersucht und nachgewiesen.[37] Dabei wird von Saison- und Zufallsschwankungen abstrahiert.[38] Es konnten neben dem gebräuchlichen idealtypischen Kurvenverlauf diverse unterschiedliche Kurvenverläufe identifiziert werden.[39]

Die Kurvenverläufe können vor allem mit der Art des Produktes variieren. In der Literatur sind unter anderem drei Ausprägungen bekannt: die „Wachstum-Einbruch-Reife", die „Zyklus und Zykluserneuerung" und das „Kerbschnittmuster".[40] Des Weiteren kann der Kurvenverlauf bestimmten Marktmustern folgen. Hierbei sind „Stil", „Mode" und „Modeerscheinung" zu nennen.[41] Eine Prognose von Form und Länge des Produktlebenszyklus bzw. einer einzelnen Phase kann zusätzlich anhand von Faktoren wie vorhandener Infrastruktur, Kundeninteresse

---

[35] Für Buzzell ist die Herkunft der S-förmigen Wachstumskurve und des Produktlebenszyklus den Arbeiten des Soziologen Trade um 1900 zuzuschreiben. Vgl. Buzzell (1966), S. 51 f.

[36] Vgl. Kotler/Keller/Bliemel (2007), S. 1006 ff. Erste Auseinandersetzungen mit dem Thema Lebenszyklus von Produkten finden sich unter anderem bei: Forrester (1959), S. 100 ff.; Polli/Cook (1969), S. 385 ff.; Brockhoff (1967), S. 473 ff.; Levitt (1965), S. 81 ff.; Buzzell (1966), S. 46 ff.; Stern (1963), S. 140 ff.; Clifford (1965), S. 34 ff. Mit der Verbindung von Produktlebenszyklus und Diffusion haben sich mehrere Autoren beschäftigt; vgl. Golder/Tellis (2004), S. 207, und die dort verwendete Literatur.

[37] Vgl. zum Beispiel Polli/Cook (1969), S. 385 ff.; Brockhoff (1967), S. 473 ff.; Kovac/Dague (1972), S. 66 ff.

[38] Vgl. Brockhoff (1974), Sp. 1764.

[39] Vgl. Cox Jr. (1967), S. 375 ff.; Swan/Rink (1982), S. 72 ff. Eine gute Literaturübersicht bieten: Tellis/Crawford (1981), S. 125 ff.; Höft (1992), S. 24 ff.; Bauer/Fischer (2000), S. 937 ff. Bauer und Fischer identifizieren anhand von Pharmazeutika drei Produktlebenszyklustypen in Abhängigkeit der Markteintrittsreihenfolge.

[40] Vgl. Levitt (1965), S. 81 ff.; Kotler/Keller/Bliemel (2007), S. 1006 f.

[41] Der Verlauf der Absatzkurve einer Mode entspricht dem Verlauf eines klassischen Produktlebenszyklus. Das Absatzvolumen wird hier durch die Popularität des Produktes bestimmt. Die Absatzkurve einer Modeerscheinung verläuft dagegen sowohl auf der Wachstumsseite als auch im Rückgang sehr überproportional. Der Zyklus ist sehr kurz und hat ein begrenztes Absatzvolumen, da kein dauerndes Bedürfnis zugrunde liegt. Bei einem Stil kann sich der Lebenszyklus demgegenüber sehr lang hinziehen, weil dieser eine grundlegende Ausdrucksform ist. Ein Produkt, das zu einem Stil gehört bzw. selbst ein Stil darstellt, weist während des Lebenszyklus Absatzschwankungen auf. Dies wird durch eine wechselnde Intensität des Interesses bedingt. Vgl. Wasson (1968), S. 36 ff.

und Förderung durch den Handel vorgenommen werden.[42] Der klassische absatzbezogene Produktlebenszyklus unterteilt den Marktzyklus in die Phasen *Einführung, Wachstum, Reife, Sättigung* und *Degeneration*.[43]

Der klassische Produktlebenszyklus beginnt mit der *Einführungsphase* des Produktes in den Markt. In dieser Phase wird das Produkt erstmals für den Markt produziert. Da das Produkt neu und nicht im Markt etabliert ist, herrscht oft Unsicherheit über das Kaufverhalten der meisten (abwartend reagierenden) Kunden.[44] Wegen des Neuigkeitsgrads sind zudem die Produkte und die Produktion noch nicht voll ausgereift.[45] Das innovative Unternehmen hat in dieser Phase den Vorteil einer Alleinstellung aufgrund noch fehlender Konkurrenz. Dadurch kann es höhere Produktpreise verlangen. Anders stellt sich die Situation bei der Produkteinführung in einen schon existierenden Markt dar. Dort muss mit einem niedrigen Einführungspreis agiert werden.[46] Im idealisierten Kurvenverlauf ist die Einführungsphase durch einen niedrigen, aber steigenden Absatz charakterisiert.[47] Eine, wenn auch die geläufigste Variable, um den Verlauf des Produktlebenszyklus und die verschiedenen Phasen zu charakterisieren, ist der Absatz.[48] Der Absatz in der Einführungsphase genügt nicht immer, um die im Vorfeld entstandenen Kosten für F&E und Einführungsinvestitionen sowie die noch erhöhten Fertigungskosten im Produktionsanlauf zu kompensieren.[49]

---

[42] Vgl. Kotler/Keller/Bliemel (2007), S. 1007 f. Unter Zitierung des unveröffentlichten Skriptes „Measuring Shape Patterns of Product Life Cycles: Implications for Marketing Strategy" von Goldman/Muller von 1982.

[43] Vgl. Brockhoff (1974), Sp. 1763 ff.; Ewert/Wagenhofer (2005), S. 297 f.; Meffert (2000), S. 338 ff.; Hofstätter (1977), S. 18 ff.; Scheuing (1970), S. 196 ff. Gerade in der englischsprachigen Literatur ist die Einteilung in vier Phasen – introduction, growth, maturity und decline – vorherrschend. Vgl. beispielhaft Forrester (1959), S. 108 f.; Clinton/Graves (1999); Buzzell (1966), S. 46 ff.; Golder/Tellis (2004); Eine in Bezug auf Anzahl und Benennung von Phasen umfassendere Aufstellung von Produktlebenszykluskonzepten kann Höft (1992), S. 17 ff. entnommen werden. In der vorliegenden Arbeit steht die Steuerung des Produktlebenszyklus im Vordergrund. Eine Unterteilung des gesamten Produktlebenszyklus in eine größere Anzahl von Phasen ermöglicht eine genauere Identifizierung der Produktposition und deshalb eine bessere Steuerung.

[44] Vgl. Levitt (1965), S. 82; Becker (2006), S. 726.

[45] Vgl. Hofstätter (1977), S. 22 f. Nach Hofstätter wird der Verlauf der Einführungsphase durch den Neuigkeitsgrad des Produktes, dessen Erklärungsbedürftigkeit, der Übereinstimmung mit den Konsumentenbedürfnissen, dem Substitutionsverhältnis zu anderen Produkten und der Geschwindigkeit der Kapazitätsausweitung bestimmt. Vgl. Hofstätter (1977), S. 22; Nachteilig können sich anfängliche Schwierigkeiten beispielsweise durch konstruktive Schwächen und fehlende Erfahrung bei den Verkäufern auswirken. Vgl. Meffert (2000), S. 340.

[46] Vgl. Hofstätter (1977), S. 23; Die Möglichkeit der Ausnutzung eines Wettbewerbsvorteils korreliert eng mit dem Neuigkeitsgrad des Produktes. Vgl. Becker (2006), S. 726; Die umrissenen Preisstrategien in der Einführungsphase werden als Skimming bzw. als Penetration bezeichnet. Vgl. Dean (1969), S. 174 ff.

[47] Vgl. Rink/Fox (1999), S. 29.

[48] Eine Auflistung möglicher Kriterien und deren Ausprägung in den einzelnen Phasen ist bei Höft (1992), S. 34 ff., und Meffert (2000), S. 344 f. zu finden.

[49] Einigen Autoren zufolge kann schon am Ende der Einführungsphase die Gewinnschwelle erreicht werden. Vgl. Freudenmann (1965), S. 9; Becker (2006), S. 728.

Nach der Einführungsphase durchläuft das Produkt die *Wachstumsphase*. Diese ist durch hohe Zuwachsraten im Absatzvolumen des Produktes gekennzeichnet. Hier steigt das Absatzvolumen sehr stark an.[50] Die Steigerung des Absatzes ist auf eine hohe Produktakzeptanz und eine Verringerung des Marktwiderstandes zurückzuführen.[51] In der Wachstumsphase nimmt auch die Konkurrenz zu. Wettbewerber werden durch den wachsenden Markt angelockt. Die zeitlichen Vorteile des Innovators werden sukzessive aufgeholt. Der entstehende Wettbewerb hat zur Folge, dass die Preise sinken.[52] Insbesondere in den ersten beiden Phasen kann die Absatzkurve durch die Diffusionstheorie und den S-förmigen Kurvenverlauf der Diffusionskurve erklärt werden.[53] Aufgrund des steigenden Absatzes muss die Produktion stetig ausgeweitet werden, wodurch ein Degressionseffekt hinsichtlich der fixen Kosten und Erfahrungskurveneffekte genutzt werden können, die es ermöglichen, bei stabilen oder leicht sinkenden Preisen hohe Gewinne zu erzielen.[54] Das Ende der Wachstumsphase ist erreicht, wenn die Grenzabsatzkurve ihr Maximum hat.[55]

Die *Reifephase* des Produktes beginnt, wenn die Grenzumsätze sinken. In dieser Phase weist der Verlauf weiterhin ein steigendes Absatzvolumen bei sinkenden Zuwachsraten auf.[56] Die Produkte sind nun ausgereift, dennoch wird es durch Erreichung der Kapazitätsgrenze des Marktes schwierig, neue Marktanteile zu gewinnen. Zudem treten immer mehr Anbieter der gleichen Technologie auf den Markt, was zu einem Verdrängungswettbewerb mit weiter sinkenden Preisen führt. Infolge der aufgezeigten Umstände wird die Reifephase als „Turbulenzstadium" bezeichnet.[57] Das Kundenverhalten ist in dieser Phase von Markentreue geprägt.[58] Das Ende der Reifephase ist durch Wachstumsraten von Null charakterisiert.[59] Die Absatzkurve ist in ihrem Maximum angelangt.

---

[50] Vgl. Levitt (1965), S. 82 f.
[51] Vgl. Becker (2006), S. 733.
[52] Vgl. Scheuing (1970), S. 199.
[53] Vgl. Kovac/Dague (1972), S. 66.
[54] Vgl. Scheuing (1970), S. 199; Hofstätter (1977), S. 25.
[55] Zu diesem Zeitpunkt wird der höchste Gewinn ausgewiesen. Vgl. Becker (2006), S. 724; Meffert (2000), S. 341.
[56] Vgl. Hofstätter (1977), S. 26; Meffert (2000), S. 341.
[57] Vgl. Staudt/Taylor/Bowersox (1976), S. 230 ff.
[58] Durch die gestiegene Erfahrung mit dem Produkt bei den Abnehmern ist eine Differenzierung der Bedürfnisse zu beobachten. Vgl. Scheuing (1970), S. 200.
[59] Vgl. Becker (2006), S. 724; Eine im Bereich der Reifephase und Sättigungsphase etwas andere Phasenaufteilung verwendet Hofstätter (1977), S. 26; Hofstätter legt das Maximum der Absatzkurve in die Sättigungsphase. Hier soll diesem nicht gefolgt werden, da das Maximum der Absatzkurve ein prägnanter Punkt ist und sich deshalb gut für eine Phasenabgrenzung eignet. Weiterhin bedingen beide Seiten des Maximums andere Maßnahmen für die Steuerung des Produktlebenszyklus, denn es ist ein Unterschied ob steigende oder fallende Umsätze vorherrschen.

Anschließend folgt die *Sättigungsphase*. In der Sättigungsphase beginnt das Absatzvolumen zu stagnieren und es treten erstmals Absatzrückgänge auf.[60] Wird ein vierphasiger Produktlebenszyklus angenommen, entfällt oft die Sättigungsphase und die Reifephase wird im Gegenzug weiter unterteilt.[61] Gerade in der Sättigungsphase erhöht sich die Zahl von Produktvarianten, da ein Bedarf an heterogenen Produkten besteht.[62] Aufgrund des hier präsenten Preisverfalls vergrößert sich der Kundenkreis um Konsumenten mit einem niedrigen Einkommen, die sensibel auf Preiserhöhungen reagieren. Ergebnis dessen ist eine erhöhte Preiselastizität.[63] In der Sättigungsphase wird der Markt zunehmend unattraktiv und nur noch wenig Anbieter drängen zusätzlich auf den Markt. Das Sättigungsstadium kann sich über mehrere Jahre hinziehen.[64]

Die *Degeneration* ist die letzte Phase im klassischen Produktlebenszyklus. In der Degenerationsphase sinkt das Absatzvolumen stetig.[65] Gründe für die schwindende Akzeptanz/Popularität bis hin zur Eliminierung eines Produktes sind ein Nichterfüllen von Anforderungen oder eine geplante Obsoleszenz des Produktes.[66] Oft werden veraltete Produkte durch neue Produkte ersetzt. Demnach sind die Notwendigkeiten für neue Produkte zugleich Motive für den Auslauf von alten Produkten. Aufgrund von Verbundwirkungen im Absatzprogramm kann die Eliminierung des auslaufenden Produktes trotzdem gehemmt werden.[67] Die Degenerationsphase endet mit dem letzten abgesetzten Produkt, also der Herausnahme des Produktes aus dem Markt.[68]

Durch den Einbezug der Diffusionstheorie können ferner Aussagen hinsichtlich der Adoption der Produkte durch Abnehmer getroffen werden. Die Adoption ist die erstmalige Anwendung einer Neuerung. Somit ist sie Voraussetzung für einen Diffusionsprozess. In diesem Kontext können die Strategien von Innovatoren und Imitatoren eingeordnet und evaluiert werden. Es wird dabei die Innovationsbereitschaft von Konsumenten an der Zeitspanne bis zum ersten Kauf des Produktes gemessen. Der Grund für die unterschiedlichen Zeitspannen ist unter anderem in den differierenden Risikobereitschaften der Konsumenten zu suchen.[69] Für die

---

[60]   Vgl. Meffert (2000), S. 341.
[61]   Vgl. zum Beispiel Kotler/Keller/Bliemel (2007), S. 1020.
[62]   Vgl. Schumann (1981), S. 42; Hofstätter (1977), S. 27; Die in der Reifephase steigende Differenzierung der Abnehmerbedürfnisse setzt sich nun in eine zunehmende Anzahl von Produktvarianten um.
[63]   Vgl. Schumann (1981), S. 42.
[64]   Vgl. Scheuing (1970), S. 201.
[65]   Vgl. Levitt (1965), S. 83 f.; Scheuing (1970), S. 202.
[66]   Neben der eher ungeplanten Obsoleszenz, die vor allem durch den Kunden bestimmt wird, kann die geplante Obsoleszenz, das heißt, die bewusste Verkürzung der Lebensdauer eines Produktes aufgrund einer Absatzstrategie, durch technologische, psychische und qualitative Gründe hervorgerufen werden. Vgl. Siegwart/Senti (1995), S. 14 f.
[67]   Vgl. Meffert (2000), S. 341.
[68]   Vgl. Becker (2006), S. 724.
[69]   Vgl. Rogers (2003), S. 272 ff.

Untersuchung des Sachverhalts wird ein ähnlicher Kurvenverlauf wie im idealtypischen Produktlebenszyklus unterstellt. Man unterteilt die Abnehmer in Innovatoren, frühe Übernehmer, frühe Mehrheit, späte Mehrheit und Nachzügler.[70]

Der anbieterorientierte Produktlebenszyklus ist nach Ansoff, wie Abbildung 2 zeigt, in einen Nachfrage-Technologielebenszyklus eingebettet.[71] Der Nachfragelebenszyklus bezieht sich auf das Bedürfnisniveau, welches durch das Produkt befriedigt werden kann. Das Bedürfnisniveau spiegelt sich in der Absatzmenge wider, allerdings wird diese durch weitere Aspekte wie den Preis beeinflusst. Zur Bedürfnisbefriedigung werden in den Produkten Technologien eingesetzt, die sich im Zeitablauf ändern können. Dabei folgt die Absatzmenge einer Technologie einem Kurvenverlauf, dem Technologielebenszyklus, der sich unterhalb der Kurve des Nachfragelebenszyklus befindet. Diese Betrachtung ist insofern für die Steuerung eines Produktlebenszyklus interessant, als dass ein Unternehmen immer die übergeordneten Lebenszyklen im Blick haben muss. Sollte ein Unternehmen in seinen Produkten eine inadäquate Technologie zur Nachfrageerfüllung einsetzen, sind die Absatzmengen schon zu Beginn durch den Nachfrage-Technologielebenszyklus begrenzt.[72] Neben dem Technologielebenszyklus wird in der Literatur ein Marktzyklus thematisiert, der einen engen Bezug zum Technologiezyklus aufweist.[73]

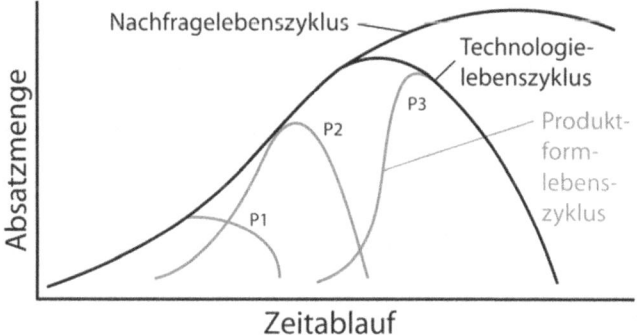

Abbildung 2:   Nachfrage-, Technologie- und Produktformlebenszyklus im Zeitablauf[74]

Strukturanalyse des integrierten Produktlebenszykluskonzeptes

Eine Schwäche des klassischen Produktlebenszykluskonzeptes mit Blick auf die erfolgszielorientierte Steuerung ist die ausschließliche Betrachtung des Markt-

---

[70]   Vgl. Rogers (2003), S. 280; Geschka (1984), S. 9; Becker (2006), S. 727.
[71]   Für die folgenden Ausführungen vgl. Ansoff (1984), S. 40 ff.
[72]   Vgl. Kotler/Keller/Bliemel (2007), S. 1003.
[73]   Vgl. Becker (2006), S. 743 ff.
[74]   Vgl. Ansoff (1984), S. 41.

zyklus und die damit einhergehende Vernachlässigung eines größtenteils nachgelagerten, ökologisch relevanten Entsorgungszyklus und eines für den Produkterfolg wichtigen vorgelagerten Beobachtungs- und Entstehungszyklus. Wie bei den Rahmenbedingungen dargestellt, dürfen gerade dem Marktzyklus vorgelagerte Phasen nicht außer Acht gelassen werden. In der dem Marktzyklus nachgelagerten Phase werden in diesem Konzept Kapazitäten für Entsorgungstätigkeiten seitens des Unternehmens durch das Produkt gebunden. Diese Entsorgungstätigkeiten werden durch den Gesetzgeber vor allem in Form von Rücknahmepflichten für Produkte wie Autos gefordert.[75] Aus diesen Gründen erweitern Pfeiffer und Bischof sowie Pfeiffer et al. sukzessive den klassischen Produktlebenszyklus um einen Beobachtungs-, einen Entstehungs- und einen Entsorgungszyklus.[76] Weitere Gründe für eine Betrachtung über den Marktzyklus hinaus, die anfänglich nicht im integrierten Produktlebenszyklus eingeschlossen werden, sind mögliche Garantie- und Serviceleistungen.

Bei den vorgelagerten Phasen handelt es sich um den Beobachtungs- und den sich anschließenden Entwicklungszyklus. Im *Beobachtungszyklus* werden im Sinne eines Früherkennungssystems gezielt relevante strategische Informationen über die Unternehmensumwelt gesammelt, die in ein neues Produkt einfließen oder den Erfolg neuer Produkte bzw. die Zukunft des Unternehmens beeinflussen können. Diese Informationen bilden dann die Grundlage für die Initiierung des Entscheidungsprozesses. Die theoretische Fundierung des Beobachtungszyklus liefert das Konzept der schwachen Signale von Ansoff.[77] Dieses Konzept und der Prozess des Beobachtungszyklus basieren auf der Annahme, dass Ereignisse nicht plötzlich und ohne Vorankündigung stattfinden.

Es gilt dabei Diskontinuitäten, welche Ereignisse ankündigen, herauszufiltern. Mit einer sukzessiven Abnahme der Ungewissheit erfolgt eine Konkretisierung der Informationen. Mit einer verspäteten Konkretisierung der Informationen erfahren die Reaktionsmöglichkeiten Einschränkungen.[78] Je eher Chancen und Bedrohungen erkannt werden, desto größer ist der vorhandene Handlungsspielraum. Daher ist es Ziel der Bemühungen im Beobachtungszyklus, schwache Signale frühzeitig zu erkennen. Hierfür können Instrumente wie die Marktforschung, die

---

[75] Vgl. Wutz (2008), S. 40 ff.

[76] Der integrierte Produktlebenszyklus kann auf Pfeiffer/Bischof (1974), S. 637 ff. zurückgeführt werden. Dort wurde die Entwicklungsphase in die Betrachtung mit einbezogen. Im nächsten Schritt wurde die Beobachtungsphase integriert. Vgl. Pfeiffer et al. (1985), S. 26 ff. Der Entsorgungszyklus wurde dann nachträglich in das integrierte Produktlebenszykluskonzept aufgenommen. Betreffend der Einbeziehung der Entsorgungsthematik: vgl. Pfeiffer/Schneider/Dögl (1986), S. 111; Strebel/Hildebrandt (1989), S. 101 ff.; Horneber (1992), S. 24 ff. Ähnliche Überlegungen zu Erweiterungen sind beispielsweise bei Cunningham (1969), und Adamany/Gonsalves (1994) zu finden.

[77] Vgl. Pfeiffer/Bischof (1981), S. 137 f.

[78] Vgl. Ansoff (1976), S. 130 ff. Eine ähnliche Funktion – allerdings für das gesamte Unternehmen – übernimmt das Frühaufklärungssystem.

Konkurrenzanalyse, die Delphimethode und die Szenariotechnik eingesetzt werden. Sind die Chancen und Risiken identifiziert sowie die relevanten Informationen für den Entscheidungsprozess eruiert, steigt man in den *Entstehungszyklus* ein.

Der *Entstehungszyklus* gliedert sich in einen Alternativensuchprozess, einen Alternativenbewertungs- und Auswahlprozess sowie in einen Realisierungsprozess.[79] Der Alternativensuchprozess hat zum Gegenstand entweder ausgehend von gegebenen Zielsetzungen, Problemen oder Bedürfnissen Potenziale und Ideen zu lokalisieren oder umgekehrt für Potenziale Vermarktungsmöglichkeiten zu ermitteln.[80] Im Alternativenbewertungs- und Auswahlprozess wird für jede geplante und realisierte Produktvariante der Lebenszyklusverlauf prognostiziert. Hierfür können verschiedenste Instrumente der Investitionsrechnung und qualitative Methoden zum Einsatz kommen.[81] Für den Auswahlprozess sind fundierte Informationen und Simulationen notwendig. In diesem Punkt setzt das Instrument produktbezogener Businessplan an. Die eigentliche Initiierung eines Produktes erfolgt letztlich im Entstehungszyklus auf Basis des Auswahlprozesses. Aufgrund der Vielzahl an Entscheidungen im Produktlebenszyklus müssen Alternativenbewertungs- und Auswahlprozesse oft durchgeführt werden.

Der Realisierungsprozess umfasst die Forschung, Entwicklung sowie die Produktions- und Absatzvorbereitung des Produktes. Hier wird aus der Produktidee ein verkaufsfähiges Produkt inklusive der Fertigung verwirklicht.[82] Forschung und Entwicklung werden im Bereich des Innovationsmanagements als Innovationsprozess thematisiert. Im integrierten Produktlebenszyklus wird zudem vertieft die Produktions- und Absatzvorbereitung angesprochen. Unter die Produktions- und Absatzvorbereitung fassen Pfeiffer und Bischof (falls notwenig) die Fabrikplanung sowie den Aufbau bzw. die Anpassung des Vertriebssystems.[83] Der Entstehungszyklus ist im integrierten Produktlebenszyklus ausschließlich durch steigende kumulierte Kosten gekennzeichnet.

Der Marktzyklus im integrierten Produktlebenszykluskonzept gleicht dem klassischen Produktlebenszykluskonzept.[84] In einigen Quellen werden im Zusammenhang mit dem Marktzyklus des integrierten Produktlebenszyklus ein Angebots-

---

[79] Vgl. Pfeiffer/Bischof (1974), S. 637.
[80] Vgl. Pfeiffer/Bischof (1975), S. 644 f.
[81] Vgl. Pfeiffer/Bischof (1974), S. 639.
[82] Vgl. Pfeiffer/Bischof (1981), S. 141.
[83] Vgl. Pfeiffer/Bischof (1975), S. 346.
[84] Pfeiffer und Bischof nehmen für den Marktzyklus vier Phasen an, betonen jedoch, dass der angelegte Kurvenverlauf nur eine Möglichkeit darstellt. Vgl. Pfeiffer/Bischof (1974), S. 640 f.

zyklus und ein Nachfragezyklus erwähnt.[85] Auf diese Unterscheidung soll in dieser Arbeit nicht weiter eingegangen werden, da beide Zyklen beim Kauf übereinstimmen und sich für die Steuerung des Produktlebenszyklus aus dieser Betrachtung keine zusätzlichen relevanten Informationen und Handlungsfelder ergeben.

Der zunehmenden ökologischen Verantwortung, die sich zudem in Gesetzen widerspiegelt, wird mit dem *Entsorgungszyklus* Rechnung getragen. Nach Horneber haben die Entsorgungskosten einen progressiven Verlauf beginnend mit der Beobachtungsphase. In der Entstehungsphase entstehen Emissionen vor allem durch Prototypen und Muster. Während in den ersten Phasen nur geringfügig Entsorgungskosten anfallen, steigen diese im Marktzyklus. Eine weitere Verknüpfung der Phasen sieht Horneber in der Berücksichtigung entsorgungsrelevanter Fragestellungen im Beobachtungs- und Entstehungszyklus. Er trennt in seiner Betrachtung zusätzlich zwischen produktions-, nutzungs- und produktinduziertem Anfall und ordnet diese Formen als Anfallzyklen in den integrierten Produktlebenszyklus ein.[86]

In einigen Literaturquellen wird im Kontext des integrierten Produktlebenszykluskonzepts zwischen einer *Vorlauf-*, einer *Markt-* und einer *Nachlaufphase* differenziert.[87] An dieser Stelle kann der Sichtweise von Riezler gefolgt werden, der in diesem Zusammenhang von Produktprojekten spricht.[88] Daher bezeichnet er den Produktlebenszyklus als Projektlebenszyklus. Das Vorhaben der Entwicklung, Produktion und des Vertriebs eines Produktes kann als strategisches Projekt aufgefasst werden, trotzdem wird der Terminus Projektlebenszyklus an dieser Stelle nicht verwendet, da immer ein enger Produkthintergrund gegeben ist und die Strukturierung des Produktlebenszyklus hier keine synonyme Begrifflichkeit erfordert.

Die Vorlaufphase entspricht dem Entstehungszyklus des integrierten Produktlebenszyklusmodells von Pfeiffer und Bischof. Ebenso gleicht die Marktphase dem Marktzyklus. Ein wesentlicher Unterschied ist in der Nachlaufphase zu sehen. Im Gegensatz zum erweiterten integrierten Produktlebenszyklus, wie er von Pfeiffer und Bischof beschrieben wird, treten neben den hauptsächlich bearbeiteten Entsorgungsthemen vermehrt Aftersales-Themen wie das Ersatzteilgeschäft und Desinvestitionsaufgaben.[89] Gerade der Servicebereich spielt bei der Generierung

---

[85] Dieser Sachverhalt wird in Anlehnung an Ellinger (1961) aufgegriffen. Dabei spielt insbesondere die Zeit in der das Produkt Gegenstand von Angebot und Nachfrage ist – die Marktperiode – eine Rolle. Vgl. Ellinger (1961), S. 582 ff.; Pfeiffer/Bischof (1974), S. 641 f.

[86] Vgl. Horneber (1992), S. 24 ff.

[87] Vgl. Hahn/Laßmann (1993), S. 187 ff.; Riezler (1996), S. 44 f. Eine ähnliche Einteilung verwenden Siegwart und Senti, die von einem Entwicklungs-, einem Markt- und einem Nachsorgezyklus sprechen. Vgl. Siegwart/Senti (1995), S. 19 ff.

[88] Vgl. Riezler (1996), S. 44 f.

[89] Zu Aufgaben in der Nachlaufphase: vgl. Riezler (1996), S. 49; Schild (2005), S. 166 ff.

von Umsätzen zunehmend eine bedeutende Rolle und darf daher nicht außer Acht gelassen werden. Dabei muss man das Geschäftsmodell in seiner Ausprägung berücksichtigen. Während in vielen Branchen, wie der Automobilindustrie, ausschließlich das Ersatzteilgeschäft beim Hersteller angesiedelt ist, müssen in anderen Industrien, zum Beispiel im Maschinen- und Anlagenbau, obendrein Dienstleistungen wie Wartungsarbeiten angeboten werden. Für eine Steuerung wird mithilfe des integrierten Produktlebenszykluskonzepts der klassische Produktlebenszyklus – der Marktzyklus – daher um wichtige Phasen wie die Vorlauf- und die Nachlaufphase erweitert.

Systemischer Produktlebenszyklus als Erweiterungsmöglichkeit

Eine letzte Stufe in der Entwicklungshistorie stellt der systemische Produktlebenszyklus von Kaluza und Klenter dar. Dabei erfährt der integrierte Produktlebenszyklus durch mehrere Beobachtungszyklen und einen Fertigungszyklus eine Erweiterung zum systemischen Produktlebenszykluskonzept.[90] Im Gegensatz zum integrierten Produktlebenszykluskonzept existiert nicht nur ein Beobachtungszyklus als Ausgangspunkt für den Produktlebenszyklus sondern zudem mehrere Beobachtungszyklen während des gesamten Produktlebenszyklus. Grund hierfür sind die unterschiedlichen Erkenntnisobjekte in der Unternehmensumwelt, die den Produkterfolg beeinflussen können und daher verfolgt werden sollten.[91] Ergebnis der Beobachtungszyklen sind Anpassungen am Produkt und Produktionsprozess, die nach der Entstehungsphase in den Produktlebenszyklus einfließen. Dadurch sichern die Beobachtungszyklen das rechtzeitige Agieren während des laufenden Produktlebenszyklus und können diesen maßgeblich verlängern.[92] Auswirkung der Beobachtungszyklen während der weiteren Vorgehensweise ist das Änderungsmanagement, denn dort werden die Ergebnisse der Beobachtungszyklen in den laufenden Prozess eingepflegt. Es ist allerdings fraglich, ob diese Beobachtungszyklen die Aussagekraft des Produktzykluskonzepts erhöhen, weil das Monitoring der Umwelt ohnehin eine kontinuierliche Tätigkeit des strategischen Managements ist[93], Impulse für Änderungen im Änderungsmanagement verarbeitet werden und für die Überlegungen des Produktlebenszykluskonzeptes kein relevanter Beitrag geleistet wird.

Anders sieht es beim Fertigungszyklus aus. Kein anderes Produktlebenszykluskonzept umfasst explizit einen Fertigungszyklus. Die Fertigung wird meist indirekt über die Deckungsbeitragsperspektive berücksichtigt. Die Fokussierung des Fertigungszyklus kann erheblich zur Aussagekraft des gesamten Konzeptes bei-

---

[90] Vgl. Kaluza/Klenter (1993), S. 14 ff.; Klenter (1995), S. 54 ff.
[91] Vgl. Klenter (1995), S. 55 ff. Die Beobachtungszyklen können nacheinander, parallel oder überlappt stattfinden.
[92] Vgl. Kaluza/Klenter (1993), S. 22.
[93] Vgl. Schild (2005), S. 159.

tragen, da somit nicht nur die Absatzseite betrachtet wird, sondern auch die Kostenseite in eine Sicht eingefügt wird. Bisher werden im Zusammenhang mit dem Produktlebenszyklus und der Fertigung vornehmlich Lerneffekte[94] betrachtet.[95] Mittels Lernkurven- und Erfahrungskurveneffekte[96] können Kostenverläufe prognostiziert werden. Jedoch sind Lerneffekt und Erfahrungseffekte eher als Potenziale zu verstehen, die nicht alle Unternehmen nutzen.[97] Lerneffekte beziehen sich zudem eher auf menschliche Aufgaben und geben nur grobe Hinweise für den Kurvenverlauf der Kosten. Demnach ist bei zunehmender Automatisierung der Fertigung ein geringeres Verbesserungspotenzial durch Lernkurven- und Erfahrungskurveneffekte zu erwarten.[98] Weitere Faktoren, die (mit steigender Stückzahl) eine Kostenreduktion bewirken, sind Rationalisierungsmaßnahmen, die zum Beispiel durch das Lean Management ermöglicht werden können sowie der technische Fortschritt und Größendegressionseffekte.[99]

Im Einklang mit dem anbieterorientierten integrierten Produktlebenszyklusmodell besteht der Kern des systemischen Produktlebenszykluskonzeptes aus dem Marktzyklus, dem ein Entstehungszyklus vorgelagert ist. Ferner wird als Nachmarktzyklus ein Entsorgungszyklus eingefügt. Mit dem systemischen Produktlebenszyklus ist eine dritte Form von anbieterorientierten Produktlebenszykluskonzepten dargelegt worden, die Basis für eine Steuerung sein kann.

2.1.2 Nachfragerorientierter Ansatz zur Optimierung der Kosten

Kunden, insbesondere von Investitionsgütern wie Produktionssystemen, müssen sich zunehmend mit den Kosten der Produkte über deren Anschaffungsinvestitionen hinaus auseinandersetzen.[100] Dabei müssen neben den Anschaffungskosten die Kosten und Erlöse der Nutzung und die Kosten der Entsorgung Eingang in das Kalkül finden. Es genügt nicht, lediglich die Anschaffungsinvestitionen zu betrachten. Werden in der Beschaffung von Systemen primär die Anschaffungskosten fokussiert, können wichtige Parameter des Systems in der Nutzung nicht

---

[94] Zur Historie und den unterschiedlichen Ansätzen der Lernkurventheorie in der industriellen Serienproduktion: vgl. Laarmann (2005), S. 16 ff.; Yelle (1983a), S. 302 ff. Lernkurvenmodelle analysieren die statistischen Gesetzmäßigkeiten der Verbesserungspotenziale von Faktoreinheitsverbrauchsmengen bei der wiederholten Durchführung von Produktionsschritten. Vgl. Ihde (1970), S. 457.

[95] Mit der Verknüpfung von klassischem Produktlebenszyklus und Lernkurven hat sich insbesondere Yelle beschäftigt. Hierzu siehe Yelle (1980), S. 311 ff., und Yelle (1983b), S. 82 ff.

[96] Erfahrungskurven können interpretiert werden als charakteristischer Rückgang der Kosten bei der Berücksichtigung aller Kostenarten und Kostenelemente. Vgl. Henderson (1974), S. 19 f. Lerneffekte finden im Bereich der ausführenden Tätigkeiten als Übungen statt, wohingegen Erfahrungen das Lernen bei dispositiven Tätigkeiten meinen. Vgl. Ihde (1970), S. 452.

[97] Vgl. Henderson (1974), S. 19 f.

[98] Lerneffekte können in automatisierten Fertigungen durch Verbesserungen in der Maschinenbelegungsplanung und einer Optimierung der Prozesse verwirklicht werden. Vgl. Baloff (1966) S. 25; Männel (1993), S. 74.

[99] Vgl. Kaluza/Klenter (1993), S. 31; Henderson (1974), S. 26 f.

[100] Ähnlich Elmakis/Lisnianski (2006), S. 5.

realisiert werden und hohe Folgekosten entstehen. Aus diesen Gründen werden gerade von den Nutzern von Produktionssystemen vermehrt Informationen über das Verhalten und die Kosten der Nutzung der Produktionssysteme verlangt. Das Gedankenmodell des nachfragerorientierten Produktmodells findet sich im Life Cycle Costing, im Total Cost of Ownership (TCO) und in der Terotechnology.

Für die Intention der Arbeit ist das nachfragerorientierte Produktlebenszyklus-konzept aus zweierlei Gründen interessant. Einerseits kann es der Detaillierung von Fertigungskosten und deren Optimierung dienen[101] und andererseits können die Produkte, welche im Zentrum des anbieterorientierten Ansatzes stehen, mit ihren Produktlebenszykluskosten belegt werden. Die Integration des nachfrager-orientierten Produktlebenszyklusmodells in das anbieterorientierte Modell wird schon bei Blanchard deutlich.[102]

Die Analyse sämtlicher Kosten ist fundamental für das Life Cycle Costing[103]. Basis des Life Cycle Costing ist ein nachfragerorientiertes Produktlebenszyklus-modell. Im Gegensatz zu den im vorangegangenen Abschnitt behandelten Mo-dellen bezieht sich dies auf ein einzelnes Produkt und folglich auf die Nutzer-sicht. Anwendungsgebiete des nachfragerorientierten Ansatzes in Form des Life Cycle Costing sind insbesondere Bauprojekte, Anlagen und militärische Projekte, also hauptsächlich Großprojekte.[104] Aber auch Haushaltsgeräte, zum Beispiel Kühlschränke, können Gegenstand des Life Cycle Costing sein.

Der nachfragerorientierte Produktlebenszyklus umfasst im Life Cycle Costing alle Kosten von der Entscheidung für ein System bis zur Entsorgung[105], dabei kann der Lebenszyklus des Systems in die Phasen vor der Nutzung, während der Nutzung und nach der Nutzung unterteilt werden. Dies schließt neben der Ver-fügbarkeit des Systems auch dessen Produktivität ein.[106] Nur in einigen Litera-turquellen zum Life Cycle Costing wird die Erlösseite berücksichtigt.[107] Häufig wird die Phase vor der Nutzung weitergehend in die Unterphasen Initiierung, Planung und Realisierung gegliedert. In der Initiierungsphase findet die Prob-lemdefinition statt und die Systemaufgabe wird definiert. Die Planungsphase um-

---

[101] Eine Zusammenführung des anbieterorientierten Produktlebenszyklusmodells und des Life Cycle Costing kann Männel (1992), S. 44, und Zehbold (1996), S. 59 f. entnommen werden.

[102] Vgl. Blanchard (1978), S. 5 f. Blanchard spricht hier vom „consumer-to-consumer-cycle". Auch Klenter bemüht unter dem Begriff Nutzungsdauer in Teilen das Life Cycle Costing, um den Entsor-gungszyklus zu begründen. Vgl. Klenter (1995), S. 80 ff.

[103] Für das Konzept des Life Cycle Costing bzw. für gleichartige Konzepte werden sowohl in der deut-schen als auch in der internationalen Literatur divergierende Begriffe wie Product Life Cycle Cos-ting, Produkt-Lebenszyklusrechnung und lebenszyklusorientiertes Kosten- und Erlösmanagement verwendet. Eine kurze Aufzählung kann Schild (2005), S. 179 f. entnommen werden.

[104] Vgl. beispielsweise Pfohl/Wübbenhorst (1983), S. 143; Kemminer (1999), S. 105 ff., und die dort angegebene Literatur.

[105] Vgl. Elmakis/Lisnianski (2006), S. 6.

[106] Vgl. Verein Deutscher Ingenieure (2005), S. 12 ff.

[107] Vgl. Zehbold (1996), S. 3, und die dort verwendete Literatur.

fasst die Konzeption, das Design und die Konstruktion des Systems. Gegenstand der Realisierungsphase ist die Herstellung, das Testen und das Einführen des Systems.[108]

In der Nutzungsphase oder auch Betriebsphase fallen einerseits wesentliche Kosten an und andererseits bestimmt die Produktcharakteristik bezüglich Qualität und Zeit die Nutzungsbedingungen.[109] Demzufolge steht die Nutzungsphase im Zentrum des Interesses. Durch die Prognose der Kosten unter Einbeziehung der Anschaffungskosten sowie die Berücksichtigung weiterer Faktoren können mögliche Trade-off-Effekte, die sich zum Beispiel in Kostenverschiebungen zwischen einzelne Phasen ausdrücken, dargestellt werden. Im Kontext der Arbeit bedeutet dies, dass mithilfe des nachfragerorientierten Produktlebenszyklusmodells das Produktionssystem hinsichtlich Kosten, Zeit und Qualität optimiert werden kann. Da die anbieterorientierten Produktlebenszyklen von Produkten, die auf solchen Systemen gefertigt werden, sich immer mehr verkürzen und die Lebensdauer dieser Produktionssysteme höher ist, rücken ferner die Bedingungen der Phase nach der Nutzung zunehmend in den Vordergrund. In dieser Phase steht die Beantwortung der Frage nach einer anderweitigen Verwendung, einem Verkauf oder einer Beseitigung des Produktes an.

In der Unternehmenspraxis hat sich das TCO als ein weiteres Konzept zur wirtschaftlichen Analyse bei Beschaffungsentscheidungen herausgebildet.[110] Das TCO entstammt dem IT-Bereich und findet überwiegend dort Anwendung zur transparenten Darstellung der Kosten von IT-Infrastrukturen. In der Literatur wurde das TCO später erweitert, um Entscheidungen für die Beschaffung von industriellen Produkten und Dienstleistungen zu fundieren.[111] Das Life Cycle Costing ist ein wesentlicher Bestandteil des TCO. Für die Beschaffungsentscheidungen von Produkten und vor allem von Dienstleistungen müssen jedoch zusätzlich zu den Anschaffungskosten und den Kosten für die Nutzung physikalischer Produkte weitere lieferantenbezogene Kosten berücksichtigt werden. Gerade diese lieferantenbezogenen Kostenfaktoren, die auch interne Kostengrößen wie Nacharbeit beeinflussen können, werden im Life Cycle Costing nicht explizit betrachtet. Aus diesem Grund stellt das Life Cycle Costing lediglich einen Teil des TCO dar.[112]

Für detaillierte Analysezwecke in der Beschaffung werden im TCO die produktbezogenen Kosten für die Anschaffung und die Nutzung der Sachanlage aus dem Life Cycle Costing und außerdem die anfallenden Transaktionskosten herange-

---

[108] Vgl. beispielsweise Meyer (1986), S. 46; Wildemann (1982), S. 40 ff.
[109] Vgl. Artto (1994), S. 28.
[110] Vgl. Degraeve/Labro/Roodhooft (2005), S. 4.
[111] Vgl. Heilala/Helin/Montonen (2006), S. 3970 f.
[112] Vgl. Ellram (1995a), S. 5.

zogen.[113] Als ein Element der Neuen Institutionenökonomik betrachtet die Transaktionstheorie die Kosten, die mit Austauschgeschäften einhergehen. Die Transaktionskostentheorie schafft somit eine theoretische Fundierung für das TCO. Im TCO können einer Beschaffungsentscheidung alle relevanten Kosten sowohl mit Blick auf das Produkt als auch auf das Verhalten des Lieferanten zugeordnet werden. Für das TCO ist das nachfrageorientierte Produktlebenszykluskonzept eine Voraussetzung zur Strukturierung und Zurechnung der Kosten. Am TCO wird die Notwendigkeit der Erweiterung von Produktlebenszykluskonzepten für spezifische Entscheidungssituationen augenscheinlich.

2.2 Kritische Würdigung und Erweiterung von Produktlebenszykluskonzepten

Vorrangige Intention des Kapitels ist die ausführliche Darstellung von produktbezogenen Lebenszykluskonzepten. Bei der Auseinandersetzung mit der Literatur zu Produktlebenszykluskonzepten wird eine Vielfalt von Modellen, Begrifflichkeiten und Themenschwerpunkten offenkundig. Für den weiteren Gang der Arbeit werden im Folgenden Produktlebenszyklusmodelle mit Blick auf die Eignung für das Produktlebenszyklusmanagement beurteilt. Hierbei wird sich auf den anbieterorientierten Produktlebenszyklus konzentriert, da dieser Grundlage für das Produktlebenszyklusmanagement und das Produktlebenszyklus-Controlling ist. Am Anfang der Bewertung der anbieterorientierten Produktlebenszyklusmodelle steht die Eingrenzung der Anwendungsmöglichkeiten. Danach werden Stärken und Schwächen des Ansatzes herausgearbeitet, bevor der Ansatz erweitert wird. Um den anbieterorientierten Produktlebenszyklus betrachten zu können, ist es dennoch sinnvoll, den nachfrageorientierten Produktlebenszyklus für die Optimierung der Fertigungskosten zu verwenden. Zusätzlich kann der nachfrageorientierte Ansatz zur Optimierung der Betriebskosten bei dem Kunden eingesetzt werden. Dies kann das Absatzpotenzial des Produktes positiv beeinflussen. Daher wird auch das nachfrageorientierte Konzept in seiner Aussagekraft bewertet.

Typologie von Produktionssystemen zur Strukturierung von Einflussfaktoren und zur Einordnung von produktbezogenen Lebenszykluskonzepten

Kein Unternehmen gleicht einem anderen. Die Divergenzen zeigen sich in einer Vielfalt an Faktoren und Strukturen, die sich auf die Steuerung eines Produktlebenszyklus auswirken. Um ein Unternehmen zu beschreiben, können viele Kon-

---

[113] Vgl. Ellram (1995a), S. 5 f.

zepte und Methoden genutzt werden.[114] Angesichts des Kernthemas der Arbeit ist die Typologie des Produktes und des Produktionssystems von Interesse, da das Produktionssystem besonders die Kostenseite beeinflusst. Für ein Produktionssystem einschließlich der Typisierung eines Produktes können der Literatur eine Vielzahl an Typologien entnommen werden.[115] Grafisch kann man eine Typologie in Form eines Morphologischen Kasten darstellen. Die Grobgliederung der Merkmale in der Typologie eines Produktionssystems fußt meist auf der Einteilung nach Input, Transformationsprozess und Output.[116] Tabelle 1 fasst relevante Merkmale und deren Ausprägungen zur Typisierung eines Produktionssystems unter dem Fokus des Produktlebenszyklus zusammen. Die vorliegende Typologie ist ein „offenes Merkmalsystem", das es ermöglicht, zusätzliche Merkmale hinzuzufügen.[117]

Mit Sachleistungen, Dienstleistungen und hybriden Leistungsbündeln wird der **Charakter der Produkte** ausgedrückt. Sachleistungen kann man mit dem anbieterorientierten Ansatz abbilden. Dienstleistungen haben zwar immaterielle Eigenschaften, trotzdem kann ein anbieterorientierter Ansatz angewendet werden. Hybride Leistungsbündel bzw. hybride Produkte setzen sich aus einem Mix mehrerer materieller und immaterieller Teilleistungen zusammen.[118] Für die Anwendung eines Lebenszykluskonzeptes für hybride Leistungsbündel muss fixiert werden, welche Teilleistungen Gegenstand der Lebenszyklusbetrachtung sein sollen und wie einzelne Teilleistungen einbezogen werden.

---

[114] Zu nennen sind die Typologie, die Klassifikation und der Konfigurationsansatz von Mintzberg. Im Konfigurationsansatz wird der Versuch unternommen, eine Organisation – ein Unternehmen – mit verschiedenen Aspekten dynamisch abzubilden. Vgl. Mintzberg (1979), S. 299 ff. Dennoch muss der Konfigurationsansatz in diesem Kontext verworfen werden, da dort ausdrücklich organisatorische Themen behandelt werden. Auch die Klassifikation kann hier nicht weiterhelfen, weil sie den Untersuchungsgegenstand nach nur einem Merkmal gliedert und dies nicht der Komplexität eines Unternehmens genügt. Lediglich eine Typologie, welche zwar auf einer klassifikatorischen Ordnung basiert, kann mittels der gleichzeitigen Verwendung mehrerer Merkmale eine sinnvolle Aussagekraft herstellen. Vgl. Corsten (2007), S. 28; Typologie als Ergebnis eines Gruppierungsprozesses meint die Einteilung eines Objektbereiches anhand mehrerer Merkmale. Zu den Unterschieden zwischen Typologie und Klassifikation: vgl. Bailey (1994), S. 4; Knoblich (1972), S. 142 f.; Castan (1963), S. 10 ff.

[115] Vgl. zum Beispiel Corsten (2007), S. 28 ff.; Dyckhoff/Spengler (2005), S. 13 ff.; Kern (1992), S. 82 ff.

[116] Vgl. Corsten (2007), S. 28; Dyckhoff/Spengler (2005), S. 13.

[117] Vgl. Knoblich (1972), S. 143.

[118] Vgl. Engelhardt/Kleinaltenkamp/Reckenfelderbäumer (1993), S. 407; Das Thema hybride Leistungsbündel wird ferner unter den Begriffen industrielle Dienstleistungen und bundling behandelt. Zu den einzelnen Themen: vgl. Engelhardt/Kleinaltenkamp/Reckenfelderbäumer (1993), S. 407 ff.; Engelhardt (1996), Sp. 327 ff.; Woratschek (1996), S. 59 ff.; Homburg/Garbe (1996), S. 253 ff.; Stremersch/Tellis (2002), S. 55 ff.

Merkmale		Ausprägungen		
	Charakter der Hauptprodukte	Sachleistung	Hybride Leistungsbündel	Dienstleistung
	Verwendung der Erzeugnisse	Investitionsgüter	Konsumgüter	
			Gebrauchsgüter	Verbrauchsgüter
	Spezifizierungsgrad	Individuelle Produkte	Standardisierte Produkte	
	Absatzstruktur	Auftragsorientierte Produktion	Marktorientierte Produktion	
	Sachzielbezug der Outputobjekte	Hauptprodukte	Nebenprodukte	
Erzeugungsorientierte Typisierung	Technologie	Chemische Technologie	Physikalische Technologie	Biologische Technologie
	Abstimmung des Materialflusses	Kontinuierliche Produktion	Diskontinuierliche Produktion	
	Wiederholungsgrad, Struktur der Auflagengröße	Einzelproduktion	Mehrfachproduktion	
			Serienproduktion	Massenproduktion
	Art der Verbundenheit	Kuppelproduktion	Alternativproduktion	

Tabelle 1: Merkmale der Typologie eines Produktionssystems zur Einordnung von Lebenszykluskonzepten für Produkte[119]

In der **Verwendung der Erzeugnisse** kann zwischen Investitionsgütern und Konsumgütern unterschieden werden. In beiden Ausprägungen kann der anbieterorientierte Ansatz genutzt werden, dabei lässt sich die Ausprägung Konsumgüter weiter in Verbrauchsgüter und Gebrauchsgüter unterteilen. Während für Konsumgüter anbieterorientierte Produktlebenszyklusmodelle gebräuchlich sind, sind diese für Investitionsgüter nicht immer einsetzbar. Dies liegt am **Spezifizierungsgrad.** Der **Spezifizierungsgrad** gibt an, ob individuelle oder standardisierte Produkte hergestellt werden. Die *anbieterorientierte Sichtweise* fokussiert standardisierte Produkte, deshalb müsste diese für individuelle Produkte beispielsweise auf die Produktgruppe abgeändert werden. Eine ähnliche Argumentation wie für die individuellen Produkte kann für die auftragsorientierte Produktion herangezogen werden. Neben der auftragsorientierten Produktion kann das Merkmal **Absatzstruktur** die Ausprägung marktorientierte Produktion annehmen. In der Unterscheidung nach dem **Sachzielbezug der Outputobjekte** ergeben sich die Ausprägungen Haupt- und Nebenprodukt. Nebenprodukte können erwünscht oder unerwünscht bei der Produktion der Hauptprodukte entstehen. Obwohl beide Ausprägungen anfallen können, wird im *anbieterorientierten Ansatz* die Aufmerksamkeit eher auf den Hauptprodukten ruhen.

Ein Merkmal der erzeugungsorientierten Typisierung ist die **Technologie**, welche in eine chemische, eine physikalische oder eine biologische Technologie differenziert wird. Für das Produktlebenszykluskonzept kann die Technologie be-

---

[119] In Anlehnung an: Corsten (2007), S. 30 ff.; Dyckhoff/Spengler (2005), S. 13 ff.; Für den Bereich der erzeugnisorientierten Typisierung wurde überdies auf die Warentypologie zurückgegriffen. Eine Warentypologie entwickelt Knoblich (1969). Riezler sieht die Anwendung einer Lebenszyklusrechnung und somit eines (in diesem Fall anbieterorientierten) Produktlebenszykluskonzeptes besonders im industriellen Großseriengeschäft als gegeben an. Vgl. Riezler (1996), S. 10.

deutend sein, denn in der Produktion müssen die Bedingungen der Technologie beachtet werden. Dies betrifft u. a. die Steuerung der Produktion, welche bei der physikalischen Technologie mit Stücklisten und bei der chemischen Technologie mit Rezepturen geschehen kann. Des Weiteren kann in einigen Fällen der zeitliche, betriebswirtschaftliche Planungshorizont, wie bei der Forstwirtschaft, überschritten werden. Ein Baum kann mehrere hundert Jahre alt werden. Das Beispiel aus der Forstwirtschaft belegt, dass der *anbieterorientierte Ansatz* nicht auf den Wald sondern nur auf weiterverarbeitete Produkte, die aus Holz bestehen, bezogen werden kann. Anders stellt sich die Situation für Produkte der Biotechnologiebranche dar. Hier ist es denkbar, einen *anbieterorientierten Ansatz* beispielsweise für Medikamente einzusetzen. Während für die physikalische Technologie Stücklisten genutzt werden, sind für die chemische Technologie Rezepturen maßgebend. Eine schwierige Situation kann sich für den *anbieterorientierten Ansatz* für das Merkmal **Abstimmung des Materialflusses** ergeben. Grund hierfür ist die Ausprägung „diskontinuierliche Produktion", denn dort ist es denkbar, dass erhebliche Sortenunterschiede auftreten, die eine Zusammenfassung der Sorten innerhalb eines Produktlebenszyklus verhindern können.

Der **Wiederholungsgrad bzw. die Struktur der Auflagengröße** ist gerade für die *anbieterorientierte Sicht* ein immanent bedeutungsvolles Merkmal. Man kann die Einzel- und die Mehrfachproduktion unterscheiden. Die Massenproduktion als Unterkategorie der Mehrfachproduktion grenzt sich von der Serienproduktion durch eine Fertigung hoher Stückzahlen nur einer Produktart über einen langen Zeitraum ab.[120] Aus *anbieterorientierter Sicht* ist die Mehrfachproduktion interessant. Für die Einzelproduktion kann im Rahmen der Anwendung der *anbieterorientierten Sichtweise* der Umweg über den Lebenszyklus einer bestimmten Technik oder einer Produktgruppe gewählt werden. In der Kuppelproduktion und der Alternativproduktion können mit einem dauerhaften Produktionsfaktor mehrere Produkte hergestellt werden. Beide Ausprägungen gehören zum Merkmal **Art der Verbundenheit**. Das Wesen der Kuppelproduktion ist die zwangsweise gleichzeitige Erzeugung mehrerer Produkte. In der Alternativproduktion herrscht eine Fertigungssituation, in der die Ausbringungsmenge der Produkte mit Ausnahme von Kapazitätsrestriktionen frei wählbar ist. Insbesondere in der Kuppelproduktion ist der *anbieterorientierte Ansatz* nur auf die Hauptprodukte bezogen sinnvoll. Bei der Alternativproduktion können alle Produkte als Hauptprodukte angesehen werden, da unerwünschte Nebenprodukte ausgeschlossen werden können. Demnach kann die *anbieterorientierte Perspektive* für alle Produkte zweckmäßig angewendet werden.

---

[120] Vgl. Steven (1994), S. 129 ff.

In der vorangestellten Abhandlung zur Typologie von Unternehmen mit Blick auf das Konzept Produktlebenszyklus wurde die anbieterorientierte Sichtweise den Ausprägungen der Merkmale zugeordnet. Zu beachten ist, dass ein Unternehmen immer durch mehrere Merkmale beschrieben wird und daher Überschneidungen in den Aussagen der isolierten Betrachtung auftreten können. So ist es vorstellbar, dass ein Serienfertiger auftragsorientiert arbeitet. In diesem Fall überschneiden sich die getrennten Aussagen hinsichtlich der Anwendbarkeit des *anbieterorientierten Ansatzes*. Das Merkmal **Absatzstruktur** tritt hier in der Gewichtung hinter dem Merkmal **Wiederholungsgrad bzw. Struktur der Auflagengröße** zurück. Demzufolge ist es notwendig, die Konstellation der Merkmale einzelfallweise im Ganzen zu prüfen. Das Beispiel zeigt weiterhin, dass eine gewisse Hierarchisierung bei Merkmalen in Bezug auf die Anwendung eines Produktlebenszyklus vorgenommen werden kann. Für den *anbieterorientierten Ansatz* sind besonders die Merkmale **Wiederholungsgrad** und **Sachzielbezug des Outputobjektes** ausschlaggebend. Es ist deutlich geworden, dass die Anwendung des Konzeptes Produktlebenszyklus und somit die Steuerung desselben mit dem Typus des Produktionssystems und des Produktes eng verbunden ist. Tabelle 2 fasst die Merkmale, deren Ausprägung und spezifische Charakteristika für die anbieterorientierte Perspektive zusammen.

Merkmal	anbieterorientierte Perspektive
Bezugsobjekt	Serienprodukte
Ursprung des Ansatzes	Marketing
wichtigster Kennwert	Absatz
fokussierte Phase	Marktphase
wichtiger Gebrauchswert mindernder Prozess	Technisch ökonomische Prozesse
Verwendung der Erzeugnisse	Konsumgut
Spezifizierungsgrad	standardisierte Produkte
Wiederholungsgrad	Serienfertigung
Sachzielbezug	Hauptprodukte
Charakter der Hauptprodukte	Sachleistung

Tabelle 2:   Systematisierung der Anwendung des anbieterorientierten Produktlebenszyklus[121]

---

[121] Eigene Darstellung.

Der anbieterorientierte Ansatz und dessen Erweiterung als Ansatzpunkt für
ein Product Lifecycle Management

Lebenszyklusmodelle wie die anbieterorientierten Produktlebenszyklusmodelle haben sich in der betriebswirtschaftlichen Literatur und Praxis fest etabliert. Anwendungsbereiche des Produktlebenszykluskonzeptes sind zum Beispiel das Marketing-, das Produktmanagement, F&E etc.[122] Anfänglich stand der Absatzverlauf in der Marktphase im Vordergrund. Durch die zusätzliche Betrachtung der Phasen vor und nach der Marktphase können weitere Interdependenzen analysiert und verdeutlicht werden. Unter der Voraussetzung der Identifizierung von Marktphasen können zum Beispiel für das Produktprogramm Aussagen bezüglich der Sortimentzusammensetzung getroffen werden. Zudem können Anhaltspunkte für Anforderungen an die Funktionsbereiche eines Unternehmens in Abhängigkeit der Lebenszyklusphase eruiert werden.[123] Das Konzept des Produktlebenszyklus wird letztlich weniger zur Erklärung von Phänomenen als vielmehr zur phasenorientierten Gestaltung herangezogen.[124] Es fördert diesbezüglich eine umfassende Perspektive und das Denken in Veränderungen,[125] womit sich die Entscheidungsorientierung und Bedeutung des Konzeptes erklären lässt. Gerade die gezielte Beeinflussung des Produktlebenszyklus ist ein wesentlicher Aspekt dieser Arbeit.

In der Literatur ist eine Vielzahl an Arbeiten zu finden, die sich mit dem Produktlebenszyklus aus verschiedenen Blickwinkeln beschäftigen. Dabei sind Unterschiede, zum Beispiel in den Begrifflichkeiten[126], in der Anzahl und der Abgrenzung der einzelnen Lebensphasen[127] sowie in der Intention und dem Umfang des Modells[128] zu konstatieren. Unterschiede in der Reichweite der Konzepte betreffen vor allem die Berücksichtigung der der Marktphase vor- und nachgelagerten Phasen und die Integration von Produktionsthemen. Aufgrund dieser Divergenzen und deren Auswirkungen auf den Grad der Anwendbarkeit für eine Steuerung des Produktlebenszyklus werden im Folgenden für die Arbeit die Termini eindeutig festgelegt und ein geeignetes anbieterorientiertes Produktlebenszyklusmodell, basierend auf dem integrierten Produktlebenszyklus, herausgearbeitet.

---

[122] Vgl. Tellis/Crawford (1981), S. 125; Höft (1992), S. 17, und die dort verwendete Literatur.
[123] Vgl. Welge/Al-Laham (1992), S. 121 f.
[124] Vgl. Meffert (1974), S. 105 ff.; Kemminer (1999), S. 104.
[125] Vgl. Wübbenhorst (1992), S. 249.
[126] Vgl. Schild (2005), S. 159; In dieser Arbeit wird eine Untergliederung in Phasen genutzt, da der Begriff Zyklus zu umfassend für einzelne Abschnitte des Produktlebenszyklus ist. Vgl. Schild (2005), S. 159.
[127] Übersichten zu der Anzahl von Phasen in den Produktlebenszyklusmodellen können beispielsweise Höft (1992), S. 18 ff. entnommen werden. Die unterschiedliche Anzahl der Phasen wird durch divergierende Abgrenzungskriterien bedingt. Für eine Zusammenfassung von Abgrenzungskriterien: vgl. Schumann (1981), S. 23 ff.
[128] In diesem Zusammenhang kann auf die vorgenommene Einteilung in klassische Produktlebenszyklusmodelle, die integrierten Modelle und den systemischen Produktlebenszyklus verwiesen werden.

Die Dreiteilung aus dem integrierten Produktlebenszyklus in Vorlaufphase, Marktphase und Nachlaufphase soll auch hier Basis für das Management des Produktlebenszyklus sein. Zusätzlich wird parallel bzw. integrierend zu diesen drei Phasen eine Produktionsphase berücksichtigt.

Die Vorlaufphase umfasst die einzelnen Phasen bis zur Marktphase und startet mit der Beobachtungsphase. In Bezug auf die Beobachtungsphase sind in der Literatur verschiedene Auffassungen, die das Spektrum von der Ablehnung der Beobachtungsphase bis zur Notwendigkeit mehrerer Beobachtungsphasen abdecken, zu verzeichnen. Die Ablehnung der Beobachtungsphase wird zum einen mit der Ansiedlung von Früherkennungssystemen im strategischen Management und zum anderen mit der nicht eindeutigen Zuordnung dieser Tätigkeiten zu einzelnen Produkten begründet.[129] Diesem Standpunkt kann nicht gänzlich gefolgt werden, denn tatsächlich können für einzelne Produkte Themen, zum Beispiel die Beobachtung neuartiger Technologien, Gegenstand der Beobachtungsphase sein. Beobachtungsphasen gehören deshalb dann in das Konzept des Produktlebenszyklus, wenn in ihnen produktspezifische Angelegenheiten fokussiert werden.

In den vielen Literaturquellen zum Thema Produktlebenszyklus werden die Forschung und insbesondere die Entwicklung in der Entstehungsphase betrachtet, wobei keine differenzierte Untersuchung beider stattfindet.[130] Dies ist jedoch für die Steuerung notwendig, da mit beiden unterschiedliche Risiken sowie zeitliche und kostenmäßige Aufwendungen verbunden sind. Um eine trennscharfe Abgrenzung zwischen Forschungs- und Entwicklungstätigkeiten zu erhalten, soll die Spezifikation des Produktes in Form des Pflichtenheftes[131] als Ausgangspunkt für die Entwicklung dienen. Mit dem Pflichtenheft sind alle Produktfunktionalitäten und -komponenten dergestalt beschrieben, dass alle notwendigen Erkenntnisse für die weitere Arbeit zur Verfügung stehen. Somit finden nahezu alle Forschungstätigkeiten im Vorfeld der Pflichtenhefterstellung statt.

Für den optimalen Instrumenteneinsatz ist es sinnvoll, den Realisierungsprozess stärker zu unterteilen. Um dies tun zu können, wird der Realisierungsprozess mithilfe des Innovations- und Entwicklungsprozess detailliert, in dem der Realisierungsprozess in die einzelnen Phasen des Innovations- und Entwicklungsprozesses aufgegliedert wird. Dies wird im Folgenden dargestellt. Im integrierten Pro-

---

[129] Vgl. Schild (2005), S. 159; Wie bereits dargestellt, werden im systemischen Produktlebenszyklus mehrere Beobachtungsphasen gefordert.

[130] Vgl. beispielsweise Cunningham (1969), S. 3; Back-Hock (1988), S. 22 f. Pfeiffer und Bischof beziehen eine Forschungsphase nur dann mit ein, wenn Zeit zur prinzipiellen Lösung des technischen Problems benötigt wird. Vgl. Pfeiffer/Bischof (1974), S. 640.

[131] Nach der DIN (Deutsches Institut für Normung e. V.) 69901 Teil 5 enthält ein Pflichtenheft die Realisierungsvorhaben auf Basis der Anforderungen des Auftraggebers. Vgl. DIN (2009), S. 10. Zur Projektsteuerung ist es hilfreich, ein Pflichtenheft anzulegen.

duktlebenszykluskonzept umfasst die Entstehungsphase F&E und die Produktions- bzw. Absatzvorbereitung. Eine Detaillierung bietet sich für den Entwicklungsprozess und die Produktionsvorbereitung an. Der Entwicklungsprozess und der Innovationsprozess variieren nicht nur von Branche zu Branche, es sind in der Literatur allgemein unterschiedliche Phaseneinteilungen zu finden.[132] Demzufolge gibt es keinen Standardprozess, der die Realisierungsphase allgemein spezifizieren kann.[133] Der Entwicklungsprozess muss dabei branchenbezogen angepasst werden.

Eine Übersicht einer solch detaillierten Darstellung verschiedener Modelle des Innovationsprozesses bietet Mansfield, wie in Abbildung 3 gezeigt wird. Für eine konkrete Steuerung des Produktlebenszyklus in der Entstehungsphase bietet es sich an, zusätzlich zum integrierten Produktlebenszyklus weitere Phasen zu unterscheiden, die dann Bestandteil eines Stage-Gate-Systems sein können.[134] Gegenüber dem integrierten Produktlebenszyklus betrifft die Anpassung insbesondere die Produktionsvorbereitung. Denn neben der eigentlichen Produktentwicklung müssen frühzeitig die Fertigungsprozesse und Betriebsmittel entwickelt und geplant werden, um die Machbarkeit sicherzustellen und eine umfassende Produktplanung durchführen zu können. Weitere Abläufe, die demnach zusätzlich berücksichtigt werden sollten, sind die Fertigungsprozessplanung, die Werkzeugherstellung und die betriebswirtschaftliche Produktplanung.[135] Aufgrund der Individualität und Komplexität des Innovationsprozesses sind dessen Detaillierung Grenzen gesetzt. Nicht mehr zum Realisierungsprozess sondern zum Entstehungsprozess gehört die Produktionsprozesserprobung. Diese wird im Rahmen des Produktionsanlaufs durchgeführt, da hierfür die Serienproduktionssysteme benötigt werden.

---

[132] Siehe zum Beispiel Lonsdale/Stasch (1986), S. 36; Cooper/Kleinschmidt (1993), S. 26 ff.
[133] Vgl. Prašnikar/Škerlj (2006), S. 691.
[134] Als Stage-Gate-System wird die prozessorientierte Planung von Innovationen bezeichnet. Für ein Stage-Gate-System ist es dringend erforderlich, die Phasen des integrierten Produktlebenszyklus unternehmens- und Produktspezifisch zu untergliedern. Vgl. Cooper (1990), S. 45.
[135] Hier wurde der integrierte Produktlebenszyklus zugrunde gelegt, wie er bei Zehbold (1996), S. 34 aufgezeigt wird. Die Autorin differenziert im Entstehungszyklus zwischen den Phasen Suche alternativer Problemlösungspotenziale, Alternativenbewertung und -auswahl, Forschung, Entwicklung und Versuch, Prototypenbau sowie Produktions- und Absatzvorbereitung.

US Department Of Commerce	Research-advanced development – basic invention	Engineering and designing the product	Tooling - Manufacturing-engineering	Manufacturing Start up expense	Marketing Start up expense
Mansfield et al.	Applied research / Preparation of project requirements and basic specification	Prototype or Pilot-Plant Design, Construction and testing	Production Planning, tooling, installation of manucaturing facilities	Manufacturing Start up	Marketing Start up
Saville	Preparation of project Requirements and basic specification	Design, Production of prototype, and testing	Production Drawings, Quantity-Production Planning, tooling	Manufacturing time before first Production Models flow off the line	

Abbildung 3: Unterschiedliche Gliederungen des Innovationsprozesses[136]

Das Ergebnis der Entstehungsphase ist ein verkaufsfähiges Produkt. Vertriebsseitig tritt das Produkt in die Marktphase ein. In der Betrachtung der Marktphase wird zur Vereinfachung von einer Kongruenz von Nachfragephase und Angebotsphase ausgegangen.[137] Auf die Marktphase wird an dieser Stelle nicht näher eingegangen, da diese schon hinreichend dargestellt wurde. Produktionsseitig beginnt nach der Entstehungsphase die Produktionsphase. Die Marktphase und die Produktionsphase weisen zwar eine enge Verknüpfung auf, jedoch sind die Fragestellungen und Managementmethoden unterschiedlicher Natur. Daher kann hier Schild nicht gefolgt werden, der eine gemeinsame Betrachtung von Markt und Produktion favorisiert.[138]

Um die Aussagekraft zu erhöhen ist es sinnvoll, auch die Produktionsphase in Unterphasen zu gliedern. Fertigungsrelevante Phasen, wie die Nullserie, wurden bisher zuweilen in der Entstehungsphase berücksichtigt.[139] Wird die Idee des Produktlebenszyklus an den Bedingungen der Produktion gespiegelt, ergibt sich eine Unterteilung der Produktionsphase. Erste Produkte wurden zwar bereits in der Prototypenphase gefertigt, allerdings nicht unter Serienbedingungen. Deshalb wird die Prototypenphase nicht in die Produktionsphase aufgenommen. Die Produktionsphase kann in drei Phasen – Produktionsanlauf[140], abgesicherte Serien-

---

[136] In Anlehnung an Mansfield et al. (1971), S. 112.
[137] Die Gründe für das Auseinanderfallen von Nachfragephase und Angebotsphase können sehr unterschiedlich sein. Eine solche Differenzierung ist beispielsweise für schnell verderbliche Produkte und für Auftragsprodukte weniger relevant. Außerdem wird eine geringe Lagerhaltung angestrebt, wodurch eine zeitliche Übereinstimmung beider Phasen ein Ziel des Vertriebs und der Logistik ist. Zur vertiefenden Diskussion: vgl. Ellinger (1961), S. 584 ff. Die Unterscheidung der Phasen ist für die Steuerung des Produktlebenszyklus daher lediglich aus Sicht der Liquidität und Kapitalbindung interessant.
[138] Vgl. Schild (2005), S. 159.
[139] Vgl. Siegwart/Senti (1995), S. 20 ff.
[140] Die Anlaufsphase als Übergangsphase zwischen Entwicklung und Produktion wird zum Beispiel bei Pfohl und Gareis benannt. Vgl. Pfohl/Gareis (2000), S. 1191; Eine Übersicht zu Begriffsbildungen und Definitionen finden sich bei Winkler (2007), S. 12.

produktion[141] und Produktionsauslauf – gegliedert werden. Der Produktionsanlauf schließt sich an die Produktionsvorbereitung an und umfasst die Pilotserien, also die Vor- und die Nullserie, sowie den Produktionshochlauf.[142]

Dem Produktionsanlauf kommt vor allem bei sich verkürzenden Produktlebenszyklen eine entscheidende Bedeutung für die Wirtschaftlichkeit zu, da sich einerseits die Amortisationszeit verkürzt und anderseits in der Markteinführungsphase, welche die Produktionsanlaufphase überlappt, der Zeitwettbewerb und die gefüllten Distributionskanäle wichtige Erfolgsfaktoren sind. Durch Verkürzung der Produktlebenszyklen nimmt zudem die Anzahl der Produktionsanläufe zu. Im Produktionsanlauf scheitern viele Unternehmen an den gesetzten technischen und wirtschaftlichen Zielen, da häufig ein definierter Prozess fehlt bzw. dieser qualitativ nicht ausreichend ist und somit der Prozess nicht beherrscht wird.[143] Der Produktionsanlauf ist der Übergang von der Entwicklung zur Produktion. Die Schwierigkeiten im Produktanlauf rühren aus der Problematik, dass ein technisch neuartiges Produkt durch teilweise neue Mitarbeiter und neue Organisationsstrukturen mittels neuartiger Steuerungen und Fertigungstechnologien in neue Infrastrukturen eingebunden wird.[144] Insbesondere diese Phase zeichnet sich daher durch eine hohe Unsicherheit, eine Vielfalt von Störeinflüssen, oft reaktives Management und unrealistische Planwerte aus.[145]

In der Vorserie und der Nullserie werden erste Produkte in höheren Stückzahlen auf den Produktionssystemen gefertigt, jedoch dienen diese Phasen der Prozesserprobung. Während in der Nullserie mit Serienwerkzeugen gearbeitet wird, ist dies in der Vorserie nicht der Fall.[146] Bis zum Start of Production (SOP), der das Ende der Prozesserprobung markiert, werden keine Produkte für den Vertrieb freigegeben. Mit dem SOP beginnt bis zum Erreichen der Kammlinie[147] der Produktionshochlauf. Während dieser Phasen steigt die Fertigungsstückzahl stetig. Die schnelle Erreichung der verlangten Stückzahl ist ein wesentliches Ziel des Anlaufmanagements. Der größte Teil der produktionswirtschaftlichen Literatur befasst sich mit der abgesicherten Serienproduktion. Aus diesem Grund wird die

---

[141] Von einer abgesicherten Serienproduktion ist die Rede, wenn die Produktion stabil läuft und die Kammlinie, Durchlaufzeitvorgaben sowie Qualitätsvorgaben erreicht werden. Vgl. Pfohl/Gareis (2000), S. 1198.

[142] Zu unterschiedlichen Auffassungen hinsichtlich der Phasenabgrenzung: vgl. Winkler (2007), S. 12 f. Auch hier kann eine Unterscheidung nach der Perspektive vorgenommen werden. Dabei ist zu trennen, ob der Produktionsanlauf aus Sicht des Produktes oder aus Sicht des Produktionssystems betrachtet wird. Vgl. Winkler (2007), S. 10 ff.

[143] Vgl. Kuhn et al. (2002), S. 1 ff. und S. 12 ff.

[144] Vgl. Wildemann (2005), S. 44.

[145] Vgl. Winkler (2007), S. 2 f.

[146] Vgl. Risse (2002), S. 80; Wangenheim (1998), S. 63 ff.

[147] Die Kammlinie stellt die maximale Produktionskapazität für ein Produkt dar. Vgl. Pfohl/Gareis (2000), S. 1198.

abgesicherte Serienproduktion in der vorliegenden Arbeit nicht näher thematisiert.

Am Ende des Lebenszyklus befindet sich der Produktionsauslauf. Im Produktionsauslauf sinken die Stückzahlen bis zum End of Production (EOP). Die Herausforderungen des Produktionsauslaufs liegen in der Fertigung von Ersatzteilen, der Umsetzung von Desinvestitionsaufgaben und einem folgenden Produktionsanlauf eines neuen Produktes. Im Produktionsauslauf wird die Stückzahl bis auf Null gesenkt.

Der Markt- und Produktionsphase schließt sich die Nachlaufphase an. In dieser werden Themen wie unternehmensbezogene Desinvestitionsaufgaben, kundenbezogene Entsorgungsaufgaben und kundenbezogene Serviceaufgaben sowie Garantieleistungen relevant.[148] Wie im Rahmen des integrierten Produktlebenszyklus erörtert wurde, bindet ein Produkt weiterhin Ressourcen im Unternehmen und kann Quelle für zusätzliche Erlöse sein. Demzufolge muss die Nachlaufphase im Produktlebenszyklusmodell berücksichtigt werden. Gerade im Fall von hybriden Leistungsbündeln sind die mit dem Produkt verbundenen Leistungen Kostenträger sowie Quellen von Erlösen. Hybride Leistungsbündel führen zu einem weiteren Lebenszyklusmodell – dem Service Life Cycle, das bei komplexen Gütern für eine Sichtweise bedeutungsvoll ist. Der Service Life Cycle wird im Kontext des Produktlebenszyklus in vier Stadien unterschieden. Überlegung des Service Life Cycle ist die Betreuung eines Produktes, zum Beispiel durch Wartungsdienstleistungen, über dessen Kauf hinaus. Dadurch dauert der Service Life Cycle länger als der anbieterorientierte Produktlebenszyklus.[149]

Resümierend wird ein erweiterter integrierter Produktlebenszyklus für die Arbeit zugrunde gelegt. Die Abbildung 4 stellt den erweiterten integrierten Produktlebenszyklus mit einzelnen Phasen vereinfacht dar. In der grafischen Darstellung wird auf eine weitergehende Unterteilung der Phasen verzichtet, um die Struktur aufzeigen zu können. Die Kurven im linken Bereich der Abbildung verdeutlichen, dass der Grad der Ungewissheit im Zeitablauf abnimmt, während die Intensität der Aktion und Reaktionen zunimmt. Die Intensität der Aktionen bzw. Reaktionen bezieht sich auf die Wettbewerber im Umfeld.

---

[148] Vgl. Schild (2005), S.166 ff.
[149] Vgl. Potts (1988), S. 32 f.

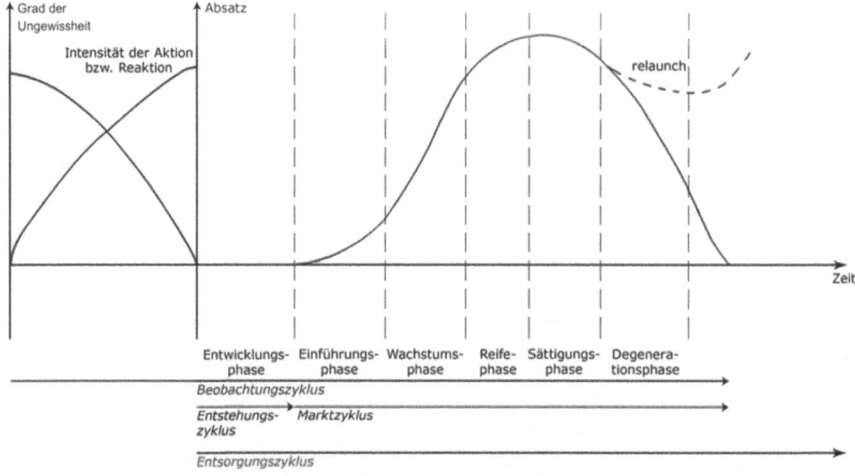

Abbildung 4:   Erweitertes integriertes Produktlebenszyklusmodell[150]

Anhand der Ausführungen wurden die Vorteile der anbieterorientierten Produkt-
lebenszyklusbetrachtung deutlich. Konzepte des Produktlebenszyklus sind dennoch mit einigen Schwierigkeiten behaftet, die bei dessen Anwendung beachtet
werden müssen. Deshalb werden im Folgenden einige wesentliche Kritikpunkte
erläutert. Das anbieterorientierte Produktlebenszykluskonzept wird in der Literatur oft in seiner klassischen Form dargestellt und gewürdigt. Dabei ist es manchmal erheblicher Kritik ausgesetzt. Ein maßgeblicher Kritikpunkt ist der idealtypische Kurvenverlauf, der theoretisch durch die Diffusionsforschung gestützt wird.
In der Literatur wird die Nachweisbarkeit von idealtypischen Kurvenverläufen
dennoch kontrovers diskutiert, da – wie in der vorangegangenen Schilderung
deutlich wurde, in empirischen Studien eine Vielzahl von Kurvenverläufen dokumentiert wurde.[151] Ingesamt bleibt festzuhalten, dass ein spezifischer Kurvenverlauf für die Analyse und Prognose der Absatzzahlen zu nutzen ist. Es muss
klar sein, ob das Produkt beispielsweise eine Modeerscheinung ist.

Des Weiteren existiert keine monokausale Beziehung zwischen Absatz, Deckungsbeitrag und Zeit. Vielmehr wird der Kurvenverlauf durch die Handlungen
des Unternehmens und anderer Marktteilnehmer beeinflusst.[152] Damit wird das
idealtypische Konzept Produktlebenszyklus als Erklärungsmodell eingeschränkt.
Aber gerade der Aspekt der Gestaltbarkeit des Kurvenverlaufs durch das Unternehmen selbst spricht für das Konzept als Grundlage für eine Steuerung. Dhalla

[150] In Anlehnung an Zehbold (1996), S. 34.
[151] Vgl. Cox Jr. (1967), S. 381 ff.; Kotler/Keller/Bliemel (2007), S. 1006 ff.; Dhalla/Yuspeh (1976), S.
103 ff.; Höft (1992), S.40; Kemminer (1999), S. 103.
[152] Vgl. Polli/Cook (1969), S. 386 ff.; Siegwart/Senti (1995), S. 7; Porter (1999), S. 216 ff. Dieses spiegelt sich im synthetischen Lebenszyklusmodell wider. Vgl. Meffert (1974), S. 99 ff.

und Yuspeh sehen hierbei die Gefahr einer „self-fulfilling prophecy"[153]. Voraussetzung für die Anwendung des Produktlebenszyklus ist die Festlegung des Aggregationsniveaus. Es ist zu bestimmen, ob Produktgattungen, Produktmodelle oder einzelne Produktvarianten betrachtet werden.[154]

Die exakte Untersuchung der Produktposition im Produktlebenszyklus kann durch die unklare Phasenabgrenzung erschwert werden. Eine unklare Phasenabgrenzung kann auf die von Konzept zu Konzept schwankende Zahl der Phasen und auf die in einigen Konzepten vorherrschenden fließenden Phasenabgrenzungen zurückgeführt werden.[155] Durch die Kombination mehrerer Kriterien und die Betrachtung von Trends wird eine Bestimmung der Situation ermöglicht.[156] Dennoch besitzen Handlungsempfehlungen, bezogen auf einzelne Marktphasen, wegen der schwierigen Phasenabgrenzung und der fehlenden Allgemeingültigkeit eine beschränkte Aussagekraft.[157]

Als Fazit kann festgestellt werden, dass die Kritik am anbieterorientierten Produktlebenszyklus sich fast ausschließlich auf den Marktzyklus bezieht. Das Produktlebenszykluskonzept hat trotz aller Kritik einen hohen Stellenwert in der betriebswirtschaftlichen und insbesondere in der marketingorientierten Literatur. Wird das klassische Konzept zum integrierten Produktlebenszykluskonzept erweitert, kann zwar der Erklärungswert nicht gesteigert werden, jedoch wird der Gestaltungscharakter des Modells gestärkt.[158] In der Literatur wird im Zusammenhang mit dem anbieterorientierten Produktlebenszyklus von einem integrativen Verständnis gesprochen. Das Produktlebenszykluskonzept wird somit zur Grundlage für die Planung und zum Führungsinstrument erhoben, indem es eine funktions- und periodenübergreifende Integration unterstützt. Dabei dient der Produktlebenszyklus lediglich als strukturgebende Größe. Zur Nutzung des Steuerungspotenzials müssen problem- und unternehmensspezifische Instrumente zur Analyse, Prognose und Gestaltung in das Controlling und das Management eingebunden werden.[159]

Weder im systemischen Produktlebenszyklus noch in anderen Produktlebenszykluskonzepten wird bis dato der Übergang von einem Produktlebenszyklus zu einem anderen neuen Produktlebenszyklus also ein Produktwechsel ausreichend thematisiert. Gleichwohl ist der Produktwechsel ein schwieriger und sensibler

---

[153] Dhalla/Yuspeh (1976), S. 105.
[154] Vgl. Tellis/Crawford (1981), S. 126; Dhalla/Yuspeh (1976), S. 103.
[155] Eine Übersicht über Produktlebenszykluskonzepte und deren unterschiedliche Phasenabgrenzung kann Höft (1992), S. 18 ff. entnommen werden.
[156] Vgl. Scheuing (1970), S.202 ff. Eine Auflistung von Variablen wird von Höft (1992), S. 34 f. aufgezeigt.
[157] Vgl. Meffert (2000), S. 343 f.
[158] Vgl. Kemminer (1999), S. 104.
[159] Vgl. Schild (2005), S. 172 ff., und die dort aufgeführten Quellen.

Prozess im Unternehmen, da er den Übergang zwischen den Lebenszyklen zweier Produkte darstellt, wobei ein Produkt das andere in der Produktion und im Markt ersetzt.[160] Der Produktwechsel kann somit als ein Ergebnis von Innovationen aufgefasst werden. Das bedeutet, dass der Umfang von Innovation hinsichtlich der Auswirkungen auf die bestehende Produktion betrachtet werden muss. Denn ein Produkt mit einem geringen Neuigkeitsgrad wird weniger Probleme bereiten als ein Produkt mit einem hohen Neuigkeitsgrad. Allerdings können mit einem geringeren Neuigkeitsgrad des Produktes auch geringere Chancen einhergehen. Während es in der Vergangenheit häufig kein Vorgängerprodukt gab und alte Fertigungsanlagen vorhanden waren, muss in Zukunft die Ablösung eines bestehenden Produktes bzw. einer bestehenden Produktion berücksichtigt werden, wenn Innovationen umgesetzt werden.[161]

Möchte man sich diesem Thema stärker nähern, sind die im Folgenden aufgeführten Lücken zu schließen. Es sind Produktgenerationen zu definieren. Wobei die Frage zu beantworten ist, wann ein Produkt neu, nur eine Variation oder eine Aufwertung des bestehenden Produktes ist. Hier ist also unter anderem eine Abgrenzung zum Variantenmanagement erforderlich. Ferner ist der Produktwechsel komplex, da zum Beispiel hier viele unterschiedliche Funktionsbereiche beteiligt sind.

Im Produktwechsel überlagern sich die verschiedenen Sichtweisen auf das Produkt, seinen Lebenszyklus und dessen Steuerung. Durch ein Produktlebenszyklusmanagement können Faktoren des Produktwechsels mit einbezogen werden. Es müssen beispielsweise der Auslauf und die Einführung eines Produktes sowohl in der Produktion als auch im Markt betrachtet werden. Zusätzlich müssen die Produktionssysteme mittels des nachfragerorientierten Ansatzes im Anlauf und eventuell in der Desinvestition begleitet werden.

Nachfragerorientierter Ansatz

Das nachfragerorientierte Produktlebenszyklusmodell wird insbesondere durch den Kostendruck zunehmend wichtiger sei es im Bereich der ökologischen Betrachtung maßgeblich unter dem Begriff Life Cycle Assessment[162], als Life Cycle Costing oder im Bereich der Produktion im Zusammenhang mit Betreibermodellen. Der Gedanke des nachfragerorientierten Produktlebenszyklusmodells spiegelt sich methodisch im Life Cycle Costing, im Total Cost of Ownership, im Terotechnolgy und im Life Cycle Assessment wider.[163]

---

[160] Mit Blick auf die Definition „neues Produkt" kann eine Marktsicht und eine Produktionssicht eingenommen werden. Vgl. Schumann (1981), S. 13 ff.
[161] Bezüglich Infrastruktur allgemein: vgl. Malik (2003), S. 28.
[162] Vgl. beispielsweise Reich (2005), S. 253 ff.; Halog (2004), S. 3 ff.
[163] Vgl. Bradley/Dawson (1999), S. 127 ff.

Ein nachfrageorientiertes Produktlebenszyklusmodell eröffnet dem Anwender zum Beispiel die Möglichkeit einer fundierten Preisfindung, die Messung der Produktrentabilität und die Erhöhung der Kostentransparenz für den Kunden. Der Umfang des Einsatzes des Life Cycle Costing als das bekannteste nachfrageorientierte Produktlebenszyklusmodell ist, wie Dunk zeigt, abhängig vom Kundenprofil, der Wettbewerbsintensität und der Qualität des Informationssystems.[164] Die Lebenszykluskostenanalyse unterstützt die Produktbeurteilung hinsichtlich der Kundenbedürfnisse und die Produktkalkulation im Bereich der Fertigungskosten. Für das Life Cycle Costing sind jedoch detaillierte Informationen notwendig.

Alle hier genannten Formen des nachfrageorientieren Produktlebenszykluskonzeptes konzentrieren sich einseitig auf die Kosten und vernachlässigen dabei die Erlösseite. Dies betrifft vor allem das Total Cost of Ownership. Im Zusammenhang mit dem Life Cycle Costing werden zwar zumeist technische Leistungskriterien miteinbezogen, eine explizite Erlösbetrachtung findet jedoch nicht statt.[165] Andere Schwächen des Life Cycle Costing als Kostenrechnungsmethode betreffen die unvollständige Berücksichtigung indirekter Wirkungen, eine ungenügende Ausweisung der Entscheidungsabhängigkeit von Kosten und der inkonsequente Umgang mit periodisierten Rechengrößen.[166] Der letztgenannte Punkt ist Ausgang für die Forderung nach der Einbeziehung finanzmathematischer Methoden.[167] Wie bei allen Instrumenten, die versuchen die Zukunft zu antizipieren, müssen Unsicherheiten beachtet werden.[168]

2.3   Einflussfaktoren auf den Produktlebenszyklus

Im folgenden Kapitel werden grundsätzliche Faktoren für die Steuerung des Lebenszyklus von Produkten herausgearbeitet. Dabei wird besonders auf Faktoren der frühen Produktlebenszyklusphasen eingegangen, weil diese einen großen Einfluss auf den Produkterfolg haben. Hierfür werden neben betriebswirtschaftlichen Aspekten volkswirtschaftliche Einflussfaktoren für Produktlebenszyklen analysiert, um eine umfassende Sichtweise von Produktlebenszyklen und deren Steuerung zu entwerfen.

---

[164]   Vgl. Dunk (2004), S. 401 ff., und die dort verwendete Literatur.
[165]   Vgl. Blanchard (1978), S. 12 f.; Back-Hock (1988), S. 11; Fröhling/Spilker (1990), S. 74.
[166]   Vgl. Riezler (1996), S. 101; Blanchard (1978), S. 10.
[167]   Vgl. Coenenberg/Fischer/Schmitz (1994), S. 29 ff.
[168]   Vgl. Asiedu/Gu (1998), S. 896 f.; Artto (1994), S.32.

2.3.1 Volkswirtschaftliche Aspekte für die Steuerung von Produktlebenszyklen

Die Volkswirtschaft beschäftigt sich ebenso wie die Betriebswirtschaftslehre mit Handlungsfeldern für die Steuerung des Produktlebenszyklus. Zu diesen Handlungsfeldern zählen die Produktgestaltung und der Ablauf von F&E-Aktivitäten. Bei der Produktgestaltung spielt vor allem die Kompatibilität des Produktes zu anderen Produkten eine Rolle. Hinsichtlich des Ablaufs von F&E-Aktivitäten werden der Schutz der Innovation und der Verlauf der Produkteinführung thematisiert.

Bei der Entscheidung für die Durchführung einer Produktinnovation dürfen produktbezogene Markteffekte nicht vernachlässigt werden. Die produktbezogenen Markteffekte wie Netzexternalitäten können durch die Produktgestaltung in Form der Kompatibilität zu anderen Produkten beeinflusst werden. Netzexternalitäten kennzeichnen den Zusammenhang zwischen der Nachfrage unterschiedlicher Konsumenten.[169] Positive Netzexternalitäten meinen Situationen, in denen der Wert des Gutes für den Konsumenten steigt, je mehr Verbraucher gleiche oder kompatible Güter kaufen.[170] Ein viel zitiertes Beispiel für positive Netzexternalitäten ist das Telefonnetz. Durch Auftreten positiver Netzexternalitäten vergrößert sich das potenzielle Marktvolumen und es können mehr Produkte abgesetzt werden. Solche positiven Effekte sind indirekt bei komplementären Produkten in Kombination mit zunehmenden Skalenerträgen anzutreffen.[171] Negative Netzexternalitäten wirken sich dagegen hemmend auf das potenzielle Marktvolumen aus und sind beispielsweise auf Snobeffekte zurückzuführen.[172]

Konsumenten haben hinsichtlich Neuentwicklungen differierende Präferenzen und müssen bei dem Vorliegen von verschiedenen Technologien in ihrer Kaufentscheidung die zukünftige Technologie für sich antizipieren. Dies birgt eine Koordinationsproblematik, welche bei den Konsumenten in übermäßige Aktivität oder Passivität beim Kaufverhalten münden kann.[173]

---

[169] Vgl. Pindyck/Rubinfeld (2005), S. 132; Katz/Shapiro (1985), S. 424.

[170] Der „Bandwagon Effect" ist eine Quelle für positive Netzexternalitäten bzw. wird mit diesen gleichgesetzt. Vgl. Cusumano/Gawer (2002), S. 53; Michihiro/Rob (1998); Der „Bandwagon Effect" wurde erstmals von Leibenstein beschrieben und folgt aus dem Wunsch, modisch zu sein. Vgl. Leibenstein (1950), S. 190 ff.

[171] Vgl. Farrell/Saloner (1985), S. 70 f.

[172] Vgl. Pindyck/Rubinfeld (2005), S. 133 f. Der Snobeffekt beruht auf dem Verlangen eines Menschen nach Exklusivität. Vgl. Leibenstein (1950), S. 189 ff.

[173] Siehe Farrell/Saloner (1985).

Auf der (Unternehmens-) Angebotsseite können Netzexternalitäten Standardisierungstendenzen nach sich ziehen[174], die vom Staat oder von privatwirtschaftlichen Verbänden gefördert werden können.[175] Standardisierungen führen auf der einen Seite zu einer einfacheren Kommunikation, zu Kostensenkungspotenzialen sowie zur Austauschbarkeit von komplementären Produkten und auf der anderen Seite zu einem stärkeren Preiswettbewerb sowie zur Reduktion von Vielfalt für den Konsumenten.[176] Wird keine Standardisierung initiiert, bleibt also die Wahl der Technologie dem Markt überlassen, können Unternehmen durch eine Strategie für oder gegen Kompatibilität[177] die Größe von Konsumentennetzen auf dem Markt beeinflussen. Durch Inkompatibilität können Unternehmen ihre Produkte abschotten und die Größe der Netze reduzieren. Mit einer Entscheidung für kompatible Produktgestaltung vergrößern sich die Netze.[178] Die Gesamtheit der Ausstattung der Konsumenten mit einer Technologie nennt man „installed based".[179]

Innovationen können für die Wettbewerbsfähigkeit eines Unternehmens essenziell sein, haben jedoch den Charakter eines öffentlichen Gutes.[180] Daher müssen Unternehmen Wege eröffnet werden, ihre Aufwendungen für F&E zumindest zu amortisieren. Anderenfalls besteht kein Anreiz F&E-Aktivitäten durchzuführen. Akteure haben nur dann einen Anreiz, Anstrengungen für F&E zu unternehmen, wenn sie daraus Vorteile erhalten. Eine Möglichkeit besteht in der Gewährung von *Patenten*, die dem Inhaber eine Monopolstellung für eine gewisse Zeit einräumen.[181] Patente gewähren „Intellectual Property

---

[174] Unter Standardisierung werden Festlegungen für wiederkehrende Anwendungen (beispielsweise Produkte) verstanden. Vgl. DIN (2007), S. 17; Im Gegensatz zu dieser weit gefassten Definition zielen Wiese/Geisler (1996) besonders auf Verfahren und Merkmale ab. Vgl. hierzu auch Letmathe (2002), S. 23.

[175] Vgl. Tirole (1994), S. 405; Farrell/Saloner (1985), S. 71.

[176] Vgl. Farrell/Saloner (1986), S. 940; Farrell/Saloner (1985), S. 71.

[177] Kompatibilität bedeutet Verträglichkeit bzw. die „... Eignung von Produkten, Prozessen oder Dienstleistungen, gemeinsam unter bestimmten Bedingungen benützt werden zu können, um maßgebliche Anforderungen ohne unannehmbare gegenseitige Auswirkungen zu erfüllen." DIN (2007), S. 23; Ähnlich Katz/Shapiro (1986), S. 823.

[178] Vgl. Farrell/Saloner (1986); Katz/Shapiro (1986), S. 823; Diskussionen zu diesem Thema finden sich bei: Brynjolfsson/Kemerer (1996), S. 1628 f.; Kristiansen (1998), S. 532 f. Die Entscheidung für Kompatibilität kann ein Unternehmen in Kooperation oder einseitig (unter Einsatz eines Adapters) treffen. Eine Basis für die Entscheidung bietet die Anzahl der in der Vergangenheit verkauften, kompatiblen Produkte.

[179] Vgl. Katz/Shapiro (1992), S. 55.

[180] Jede Neuentwicklung vermittelt, wenn sie bekannt wird, Wissen für andere Unternehmen, die dieses Wissen nutzen („free rider") und dadurch keinen Entwicklungsaufwand haben. Vgl. beispielsweise Reinganum (1981), S. 37; Levin (1986), S. 199; Dasgupta (1988), S. 69; Gallini/Scotchmer (2002), S. 53; Dies spiegelt sich zudem im Konzept der Spillover wider.

[181] Vgl. Kamien/Tauman (1986), S. 471 ff.; Gorn (1964), S. 221; Greenhalgh/Longland (2005), S. 308 f. Die Historie von Patenten ist seit Beginn eng mit Monopolstellungen verbunden. Vgl. Klitzke (1964), S. 384 ff. Die Dauer eines Patents variiert zwischen Ländern und beträgt zum Beispiel in den meisten europäischen Ländern 20 Jahre. Vgl. Valoir/Abdon/Wong (2007); Chou/Shy (1991), S. 812; Durch das „Agreement on Trade-Related Aspects of Intellectual Property Rights" werden die Schutzrechte in allen Mitgliedsländern der Welthandelsorganisation durchgesetzt. Vgl. McCalman (2001), S. 161 f.

Rights"[182]. Diese temporäre Monopolstellung gibt dem Unternehmen, welches eine Innovation hervorgebracht hat, die Chance, seine Aufwendungen für Forschung und Entwicklung überzukompensieren. Ein Ertrag mittels Patenten kann überdies durch die Vergabe von Lizenzen realisiert werden[183] und somit den Anreiz für Innovationen intensivieren.

Trotz der Vorteile, die Patente für das besitzende Unternehmen haben, ist die Patentierung nicht immer üblich. So ist in manchen Branchen wie in der Computerbranche die Entwicklung so schnell, dass ein Patent hier nicht immer sinnvoll wäre.[184] Andere Unternehmen bevorzugen gegenüber einem Patent, in dem alle wichtigen Informationen über die Innovation zwangsläufig veröffentlicht werden, die strikte *Geheimhaltung*. So kann bei Bedarf durch Geheimhaltung, zum Beispiel über einen längeren Zeitraum als es Patente vermögen, die Monopolstellung behalten werden.[185] Scherer und Ross sehen für schnelle Imitationen häufig grundsätzliche Hindernisse, die der Innovation zumindest kurzfristig einen alternativen Schutz bieten. Erstens benötigt der Imitator Zeit, um Wissen über die Innovation zu erlangen. Zweitens ist das Imitieren nicht kostenlos. In einigen Branchen müssen Erfahrungen für die Innovation gesammelt und umfangreiche Tests durchgeführt werden. Drittens kann das Image des Technologieführers entscheidend für den Erfolg des Produktes sein.[186]

Während die Entscheidung für den Schutz der Innovation den gesamten Zeitraum eines Produktlebenszyklus betrifft bzw. darüber hinaus reichen kann, haben andere Maßnahmen einen eher kurzfristigen Horizont. Eine solche Maßnahme ist die (Neuprodukt-)Vorankündigungen – „preannouncement" – zu Beginn der Einführungsphase. Durch Neuproduktvorankündigungen können die Konsumenten

---

[182] „Intellectual Property Rights" können als Set von Maßnahmen zur Gewährung einer Monopolstellung verstanden werden. Vgl. Angeles (2005), S. 1; Zu Intellectual Property Rights gehören Patente, Copyright-Rechte und Schutzmarken.

[183] Lizenzen sind beabsichtigte Formen der Technologieverbreitung, bei denen der Urheber einen Gewinn aus der Verwertung seiner Entwicklung durch Dritte erhält. Vgl. Shapiro (1985), S. 25; Welche Anreize für F&E-Aktivitäten durch Lizenzen entstehen, erörtern Gallini/Winter (1985), Farrell/Gallini (1988), und Katz/Shapiro (1987).

[184] In einer innovationsfreudigen Branche kann ein Patent nach kurzer Zeit überflüssig werden, wenn die patentierte Entwicklung durch eine Neuentwicklung oder eine ähnliche Technologie im Markt verdrängt wird. Vgl. O´Donoghue/Scotchmer/Thisse (1998), S. 2; Mansfield (1986), S. 176; Generell sind Indizien zu verzeichnen, dass gegenwärtig Patente schon in den ersten Jahren erheblich an Bedeutung und Wert verlieren. Vgl. zum Beispiel Mansfield/Schwartz/Wagner (1981); Schankerman/Pakes (1986).

[185] Vgl. Horstmann/MacDonald/Slivinski (1985), S. 837 f.; Anton/Yao (2004), S. 1 ff. Ein Patent kann nicht vollständig vor Imitation schützen. Technologien, die eine ähnliche oder gar eine bessere Leistung erbringen, können den Wert vorhandener patentierter Innovationen erheblich reduzieren. Auch eine inadäquate Abgrenzung der Neuentwicklung kann in einen ungenügenden Patentschutz resultieren. Zu Grenzen von Patentschutzrechten: vgl. Anton/Greene/Yao (2006), S. 3 f.; Cohen/Ishii (2006); Innovationen können nicht durch Geheimhaltung geschützt werden, wenn das Produkt Aufschluss über die Technologie geben kann. Für strategische Überlegungen zum Schutz gegen Imitationen: vgl. Anton/Greene/Yao (2006), S. 7 f.

[186] Vgl. Scherer/Ross (1990), S. 626 ff.

dergestalt beeinflusst werden, dass sie mit dem Kauf eines neuen Produktes aufgrund von signifikanten Produktspezifikationen des Neuproduktes warten. Dadurch vergrößert sich die potenzielle „installed base" der neuen Technologie.[187] Mithilfe der Vorgehensweise könnte ein Imitator den Zeitvorteil des Innovators reduzieren. Allgemein lässt sich sagen, dass ein Imitator einerseits die hohen Aufwendungen für F&E und Unsicherheiten reduzieren kann und andererseits den Zeitvorteil eines Innovators einbüsst.[188]

Wie dieser Abschnitt zeigt, müssen für das Produktlebenszyklusmanagement im Kontext der Unternehmensumwelt grundlegende Entscheidungen, welche den Erfolg des Produktes maßgeblich mitbestimmen können, getroffen werden. Eine Analyse der herausgearbeiteten Faktoren sollte daher Grundlage für die strategischen Überlegungen des Unternehmens sein. Im nächsten Abschnitt werden die Erfolgsfaktoren aus betriebswirtschaftlicher Sicht herausgearbeitet.

2.3.2 Betriebswirtschaftliche und produktbezogene Überlegungen für die Steuerung von Produktlebenszyklen

Für den Erfolg eines Produktes kann die Ursache für die Innovation bestimmend sein. Die Gründe und Rahmenbedingungen für den Anstoß eines neuen Produktlebenszyklus können unternehmens- und produktindividuell sehr vielfältig sein. Nach einem kurzen begrifflichen Überblick zu Innovationen werden Gründe und Quellen für neue Produktlebenszyklen untersucht. Anschließend werden weitere Ansatzpunkte zur Steuerung von Produktlebenszyklen abgeleitet. Zum Schluss werden die Rahmenbedingungen zusammenfassend erörtert, um Ansatzpunkte für die Steuerung eines Produktlebenszyklus zu erhalten.

Begriffliche Spezifizierung in den frühen Phasen des Produktlebenszyklus

Für viele Unternehmen bedeuten Innovationen die Sicherung der Existenzgrundlage. Zum Thema Innovation existieren bereits viele Abhandlungen.[189] Nach Schumpeter, einem Begründer der Innovationstheorie, beruhen Innovation auf

---

[187] Vgl. Farrell/Saloner (1986), S. 942 f.; Ziamou/Veryzer (2005), S. 338; Lilly/Walters (2000), S. 1 ff.
[188] Vgl. Schnaars (1986), S. 31 ff.; Scherer/Ross (1990), S. 626 f.; Schewe (1992), S. 5; Eine Übersicht zu Studien bezüglich Risiken von Innovationen kann van der Panne/van Beers/Kleinknecht (2003) entnommen werden. Nach Buggie (1982), S. 24 beispielsweise entstehen aus 600 Ideen nur 30 neue Produkte. Die Risiken einer Imitation sind zwar anders gelagert als die der Innovation, aber nicht unbedingt geringer. Vgl. Levitt (1966), S. 34; Zu den Kostenvorteilen von Imitationen gegenüber Innovationen: vgl. zum Beispiel Mansfield/Schwartz/Wagner (1981), S. 908 f.
[189] Beispielhaft Schumpeter (1993a), S. 99 ff.; Hinterhuber (1975); Mansfield (1968); Rogers (2003), S. 12 ff.; Vahs/Burmester (2005); Majaro (1992); Albach/de Pay/Rojas (1991); Ein Überblick über Innovationstheorien als Erklärungsansätze für wirtschaftliche Interessen an Neuerungen wird bei Macharzina/Wolf (2005), S. 728 ff. gegeben.

einer „...Durchsetzung neuer Kombinationen...“[190] und ziehen eine „...schöpferische Zerstörung...“[191] der bestehenden Struktur nach sich.

Es können in der Literatur zwei Innovationsbegriffe identifiziert werden: der prozessuale und der objektbezogene.[192] Konstituierend für Innovationen sind immer der Neuigkeitsgrad und die Nutzung.[193] Um eine prägnante Abgrenzung der Begriffe im betriebswirtschaftlichen Kontext zu erhalten, ist es zweckdienlich, den Innovationsprozess zu veranschaulichen. Im Innovationsprozess können grob die *Grundlagenforschung*, die *angewandte Forschung* sowie die *Entwicklung* unterschieden werden. Ist eine Entwicklung dann auf dem Markt erfolgreich eingeführt, findet eine *Diffusion* statt.[194]

Bei hochinnovativen Neuerungen muss der Innovationsprozess mit der Grundlagenforschung anfangen. Grundlagenforschung ist die allgemeine Mehrung wissenschaftlicher Erkenntnisse, welche keine direkte Anwendung und wirtschaftliche Verwertung haben.[195] *Invention* bezeichnet die erstmalige Realisierung einer Erfindung und basiert überwiegend auf Forschungsergebnissen.[196] Die angewandte Forschung hat die Erweiterung wissenschaftlicher Erkenntnisse zum Ziel unter der Prämisse einer konkreten praktischen Anwendung.[197] *Innovation,* welche das Ergebnis des Prozesses von der Idee bis zur Markteinführung ist, kann zusammenfassend als neuartige wirtschaftliche Anwendung von technischen, organisatorischen und sozialen Problemlösungen definiert werden.[198] Dies impliziert, dass die *Invention* in der Entwicklungsphase zur Marktreife gelangen bzw. zu einem effizienten, stabilen Einsatz befähigt werden muss.

---

[190] Schumpeter (1993a), S. 100.
[191] Schumpeter (1993b), S. 138.
[192] Vgl. Macharzina/Wolf (2005), S. 726; Der prozessuale Innovationsbegriff hebt auf den Vorgang der Entstehung einer Neuerung ab. Eine solche Begriffsfassung kann bei Schumpeter (1993a) und Schwer (1985), S. 5 nachvollzogen werden. Objektbezogene Innovationssichtweisen legen den Gegenstand einer Neuerung der Definition zugrunde. Diese Explikation des Innovationsbegriffes wird von Rogers (2003), S. 12, und Barnett (1953), S. 7f. vertreten. Vgl. Macharzina/Wolf (2005), S. 726.
[193] Vgl. Thom (1980), S. 23 ff.; Hauschildt/Salomo (2007), S. 3 ff. Weitere Merkmale von Innovationen sind Unsicherheit/ Risiko, Komplexität und Konfliktgehalt: vgl. Thom (1980), S. 26 ff.
[194] Vgl. Brockhoff (1999), S. 38 ff.; Organisation for Economic Co-operation and Development (1982), S. 29; Die OECD (Organisation for Economic Cooperation and Development) betrachtet den Innovationsprozess unter dem Blickwinkel von F&E und endet daher mit der Entwicklung.
[195] Vgl. Organisation for Economic Co-operation and Development (1982), S. 29; Um das Wissen für die Produktentwicklung zu besitzen, ist die Grundlagenforschung unersetzlich. Vgl. Henard/McFadyen (2005), S. 504 f. Damit Unternehmen Grundlagenforschung betreiben, muss allerdings der potenzielle Gewinn sehr hoch sein. Vgl. Rosenberg (1990), S. 167; Die Notwendigkeit von Grundlagenforschung ist darüber hinaus unter dem Gesichtspunkt der „Absorptive Capacity" gegeben.
[196] Vgl. Mansfield (1968), S. 50; Vahs/Burmester (2005), S. 44.
[197] Vgl. Henard/McFadyen (2005), S. 504.
[198] Ähnliche Begriffsbildungen sind bei Mansfield (1968), S. 99, Pleschak/Sabisch (1996), S. 4, Schwer (1985), S. 5 f., Macharzina/Wolf (2005), S. 726 f., Schlick (1995), S. 2, und Vahs/Burmester (2005), S. 44 anzutreffen.

Wenn eine Innovation von den Marktteilnehmern akzeptiert wird, kommt es zur Durchsetzung und Verbreitung der Technologie. Allgemein kann diese *Diffusion* als „… the process in which an innovation is communicated through certain channels over time among the members of a social system…"[199] begriffen werden. Hier muss zwischen der *Diffusion* unter Anwendern und unter Wettbewerbern getrennt werden.[200] In dieser Arbeit steht die Wettbewerberseite im Fokus. Auf Wettbewerberseite kann die Verbreitung einer Technologie beispielsweise durch Imitation oder Lizenzvergabe erfolgen.

Nach den Gegenständen der Innovationstätigkeit kann zwischen Produkt- und Prozessinnovation differenziert werden, dabei beziehen sich die Innovationen auf Produkte oder Produktionsprozesse.[201] Produktinnovationen stellen neu entwickelte oder verbesserte materielle und immaterielle Wirtschaftsgüter dar.[202] Prozessinnovationen sind dagegen geplante Veränderungen im Prozess der Faktortransformation.[203] Die Prozessinnovation spielt in der vorliegenden Arbeit eine untergeordnete Rolle, da diese nur einen Einfluss auf die Kosten der Fertigung hat und nicht zwingend zu einem neuen Produktlebenszyklus führt. Mit Blick auf den Neuigkeitsgrad können Basis- und Verbesserungsinnovationen unterschieden werden. Basisinnovationen sind grundlegend neue Technologien oder Prinzipien und lösen weitere Verbesserungen und Anwendungen aus. Folgeinnovationen in Form von Verbesserungsinnovationen beziehen sich auf die Optimierung einzelner Nutzenparameter.[204] In Abhängigkeit der Unternehmensstrategie kann die Imitation eine Option zur Innovation sein.

Quellen und Ausgangssituation für neue Produktlebenszyklen

Beim *anbieterorientierten Ansatz* spielen die den Gebrauchswert mindernde technisch-ökonomische Prozesse und somit der Einfluss von Innovationen eine wesentliche Rolle. Diese können zum Beenden des Produktlebenszyklus des aktuell bei einem Kunden in der Nutzung befindlichen Produktes und zur Anschaf-

---

[199] Rogers (2003), S. 5.
[200] Vgl. Milling/Maier (1996), S. 18.
[201] Vgl. Knight (1967), S. 482; Thom (1980), S. 32 ff. Es werden in den aufgeführten Quellen weitere Typen von Innovationen genannt, die aber für diese Arbeit nicht zweckdienlich sind und daher vernachlässigt werden.
[202] Vgl. Hinterhuber (1975), S. 27 f.; Thom (1980), S. 32 f.; Pleschak/Sabisch (1996), S. 14 ff.; Hauschildt/Salomo (2007), S. 9.
[203] Vgl. Macharzina/Wolf (2005), S. 727 f.; Pleschak/Sabisch (1996), S. 20 ff.; Thom (1980), S. 35 f. Thom nennt die Prozessinnovation Verfahrensinnovation. Aufgrund der zunehmenden Interdependenzen zwischen Produkt- und Prozessinnovation ist deren Trennung fragwürdig. Vgl. Hauschildt/Salomo (2007), S. 9; Trommsdorff/Schneider (1990), S. 4.
[204] Vgl. Trommsdorff/Schneider (1990), S. 4; Schlick (1995), S. 62 und S. 70; Vahs/Burmester (2005), S. 81 ff. Diese geläufige Gliederung kann um Anpassungsinnovationen, Scheininnovationen und der Imitation erweitert werden: siehe Pleschak/Sabisch (1996), S. 4; Hinterhuber differenziert dagegen zwischen Innovationen ohne technischen Inhalt, Verbesserungsinnovationen und Strukturinnnovationen. Vgl. Hinterhuber (1975), S. 31 ff.

fung eines neuen Produktes führen. Dies ist der Fall, wenn verbesserte Produkte den Kunden animieren, vorzeitig neuartige Produkte zu kaufen. Zur Strukturierung der Gebrauchswert mindernder Prozesse finden sich in der Literatur eine Vielzahl von Ansätzen.[205] Im Folgenden wird der Einteilung von Eichler gefolgt, da dort eine weit reichende Gruppierung der den Gebrauchswert mindernden Prozesse entworfen wird.[206] Gebrauchswert mindernde Prozesse an technischen Produkten können zustandsverändernder oder technisch-ökonomischer Natur sein. Technisch-ökonomische Prozesse ergeben sich aus dem Vergleich bzw. der Rivalität gleichartiger Produkte. Diese Rivalitäten sind hauptsächlich zu technisch verbesserten Produkten vorhanden. Veränderungen im Geschmack des Nutzers können dabei im Extremfall zum Ende eines Produktlebenszyklus führen. Solche Prozesse werden geschmacklichen Ursachen zugeordnet oder als Veraltung bezeichnet.[207]

Zustandsverändernde Prozesse werden dagegen durch Schädigung als physischer Verschleißprozess hervorgerufen. Schädigende Einflüsse beruhen auf Abnutzung, Überlastung und sonstigen Ereignissen wie Brand oder Hochwasser. Durch die Abnutzung sind technische Systeme einem stetigen Alterungsprozess unterworfen. Um einen funktionsfähigen Zustand des Produktes während der Nutzung sicher zu stellen, werden Instandhaltungsmaßnahmen durchgeführt.[208] Durch Instandsetzung, Nachrüsten und Wiederverwendung des Produktes können die Auswirkungen solcher Prozesse minimiert und der Lebenszyklus, zum Beispiel eines Produktionssystems, verlängert werden.[209]

Die Anlässe für Innovationen können nach der Unternehmensgrenze in externe und interne Quellen separiert werden.[210] Externe Auslöser werden durch Änderungen in der Unternehmensumwelt bedingt. Zu externen Auslösern zählen marktseitige, die von Kunden oder Wettbewerbern hervorgerufen werden sowie Änderungen anderer Umweltfaktoren, insbesondere gesetzlicher Anforderungen.[211] Gesetzliche Reglementierungen können ökologische Vorgaben und das Thema der Produkthaftung betreffen.

Betrachtet man die externen Ursachen für neue Produktlebenszyklen genauer, können die nachstehenden Gründe ausgemacht werden.[212] Neben dem Preis und der Technologie entscheidet das Design eines Produktes über seinen Erfolg, weshalb Designänderungen neue Produkte nach sich ziehen können. Des Weiteren

---

[205] Vgl. zum Beispiel Eichler (1990), S. 24 ff.; Männel (1992), S. 99 ff.; Schlegel (1981), S. 65 ff.
[206] Für die folgenden Darstellungen vgl. Eichler (1990), S. 24 ff.
[207] Vgl. Wutz (2008), S. 94 ff.
[208] Vgl. Deutsche Institut für Normung (2001), S. 8.
[209] Das Thema der Verlängerung von Produktlebenszyklen wird bei Linton/Jayaraman (2005) behandelt.
[210] Vgl. Albach/de Pay/Rojas (1991), S. 311.
[211] Vgl. Vahs/Burmester (2005), S. 136 f.
[212] Vgl. Innes (1994), S. 32 ff.

können Kundenwünsche vermehrte Änderungen notwendig werden lassen. Dies führt bei Auftragsprodukten zu einer hohen Unsicherheit, da dort die Kundenorientierung stärker ausgeprägt ist. Änderungen können dabei die Leistung, die Qualität und die Funktion eines Produktes betreffen. Wird das Produkt entgegen der ursprünglichen Funktion genutzt, muss es angepasst werden, wie bei der Nutzung militärischer Güter im zivilen Sektor.

Für Unternehmen bedeutet dies eine starke Orientierung am Markt und die stetige Entwicklung von innovativen und kostengünstigen Produkten. Ergänzend dazu können Innovationsideen extern von Messen, aus der Fachliteratur oder aus Patentdatenbanken gewonnen werden. Bei der Ideenerschließung müssen die mit der Quelle verbundenen Voraussetzungen beachtet werden.[213] Unter Berücksichtigung der Bedingungen von Markt, Branche und Unternehmen sind Ideenquellen zu wählen und es ist auf Innovationsauslöser mit adäquaten Strategien zu reagieren.[214]

Produktinnovationen und deren Auslöser werden im Kontext der Innovationstheorie der „Pull"- und der „Push"-Theorie zugeordnet. Innovationen können als „Pull-Innovationen" vom Markt oder als „Push-Innovationen" intern initiiert werden. Die Erschließung externer Informationsquellen wird dabei maßgeblich durch Abteilungen wie der Marketingabteilung und dem Produktsupport erfüllt. Weil die „Pull-Innovationen" von den Bedürfnissen der Kunden ausgelöst werden, besitzen Produkte solcher Innovationen eine höhere Erfolgswahrscheinlichkeit als die „Push-Innovationen". Für „Push-Innovationen" müssen häufig erst Anwendungsgebiete eruiert und gegebenenfalls Bedürfnisse geweckt werden.[215] Interne Impulse für Innovationen werden durch die Unternehmenstätigkeit selbst gegeben. Innovationsideen können aus den Abteilungen F&E, Marketing und Produktion stammen.[216] Eine Problemlösung muss einen ökonomischen Erfolg versprechen und ein akzeptables Risiko aufweisen. Weil der Wettbewerb auch mittels der Preisgestaltung geführt wird, ist eine kostengünstige Fertigung im zentralen Interesse des Unternehmens, darum spielt die Kostenreduktion durch Änderungen am Produkt und am Prozess eine wichtige Rolle.[217] Ein weiterer endogener Auslöser für Innovationen sind Krisensituationen, in denen Unternehmen eine erhöhte Innovationsbereitschaft aufweisen können.[218]

---

[213] Vgl. Schwer (1985), S. 21 ff.
[214] Vgl. Schwer (1985), S. 33 ff.; Vahs/Burmester (2005), S. 114 ff.
[215] Vgl. Macharzina/Wolf (2005), S. 729; Buchholz (1996), S. 129 ff.
[216] Vgl. Albach/de Pay/Rojas (1991), S. 311.
[217] Vgl. Innes (1994), S. 34 ff.
[218] Vgl. Vahs/Burmester (2005), S. 136 f.

Impulse für die Konstellation und Veränderung der Rahmenbedingungen resultieren aus gesellschaftlichen, technologischen und marktseitigen Entwicklungen. Faktoren, die einen großen Einfluss auf ökonomische Aktivitäten haben, sind derzeitig hauptsächlich auf die Globalisierung zurückzuführen.[219] Seitens der Konsumenten werden trotz niedriger Preise ein hohes Service- und Qualitätsniveau sowie durch eine vermehrte Individualisierung individuelle, innovative Produkte und Dienstleistungen gefordert.[220] Auf diesen Wandel reagieren Unternehmen mit vielfältigen Verhaltensweisen, welche wiederum Auswirkungen auf den Produktlebenszyklus haben.

Ein Ausdruck von Marktveränderung, insbesondere der Individualisierung, ist die Erhöhung der Variantenzahl eines Produktes.[221] Die Anzahl der Varianten bestimmt entscheidend den Aufwand für Entwicklung und Fertigung eines Produktes, da mit steigender Variantenzahl die Komplexität der Prozesse zunimmt.[222] Zur Beherrschung der Variantenproblematik wurden diverse Strategien und Konzepte entwickelt.[223] Eine andere Antwort der Unternehmen auf die dargestellte Marktsituation ist die Intensivierung der Innovationstätigkeit und infolgedessen die Verkürzung der Verweildauer der Produkte am Markt. Es wird der Produktlebenszyklus verkürzt, woraus Nachteile durch ein geringeres Absatzvolumen und somit die Problematik der Amortisation von Investitionen erwachsen können.[224]

Um im Markt bestehen zu können, müssen die Unternehmen regelmäßig innovative Wege in der Fertigung und der Produktgestaltung beschreiten. Die beschleunigte Entwicklung von Technologien hat dabei positive und negative Effekte auf die Marktveränderungen. Negative Konsequenzen eines raschen technischen Fortschritts sind zum Beispiel die Überforderung von Konsumenten[225] und der

---

[219] Die Gründe und Faktoren, warum Unternehmen gezwungen sind, sich einem Wandel zu unterziehen, variieren und ändern sich. Es werden immer wieder neue Herausforderungen auftreten, die Unternehmen zwingend bewältigen müssen. Die Globalisierung ist eine gegenwärtige Problemstellung, die in Zukunft in den Hintergrund treten könnte, wenn die großen Unterschiede zwischen den Ländern zum Beispiel hinsichtlich des Einkommens reduziert sind.

[220] Vgl. Bock/Rosenberg/van Brackel (2006), S. 880; Flatters (2004), S. 171.

[221] Vgl. Lancaster (1990), S. 190 f.; Adam/Johannwille (1998), S. 8.

[222] Für das Beispiel der Automobilindustrie siehe MacDuffie/Sethuraman/Fisher (1996) und im Rahmen von mass customization vgl. Piller/Moeslein/Stotko (2004), S. 438.

[223] Einen Überblick über Strategien zur Reduzierung der Variantenvielfalt bietet Mühlenbruch (2004), S. 46 ff. Im Konzept der Produktionsendstufe, das zur Beherrschung der Variantenkomplexität dient, wird versucht, die Variantenbildung möglichst in einem späten Stadium der Produktion vorzunehmen. Vgl. Große-Heitmeyer/Wiendahl (2004), S. 22.

[224] Vgl. Ewert/Wagenhofer (2005), S. 255.

[225] Dieser Effekt wird „Leapfrogging Behaviour" genannt. Im Abschnitt 3.2.1 wird näher auf dieses Kundenverhalten eingegangen.

Zwang zu risikoreichen Innovationen. Demnach und für die Abschätzung des Absatzpotenzials sowie für die Steuerung des gesamten Produktlebenszyklus ist es notwendig, den Neuigkeitsgrad der Innovation zu kennen.[226] Positiv sind dagegen die verbesserten Technologien für F&E und die Fertigung zu sehen. So konnten beispielsweise durch den Einsatz von Simulationen die Kosten für die Entwicklung erheblich reduziert werden, da keine aufwendigen Versuche durchgeführt werden müssen.

In der Fertigung müssen die intern vorhandenen Ressourcen und Möglichkeiten untersucht und gegebenenfalls angepasst werden. Spezifische Rahmenbedingungen resultieren im nachfrageorientierten Ansatz – für Produktionssysteme – aus standortbezogenen Gegebenheiten[227] und dem Umfang der vereinbarten Betreibermodelle.[228] Diese sind im anbieterorientierten Ansatz für die Kostensituation (zum Beispiel der Stückkosten) zu berücksichtigen.

In der voran stehenden Betrachtung der Rahmenbedingungen bewegt man sich in der (strategischen) Situationsanalyse oder contingency approach.[229] In den vorangegangenen Abschnitten wurde deutlich, dass die gegebene Situation einen wesentlichen Bezugsrahmen für die Steuerung des Produktlebenszyklus bildet. Zur Detaillierung und Fundierung der hier aufgeführten und weiterer situationsbezogener Faktoren können Werke von Porter und Shank herangezogen werden.[230] Nach Shank sind beispielsweise wichtige Einflussgrößen, die oder deren Fehlen Shank als Kostentreiber ausweist: die Unternehmensgröße, die Erfahrungen und die Art der Partizipation der Mitarbeiter.[231]

Situative Überlegungen sind in der Betriebswirtschaftlehre vielfältigen Kritiken ausgesetzt. In der Organisationstheorie werden als Kritik insbesondere widersprüchliche Befunde, die Vernachlässigung der Beeinflussung von Kontextvariablen durch Entscheidungsträger und die teilweise willkürliche Auswahl von Va-

---

[226] Für diese und weitere wichtige Konsequenzen des Innovationsgrades: vgl. Hauschildt/Salomo (2007), S. 16 ff.

[227] Standortbezogenen Faktoren werden in einer Standortanalyse untersucht und abgewogen. Die Standortanalyse kann auf Weber (1909) und Behrens (1961) zurückgeführt werden. Neben qualitativen Faktoren müssen quantitative Faktoren, speziell Kosten, in die Entscheidungsfindung einfließen. Standortsystematiken können Kern (1992), S. 156 f., und Zäpfel (2000), S. 146 ff. entnommen werden.

[228] Betreibermodelle sind eine zunehmend diskutierte Form von Kooperationen zwischen Maschinenhersteller und Kunde. In Betreibermodellen umfassen die Geschäftsmodelle der Maschinenhersteller/Dienstleister die Integration in die Geschäftsprozesse des Kunden oder gar den Betrieb der Anlagen für den Kunden. Vgl. Meier (2004), S. 7 ff.

[229] Eine ähnliche Herangehensweisen wählen Burns und Stalker allerdings für das Innovationsmanagement. Sie betrachten Variablen wie den technischen Fortschritt und soziale Veränderungen. Vgl. Burns/Stalker (1971), S. 19 ff.

[230] Wichtige Werke der beispielhaft genannten Autoren sind Porter (1985) und Porter (1980), in denen Instrumente wie die Branchenstrukturanalyse und die Wertkette behandelt werden, sowie Shank (1989).

[231] Vgl. Shank (1989), S. 56 ff.; Frese (2000), S. 273 ff. Auch Letmathe betont die Bedeutung der Mitarbeiter für die Steuerung des Unternehmens bzw. der Produktion. Vgl. Letmathe (2002), S. 162 ff.

riablen angeführt.[232] Der situative Ansatz wird in dieser Arbeit auf den Instrumenteneinsatz des Lebenszykluskonzeptes und auf produktbezogene Entscheidungen bezogen. Neben situationsspezifischen Einwirkungen müssen vorhandene Strategien im Unternehmen und die Positionierung des Unternehmens im Markt berücksichtigt werden.[233] Es muss ein Fit zwischen den Strategien und der Produktkonzeption bzw. -positionierung existieren.

Ein neuer Produktlebenszyklus bedeutet für ein Unternehmen eine Chance, aber auch immer Risiken. Für ein neues Produkt müssen zumeist hohe Investitionen getätigt werden ohne eine Garantie für den Erfolg des neuen Produktes. Um die Erfolgswahrscheinlichkeit eines Produktes zu erhöhen, muss man sich der situativen Rahmenbedingungen frühzeitig bewusst sein und versuchen, diese zu den eigenen Gunsten zu beeinflussen.

---

[232] Vgl. Schreyögg, (1978), S. 212 ff.; Wolf (2005), S. 168 ff.; Kieser/Walgenbach (2007), S. 218 ff. Ähnliches gilt für den situativen Ansatz allgemein.
[233] Vgl. Dess/Davis (1984), S. 467 ff.; Porter (1980), S. 34 ff.; Gilbert/Strebel (1987), S. 28 ff.

3   Management des gesamten Produktlebenszyklus

Aufgrund der langfristigen Wirkungsdauern von Produktvorhaben, der Interdependenzen zwischen den Phasen und den unterschiedlichen Risiken im anbieterorientierten Produktlebenszyklus ist eine periodenübergreifende Planung und Überwachung von Produkten unabdingbar. Eine begleitende Überwachung ermöglicht es darüber hinaus Folgeentscheidungen zu fundieren, eventuell notwendige Anpassungsmaßnahmen durchzuführen und zukünftige Planungen zu verbessern. Auch kann Manipulationen bei der Investitionsplanung durch zu optimistische Prognosen Einhalt geboten werden.[234]

Nachdem verschiedene Lebenszyklusmodelle für Produkte erörtert und als geeignet beurteilt wurden, wird in diesem Teil der Arbeit ein Management von Produktlebenszyklen entworfen. Hauptaugenmerk gilt dabei dem anbieterorientierten Produktlebenszykluskonzept, da der nachfragerorientierte Ansatz in diesem Kontext lediglich für die Ermittlung der Fertigungskosten von Bedeutung ist. Das Management des Produktlebenszyklus wird in fünf Schritten diskutiert. Im ersten Schritt werden Maßnahmen zum Management der unter Abschnitt 2.3 behandelten grundlegenden Rahmenbedingungen für den Produktlebenszyklus herausgearbeitet. Hat ein Unternehmen mehrere Produkte im Produktprogramm oder sind mehrere Produktgenerationen existent, ergeben sich Konstellationen, die im zweiten Schritt fokussiert werden.

Stufe drei umfasst das Management des eigentlichen Produktlebenszyklus, insbesondere einzelner Phasen. Grundlage für das phasenweise Vorgehen ist der hier erweiterte integrierte Produktlebenszyklus. Schritt vier zeigt instrumentelle Möglichkeiten für die phasenübergreifende Steuerung zum Beispiel in Form einer Lebenszyklusrechnung auf. Danach werden vornehmlich technische Konzepte aus der Informations- und Kommunikationstechnologie zur Steuerung des Produktlebenszyklus vorgestellt. Mit dem fünften Schritt wird der Übergang zwischen zwei Produktgenerationen – der Produktwechsel – thematisiert.

3.1   Implikationen für die Gestaltung von Rahmenbedingungen und zur Handhabung des Produktlebenszyklus

Im vorangegangenen Abschnitt wurde zu Beginn ein Überblick über Rahmenbedingungen für den Produktlebenszyklus gegeben. In der Schilderung wurde mit globalen, durch ein einzelnes Unternehmen kaum veränderbaren Faktoren begonnen. Andere Faktoren wie Standardisierungen etc. können durch Unternehmen eher beeinflusst werden. Welche Maßnahmen man zur Reaktion auf Rah-

---

[234] Vgl. Hahn/Laßmann (1993), S. 25 ff.

© Springer Fachmedien Wiesbaden GmbH, ein Teil von Springer Nature 2011
J. Jacobs, *Produktlebenszyklusorientiertes Controlling am Beispiel des produktbezogenen Businessplans*, Edition KWV, https://doi.org/10.1007/978-3-658-24330-2_3

menbedingungen sowie zur Strukturierung des Managements des Produktlebenszyklus ergreifen kann, ist Gegenstand der folgenden Abhandlung. Es muss auf unternehmensexterne und -interne Strukturen eingewirkt werden. In der Vorbereitung des Produkterfolgs spielt hierfür das Technologiemanagement eine wesentliche Rolle.

Ein Unternehmen muss sich an den Bedürfnissen der Kunden orientieren und demzufolge für den jeweiligen Markt Produkte herstellen, welche die Anforderungen der Kunden erfüllen.[235] Diese Produkt-Markt-Kombinationen können nach Ansoff in eine Typologie von Wachstumsstrategien in Abhängigkeit bereits vorhandener bzw. neuer Produkte und Märkte münden. Man kann aus der Fragestellung nach dem Produktangebot und nach dem Markt vier Strategien ableiten, die als Marktdurchdringung, Produktentwicklung, Marktentwicklung und Diversifikation bezeichnet werden.[236] Weiterhin sind neben den Dimensionen Produkt und Markt auch die zur Produkterstellung und Dienstleistungserbringung notwendigen Prozesse zu berücksichtigen. Aus diesem Grund erweitert Letmathe die Produkt-Markt-Betrachtung um die Prozessebene zur Prozess-Produkt-Markt-Betrachtung.[237]

Alle drei Faktoren – Prozess, Produkt und Markt – weisen Interdependenzen auf und müssen für eine erfolgreiche Innovation aufeinander abgestimmt sein. Für die Bearbeitung eines Marktes muss das Unternehmen Produkte oder Dienstleistungen bereitstellen, die den Anforderungen der Kunden entsprechen. Um diese Produkte und Dienstleistungen absetzen zu können, müssen im Unternehmen die nötigen Prozesse beherrscht werden. Ist eine ungenügende Abstimmung zwischen den drei Faktoren vorhanden, liegt eine gefährdende Diskrepanz vor. Daher muss eruiert werden, ob für die Marktanforderungen alle internen Voraussetzungen, zum Beispiel bezüglich des technologischen Stands der Prozesstechnik und der Qualifikation der Mitarbeiter, gegeben sind.

In Anlehnung an den Resource-based-View lässt sich diese Kausalkette umkehren. Besitzt ein Unternehmen die Fähigkeit bestimmte Prozesse zu beherrschen, müssen die passenden Produkte und Märkte entwickelt werden. Das Produkt kann demnach als Bindeglied von Markt- und Prozessebene deklariert werden. Es muss ein produktbezogener Fit zwischen Marktanforderungen und Prozessmöglichkeiten gegeben sein. Besteht eine Diskrepanz zwischen den drei Faktoren, sollten Maßnahmen wie Forschung oder Marketingmaßnahmen durchgeführt werden, um den jeweils schwachen Faktor den anderen Faktoren anzupassen.

---

[235] Vgl. Ansoff (1966), S. 129.
[236] Vgl. Ansoff (1966), S. 130 ff.
[237] Vgl. Letmathe (2008), S. 165 ff.

Die Festlegung der Prozess-Produkt-Markt-Kombination selbst ist eine grundlegende Geschäftsentscheidung im Bereich der Vision und Mission des Unternehmens. Dabei wird sich im Laufe der Zeit jeder Faktor durch unternehmensexterne und -interne Einflüsse wandeln. In der Beobachtungsphase sollte deshalb die vorhandene Kombination produktbezogen anhand der gewonnenen Informationen auf den Prüfstand gestellt werden. Wird eine Lücke zwischen der erforderlichen Technologie und der im Unternehmen vorhandenen Technologie festgestellt, so kann diese durch Maßnahmen der Technologieakquisition geschlossen werden. Dies kann durch den Kauf von Eigentumsrechten (Technologiekauf, zum Beispiel Patent), den Kauf von Nutzungsrechten ohne einen Übergang von Eigentumsrechten (Lizenznahme), den Kauf von Unternehmen oder von Teilen von Unternehmen, das Abwerben von Personen, dem Reverse Engineering, durch Wirtschaftsspionage und durch informellen Know-how-Austausch zwischen Mitarbeitern unterschiedlicher Organisationen stattfinden.[238]

Für eine erfolgreiche Innovation und die Wettbewerbsfähigkeit von Unternehmen ist es unabdingbar, dass die Technologiekompetenz, d.h. die Fähigkeiten zum frühzeitigen Entwickeln und Anwenden von Technologien, stetig erweitert wird. Technologie umfasst jegliches Wissen zur produkt- und prozessorientierten Nutzung von Erkenntnissen.[239] Nach Probst bezeichnet technologisches Wissen die Gesamtheit aller Fähig- und Fertigkeiten zur Lösung von Problemen, gestützt auf eine zweckorientierte Verknüpfung von wahren Informationen.[240] Nur durch den Einsatz des Wissensmanagements kann das Wissen in die Entwicklung neuer Produkte oder Fertigungen effizient einfließen.[241]

Das Technologiemanagement umfasst die Gewährleistung der frühzeitigen und zuverlässigen Anwendung neuartiger Technologien zur Erreichung der Unternehmensziele.[242] Die Aufgabe des Technologiemanagements besteht dabei in der Planung, Organisation und Kontrolle technologiebezogener Fragestellungen.[243] Ziel ist es, schnell und effizient neue Technologien zu identifizieren, einzuführen und die neuen Produkte gewinnbringend zu vermarkten.

---

[238] Vgl. Werther Jr./Berman/Vasconcellos (1994), S. 24 ff.; Koruna (1998), S. 441 f.

[239] Vgl. Zahn (1995), S. 4 ff.; Specht (1993), Sp. 4157.

[240] Vgl. Probst/Raub/Romhardt (2006), S. 22; Für den Begriff Wissen existiert keine einheitliche Definition. Da beispielsweise das Wissen von Mitarbeitern in Unternehmen eine hohe Bedeutung hat, kann das Wissen auch nicht auf die Wissenschaften beschränkt sein. Um dennoch zwischen Wissen und Nicht-Wissen zum Beispiel für ein Wissensmanagement differenzieren zu können, können drei Kriterien zugrunde gelegt werden. Wissen muss kommunizierbar, begründet und nachprüfbar sein. Die Prüfung von Wissen geschieht durch die Disziplinen bzw. den betreffenden Funktionskreis. Vgl. Schreyögg/Geiger (2003), S. 12 ff.

[241] Vgl. Zinser (2000), S. 24 ff.

[242] Vgl. zum Beispiel Westkämper/Balve (2003), S. 274; Es ist notwendig neben dem frühen Anwenden auch die Zuverlässigkeit zu betonen, da mit einer neuen Technologie Qualitätsprobleme verbunden sind.

[243] Vgl. Gerpott (2005), S. 57 ff.

Im Kontext von Produktideen wird im Technologiemanagement beispielsweise eine Technologiefrüherkennung durchgeführt, die konkrete Prozess-Produkt-Markt-Kombinationen festgelegt und die eventuell notwendige Technologieakquisition umsetzt. Mittels der Technologiefrüherkennung werden produktrelevante Technologien identifiziert, bewertet und überwacht. Wird in der Technologiefrüherkennung eine zukunftsträchtige Technologie ermittelt, sollte diese zunächst Machbarkeitsstudien unterzogen und in mögliche Fertigungskonzepte eingegliedert werden. Da nicht alle bestehenden oder sich in Entwicklung befindlichen Technologien getestet werden können, müssen diese hinsichtlich der Machbarkeit, Wirtschaftlichkeit und Qualität eingeschätzt werden.[244]

Der Zuständigkeitsbereich des Technologiemanagements sollte bis hin zu servicebezogenen Überlegungen reichen. Diese Forderung ergibt sich aus dem Angebot hybrider Leistungsbündel. In diesen werden Produkte und zugehörige Dienstleistungen verknüpft, um den Kunden vollständige Lösungspakete anbieten zu können. Hier müssen Entscheidungen darüber, welche Dienstleistungen vom Unternehmen selbst und welche von Fremdunternehmen durchgeführt werden, frühzeitig in die Planung mit einbezogen werden.[245]

Die im Technologiemanagement verfolgte Strategie schlägt auf die Produktstrategie durch und wird vor allem vom Wettbewerbsumfeld sowie der Technologiekompetenz des Unternehmens beeinflusst. Nach Porter können im Technologiemanagement die Pionier-, die Imitation-, die Nischen- und die Kooperationsstrategie differenziert werden.[246]

Als *Pionier* oder Technologieführer werden Unternehmen gekennzeichnet, die Innovationen als Erste anwenden. Mit der Pionierstrategie sind Imagevorteile, eine erstmalige Ausnutzung von Lern- und Erfahrungskurveneffekten und die Errichtung außerbetrieblicher Barrieren verbunden. Jedoch sind die Kosten und die Risiken eines Pioniervorhabens, beispielsweise aufgrund kostengünstiger Imitationen, erheblich.[247] Vor diesem Hintergrund sollte frühzeitig in neue Technologien investiert werden. Eine detaillierte Untersuchung der Technologie und eine systematische Technologieplanung hilft, die Risiken zu minimieren.

Imitationsstrategien beruhen maßgeblich auf dem Lernen von Pionierunternehmen, einer starken Marktorientierung und einer schöpferischen Eigenleistung. Die Imitation beruht vor allem auf der Nutzung der Erfahrungen des Innovators. Die schöpferische Eigenleistung des Imitators besteht im Erkennen der durch den

---

[244] Vgl. Gerpott (2005), S. 102 ff.; Westkämper/Balve (2003), S. 274.
[245] Vgl. Westkämper/Balve (2003), S. 275.
[246] Vgl. Zahn (1986), S. 35 ff. Eine Übersicht zu verschiedenen Ansätzen der Technologiestrategieableitung findet sich bei Wolfrum (1992), S. 29.
[247] Zu Vor- und Nachteilen von Pionierstrategien siehe Porter (2000), S. 250 ff.

Pionier nicht erfüllten Kundenwünsche oder Unzulänglichkeiten in den Strategien des Marktführers sowie der Ausrichtung seiner Strategien daraufhin. Hat der Imitator die unerfüllten Kundenwünsche eruiert, berücksichtigt er diese in seinem Leistungsangebot. Eine Imitationsstrategie benötigt also eine Innovation und einen ungenügend bearbeiteten Markt. Eine weitere Möglichkeit einer Imitationsstrategie setzt an Fehlern von Marktführern an. Dabei werden durch Marktanalysen die Unzulänglichkeiten der Marktführer aus Sicht der Kunden wie eine Hochpreispolitik erhoben und zum Ausbau der eigenen Marktstellung genutzt.

Unternehmen, die kleine aber lukrative Märkte besetzen, wenden *Nischenstrategien* an. Nischen können durch eine hohe Innovationskraft oder durch für den Markt notwendige Spezialkenntnisse entstehen. Es lassen sich drei Arten von Nischen unterscheiden. Wenn das Angebot des Unternehmens für einen Prozess bzw. für eine Problemlösung sehr wichtig ist und der Markt durch das Unternehmen komplett besetzt werden kann, ist eine abgeschottete Nische vorhanden. Eine andere Nischenstrategie basiert auf dem Spezialkönnen des Unternehmens. Hierfür ist eine andauernde Innovationstätigkeit eine wichtige Voraussetzung. Die letzte Nischenstrategie erfordert Spezialkenntnisse. Damit diese Strategie nach einer Innovation dauerhaft zum Erfolg führt muss eine herausragende Qualität gewährleistet werden und ein Spezialmarkt gegeben sein.

Kooperationsstrategien bezeichnen Strategien, bei denen Unternehmen zur Verwertung von Innovationen zum Beispiel in Form von Venture-Management oder Allianzen zusammenarbeiten. Im Fall von Venture-Management können verschiedene Konstellationen zum Zweck einer technologischen Veränderung oder der Besetzung eines wachstumsträchtigen Marktes unterschieden werden. Ein Unternehmen kann einem anderen Unternehmen Unterstützung hinsichtlich Kapital und Management geben. Zwei bezüglich der Größe unterschiedliche Unternehmen können zusammenarbeiten, um die Kapitalkraft des Großunternehmens und die Flexibilität eines Kleinunternehmens zu nutzen. Allianzen werden von Unternehmen eingegangen, um Synergien zu realisieren und Risiken zu verteilen. Anwendung finden Allianzen zum Beispiel für die Durchführung von Großprojekten oder bei der Nutzung komplementärer Ressourcen.

Nachdem die Technologie- und Produktstrategie fixiert ist, müssen grundlegende Überlegungen und Maßnahmen zur Sicherung des Produkterfolgs, wie in Kapitel 2.3 angesprochen, umgesetzt werden. Hierbei geht es beispielsweise um Fragen der Kompatibilität zu anderen Technologien und um Fragen der Absicherung von Forschungsergebnissen, zum Beispiel durch Patentierung. Gerade im Bereich der Kompatibilität, der Gestaltung der gesetzlichen Rahmenbedingungen und der Anreizgestaltung für Forschung seitens der Gesellschaft kann es hilfreich sein, mittels Public Relations-Maßnahmen Einfluss auf die Unternehmensumwelt zu nehmen.[248] Es können Wettbewerbsvorteile aufgrund von günstigen rechtlichen Situationen oder durch die Gewährung öffentlicher Zuwendungen erreicht werden. Gerade bei der Nutzung juristischer Rahmenbedingungen sind mögliche Imageverluste zu berücksichtigen.[249]

Für das Management bzw. das Controlling ist es sinnvoll, das Produkt und dessen Management als Projekt aufzufassen.[250] Unter einem Projekt versteht man ein zeitlich begrenztes und einmaliges Vorhaben.[251] Begründen lässt sich diese Auffassung durch die immanente zeitliche Begrenzung des Lebenszyklus eines Produktes und der Einmaligkeit eines Produktlebenszyklus. Von Vorteil erweist sich das Management eines Produktes als Projekt aufgrund der Komplexität, die eine Sicht beinhaltet, einer erleichterten Zurechnung von Kosten entlang des Produktlebenszyklus und der Bündelung von produktbedingten Kompetenzen in der Organisation.

Zur Steuerung des Produktmanagements können durch dessen Betrachtung als Projekt die Instrumente des Projektmanagements wie die Meilensteinmethodik angewendet werden. Den Vorteilen des Produktprojektes stehen einige mit Projekten verbundene Nachteile wie Verringerung von Erfahrungskurven- und Betriebsgrößeneffekten gegenüber.[252] Projekte werden in Unternehmen vielseitig zum Beispiel als Organisationsform, zur Unternehmensentwicklung und für Lernprozesse eingesetzt. Besonders im Bereich von F&E ist es gängig und hat es sich bewährt, Produkte als Projekte zu betrachten. Mithilfe der Projektbetrachtung – speziell der Multiprojektperspektive – ist es zudem möglich, mehrere Produkte gleichzeitig zu managen.

Die Berücksichtigung der Rahmenbedingungen findet auf der strategischen Ebene statt. Demnach können zur weitestgehenden Gestaltung der Rahmenbedingungen das strategische Management und das Technologiemanagement herangezogen werden. Zur verbesserten Strukturierung des Produktlebenszyklusmanagements kann dieses wie ein Projektmanagement ausgestaltet werden.

3.2 Eine produktübergreifende Betrachtung von Lebenszyklen

Im Zentrum des folgenden Abschnitts stehen Interdependenzen zwischen Produktgenerationen sowie zwischen Produkten innerhalb des aktuellen Produkti-

---

[248] Public Relations als Kommunikationsinstrument umfasst alle Aktivitäten eines Unternehmens, um Verständnis und Vertrauen bei ausgewählten Anspruchsgruppen zu erlangen und so die Unternehmensziele zu erreichen. Vgl. Bruhn (1997), S. 545.
[249] Vgl. Vining/Shapiro/Borges (2005), S. 153 ff.; Bruhn (1997), S. 574.
[250] Vgl. Riezler (1996), S. 6 ff.
[251] Vgl. Deutsches Institut für Normung (2009), S. 11.
[252] Vgl. Picot/Dietl/Franck (2005), S. 301.

onsprogramms sowie der Berücksichtigung dieser Interdependenzen im Produktmanagement. Die Interdependenzen zwischen Produktgenerationen äußern sich unter anderem in einer steten Verkürzung der Produktlebenszyklen. Resultat einer Verkürzung der Produktlebenszyklen kann das Überspringen von Produktgenerationen durch den Kunden sein, was für das Unternehmen in ein Erfolgsproblem münden kann. Wegen der allgegenwärtigen Ressourcenknappheit in Unternehmen ist die Optimierung des Produktionsprogramms auf Basis einer Produktlebenszyklusanalyse eine unerlässliche Notwendigkeit. Hier geht es um einen ausgewogenen Aufbau des Produktionsprogramms zur langfristigen Erfolgssicherung.[253]

3.2.1 Das Intergenerationenproblem für das Produktlebenszyklusmanagement

Eine Verkürzung der Lebenszyklen von Produkten geht absatzbezogen einher mit einer steileren Diffusionskurve. Das bedeutet, dass die Produkte schneller durch den Markt aufgenommen, in einem kürzeren Zeitraum am Markt abgesetzt und schließlich eher von neuen Produkten abgelöst werden. Durch die schnellere Diffusion haben die Unternehmen eine immer kürzere Zeit in der Marktanwesenheit ihrer Produkte und somit eine kürzere Zeit zur Amortisation der entstandenen Entwicklungs- und Markteinführungskosten.[254] Studien haben ergeben, dass die zeitliche Verzögerung bei der Markteinführung eines Produktes ein entscheidender Faktor für einen geringeren kumulierten Gewinn ist.[255]

Um der Problematik, im Vergleich zu Wettbewerbern veraltete Produkte anzubieten entgegenzuwirken, verkürzen Unternehmen die Lebenszyklen ihrer Produkte. Dies hat zur Folge, dass die Unternehmen ihre Innovationsraten erhöhen müssen. Denn bei kürzeren Lebenszyklusphasen kann ein Unternehmen nur weiterhin erfolgreich sein, wenn es den kürzeren Lebenszyklen durch eine höhere Zahl von neuen Produkten pro Zeiteinheit begegnet.[256] Das bedeutet, dass im Unternehmen die Zahl der Entwicklungsprojekte zunimmt. Dadurch steigt der Anteil der Entwicklungskosten an den Gesamtkosten.[257] Sind zudem die Marktpräsenzzeiten kürzer als die Entwicklungszeiten müssen Parallelentwicklungen – so genannte Mehrgenerationeninnovationen – durchgeführt werden. Solche Mehrgenerationeninnovationen bergen für das Unternehmen ein hohes Risiko von

---

[253] Vgl. Catry/Chevalier (1974), S. 32 ff.
[254] Vgl. Backhaus (1989), S. 701.
[255] Vgl. Reinerstein (1983), S. 66.
[256] Vgl. Adam (1998), S. 165.
[257] Vgl. Backhaus (2003), S. 15.

Fehlinvestitionen, weil aufeinander aufbauende Produktgenerationen nicht mehr getestet werden können bevor die Entwicklung beginnt.[258]

Auf das Produktprogramm können die Veränderungen der Produktlebenszyklen und der Innovationsraten ebenfalls einen großen Einfluss haben. Eine konstante Dauer des Lebenszyklus und eine steigende Innovationsrate führen zu einer höheren Anzahl von Produkten im Programm. Wenn die Innovationsrate konstant ist und die Lebenszyklen sich verkürzen, sinkt die Anzahl der Produkte im Produktprogramm.[259] Ein Problem entsteht, wenn die Lebenszyklen von Produkten erst verkürzt werden und dann auf einem gleich bleibenden Niveau verharren. Dabei wird angenommen, dass die Lebenszykluskurven immer eine Glockenform aufweisen, die Lebenszykluskurve einzelner Produktgenerationen unabhängig von einander verlaufen und die gesamte Absatzmenge einer Produktgeneration gleich bleibt.[260] Der letzte Punkt hat zur Folge, dass bei einer Verkürzung des Lebenszyklus der Absatz vorgezogen wird und sich der Scheitelpunkt der Absatzkurve erhöht, damit die Fläche unter der Absatzkurve, also der kumulierte Absatz einer Produktgeneration, gleich bleibt. Aufgrund der Annahme, dass die Lebenszykluskurven unabhängig voneinander verlaufen, entsprechen die Ausführung nicht der Realität. Dennoch können die Folgen einer beschleunigten Abfolge von Produktgenerationen herausgearbeitet werden.[261]

Die Annahmen führen bei einer erhöhten Innovationsrate zu Beginn der Lebenszyklusverkürzung zu einer Erhöhung des Gesamtumsatzes des Unternehmens über alle Produktgenerationen, da der Absatz nachfolgender Produktgenerationen vorgezogen wird und im gleichen Zeitraum mehr Produktgenerationen am Markt abgesetzt werden. In Abbildung 5 wird dieses grafisch verdeutlicht. Stabilisiert sich die Diffusionsgeschwindigkeit bzw. die Verkürzung der Lebenszyklen, so sinkt der Absatz des gesamten Produktprogramms zu einem Zeitpunkt auf das gleiche Niveau wie vor der Beschleunigung. Dieser Effekt kann zu Schwierigkeiten für das Unternehmen führen, wenn die Entwicklung nicht antizipiert und fälschlicherweise ein langfristiges Wachstum unterstellt wird.[262]

---

[258] Vgl. Backhaus (1991), S. 1 ff.
[259] Vgl. Braun (1994), S. 135 ff.; Backhaus/Gruner (1998), S. 118 ff.
[260] Vgl. Braun (1994), S. 131 ff.
[261] Vgl. Braun (1994), S. 133 ff.; Adam (1998), S. 165.
[262] Vgl. Backhaus/Gruner (1998), S. 122.

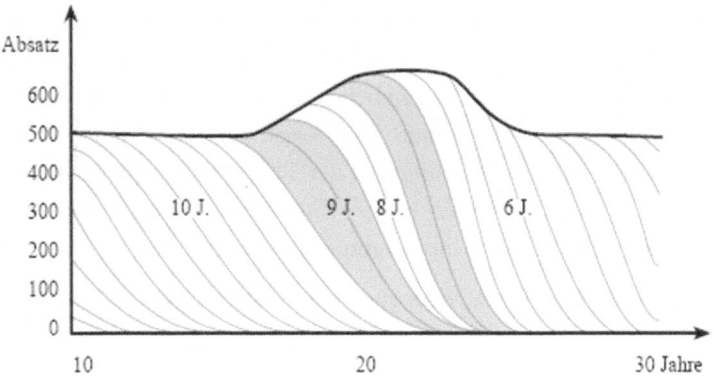

Abbildung 5:   Umsatzverlauf aufgrund einer Lebenszyklusverkürzung

Verschärft wird die Situation zudem, wenn die Nachfrage sinkt. Dies kann durch ein Überspringen von Produktgenerationen seitens der Kunden der Fall sein. Grund hierfür können Probleme beim Kunden im Umgang mit der Technik sein bzw. Weigerungen, sich der Technologie anzupassen, oder wenn Änderungen im Design von Kunden nicht mehr akzeptiert werden. Dieser Effekt wird „Leapfrogging behavior"[263] bezeichnet und kann durch Neuproduktvorankündigungen verstärkt werden.[264] Reduziert sich bei beschleunigter Diffusion die Absatzmenge der Folgeproduktgeneration durch den „Leapfrogging-Effekt", so kann der Rückgang im Absatz des Vorgängermodells nicht vollständig kompensiert werden. Dadurch sinkt zeitpunktbezogen das Absatzvolumen des Produktprogramms.[265] Wegen des „Leapfroggging behavior" kann das Unternehmen der Problematik mittels Erhöhung der Innovationsrate nicht entgegenwirken, da die Kunden eher geneigt sind, in diesem Fall noch mehr Produktgenerationen zu überspringen und deshalb der Umsatz pro Produktgeneration abnimmt.[266] Zudem werden sich im Falle der Erhöhung der Innovationsrate die Entwicklungskosten zunehmend nicht amortisieren. Nur wenn einzelne Wettbewerber aus dem Markt ausscheiden und deren Marktanteile übernommen werden können, kann der Erfolgsfalle entgangen werden.[267]

Eine hohe Innovationsrate von mehreren Wettbewerbern kann zu einer zunehmenden Vielfalt an Produktvariationen auf dem Markt führen, dadurch den Kunden irritieren und somit ein Grund für den „Leapfrogging-Effekt" sein. Aus Marketingsicht kann die Wiedererkennung von Produktfamilien unter einer ständigen Veränderung der Produkte leiden. Auch der Wiederverkaufswert des Produktes

[263] Vgl. Weiber/Pohl (1996), S. 1205 f.
[264] Vgl. Brockhoff/Rao (1993), S. 211 ff.
[265] Vgl. Adam (1998), S. 170.
[266] Vgl. Adam (1998), S. 170 f.
[267] Vgl. Adam (1998), S. 170 f.

kann ebenfalls sinken. Um diese Schwierigkeiten zu minimieren, können Unternehmen die Produktlebenszyklen verlängern und ihre Produktpalette reduzieren.[268] Mit der Verkürzung der Produktlebenszyklen gehen darüber hinaus nicht zu unterschätzende Probleme einher. Es müssen für alle Produktgenerationen Ersatzteile gelagert werden, was aufgrund der Teilevielfalt zu einer hohen Komplexität führt. Lerneffekte können in den Unternehmen nicht mehr voll ausgeschöpft werden, da die Lernkurven unterbrochen werden.

Um die Effekte abmildern bzw. eine günstige Ausgangsposition für den Wettbewerb innezuhaben, müssen vor allem die Entwicklungskosten und -zeiten reduziert werden. Dadurch kann zwar nicht der „Leapfrogging-Effekt" verhindert werden, jedoch können hohe Innovationsraten realisiert und die zu amortisierenden Kosten gesenkt werden. Die Entwicklungszeit kann zum Beispiel durch eine Parallelisierung von Entwicklungsaufgaben reduziert werden. Wichtig für die Entwicklungsproduktivität ist zudem die Arbeitsweise der Mitarbeiter. Die Entwicklungsproduktivität sinkt, wenn Änderungen aufgrund von Überperfektionierung vorgenommen werden.[269] Da Änderungen aus verschiedenen Gründen wie Verbesserungen der Produkt-Prozessdetails notwendig sind, kann auf diese nicht verzichtet werden. Hier kann ein Änderungsmanagement Unterstützung leisten.[270]

Mit einer langen Entwicklungszeit sind neben der Gefahr geringer kumulierter Gewinne pro Produkt auch hohe Risiken bezüglich der Kundenanforderungen verbunden. Bei langlebigen Produkten steigt die Gefahr von Fehlentwicklungen, da zum Teil Jahre vor der Markteinführung die Kundenanforderungen antizipiert werden müssen. Ferner besteht durch die permanente Weiterentwicklung der Konkurrenzprodukte die Schwierigkeit, dass Innovationen in der Entwicklung zum Zeitpunkt der Markteinführung schon veraltet sind. Demzufolge führt eine lange Entwicklungszeit zu hoher Planungsunsicherheit.[271]

3.2.2 Lebenszyklen und Portfolioanalyse zur strategischen Gestaltung des Produktprogramms

Wegen der dynamischen Marktsituation ist es von Bedeutung, die Entwicklung von Produkten am Markt im Blick zu haben und daraufhin Maßnahmen zur Anpassung des Produktprogramms durchzuführen. Hierfür bietet es sich an, das eigene Produktprogramm produktübergreifend anhand einer produktlebenszyklusgestützten Portfolioanalyse zu bewerten. Während im vorangegangenen Ab-

---

[268] Vgl. Bauer (2003), S. 107.
[269] Die Aussagen beziehen sich auf eine Studie von Clark und Fujimoto mit Daten der 1980er Jahre. Vgl. Clark/Fujimoto (1992), S. 79 ff.
[270] Vgl. Clark/Fujimoto (1992), S. 124.
[271] Vgl. Adam (1998), S. 164 f.

schnitt die Interdependenzen zwischen aufeinander folgenden Produktgenerationen vorgestellt wurden, wird in diesem Abschnitt ein ausgewogenes Produktprogramm angestrebt. Die Überschneidung von Produktgenerationen in einem Produktprogramm zu einem Zeitpunkt stellt nicht den Normalfall dar, vielmehr sind unterschiedliche Produkte Gegenstand des Produktprogramms. Das Produktprogramm oder Produktionsprogramm gibt in quantitativer und qualitativer Form die Produkte an, die in einer Periode produziert und abgesetzt werden sollen.[272] Mit dem Fokus einer lebenszyklusgestützten Portfolioanalyse zur Steuerung des Produktprogramms bewegt man sich in der strategischen Produkt- bzw. Programmplanung.

Grundlage für die strategische Produktprogrammanalyse im Rahmen des Lebenszyklusmanagements ist hier die Marktwachstum-Marktanteil-Portfolioanalyse, da diese eine sinnvolle Verknüpfung mit der Lebenszyklusanalyse und dem Erfahrungskurvenkonzept darstellt sowie die Betrachtung strategischer Geschäftsfelder, Produktbereiche oder Produkte eines Unternehmens erlaubt.[273] In der Marktwachstum-Marktanteil-Portfolioanalyse wird eine Ausgewogenheit zwischen den liquiditätsbedürftigen und liquiditätsüberschüssigen Produkten oder Geschäftsfeldern angestrebt.[274] Andere Methoden für die strategische Programmplanung – die an dieser Stelle nicht näher thematisiert werden, weil diese keinen Lebenszyklusbezug beinhalten – sind die Programmstrukturanalyse, die Produktpositionierung und die Analyse der Absatzmittlerakzeptanz.[275]

Ein strategisches Geschäftsfeld bzw. ein Produkt wird in der Marktwachstum-Marktanteil-Portfolioanalyse durch die relative Wettbewerbsposition, gemessen durch den Quotienten aus dem Marktanteil des eigenen Produktes und dem Marktanteil des größten Wettbewerber, und die Wachstumsrate des Marktes gekennzeichnet. Mittels der beiden Dimensionen lässt sich eine Matrix aufspannen, die den Zusammenhang zwischen einer vom Unternehmen beeinflussbaren Größe – die relative Wettbewerbsposition – und einer vom Unternehmen nicht beeinflussbaren Größe – das Marktwachstum – wiedergibt.[276] Abbildung 6 zeigt beispielhaft eine solche Matrix.

---

[272] Vgl. Kern (1992), S. 142.

[273] Vgl. Day (1977), S. 29; Macharzina/Wolf (2005), S. 351 ff. Die Portfoliotechnik kann Unternehmen helfen, ihre Ressourcen auf die diversifizierten Produkte zu verteilen. Vgl. Welge (1985), S. 330; Andere Portfolios sind zum Beispiel das Marktattraktivitäts-Wettbewerbsvorteil-Portfolio, das Technologie-Portfolio oder das Geschäftsfeld-Ressourcen-Portfolio. Vgl. Albach (1978), S. 705 ff.; Macharzina/Wolf (2005), S. 362 ff.

[274] Vgl. Koch (1979), S. 150.

[275] Vgl. Meffert (2000), S. 337.

[276] Vgl. Day (1977), S. 29 f.; Hedley (1977), S. 10; Corsten (2007), S. 213.

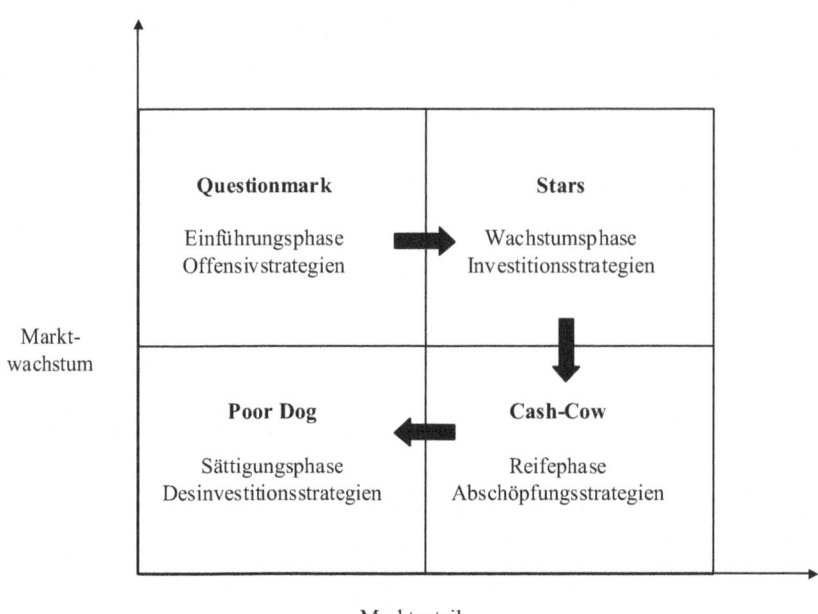

Abbildung 6:   Marktwachstum-Marktanteil-Portfolio[277]

In der Matrix werden vier Felder differenziert. Als *Questionmark* werden Produkte charakterisiert, die einen geringen Marktanteil und ein hohes Marktwachstum besitzen. Für diese Produkte wird eine ungünstige Position im Portfolio konstatiert, weil hier wegen der schlechten Wettbewerbsposition nur geringe Erlöse erreicht werden und ein hoher Liquiditätsbedarf für das Wachstum besteht. Dennoch sind diese Produkte die Hoffnungsträger eines Unternehmens. Bei *Stars* handelt es sich um Produkte, die ein hohes Marktwachstum und einen hohen Marktanteil haben. Produkte in diesem Feld erbringen hohe Erlöse, erfordern aber auch Investitionen in Kapazitätserweiterungen zur Erhaltung der Position. Mit *Cash-Cow* werden Produkte bezeichnet, die einen hohen Marktanteil in einem Markt mit einem geringen Marktwachstum haben. Die Investitionen in diese Produkte wurden bereits größtenteils amortisiert. Dadurch sind solche Produkte wichtig, um Überschüsse zu erzielen. Das Feld mit geringem Marktanteil und geringem Marktwachstum wird *Poor Dog* benannt. Produkte, die sich in diesem Bereich befinden, haben einen teilweise negativen Cash Flow.[278]

Bei der Beschreibung der einzelnen Matrixfelder wurde eine Nähe zum anbieterorientierten Produktlebenszykluskonzept deutlich. Den Produkten in den Feldern der Matrix können Phasen des Produktlebenszyklus zugeordnet werden. Dabei können die Felder aufgrund ihrer Charakteristik mit den Marktphasen des Pro-

---

[277] In Anlehnung an Hedley (1977), S. 9 f.; Henderson (1973), S. 1 f.; Hinterhuber (1996), S. 162.
[278] Vgl. Hedley (1977), S. 10 f.

duktlebenszyklus kombiniert werden. Questionmarks können Produkte sein, die sich entweder in der Einführungsphase oder in der frühen Wachstumsphase befinden. Stars sind Produkte der Wachstumsphase. Die Reifephase wird in der Matrix durch Cash-Cow-Produkte repräsentiert. Als Poor Dogs können Produkte bezeichnet werden, die sich in der Sättigungs- oder Degenerationsphase befinden.[279]

Durch die Kennzeichnung der Felder hinsichtlich der Marktposition, Marktbedingungen und den Marktphasen können die Produkte mit Blick auf ihre Marktpotenziale und ihre Investitions- sowie hinsichtlich der Liquiditätsbedarfe eingeschätzt werden. Weil Produkte entsprechend ihrer Marktposition und ihrer Lebenszyklusphase einen divergierenden Liquiditätsbedarf oder Liquiditätsüberschuss aufweisen, ist ein ausgewogenes Portfolio zur Selbstfinanzierung unter Berücksichtigung der vorhandenen Produktpotenziale sinnvoll. Das bedeutet, dass zur Vermeidung zusätzlicher Finanzierungsnotwendigkeiten hinreichend Mittel freisetzende Produkte, also Cash-Cows, im Portfolio existieren, um den Finanzbedarf potenzialträchtiger Produkte wie der Questionmarks zu decken. Um die Zukunftsfähigkeit des Produktprogramms zu erhalten, müssen genügend Produkte in den Feldern Questionmark und Star sein. Diese Produkte können später in den Bereich Cash-Cow wechseln und dann zum Finanzüberschuss beitragen.[280] Deshalb sollten immer Produkte aus unterschiedlichen Quadranten des Marktwachstum-Marktanteil-Portfolios – mit Ausnahme von Poor Dogs – im Produktprogramm enthalten sein.

Für jedes Feld kann auf Basis des Potenzials eine Normstrategie festgelegt werden. Bei Produkten, die sich in der Einführungsphase befinden und als Questionmarks identifiziert worden sind, sollte i. d. R. eine Offensivstrategie angewendet werden. Questionmarks sind mit einem hohen Anteil Unsicherheit verbunden, da nicht antizipiert werden kann, wie sich die Produkte weiterhin entwickeln. Für Stars bietet es sich an, eine Investitionsstrategie zu nutzen, um die gute Marktstellung zu erhalten. Da bei Cash-Cows das Ende des Produktlebenszyklus schon in zeitlicher Nähe ist, sollten die strategischen Überlegungen in eine Abschöpfungsstrategie münden. Dieses sollte jedoch nicht eine mögliche Verlängerung des Produktlebenszyklus verhindern, denn bei Cash-Cow-Produkte können häufig Kostenvorteile realisiert werden. Demnach ist ein Ziel im Cash-Cow-Stadium, die Verweildauer dort zu verlängern. Weil Poor Dogs Ressourcen im Unternehmen binden und keine ausreichenden Erlöse aufweisen, sollte für diese Produkte eine Desinvestitionsstrategie umgesetzt werden.[281]

---

[279] Vgl. Welge (1985), S. 342 ff.
[280] Vgl. Macharzina/Wolf (2005), S. 354 ff.; Meffert (2000), S. 350 ff.
[281] Vgl. Welge (1985), S. 341 ff.; Macharzina/Wolf (2005), S. 354 ff.

Der Altersaufbau eines Produktprogramms ist eine entscheidende Größe für das Risiko des Produktprogramms. Alte Produkte bergen die Gefahr von zeitnahen Umsatzrückgängen, die in erhöhter Anzahl eine Beeinträchtigung der Zukunftsfähigkeit des Unternehmens nach sich ziehen können. Dagegen führt eine häufige Einführung neuer Produkte zu hohen Zusatzbelastungen durch Umstellungen im gesamten Unternehmen und durch Anlaufprobleme in der Produktion. Ergibt die Analyse des Produktprogramms eine ungünstige Zusammenstellung von Produkten in der Gestalt, dass das Produktprogramm zu viele alte Produkte oder zu viele risikobehaftete Questionmarks enthält, müssen Maßnahmen zur Bereinigung des Produktprogramms ergriffen werden. Durch eine solche Analyse können die Produktionskapazitäten langfristig besser verteilt werden. Maßnahmen zur Gestaltung des Produktprogramms können Programmverminderung, Programmerneuerung und Programmerweiterung sein.[282]

Programmverminderungen treten hauptsächlich auf, wenn die Anzahl der Eliminierung von Produkten in der Sättigungs- und Degenerationsphase größer als die Anzahl der Aufnahme neuer Produkte ist. Die Eliminierung von Produkten wird erforderlich, falls Produkte die Deckungsbeiträge nicht den Ansprüchen der Unternehmensleitung genügen oder die Produkte die Anziehungskraft des Produktprogramms nicht positiv beeinflussen. Bei der Bereinigung des Produktprogramms ist über die frei werdenden Fertigungskapazitäten zu entscheiden. Die freien Fertigungskapazitäten sollten prioritär Produkten in der Wachstumsphase zugeteilt werden, vorausgesetzt die Produktionssysteme erlauben dies. Sind die frei gewordenen Fertigungskapazitäten wirtschaftlich nicht anderweitig zu nutzen, müssen diese zeitweise stillgelegt oder abgebaut werden. Dabei ist zu beachten, dass hier Anlagevermögen nicht genutzt wird. Aus diesem Grund ist der Zeitpunkt der Eliminierung relevant.[283]

Eine Programmerneuerung besteht, wenn ein altes Produkt durch ein neues Produkt ersetzt wird. Motiv für eine Programmerneuerung kann ein höherer Deckungsbeitrag oder eine höhere Marktattraktivität des neuen Produktes sein. Erleichtert wird die Umsetzung der Programmerneuerung durch die Nutzung von bereits vorhandenen Fertigungsanlagen.[284] Ist die Anzahl der neu aufgenommenen Produkte in das Produktprogramm größer als die Zahl der Eliminierungen, liegt eine Programmerweiterung vor. Anlass kann die Erhöhung der Attraktivität des Produktprogramms, die Verbesserung des Ergebnisses, eine bessere Auslastung der Fertigungskapazitäten oder die Minderung des Risikos des Produktpro-

---

[282] Vgl. Schumann (1981), S. 79 ff.
[283] Vgl. Schumann (1981), S. 86 ff.
[284] Vgl. Schumann (1981), S. 88 f.

gramms sein. An den der Programmerweiterung inne wohnenden höheren Diversifikationsgrad ist jedoch eine zunehmende Komplexität gekoppelt.[285]

Gegenüber dem Einsatz eines einzigen Instruments können durch die Verknüpfung von Portfoliotechnik und Lebenszyklusmodell zusätzliche Aussagen über den Zusammenhang von Marktposition des Produktes, den Potenzialen der Produkte, der zu erwartenden Entwicklung der Potenziale und den Interdependenzen von Finanzierungsnotwendigkeiten zwischen Produkten getroffen werden. Ziel der Steuerung des Produktprogramms ist eine ausgewogene Gestaltung von Produktprogrammen unter Berücksichtigung von Potenzialen und der Finanzsituation von Produkten.

Voraussetzungen für die Gültigkeit der vorgestellten Portfolioanalyse sind zum Beispiel der Produktlebenszyklus und ein Zusammenhang zwischen Cash Flow und Position in der Portfoliomatrix. Die Produkte müssen sich eindeutig in die Portfoliomatrix positionieren lassen und es muss eine eindeutige Abgrenzung des Marktes oder des Marktsegmentes möglich sein.[286] Wird die Portfoliomethode angewendet, muss diese kritisch hinterfragt werden. An dieser Stelle soll nur auf einige Probleme der Portfoliomethode eingegangen werden, da diese in der angegebenen Literatur detailliert nachvollzogen werden können. Grenzen resultieren unter anderem aus den genannten Prämissen. Zu den Schwächen zählen beispielsweise die fehlende Operationalisierung des Konzepts der Erfahrungskurve, Schwierigkeiten bei der Abgrenzung der Märkte und die punktuelle Zuordnung von Produkten in der Matrix.[287] Ferner ist die Anwendung von Normstrategien schwierig. Diese können zum Beispiel lediglich Hinweise geben, da sie nicht auf unternehmensspezifische Besonderheiten eingehen.[288]

3.3   Phasenbezogene Strategien und Instrumente

Im vorangegangenen Abschnitt wurden Maßnahmen zur Gestaltung des gesamten Produktprogramms erläutert. Damit wurde die Ausgangsituation für die Steuerung des Produktlebenszyklus eines Serienprodukts in einem Mehrproduktunternehmen dargestellt. Wie das Produktlebenszyklusmanagement im Einzelnen auf ein Produkt und eine Lebenszyklusphase bezogen aussehen kann, wird in diesem Kapitel erörtert. Für den jeweiligen Produkterfolg ist die Gestaltung des Managements in den einzelnen Lebensphasen ausschlaggebend. Hierbei müssen außer den phasenspezifischen Vorgehensweisen weitere situative Variablen wie die Kauffrequenz der Kunden beachtet werden. Es konnte empirisch belegt wer-

---

[285] Vgl. Schumann (1981), S. 89 f.
[286] Vgl. Kreikebaum (1997), S. 81 f.
[287] Vgl. beispielsweise Jacob (1982), S. 60 ff.; Welge (1985), S. 353 ff.
[288] Vgl. Zäpfel (2000), S. 81 f.

den, dass das Stadium des Produktes in der Marktphase einen starken Einfluss auf die strategischen Überlegungen und den Erfolg hat.[289] Grundlage für die phasenweise Strukturierung des Produktmanagements ist das erweiterte integrierte Produktlebenszykluskonzept wie es in Kapitel 2.2 herausgearbeitet wurde.

Im Wesentlichen sind am Produktlebenszyklusmanagement die Funktionsbereiche beteiligt, die einen engen Bezug zum Produkt haben, wie die Produktion, der Vertrieb sowie die Forschung und Entwicklung. Aus diesem Grund werden insbesondere diese Bereiche fokussiert. Wegen dem häufig umfangreichen Outsourcing werden viele Aufgaben über Unternehmensgrenzen hinweg wahrgenommen. Dadurch rücken auch im Produktlebenszyklusmanagement verstärkt Themen wie das Supply Chain Management und das Management von Unternehmensnetzwerken in das Zentrum des Interesses. Um die Komplexität des Produktlebenszyklusmanagements einzugrenzen, wird sich in dieser Arbeit auf das interne Management konzentriert. Es wird davon ausgegangen, dass im Produktlebenszyklusmanagement externe Partner ähnlich wie interne Organisationseinheiten behandelt werden können.

3.3.1 Die Beobachtungsphase als Anstoß und Vorbereitung

Der Erfolg eines Produktes als Element des Produktprogramms wird durch den Grad der Erfüllung vielfältiger Anforderungen unterschiedlicher Anspruchsgruppen an das Produkt bestimmt. Um Strategien erstellen, Analysemethoden nutzen und Gestaltungsmaßnahmen ausüben zu können, müssen Informationen über die Unternehmensumwelt und die gestellten Anforderungen an die Produkte erhoben werden.[290] Da sich die Anforderungen stetig verändern und somit Anlass für die Einführung neuer Produkte sind, ist es erforderlich, die Anforderungen und deren zukünftige Ausprägungen zu kennen und zu antizipieren. Aufgabe der Beobachtungsphase im Produktlebenszyklus ist es deshalb, die unabdingbaren strategischen Informationen zur Initiierung und Fundierung des Entscheidungsprozesses für ein neues Produkt zu generieren.[291]

Relevant im Sinne der Arbeit sind insbesondere Informationen und Diskontinuitäten, die sich auf Technologien und Märkte beziehen. Nach dem Konzept der schwachen Signale von Ansoff sind Diskontinuitäten das Ergebnis von Evolutionen und kündigen sich durch anfänglich schwache Signale an.[292] Eine frühzeitige Reaktion – im Sinne der vorliegenden Arbeit die Initiierung eines neuen Produk-

---

[289] Vgl. Hambrick/Lei (1985), S. 778 ff.
[290] Vgl. Vahs/Burmester (2005), S. 114 ff.
[291] Vgl. Pfeiffer (1985), S. 28.
[292] Vgl. Ansoff (1976), S. 129 ff.

tes – bedingt das Erkennen und Interpretieren der schwachen Signale sowie die Prognose von zukünftigen Trends.

Zur Erhebung und Verarbeitung von Informationen über zukünftige Entwicklungen werden in der Literatur Frühwarn- bzw. Früherkennungssysteme diskutiert.[293] Es können dabei die Aktivitäten Scanning und Monitoring unterteilt werden. Während das Scanning weitgehend ungerichtet ist und dazu dient, zusätzliche bis dato nicht beachtete Einflussgrößen für Diskontinuitäten zu identifizieren, liegen für das zielgerichtete Monitoring Anhaltspunkte vor.[294] Im Scanning werden aus einer Fülle von Signalen die strategisch bedeutsamen herausgefiltert, welche im Monitoring dann weitergehend in ihren Auswirkungen auf das Unternehmen oder hier das Produkt untersucht werden. Dabei werden zudem die zukünftigen Tendenzen prognostiziert.[295] Die Aufgabe der Überprüfung von Einflussfaktoren auf den Produkterfolg ist kontinuierlich zu leisten.

Es genügt nicht, nur die externe Unternehmensumwelt zu fokussieren. Zusätzlich müssen unternehmensinterne Faktoren im Sinne des Resource-Based View berücksichtigt werden. Dabei handelt es sich um Aussagen zu Stückkosten, Automatisierungsgrade, Flexibilität etc. Diese Informationen sind für eine angepasste Reaktion auf Umweltänderungen wichtig. Insbesondere die Höhe der Stückkosten kann neben Faktoren wie Qualität über die Wettbewerbsfähigkeit des Unternehmens entscheiden. Um eine tiefgehende Analyse und Antizipation der unternehmensinternen und -externen Einflussgrößen vornehmen zu können, kann man sich unterschiedlicher Instrumenten bedienen. Spezifische Instrumente, die sich hier anbieten, sind unter anderem die Branchenstrukturanalyse, die SWOT-Analyse und besonders für die Antizipation zukünftiger Trends die Szenariotechnik. Im Rahmen der Prognosetätigkeit kann auf verschiedene Prognoseverfahren wie die Delphi-Methode verwiesen werden.[296]

Neben der Kenntnis über mögliche zukünftige Entwicklungen müssen Produktideen vorhanden sein, um in neue Produkte umgesetzt zu werden. Dafür sind Quellen für Innovationsideen zu eruieren und stetig zu prüfen. Im Innovationsmanagement werden unternehmensexterne und -interne Quellen für Innovationsideen aufgeführt. Die Quellen für Produktideen reichen von Messen, Patentdatenbanken, Konkurrenzprodukten, eigenen Mitarbeitern bis zum Kunden selbst.[297] Die Erschließung dieser Informationsquellen wird durch Abteilungen –

---

[293] Vgl. zum Beispiel Krystek/Müller-Stewens (1993), und die dort angegebene Literatur.
[294] Vgl. Müller-Stewens/Lechner (2005), S. 208.
[295] Vgl. zum Beispiel Bea/Haas (2005), S. 302; Zur Prognose zukünftiger Entwicklungen kann zum Beispiel die Diffusionstheorie herangezogen werden.
[296] Vgl. Macharzina/Wolf (2005), S. 822 ff.
[297] Vgl. zum Beispiel Vahs/Burmester (2005), S. 146 ff.

etwa die Marketingabteilung und der Produktsupport – erfüllt. Es gilt in dieser Phase alle Quellen für neue Produkte zu bestimmen und optimal zu nutzen.

In der Beobachtungsphase werden Informationen erhoben, die eine Bewertung und Bearbeitung des Produktprogramms erlauben, darüber hinaus werden systematisch Produktideen generiert. Es werden in diesem Stadium des Produktlebenszyklus noch keine detaillierten Informationen für die Planung des Produktes bereitgestellt. Ergebnis der Beobachtungsphase kann eine konkrete Produktidee inklusive der Entscheidung für die Entwicklung eines neuen Produktes sein. Dabei ist zu beachten, dass die in der Beobachtungsphase erhobenen Informationen häufig mit einer hohen Unsicherheit behaftet sind.

3.3.2 Die Realisierung in der Vorlaufphase: die Entstehungsphase

Ziel der Entstehungsphase ist die Abschätzung des Produkterfolgs, die Planung und die Realisierung des Produktes sowie dessen Fertigung. Die Entstehungsphase beginnt nach der Entscheidung für ein Produkt. Das Ende der Entstehungsphase wird durch die Übergabe des Produktes von der Entwicklung an die Produktion markiert. Dabei wird die Entstehungsphase in den *Alternativensuchprozess*, den *Alternativenbewertungs- und Auswahlprozess* und die *Realisierung* gegliedert.[298] Eine große Rolle spielen das Marketing, F&E und die Produktion. In der Literatur findet sich eine große Anzahl von Arbeiten zum Thema F&E mit unterschiedlichen Schwerpunkten wie das Kostenmanagement. Deshalb kann hier nur ein kurzer Überblick hinsichtlich der für das Produktlebenszyklusmanagement relevanten Aspekte und Methoden gegeben werden.

Stage-Gate-Methode zur Prozesssteuerung der gesamten Entstehungsphase

Zur Steuerung des Realisierungsprozesses und zur Unterstützung der Entwicklung können verschiedene sich ergänzende Instrumente eingesetzt werden. Aufgrund der Interaktion verschiedener Organisationseinheiten und der angestiegenen Anzahl von Entwicklungsprojekten kann es schwierig sein die Entstehungsphase zu steuern.[299] Im Folgenden wird zur Steuerung von Entwicklungsprojekten die Stage-Gate-Methode von Cooper und Kleinschmidt vorgestellt. Der Ansatz basiert auf den Ergebnissen der „NewProd"-Studien von Cooper, in denen die Methoden von Unternehmen im Entwicklungsprozess untersucht worden sind.[300] Beim Stage-Gate-Ansatz wird der Entwicklungsprozess von der Produktidee bis zur Markteinführung in vorbestimmte Phasen untergliedert, die jeweils

---

[298] Vgl. Pfeiffer/Bischof (1974), S. 638.
[299] Vgl. Kumar/Krob (2007), S. 279 f.; Moore (1984), S. 5; In Studien wurden große Unterschiede zwischen der Entwicklungsproduktivität von Unternehmen festgestellt. Vgl. zum Beispiel Cooper/Edgett/Kleinschmidt (2004).
[300] Vgl. Cooper (1979); Cooper/Kleinschmidt (1987); Cooper/Kleinschmidt (1991).

durch so genannte Gates abgeschlossen werden. Dabei werden aufgrund der integrativen Funktion des Stage-Gate-Prozesses technische und betriebswirtschaftliche Ergebnisse abgefragt. An den „Gates" werden die Entscheidungen anhand definierter Kriterien getroffen.[301] Der Aufbau eines solchen Stage-Gate-Prozesses wird in Abbildung 7 beispielhaft dargestellt.

Im Folgenden wird der Stage-Gate-Prozess erläutert.[302] In der 1. Phase wird nach Produktideen gesucht. Diese Produktideen werden im 1. Gate bezüglich ihres Potenzials bewertet. Daraufhin werden in der 2. Phase für die erfolgversprechenden Produktideen die Entwicklungsprojekte vorbereitet, indem beispielsweise Informationen über den Markt und die Technologie gesammelt werden. Im zweiten Gate werden diese Informationen anhand einer Checkliste für die Entscheidung zur Durchführung detaillierter Studien beurteilt. Gegenstand der 2. Phase ist die detaillierte technische Bewertung der Produktidee, die Abschätzung der notwendigen Ressourcen sowie die Erhebung der Kundenwünsche. Ergebnis der 2. Phase ist somit die Definition des Produktprojektes, die in einer finanziellen Analyse mündet. Während bisher begrenzte Ressourcen für die Produktidee bereitgestellt werden, wird im Gate 3 die Entscheidung für die Durchführung des Entwicklungsprojektes getroffen. Phase 3 umfasst die Entwicklung des Produktes und die Aktualisierung der Finanzanalyse. Im Gate 4 werden die Entwicklungsergebnisse begutachtet und die aktualisierten Finanzdaten für die Entscheidung über den Fortgang des Produktprojektes zugrunde gelegt. Die Phase 4 betrifft die Tragfähigkeit des Projektes. Es werden das Produkt, die Produktionsprozesse, die Kundenakzeptanz und die Wirtschaftlichkeit des Produktprojektes analysiert. Die letzte Möglichkeit das Produktprojekt vor dem Start der Produktion abzubrechen, ist das Gate 5. Hier wird die Vermarktung des Produktes auf Basis der aktuellen Planung freigegeben. In der letzten Phase wird das Produkt produziert und vermarktet. Das Stage-Gate-Modell wird mit einem Post Implementation Review abgeschlossen. Mit dieser abschließenden Prüfung des beendeten Produktprojektes werden Informationen für Verbesserungen zukünftiger Produktprojektes gewonnen.

Das Stage-Gate-Modell ist ein Prozessmodell und ähnelt dem Phase-Review-Modell der NASA, das eine starke Technologieorientierung aufweist. Während im Phase-Review-Modell die Tätigkeiten streng sequenziell ablaufen, sind im Stage-Gate-Modell Überlappungen möglich.[303] Dadurch kann der Prozess be-

---

[301] Vgl. Cooper (1990), S. 45 ff.; Cooper/Kleinschmidt (1993), S. 26.
[302] Vgl. Cooper (1990), S. 52 f.
[303] Vgl. Cooper (1994), S. 4 f. Das Phase-Review-Modell bricht den Entwicklungsprozess sehr detailliert auf einzelne Phasen herunter, deren Aufgaben komplett erfolgreich abgeschlossen sein müssen, um in die nächste Phase einsteigen zu können. Es wurde zur Abstimmung mit Zulieferern sowie zur Steuerung und Bewertung des Entwicklungsprozesses eingesetzt.

schleunigt werden. Die Vorteile des Stage-Gate-Prozesses liegen für das Unternehmen in der Systematisierung der oft ad hoc ablaufenden Entwicklung.[304] Im Gegensatz zum Meilensteinvorgehen wird nicht nur eine Zeit- oder Kostenüberwachung vorgenommen. Es wird zudem u. a. die Erfüllung von Kundenwünschen durch das Produkt betrachtet. Auch in der deutschen Literatur findet sich zum Thema Entwicklungsprozess eine große Anzahl an Prozessmodellen. Zu den bekanntesten zählen zum Beispiel das von Thom (1980) und von Brockhoff (1999). Das Prozessmodell von Ebert, Pleschak und Sabisch (1992) berücksichtigt mit der Erstellung von Pflichten- und Lastenheften zudem eine Besonderheit für den Entwicklungsprozess in vielen deutschen Unternehmen.[305]

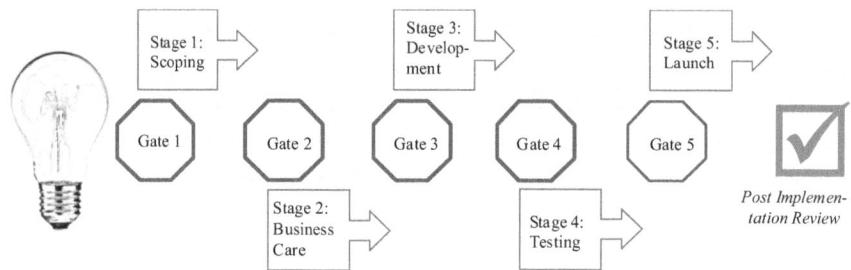

Abbildung 7:   Stage-Gate-Prozess als Phasenmodell[306]

Quality Function Deployment im Alternativensuch- und Auswahlprozess

Im *Alternativensuchprozess* als erster Teilphase in der Realisierungsphase im integrierten Produktlebenszyklusmodell werden durch Bedarfsinduktion – Market Pull – und autonomer Induktion – Technology Push – Alternativen für die Problemlösung erzeugt. Während die Bedarfsinduktion von gegebenen Bedürfnissen ausgeht, werden bei autonomer Induktion für Lösungen Vermarktungsmöglichkeiten gesucht. In beiden Fällen können Kreativitätstechniken die Alternativensuche durch ein systematisch-analytisches Vorgehen oder durch die Verstärkung der Intuition der Beteiligten unterstützen.[307]

Für die Bedarfsinduktion müssen Marktanforderungen und -bedingungen durch die Marketingforschung erhoben werden, welche die Marktforschung als ein Teilgebiet umfasst. Marketingforschung kann kurz definiert werden als systematische Erhebung und Analyse von Daten, die für das Marketing benötigt werden.[308] Im Bereich der Marketingforschung kann man die Informationen in Ab-

---

[304]   Vgl. Cooper (1994), S. 5 ff.
[305]   Vgl. Ebert/Pleschak/Sabisch (1992), S. 147 f. Eine Studie ergab, dass alle befragten deutschen Unternehmen Pflichtenhefte und ein hoher Prozentsatz Lastenhefte erstellen. Vgl. Sabisch/Wylegalla (1999), S. 30.
[306]   In Anlehnung an Cooper (1994), S. 5.
[307]   Vgl. Vahs/Burmester (2005), S. 165.
[308]   Vgl. Kotler/Keller/Bliemel (2007), S. 158.

hängigkeit des Betrachtungsobjektes mittels Studien unter Einsatz verschiedener Methoden gewinnen. Dazu müssen zuerst das Marketingproblem und die Forschungsziele festgelegt werden, bevor der Forschungsplan, also das Vorgehen, konzipiert wird.[309]

Die erhobenen Marktinformationen und die Kundenanforderungen sollten nicht nur zur Generierung von Produktideen, sondern auch für die kundenorientierte Produktentwicklung, zum Beispiel im Rahmen des Quality Function Deployment (QFD), genutzt werden. Im QFD werden die Kundenwünsche mittels mehrerer aufeinander aufbauender Tabellen in Produktmerkmale, Fertigungsprozesse sowie in die Betriebsmittelplanung übersetzt.[310] Dabei werden in Matrizen, welche die Zusammenhänge zwischen den Anforderungen und den Lösungsmerkmalen darstellen, unter Berücksichtigung der integrierten Wechselwirkungsanalyse die Alternativen bewertet.[311]

Ein bedeutender Vorteil des QFD ist die konsequente Ausrichtung der Produktentwicklung auf die Kundenanforderungen. Zusätzlich können durch den Einsatz des QFD die Beziehungen zwischen verschiedenen technischen Merkmalen und Marktgegebenheiten evaluiert und darüber hinaus Widersprüche bei der Produktentwicklung frühzeitig erkannt werden. Aufgrund einer interdisziplinären Zusammensetzung der QFD-Teams wird eine abteilungsübergreifende Anwendung von QFD sichergestellt, was zur Erhöhung der Effizienz des Prozesses beitragen kann und somit potenziell zur Senkung von Kosten und Entwicklungszeit führt.[312]

Da aus Gründen der Ressourcenbeschränkungen in Unternehmen nicht alle Produktalternativen, die der Alternativensuchprozess hervorbringt, verfolgt werden können, muss eine Auswahl Erfolg versprechender Produktalternativen getroffen werden. Im nächsten Schritt, dem *Alternativenbewertungs- und Auswahlprozess,* wird die technische und betriebswirtschaftliche Bewertung der Alternativen durchgeführt.[313]

Für die Ermittlung von monetären Größen muss erst die zukünftige Nachfrage – welche die Basis für die gesamte Planung ist – für die Alternativen bestimmt werden. Der Markt wird für die Ermittlung der Marktgröße und der Nachfrage in unterschiedliche Dimensionen unterteilt, die angeben, inwieweit der Markt mit welchen Anstrengungen bearbeitet werden kann.[314] Diese Aufgliederung ist ferner Grundlage für strategische Entscheidungen in Bezug auf die Marktbearbei-

---

[309] Vgl. Kotler/Keller/Bliemel (2007), S. 163.

[310] Vgl. Akao (1992), S. 143 ff.; Liu/Inuganti/Noguchi (2006), S. 149 ff.

[311] Vgl. Teufelsdorfer/Conrad (1998), S. 38 ff.

[312] Vgl. Liu/Inuganti/Noguchi (2006), S. 150.

[313] Vgl. Pfeiffer/Bischof (1974), S. 639.

[314] Vgl. Kotler/Armstrong/Saunders/Wong (2007), S. 425 f.; Kotler/Keller/Bliemel (2007), S. 194 ff.

tung. Für den Alternativenbewertungsprozess und für die Produktplanung muss anschließend die zukünftige Nachfrage in den Zielmärkten geschätzt werden.

Ein Weg für die Umsatzprognose können die Meinung der Kunden, Kundenreaktionen oder vergangenes Kundenverhalten sein. Die Informationen können dann mittels verschiedener Methoden in die Zukunft extrapoliert werden.[315] Für die konkrete Absatzplanung erscheint es sinnvoll, den Umsatzverlauf im Lebenszyklus zu ermitteln. Es wurde hierzu bereits auf verschiedene idealtypische Kurvenausprägungen verwiesen. Die Identifizierung von für das Produkt spezifischer Kurvenverläufe kann durch statistische Modelle erfolgen.[316]

Werkzeuge zur Reduzierung von Zeit und Kosten in der Realisierungsphase

Der Realisierungsprozess kann als die Transformation von Produktideen zum verkaufsfähigen Produkt aufgefasst werden. Bei der Produktentwicklung und -realisierung muss es vorrangiges Ziel sein, einen frühen Markteintritt und ein auf die Kundenwünsche abgestimmtes Produkt zu erreichen. Unterstützung hierfür können beispielsweise ein adäquates Wissensmanagement, teamorientierte Organisationsformen und adäquate Werkzeuge in der Produktentwicklung leisten. Insbesondere die Einrichtung von interdisziplinären Produktteams ist geeignet, um Produktivitätspotenziale bei der Produktentwicklung zu erschließen.[317] Bei den Werkzeugen sind die Wertanalyse sowie die Failure Mode and Effect Analysis zu nennen.

Millson, Raj und Wilemon entwickeln eine Maßnahmenhierarchie zur Durchlaufzeitreduzierung. Die Maßnahmen reichen von Vereinfachen, dem Streichen von Aktivitäten, Parallelisieren und dem Eliminieren von Verzögerungen bis zu dem Beschleunigen kritischer Aktivitäten.[318] Zur Reduzierung von Entwicklungszeiten wird maßgeblich das Simultaneous Engineering propagiert. Simultaneous Engineering meint das Parallelisieren von Entwicklungsprozessen unter Einbeziehung von Zulieferern und Systemherstellern unter Beachtung technischer Abhängigkeiten, Kosten und Qualität.[319] Ein Lösungsansatz zur Umsetzung des Simultaneous Engineering kann mit dem Aufbau einer integrierten Produkt- und Prozessentwicklung verfolgt werden. Hierbei stehen kooperative Organisationsmodelle, zum Beispiel durch die frühzeitige Involvierung aller beteiligten Gruppen im Entwicklungsprozess, die Integration des Wissens durch das Infor-

---

[315] Vgl. Mercer (1992), S. 207 ff.; Kotler/Keller/Bliemel (2007), S. 207 ff.
[316] Siehe Schumann (1981), S. 66 ff.
[317] Vgl. Helwig (1993), S. 32; Glück (1995), S. 93 ff.; Corsten (1998), S. 134.
[318] Vgl. Millson/Raj/Wilemon (1992), S. 65.
[319] Vgl. Corsten (1998), S. 129 f., Bauer (2003), S. 108.

mations- und Kommunikationsmanagement und die Bereitstellung von Prototypen im Vordergrund.[320]

Die Möglichkeit der Parallelisierung von Prozessen, wie sie Gegenstand des Simultaneous Engineering ist, wird durch die Abhängigkeit zwischen den Prozessen bestimmt. Unabhängige Prozesse können, wenn die Ressourcen vorhanden sind, parallel ohne Kommunikationsflüsse zwischen den Entwicklern stattfinden. Bei einfach abhängigen Aufgaben gibt es einen Vorgängerprozess und einen Nachfolgeprozess. Der Nachfolgeprozess kann nur mit Informationen über das Ergebnis des Vorgängerprozesses durchgeführt werden. Besteht eine gegenseitige Abhängigkeit der Prozesse, muss eine intensive Kommunikation zwischen Vorgänger- und Nachfolgeprozess erfolgen.[321]

Die Parallelisierung von untereinander abhängigen Prozessen kann in drei Stufen vorgenommen werden. Im sequenziellen Vorgehen laufen die Prozesse nacheinander ab. Am Ende des Vorgängerprozesses werden die Informationen auf einmal an das nachfolgende Entwicklerteam übergeben. Dadurch können die Informationen nicht systematisch verarbeitet werden, spätere Rückkopplungen sind nahezu ausgeschlossen und Erfahrungen gehen verloren.[322] Teilüberlappungen markieren die zweite Stufe der Überlappung. Dabei wird durch die Weiterleitung freigegebener (manchmal auch nicht offiziell verifizierter) Teilergebnisse und einer intensiven Kommunikation ein Start des Nachfolgeprozesses erreicht, bevor der Vorgänger beendet ist. Eine vollständige Überlappung bedeutet ein zeitgleicher Start von Vorgänger- und Nachfolgeprozess. Hier besteht die Gefahr, dass im Nachfolgerprozess teilweise noch nicht verifizierte bzw. nicht erreichte Entwicklungsergebnisse zugrunde gelegt werden müssen.[323]

Um die Vorteile einer Prozessparallelisierung – beispielsweise die Ermöglichung von Rückfragen und Absprachen zwischen den Beteiligten – nutzen zu können, muss ein gesicherter und aktiver Informationsfluss gewährleistet werden.[324] Dieser Kommunikations- und Koordinationsbedarf führt nach Brooks zu einer höheren Durchlaufzeit von Projekten, weshalb die Parallelisierung beschränkt ist.[325] Für die Abstimmung zwischen interdependenten Prozessen ist eine gemeinsame Wissensbasis, die Funktionszusammenhänge, Qualitätsmerkmale, Kosten und Fertigungsbedingungen sowie deren Interdependenzen abbildet, unabdingbar.

---

[320] Vgl. Bauer (2003), S. 108 ff.
[321] Vgl. beispielsweise Eppinger et al. (1994), S. 2f.; Corsten (1998), S. 131 f. Bei den Interdependenzen zwischen organisatorischen Einheiten spricht man auch von "sequential" und "reciprocal" Interdependenzen. Vgl. Thompson (1967), S. 54 f.
[322] Vgl. Düchting (2005), S. 25 f.
[323] Vgl. Corsten (1998), S. 132; Die höheren Kosten durch fehlerhafte Entwicklungen im Nachfolgerprozess aufgrund von Unsicherheiten werden „error costs" genannt. Vgl. Glennan (1967), S. 20 f.
[324] Vgl. Düchting (2005), S. 26.
[325] Vgl. Knolmayer (1987), S. 453 ff.; Brooks (1974), S. 44 ff.

Dadurch können Fehler vermieden oder zumindest frühzeitig erkannt werden. Voraussetzung ist, dass die Informationen fortlaufend aktualisiert werden. Im Abgleich zwischen den Sollwerten und den aktuellen Werten wird entschieden, ob weitere Überarbeitungen notwendig sind oder nicht.[326]

Die Parallelisierung von Entwicklungsprozessen kann durch ein angepasstes Freigabemanagement unterstützt werden. Freigaben symbolisieren hinreichend stabile Informationen für Nachfolgerprozesse.[327] Die Freigaben können im Rahmen der Prozessparallelisierung abgestuft werden. Hauptziel ist die Beschleunigung des Entwicklungsprozesses, dafür müssen die Informationen zeitgenau bereitgestellt werden.[328] Zur Vorbereitung bietet es sich an, die Informationen dahingehend zu untersuchen, welcher Bestandteil statisch oder dynamischer Natur ist, um den Reifegrad von Informationen bestimmen zu können.[329] Eine besondere Form von Freigaben wird mit dem Quality Gate System realisiert. Quality Gates sind ergebnisorientierte Entscheidungspunkte, die der Abstimmung von Kundenerwartungen und Lieferantenleistung dienen. Dabei wird das Hauptaugenmerk auf Qualitätsaspekte gelegt.

Im Bereich der Logistik können für die Prozesssteuerung in Anlehnung an das Konzept der Quality Gates so genannte Logistik-Gateways eingesetzt werden. Die Logistik-Gateways steuern den Übergang zwischen Phasen mittels der Bewertung der Ergebnisse von Teilprozessen nach ihrem Erfüllungsgrad. Eine Freischaltung der nächsten Prozessphase erfolgt nur bei Erfüllung der vorab definierten Kriterien. Im Gegensatz zu Quality Gates werden bei den Logistik-Gateways logistische Themen wie das Transportkonzept evaluiert.[330]

In der Prototypenphase hängt die Entwicklungsdauer wesentlich davon ab, wie schnell physische oder virtuelle Prototypen verfügbar sind. Nur mithilfe sichtbarer Ergebnisse in Form von Prototypen können u. a. eine effektive Kommunikation mit Kunden und eine Verifikation der Entwicklungsergebnisse erfolgen. Das Rapid Prototyping kann zu kürzeren Entwicklungszeiten, zur Steigerung der Produktqualität und zu einer fertigungsgerechteren Konstruktion beitragen.[331]

Mithilfe von Kostenmanagementmethoden kann man einerseits die Steuerung der Entwicklungskosten und andererseits das Management der Produktkosten vornehmen.[332] In der Vorlaufphase wird eine Innovation oft als Projekt betrachtet,

---

[326] Vgl. Bauer (2003), S. 111.
[327] Vgl. Düchting (2005), S. 29; Eine Freigabe ist eine Genehmigung nach abgeschlossener Prüfung. Vgl. DIN(1995), S. 2.
[328] Vgl. Wildemann (1992), S. 22 f.
[329] Vgl. Düchting (2005), S. 32.
[330] Vgl. Wildemann (2005), S. 49 ff.
[331] Vgl. Bullinger (1997), S. 171 f.
[332] Vgl. Gräfe (1998), S. 1.

was die Möglichkeit mit sich bringt, ein Projektkostenmanagement zu verwenden. Für die Planung und Überwachung der Entwicklungskosten können im Kontext des Projektkostenmanagements Kostenschätzmethoden und Kostenmanagementmethoden, zum Beispiel die Budgetierung, eingesetzt werden.[333]

Zur Planung und Steuerung der Produktkosten kann beispielsweise das Target Costing verwendet werden. Im Target Costing werden der Produktpreis vom Markt bestimmt und so genannte Zielkosten retrograd kalkuliert, dabei werden die erlaubten Kosten entsprechend der Kundenanforderungen auf Komponenten bzw. Funktionen aufgeteilt. Zur Zielkostenerreichung sind die marktorientierten Vorgaben bereits in den frühen Entscheidungsphasen mit den Kostenprognosen zu vergleichen. Gerade in den frühen Phasen ist der Freiheitsgrad für die Produktkonzeption und -gestaltung hoch.[334]

Produktions- und Vertriebsvorbereitung in der Entstehungsphase

Den Abschluss des Realisierungsprozesses bildet die Vertriebs- und Produktionsvorbereitung. In dieser Phase werden produktionsseitig die in der Prozessentwicklung spezifizierten Produktionsanlagen beschafft und vertriebsseitig eventuell das Vertriebssystem restrukturiert.[335] Um die Kundenakzeptanz hinsichtlich des Produktes sicherstellen zu können, sollten Produktprüfung vorgenommen werden. Bei einer Produktprüfung werden repräsentativen Verbrauchern die Produkte zur Verfügung gestellt, um Erfahrungen bezüglich des Produktgebrauchs zu sammeln und gegebenenfalls Anpassungen durchzuführen. Der Produkterfolg wird bei vielen Produkten maßgeblich durch die Wiederkaufsrate bestimmt. Um diese ermitteln zu können, bietet es sich an, das Produkt einem Markttest zu unterziehen. In diesem Zuge kann auch der komplette Marketing-Mix getestet werden.[336]

Im Rahmen der Prozessentwicklung wurden die notwendigen Produktionsprozesse festgelegt, für welche nun im Falle der Eigenfertigung die Betriebsmittel bereitgestellt werden müssen. Falls keine Produktionsanlagen beschafft werden müssen, weil auf vorhandene Kapazitäten zurückgegriffen werden kann, kann es zumindest erforderlich werden, dass spezielle Werkzeuge beschafft oder durch den eigenen Werkzeugbau entwickelt und hergestellt werden. Spätestens an dieser Stelle muss der betriebliche Standort für die Fertigung bestimmt werden. Dabei kann auf eine Vielzahl von Standortfaktorsystematiken zurückgegriffen werden.[337] Im Bereich der konkreten Betriebsmittelbeschaffung können unterschied-

---

[333] Vgl. Gräfe (1998), S. 32 ff. Für Methoden der Kostenschätzung: vgl. Madauss (2000), S. 252 ff.
[334] Vgl. beispielsweise Ewert/Wagenhofer (2005), S. 280 ff.; Schweitzer/Küpper (2008), S. 702 ff.
[335] Vgl. Pfeiffer/Bischof (1974), S. 640.
[336] Vgl. Scheuing (1970), S. 138 ff.
[337] Eine Literaturauswahl kann Corsten (2007), S. 382 ff. entnommen werden.

liche investitionstheoretische Bewertungsmethoden genutzt werden.[338] Diese müssen durch weitere produktionswirtschaftliche Analysen wie das Life Cycle Costing ergänzt werden. Die im Anschluss an die Beschaffung der Betriebsmittel folgenden produktionswirtschaftlichen Vorgänge wie die Nullserie werden im Rahmen des Produktionsanlaufs – also der Produktionsphase – betrachtet.

3.3.3   Der Kern des Produktlebenszyklus: Die Marktphase

Für den Produkterfolg ist die Marktphase eine entscheidende Phase des Produktlebenszyklus, da in dieser Phase die Produkte abgesetzt werden. Entsprechend den vorangegangenen Darstellungen besteht die Marktphase aus den Unterphasen Einführung, Wachstum, Reife, Sättigung und Degeneration. Im Rahmen der Produktprogrammgestaltung wurden die Produktstrategien grob umrissen. An dieser Stelle werden nun die Produktstrategien detailliert beschrieben und auf Maßnamenebene herunter gebrochen. Besonders wichtig für die einzelnen Unterphasen der Marktphase sind Instrumente, Konzepte und Maßnahmen, die sich auf den Vertrieb und das Marketing konzentrieren. Demzufolge sind Elemente wie Preis, Produktpolitik, Distribution, Produktqualität und Absatzförderung Gegenstand des Produktlebenszyklusmanagement.[339]

Zur detaillierten Beschreibung von Marktkonstellationen im Produktlebenszyklus kann neben der Adoptions- und Diffusionstheorie der Wettbewerbszyklus von Frey herangezogen werden. Dieser umschreibt den Verlauf der Wettbewerbsstadien auf den Märkten. Zu Beginn – also in der Einführungsphase – ist der Marktpionier Alleinanbieter. Sukzessive drängen immer mehr Wettbewerber auf den Markt, nachdem diese die Produktionskapazitäten aufgebaut haben. Auf einem schnell wachsenden Markt besteht dann die Gefahr des Aufbaus von Überkapazitäten. Daher werden die Deckungsbeiträge sinken, was ein Zurückhalten neuer Wettbewerber und eine Stabilisierung der Marktanteile nach sich zieht. Anschließend wird das Produkt zu einem Massenartikel, für den die Käufer keine Preisunterschiede akzeptieren. Demnach werden einige Wettbewerber den Markt nicht länger bedienen.[340] Mittels der Verknüpfung der Konzepte lassen sich die Marktkonstellation beurteilen und mögliche Entwicklungen antizipieren.

---

[338] Vgl. Corsten (2007), S. 344 ff.

[339] Vgl. zum Beispiel Kotler/Keller/Bliemel (2007), S. 1013; Schumann (1981), S. 165; Eine detaillierte Betrachtung von Anpassungen der Ziele, Strategien und des Instrumenteneinsatzes findet sich bei Wesner (1977), S. 152 ff. Wesner unterscheidet hauptsächlich in adaptive und nicht-adaptive Zyklusstrategien sowie in phasentypische Strategien. Während adaptive Strategien sich an der aktuellen Situation ausrichten, bleiben nicht-adaptive Strategien im Zeitablauf fix bzw. versuchen die Marktsituation zu bestimmen. Phasentypische Strategien beziehen sich auf einzelne Lebenszyklusphasen.

[340] Vgl. Kotler/Keller/Bliemel (2007), S. 1020.

3.3.3.1 Strategien in der Einführungsphase

Bei der Einführung eines Produktes in den Markt hat das Unternehmen die freie Wahl, alle Elemente des Marketing zu variieren. Die Elemente können einzeln oder im Zusammenwirken festgelegt werden, wodurch das Unternehmen mehrere Strategien verfolgen kann. Es sollten dabei die Produktqualität und die Werbung im Vordergrund stehen, da diese beiden Elemente langfristige Wettbewerbsvorteile, zum Beispiel durch Image, zu begründen vermögen.[341] Dennoch ist gerade die Preispolitik geeignet, die Marktdurchdringung zu steuern. Hier kann man die Skimming-(Abschöpfungs-)Strategie und die Penetration-(Durchdringungs-)Strategie unterscheiden. Während in der Skimming-Strategie durch anfangs hohe Preise versucht wird, die Zahlungsbereitschaft aufgeschlossener Innovatoren auszunutzen, wird in der Penetration-Strategie ein niedriger Preis von Beginn an gesetzt, um eine breite Abnehmerschaft zu erreichen.[342] Betrachtet man die Kombination von Preis und Absatzförderung können vier Strategien differenziert werden: eine schnelle oder langsame Marktabschöpfung und eine schnelle oder langsame Marktdurchdringung. Bei der Strategieplanung sind die mit der jeweiligen Strategie verbundenen Annahmen zu berücksichtigen.[343]

Bei der Einführung eines neuen Produktes kann der Entscheidung für die Position eines Pioniers, eines schnellen Verfolgers oder Imitators – wie Studien belegen[344] – eine bedeutende Rolle zukommen. Um als Marktpionier die Marktführerschaft zu erreichen, sollte das Unternehmen die Marktexpansionsstrategie mithilfe einer Segmentierungsanalyse planen. Anhand der Segmentierung der Märkte und Produktvarianten sowie der Kenntnis der Gewinnpotenziale der Segmente kann das Unternehmen die Produktmarktkombinationen festlegen. Diese Strategie wird auch mehrstufige Marktgewinnungsstrategie genannt.[345]

Im Falle des schnellen Verfolgers kann das Unternehmen auf Produktinnovationen einerseits durch situatives Überbieten (Out-Imitating) oder andererseits durch direktes Überspringen (Leapfrogging) reagieren.[346] Situatives Überbieten bedeutet, mit einer verbesserten Imitation des Produktes oder einem besseren Marketingprogramm den Marktpionier zu übertreffen. Bei dieser Strategie ist es Ziel, das Risiko der Erprobung einer neuen Technologie auf einem neuen Markt dem Pionier zu überlassen und mit einer Imitation die Kundenbedürfnisse besser zu befriedigen. Das direkte Überspringen von Technologien seitens der Kunden

---

[341] Vgl. Becker (2006), S. 728.
[342] Vgl. Diller (2008), S. 289 ff.; Simon (1992), S. 293 ff.
[343] Vgl. Kotler/Keller/Bliemel (2007), S. 1013 ff.
[344] In vielen Studien wird der Neuigkeitsgrad des Produktes als wesentlicher Erfolgsfaktor bestätigt. Vgl. Swink (2003), S. 319 f.; Höft (1992), S. 141 ff. sowie die dort angeführte Literatur.
[345] Vgl. Wesner (1977), S. 184 ff.; Kotler/Keller/Bliemel (2007), S. 1014.
[346] Vgl. im Folgenden Urban et al. (1986), S. 655 f.; Kotler/Keller/Bliemel (2007), S. 1015 f.

wurde im Abschnitt 2.3.1 thematisiert. Hier zielt die Strategie des schnellen Verfolgers darauf ab, mittels wesentlicher Fortschritte beim Produkt am Pionier vorbeizuziehen oder ihm in bis dato ungenügend bedienten Marktsegmenten zuvor zu kommen. Weil der Pionier oft das Image hat, einen Leistungsvorteil zu bieten, eröffnet ein niedrigerer Preis eine Möglichkeit, diesem zu begegnen. Optimale Voraussetzungen sind gegeben, wenn der Pionier nicht die Mittel zum Aufbau der besseren Technologie hat. Der schnelle Verfolger kann diese Strategien in der Einführung eines verbesserten Produktes durch eine „Pre-Announcement"-Politik unterstützen. Die erwünschte Folge dieser Politik soll eine verzögerte Nachfrage nach Wettbewerbsprodukten zugunsten des eigenen Produktes sein.[347]

3.3.3.2 Maßnahmen in der Wachstumsphase

In dieser Phase verbessert sich konzeptbedingt aufgrund des steigenden Absatzvolumens das Verhältnis von Marketingaufwand und Erlösen. Der Verlauf der Wachstumsphase ist geprägt von Ausstrahlungseffekten der Einführungsphase, da zum Beispiel Werbemaßnahmen häufig mit einem Time-lag wirken. Auch Probleme in der Einführungsphase können negative Ausstrahlungseffekte hervorrufen.[348] Eine Besonderheit weisen in diesem Zusammenhang international tätige Unternehmen auf, denn diese werden das Produkt sukzessive in weiteren Ländern einführen. Die Verfahrensweise bietet Zeit und Gelegenheit Produktmängel zu beseitigen und reduziert somit den Aufwand für Servicestellen. Für die Steuerung sind in dieser Phase die Perfektionierung des Produktes, gezielte Preissenkungen und der Einsatz von nicht-klassischen Kommunikationsmitteln bedeutsam.[349]

Das Unternehmen steht in der Wachstumsphase vor der Entscheidung, sofort maximale Gewinne zu erwirtschaften oder in expansive Maßnahmen für den Erfolg in späteren Phasen zu investieren. Wenn es eine Expansionsstrategie verfolgt und seine Wettbewerbsposition ausbauen möchte, kann es versuchen, in neue Vertriebswege und Marktsegmente vorzustoßen. Eine Expansionsstrategie kann durch die Verbesserung der Produktqualität, die Erhöhung der Anzahl an Produktvarianten oder eine Preissenkung gestützt werden. In der Werbung sollte das Unternehmen sein Augenmerk von der Markenbekanntheit zur Darstellung von Vorteilen des Produktes verlagern.[350]

---

[347] Vgl. Hostettler (1997), S. 62, und siehe Kapitel 2.3.1.
[348] Vgl. Meffert (1974), S. 93.
[349] Vgl. Becker (2006), S. 729 ff.
[350] Vgl. Wesner (1977), S. 160 ff.

3.3.3.3 Die Reifephase als kritische Marktphase

Aufgrund des Eintretens weiterer Wettbewerber in den Markt und des Erreichens des Maximums der Marktkapazität sowie der damit einhergehenden abnehmenden Zuwachsraten treten in der Branche vermehrt Überkapazitäten auf, die zu einem sich verschärfenden Wettbewerb führen. Die Reifephase wird manchmal als „Problemphase" oder kritische Marktphase charakterisiert, weil zu diesem Zeitpunkt das Marketing den drohenden Absatzrückgang vorbeugen soll. Dadurch ergibt sich die Aufgabe, einerseits neue Zielgruppen zu gewinnen und andererseits die Abwanderung bisheriger Kunden zu verhindern.[351]

Die etablierten Wettbewerber haben die Option entweder als Mengenschrittmacher oder als Nischenbesetzer zu agieren.[352] Als Mengenschrittmacher werden Unternehmen bezeichnet, welche ihre Marketinganstrengungen auf den gesamten Markt ausrichten und versuchen, durch eine hohe Produktionsmenge und niedrigen Kosten Gewinne zu erzielen. Um diese Mengenschrittmacher sammeln sich viele Nischenbesetzer, welche die Anforderungen ihrer Zielmärkte in einer einzigartigen Form bedienen können. Zu den Nischenbesetzern zählen Mikromarktspezialisten, Produktspezialisten und Sonderanfertiger. Wegen ihrem kundenspezifischen Angebot können die Nischenbesetzer einen höheren Preis verlangen.

Zur Festigung und zum Ausbau der Marktposition kann eine Modifikation des Marktes, des Produktes oder eine Modifikation des Marketing-Mixes angestrebt werden.[353] Die Modifikation des Marktes kann man mittels der Erhöhung der Anzahl der Kunden, die wiederholt die Marke kaufen, und durch eine Erhöhung der Verwendungsrate erwirken. Um die Anzahl der Markenverwender zu erhöhen, kann versucht werden, neue Marktsegmente zu erschließen und bisherige Nichtverwender oder Kunden der Wettbewerber zu gewinnen. Für eine Erhöhung der Verwendungsrate gibt es die Möglichkeiten der Erhöhung der Verwendungshäufigkeit, der Steigerung der Verwendungsmenge pro Anlass und der Ausweitung bzw. Flexibilisierung der Verwendungsmöglichkeiten.[354]

Durch die Modifikation des Produktes sollen ebenfalls zusätzliche Verwender erreicht werden. Dazu kann die Qualität des Produktes verbessert, die Produktausstattung umfangreicher gestaltet und das Design verändert werden. Der Vorteil der Verbesserung der Produktausstattung besteht im geringen Aufwand zusätzliche Ausstattungselemente als Option einzubauen und einem vorteilhaften Image. Im Vergleich zur Qualitätsverbesserung und der Änderung des Designs

---

[351] Vgl. Becker (2006), S. 731 ff.
[352] Vgl. im Folgenden Kotler/Keller/Bliemel (2007), S. 1020 f.
[353] Vgl. Kotler/Keller/Bliemel (2007), S. 1022; Becker (2006), S. 732 ff.
[354] Vgl. Wesner (1977), S. 170 ff.

können Ausstattungserweiterungen aber leichter nachgeahmt werden. Gerade das Design verhilft dem Produkt zu einer unverwechselbaren Identität.[355]

Eine Stimulierung des Absatzes mithilfe der Modifikation des Marketing-Mixes kann durch Preis-, Distributions-, Werbe-, Verkaufsförderungs-, Vertriebs- und Serviceänderungen erfolgen. Hinsichtlich der Erfolgsaussichten der Maßnahmen können der Literatur unterschiedliche Meinungen entnommen werden.[356] Während Verkaufsförderungen kurzfristig den Absatz steigern und in der Praxis ein beliebtes Instrument sind, können diese langfristig die Marke schwächen. Werbeausgaben können dagegen die Marke langfristig stützen.

3.3.3.4 Relaunch-Aktivitäten in der Sättigungsphase

Soll in der Sättigungsphase eine Stabilisierung der Umsätze und Gewinne herbeigeführt werden, reichen die dargestellten Aktivierungsmaßnahmen der Reifephase nicht mehr aus. Unternehmen neigen deshalb spätestens jetzt dazu, schwache Produkte aus ihrem Programm zu eliminieren und die frei gewordenen Ressourcen in neue Produkte zu investieren. An dieser Stelle ist zu bedenken, dass mit neuen Produkten ein hohes Risiko einhergeht und Produkte in fortgeschrittenen Lebenszyklusphasen immer noch über ein hohes Erfolgspotenzial verfügen können. Zur Aktivierung des Erfolgspotenzials können neben den bereits dargestellten Maßnahmen zur Verteidigung der eigenen Marktposition präferenzbildende Verlängerungsstrategien – „Life Extension", „Relaunch" oder „Brand Revitalization" – angewandt werden.[357] Solche Strategien spiegeln sich in bestimmten Sonderformen für Produktlebenszykluskurvenverläufe (zum Beispiel die Kamel-Höcker-Kurve) wider. Eine Verlängerung des Lebenszyklus eines langlebigen Produktes wird durch den Ersatzbedarf der Kunden gestützt.

Mit Relaunch ist eine über die Marktbearbeitung hinausreichende grundlegende Reaktivierung eines Produktes bzw. einer Marke inklusive der Reinnovation des Produktes gemeint.[358] Ausgangspunkt eines Relaunch ist eine Neudefinition oder Weiterentwicklung von Qualitätsmerkmalen des Produktes. Dabei können die Veränderungen auf vorhandenen Produktspezifikationen und -funktionen aufbauen oder sich auf neue Zusatzleistungen beziehen. Wegen der Komplexitätserhöhung bei den Kundenanforderungen ist eine Vielzahl an Märkten durch Qualitätspluralismus gekennzeichnet. Die Kunden achten beim Kauf auf Basisleistungen, die ein Produkt erbringen muss, und zunehmend auf Zusatzleistungen. Im Sinne des Kano-Modells können Basis-, Leistungs- und Begeisterungsanforde-

---

[355] Vgl. Becker (2006), S. 733.
[356] Vgl. Kotler/Keller/Bliemel (2007), S. 1022.
[357] Vgl. zum Beispiel Levitt (1965), S. 87; Berry (1988), S. 16 f.; Haedrich/Tomczak (1996), S. 30.
[358] Vgl. Weinhold-Stünzi (1997), S. 12 ff.

rungen[359] differenziert werden, welche für den Relaunch neu definiert werden müssen.[360] Orientierungshilfen können erfolgreiche bzw. innovative Produkte der Wettbewerber und Veränderungen der Kundenwünsche hinsichtlich der Merkmalsanforderungen bieten. Im Zeitablauf können bei vielen Produkten immer komplexere Anforderungen an das Produkt festgestellt werden.[361]

Insofern muss der Marketing-Mix geändert werden, damit die Kunden die Produktfortschritte merklich wahrnehmen. Für die Überarbeitung des Marketing-Mix sollten neue Bekanntheitsgrad-, Image- und Kompetenzziele festgelegt werden, die über eine angepasste Kommunikationspolitik dargestellt werden. Meist kommen an dieser Stelle Reserveinstrumente also Instrumente, die bisher nicht genutzt worden sind, zum Einsatz. Darüber hinaus können distributionspolitische Maßnahmen erwogen werden. Diese dienen beispielsweise der Intensivierung der Kooperation mit den Absatzmittlern. Eine andere Möglichkeit ist in der Anwendung von Mehrkanalkonzepten zu sehen.[362]

Ein Relaunch bedeutet daher insgesamt, dass tief greifende Veränderungen notwendig sind, die wiederum eine Umpositionierung des Produktes und der Marke zum Gegenstand haben. Es ist dabei auf den positionsgerechten Einsatz der Marketinginstrumente zu achten.[363] Der Relaunch kann den Umsatzrückgang zwar für eine gewisse Zeit aufhalten, aber nicht immer verhindern.

3.3.3.5   Strategien für den Marktausstieg

Merkmal der Degenerations- oder Rückgangsphase ist ein Abfall des Absatzes auf Null bzw. auf ein geringes Nachfrageniveau. Ein wichtiger, beschleunigender Faktor ist bei einem indirekten Absatz der Handel. Hat der Handel das betreffende Produkt zu diesem Zeitpunkt schon ausgelistet, ist für das Produkt eine mangelnde Präsenz am Markt zu konstatieren.[364] Da es oft am Überblick der Lebenszyklusphasen einzelner Produkte mangelt, ist es sinnvoll, einen Produktüberprüfungsausschuss aus den Bereichen Marketing, Produktion und Controlling zu installieren, der die Aufgabe hat, leistungsschwache Produkte frühzeitig zu identifizieren.[365] Mittels gewählter Kriterien werden die Produkte bewertet und eingestuft. Entsprechend der Einstufung müssen eventuell vorhandene Produktmanager darlegen, wie die zukünftige Absatzentwicklung sein wird und welche Änderungen ergriffen werden sollten.[366] Dies sollte frühzeitig geschehen, um den

---

[359]   Vgl. Tan/Xie/Shen (1999), S. 275 f.
[360]   Vgl. Becker (2006), S. 737.
[361]   Vgl. Briskorn (1991), S. 123 f.
[362]   Vgl. Becker (2006), S. 738.
[363]   Vgl. Haedrich (1997), S. 18.
[364]   Vgl. Becker (2006), S. 740.
[365]   Vgl. Kotler (1965), S. 111 f.
[366]   Vgl. Kotler (1965), S. 112 ff.

Prozess des Marktausstiegs effizient gestalten und eventuell Kapazitäten für andere Produkte freigeben zu können.

Trotz hoher Kosten, die mit dem Beibehalten eines schwachen Produktes verbunden sind, wird oft seitens des Managements der Ausstieg aus einem Produkt hinausgezögert.[367] Rationell können Marktaustrittsbarrieren bestehen, deren Höhe den Marktaustritt entscheidend beeinflussen kann. Marktaustrittsbarrieren können beispielsweise in speziellem Anlagevermögen oder einer strategischen Produktdifferenzierung bestehen.[368] Verbleibt ein Unternehmen mit dem rückläufigen Produkt im Markt – als mögliche Alternativstrategie – und kann es die Kunden ausscheidender Unternehmen, welche eine hohe Verwenderloyalität aufweisen, gewinnen, so ist es möglich, dass der Absatz wieder steigt und somit die Gewinne ebenfalls wieder zunehmen.[369]

Es konnten in einer Studie von Harrigan fünf praktizierte Strategien hinsichtlich Produkten in der Rückgangsphase ermittelt werden:[370]

1. Aufstockung der Investitionen,
2. Aufrechterhaltung der Investitionen,
3. Selektive Senkung der Investitionen,
4. Abschöpfen von Gewinnen ohne weitere Investitionen und
5. Trennung vom Produktgeschäft.

Die Auswahl der Strategie sollte sich an der relativen Attraktivität der Branche und der eigenen Wettbewerbsstärke orientieren. Eine Aufstockung oder Aufrechterhaltung der Investitionen für das Produkt ist dann sinnvoll, wenn sich das Unternehmen in einer attraktiven Branche befindet und eine starke Wettbewerbsposition inne hat oder das Gelingen eines Relaunch wahrscheinlich ist. Dabei ist anzumerken, dass ein Relaunch zumeist in der Reife- oder Sättigungsphase vorgenommen wird und in der Rückgangsphase selten Aussicht auf Erfolg hat.[371]

Für den Fall einer starken Wettbewerbsposition und einer unattraktiven Branche kommt eine selektive Senkung der Investitionen in Frage. Dabei werden lukrative Marktsegmente gestärkt und schwache Marktsegmente aufgegeben. Eine Abschöpfung von Erträgen ohne weitere Investitionen umfasst die schrittweise Reduzierung von zuerst F&E-Aufwendungen, von Investitionen in Maschinen und nachfolgend die Nichtbesetzung von Mitarbeiterstellen. Die schrittweise Tren-

---

[367] Vgl. Kotler/Keller/Bliemel (2007), S. 1026; Hier sind insbesondere emotionale Gründe und mögliche Verbundeffekte anzuführen.
[368] Vgl. Harrigan (1980a), S. 687 ff.
[369] Vgl. Meffert (1974), S. 95 f.
[370] Vgl. im Folgenden Harrigan (1980b), S. 602 f.
[371] Vgl. Becker (2006), S. 740.

nung vom Produkt darf dem Kunden nicht offensichtlich werden, da dieser neue Lieferanten wählen könnte.[372]

Mit der Trennung vom Produktgeschäft ist die Eliminierung eines Produktes angesprochen. Die Eliminierung des Produktes kann entweder mittels Verkauf der Marke an ein anderes Unternehmen oder Einstellung des Vertriebs und der Produktion geschehen. Wurde im Vorfeld der Eliminierung eine Abschöpfungsstrategie angewandt, ist ein Verkauf des Produktes oder der Marke wegen der schlechten Situation an andere Unternehmen nur schwer möglich. Trotz einer endgültigen Eliminierung müssen weiterhin Ersatzteile und Serviceleistungen vorgehalten werden.[373] Wie die Schilderung der Degenerationsphase verdeutlicht, kann das Ende eines Produktes am Markt bewusst und aktiv herbeigeführt werden. Mit der Degenerationsphase ist das Management der Marktanwesenheit – also die eher zum Markt gerichtete Perspektive des Produktes – abgeschlossen.

3.3.4   Produktionsphase

Eine andere – im erweiterten Lebenszyklus bedeutende – Sicht ist die Fokussierung der internen Faktoren und hier insbesondere des Produktionsbereiches. Während bisher der Markt und somit der Absatz eine zentrale Rolle gespielt haben, wird im Folgenden der interne Unternehmensbereich betrachtet. Da dort die Produktkosten bestimmt werden, sind gerade der Produktionsbereich und die Optimierung der dort ablaufenden Prozesse für ein Produkt ein wichtiges Element. Im Gegensatz zu den meisten Produktlebenszykluskonzepten, welche den Kostenverlauf lediglich mit Erfahrungskurveneffekten erklären, wird in der vorliegenden Arbeit die Fertigung ebenfalls in Phasen – der Produktionsanlauf, die stabile Serienproduktion und der Produktionsauslauf – untergliedert. Dieses Vorgehen gewährleistet die Konzentration auf phasenspezifische Handlungsfelder.

3.3.4.1   *Produktionsanlauf als Übergangsphase von Entwicklung zur Produktion*

Eine wichtige Schnittstelle im gesamten Produktlebenszyklus ist der Übergang von der Entstehungsphase in die Produktion – der Produktionsanlauf. In dieser Phase – insbesondere im Produktionshochlauf – gilt es eine stabile Produktion sowie die Sollkapazität eines Produktionssystems zu erreichen.[374] Während die Produktentwicklung und die Serienproduktion in der Vergangenheit kontinuierlich untersucht worden sind, ist die Phase des Produktionsanlaufs erst jüngst intensiv ergründet worden. Die Komplexität eines Produktionsanlaufs wird erhöht,

---

[372] Vgl. Harrigan (1980b), S. 602 f.
[373] Vgl. Kotler/Keller/Bliemel (2007), S. 1030.
[374] Vgl. Pfohl/Gareis (2000), S. 1198.

wenn sich der Produktionsanlauf des neuen Produktes und der Produktionsauslauf eines alten Produktes auf ein und demselben Produktionssystem überschneiden. Dieses Thema wird in dieser Arbeit unter dem Terminus Produktwechsel gefasst.

Eine Möglichkeit den Produktionsanlauf im Innovationsprozess vorzubereiten, ist die Serienreifegradmessung. Die Serienreifegradmessung hat den Serienreifegrad, der die Erreichung der Serienreife wiedergibt, als Aussage. Anhand eines Produktstrukturplans kann der Serienreifegrad für das Produkt ausgehend von einzelnen Komponenten bestimmt werden. Viele Probleme der Anlaufphase sind auf eine mangelnde Serienreife von Produkt und Prozess zurückzuführen. Die Serienreifegradmessung setzt hierzu an den Voraussetzungen der Produktion und den Ergebnissen des Innovationsprozesses – dem Produkt, dem Produktionsprozess und der Produktionskapazität – an. Diese drei Ergebnisse lassen sich hinsichtlich der baulichen, der funktionalen, der dokumentarischen und der wirtschaftlichen Reife bewerten. Die Serienreife ist erreicht, wenn das Produkt den Kundenanforderungen entspricht und die vom Markt geforderte Stückzahl gefertigt werden kann. Für die Ermittlung des Serienreifegrads können eine Vielzahl an Reifegradindikatoren, wie Freigaben oder Herstellkosten herangezogen werden.[375] Da die Serienreifegradmessung erst ab der Komponentenherstellung konkrete Aussagen liefert, werden zeitliche Abweichungen bezüglich der Serienreife respektive der Markteinführung unter Umständen zu spät erkannt. Auch kann der Serienreifegrad von Zulieferteilen nur schwer eingeschätzt werden.[376]

Der gesamte Entwicklungsprozess und der Produktionsanlauf sind schon an sich wegen der Arbeitsteilung durchzogen von einer Vielzahl an organisatorischen Schnittstellen. Zur frühzeitigen Erkennung von kritischen Schnittstellen kann im Vorfeld eine Schnittstellenanalyse durchgeführt werden, in der die Schnittstellen nach der Gewichtung der Anforderungserfüllung der Ergebnisse für die weiterverarbeitende Einheit und der Zufriedenheit bezüglich der bisherigen Anforderungserfüllung eingeordnet werden.[377] In einer Supply Chain werden die Schnittstellenprobleme im Zusammenhang mit Änderungen dadurch verschärft, dass unterschiedliche Netzwerkpartner Änderungen auslösen können und dass die Änderungsvorhaben im Netzwerk kommuniziert werden müssen. Demzufolge ist ein Änderungsmanagement zwischen den Netzwerkpartnern dringend erforderlich, das die Änderungsvorhaben identifiziert, bewertet, koordiniert, nachverfolgt und dokumentiert.[378]

---

[375] Vgl. Wangenheim (1998), S. 115 ff.
[376] Vgl. Wangenheim (1998), S. 140 f.
[377] Vgl. Wildemann (2005), S. 51 f.
[378] Vgl. Scholz-Reiter/Höhns/König (2005), S. 115 ff.

Das Produkt befindet sich während des Produktionsanlaufs in der Einführungsphase. Die Einführungsphase ist, wie geschildert, eine sensible Marktphase. Entsprechend der Vertriebsstrategie – Skimming oder Penetration – muss eine Abstimmung zwischen Vertriebs- und Anlaufmanagement erfolgen. Gerade in der Penetration-Strategie ist es von Bedeutung eine hohe Stückzahl schnell zu erreichen. Dabei können, wie Abbildung 8 zeigt, die Absatzkurve und die Produktionshochlaufkurve auseinander liegen. Dieses Problem konnte besonders in der Automobilindustrie nachgewiesen werden. Mit Beginn der Vertriebsaktivitäten steigt die Nachfrage nach den Produkten. Die nötigen Vertriebszahlen können dabei über der geplanten Hochlaufkurve der Produktion liegen. In der geplanten Produktionshochlaufkurve wurden zwar Hochlaufprobleme berücksichtigt, jedoch lagen die realen Stückzahlen unter den geplanten. Im Fall einer gegenüber der Produktionsstückzahl höheren Nachfrage können Lieferverzögerungen auftreten. Werden die Lieferverzögerungen durch die Kunden nicht toleriert, sind für das Unternehmen negative Auswirkungen wie sinkende Kundenloyalität zu erwarten. Eine mögliche absatzpolitische Maßnahme zur Abstimmung von Absatz und Produktionshochlauf ist zum Beispiel die sequenzielle Markteinführung.[379]

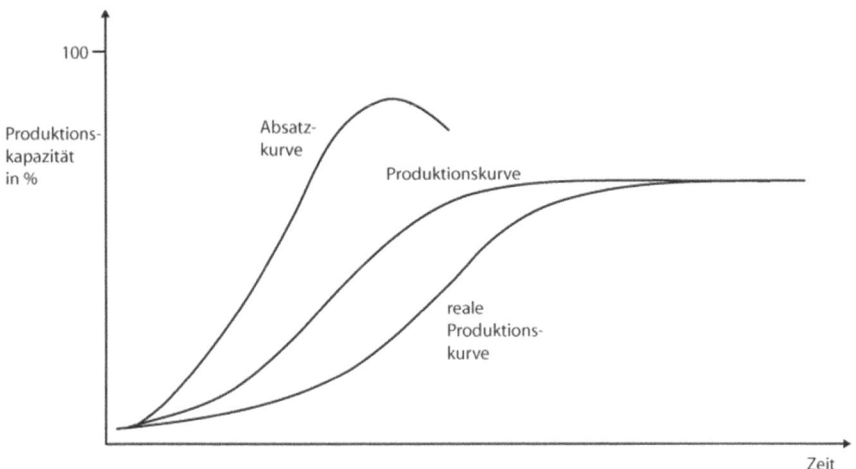

Abbildung 8:   Hochlaufkurven im Produktionsanlauf[380]

Eine Studie zur Bewertung von Produktionsanläufen ergab die Notwendigkeit der Betrachtung von folgenden sechs Handlungsfeldern:[381] strategisches und operatives Anlaufmanagement, Management der Produktionssysteme, produktbezogenes Änderungsmanagement, Management von Kooperationen und Netzwer-

---

[379] Vgl. Voigt/Thiell (2005), S. 31 ff.
[380] In Anlehnung an Schmahls (2001), S. 21.
[381] Vgl. im Folgenden Kuhn et al. (2002), S. 17 ff.

ken, Wissens- und Personalmanagement sowie die absatzpolitische Unterstützung. Während das strategische und operative Anlaufmanagement eine felderübergreifende Bearbeitung bedeutet, können die anderen Felder weitgehend abgegrenzt werden.

Bei der Reduzierung von Anlaufverlusten wird dem Wissensmanagement eine wichtige Rolle zugeschrieben. Das explizite Wissen kann durch Wissensdatenbanken gespeichert und weitergegeben werden. Zur Verbreitung und Nutzung von implizitem Wissen wird vorgeschlagen, Kernteams zu nutzen.[382]

Ein Vorschlag zur Steuerung des Produktionsanlaufs basiert auf dem Einsatz eines anlaufspezifischen Prognosemodells. Ziel des Prognosemodells ist es, die Folge von Störeinflüssen und die Wirksamkeit von Reaktionsstrategien zu antizipieren. Das Prognosemodell selbst ist ein Grundelement des prognosebasierten Anlaufregelkreises, wie er in Abbildung 9 dargestellt wird. Im Anlaufregelkreis werden anlaufrelevante Daten erfasst und mittels eines Diagnosesystems zu ursachenorientierten Kennzahlen verarbeitet. Im Prognosesystem wird durch die Kombination von Berechnungen und Simulationen der voraussichtliche Verlauf der Zielgrößen ermittelt. Durch den Abgleich mit den Planwerten und der Erstellung von Reaktionsszenarien kann eine fundierte Entscheidungsfindung zur Anlaufsteuerung realisiert werden.[383]

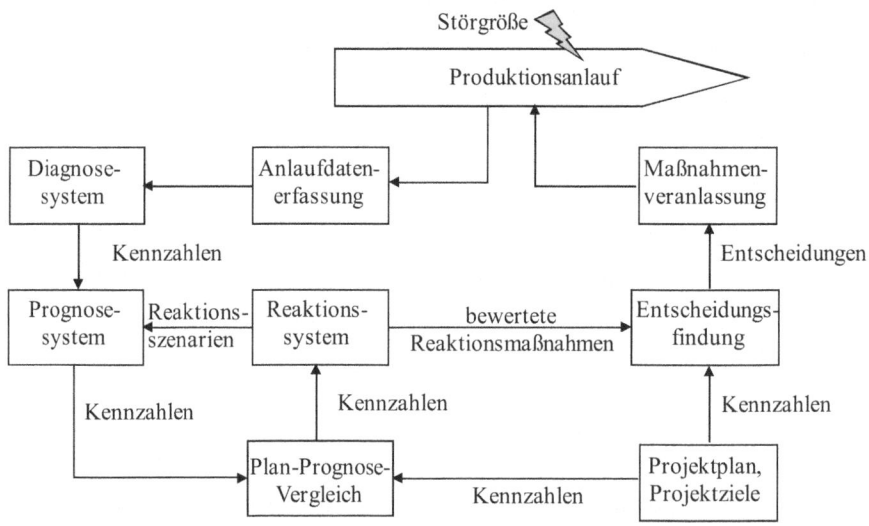

Abbildung 9:   Regelkreis einer prognosebasierten Anlaufsteuerung[384]

---

[382] Vgl. Kersten/Schröder/Zink (2005), S. 101 ff.
[383] Vgl. Winkler (2007), S. 49 ff.
[384] In Anlehnung an Winkler (2007), S. 50.

Für das Anlaufmanagement wurden unter dem Fokus des Produktionshochlaufs verschiedene Strategien und Konzepte entwickelt. In Abhängigkeit der Zielgrößen Anlaufzeit, Auslastung, Entkopplungsgrad und Produktvarianz haben Schuh und Franzkoch die vier Anlaufstrategien „Slow Motion", „Volume First", „Step-by-Step" und „Dedication" entwickelt.[385] Die Strategie „Slow Motion" fokussiert den parallelen Anlauf sämtlicher Produktvarianten. Durch die hohe Anzahl unerprobter Teilprozesse kann vorerst keine Volumenproduktion stattfinden, dennoch hat diese Strategie bei der zunehmenden Prozessbeherrschung den Vorteil einer schnell steigenden Anlaufkurve. Bei der Strategie „Volume First" wird eine hohe Auslastung in kurzer Zeit angestrebt. Diese Strategie ist bei einer variantenarmen Produktion zu bevorzugen, wohingegen die Strategie „Dedication" neben der hohen Auslastung eine zweckmäßige Bündelung von Produktvarianten fokussiert. Eine solche Bündelung von Produktvarianten dient der Realisation von Lerneffekten im sequenziellen Anlauf der einzelnen Produktvarianten. Für technisch und logistisch besonders komplexe Anläufe bietet es sich an, die „Step-by-Step"-Strategie anzuwenden. Dabei werden die Anlaufprozesse der unterschiedlichen Unternehmensbereiche voneinander entkoppelt und separat optimiert.

In der Anlaufphase werden im Vergleich zur stabilen Produktion mehr Arbeitskräfte und Material benötigt.[386] Eine Reduktion der Hochlaufzeit auf Null ist trotzdem weder wünschenswert noch möglich. Wegen technisch-physikalischer Anpassungsprozesse und notwendiger Lernprozess benötigt der Produktionshochlauf ein Minimum an Zeit. Eine einseitige Reduktion des Faktors Zeit kann zu erheblichen Qualitätsschwierigkeiten und hohen Kosten führen. Weiterhin kann eine schnelle Erreichung der Nennleistung bei Vernachlässigung der Prozessbeherrschung Störungen im Produktionsprozess und somit Schwankungen in der Produktion hervorrufen.[387]

3.3.4.2 Optimierungsmaßnahmen in der abgesicherten Serienproduktion

In der Phase der abgesicherten Serienproduktion kommen die in der Literatur gängigen Methoden und Instrumente zur Optimierung der Fertigung zur Anwendung. Im Produktionsmanagement müssen entsprechend der Lebenszyklusphase, zum Beispiel aufgrund der kontinuierlichen Ausweitung der Produktionsmenge in der Einführungs- und Wachstumsphase, der Optimierung des Produktes sowie dem steigenden Kostendruck, unterschiedliche Instrumente eingesetzt werden. In Abhängigkeit der Marktphase ergibt sich zudem die Notwendigkeit, das Variantenmanagement zu fokussieren.

---

[385] Vgl. Schuh/Franzkoch (2004), S. 74 f.
[386] Vgl. Wangenheim (1998), S. 29.
[387] Vgl. Voigt/Thiell (2005), S. 35 ff.

In der Festlegung von Fertigungskapazitäten bzw. in der Entscheidung über Erweiterungsinvestitionen in expansiven Phasen ist das Risiko abzuwägen, ob einerseits der steigende Bedarf durch zusätzliche Kapazitäten abgedeckt oder andererseits mit den verfügbaren Kapazitäten der Markt bedient werden soll. Werden keine Erweiterungsinvestitionen getätigt, bleibt eventuell vorhandene Nachfrage unbefriedigt und eine expansive Strategie kann nicht stattfinden. Für eine expansive Strategie sollte die Steigerung der Produktionskapazitäten der steigenden Nachfrage vorauseilen. Aus diesem Grund müssen freie Kapazitäten in solchen Phasen vorhanden sein, was jedoch zu einem hohen Auslastungsrisiko in anderen Phasen und zum temporären Verfehlen des Kostenoptimums in der Produktion führt.[388] Es stellen sich hierbei ähnliche Fragen wie in der Betriebsmittelbereitstellung zu Beginn des Produktlebenszyklus, zum Beispiel hinsichtlich der Flexibilität des Produktionssystems.

Aus Sicht des zunehmenden Kostendrucks ist die Realisierung von Erfahrungskurveneffekten ein wichtiges Thema des Produktionsmanagements im Lebenszyklusverlauf. Die Erfahrungskurveneffekte gehen auf Rationalisierungsmaßnahmen, Lernkurveneffekte und den technischen Fortschritt zurück.[389] Während Lernkurveneffekte im engen Verständnis externe Faktoren ausschließen also explizit die Lernprozesse ausführender Tätigkeiten fokussieren[390], wird mit Rationalisierung allgemein „...die Wahl und Durchsetzung einer neuen Alternative bei veränderten Bedingungen..."[391] gekennzeichnet. Dabei kann der technische Fortschritt ein wesentliches Element von Rationalisierung sein.[392] Die Rationalisierungsmaßnahmen können Ergebnis eines kontinuierlichen Verbesserungsprozesses sein.

Rationalisierungsmaßnahmen können am Produkt, am Produktionsprozess sowie in der betrieblichen Planung und Organisation ansetzen. Änderungen am Produkt, die zu Rationalisierungseffekten führen, haben beispielsweise die Einsparung von Material zum Ziel. Rationalisierungsmaßnahmen am Produktionsprozess fokussieren zum Beispiel die Verwendung verbesserter Fertigungsverfahren.[393] Weitere Einsparerfolge lassen sich vor allem im Beschaffungsbereich durch erneute Lieferantenverhandlungen erreichen.

Der Reduzierung von Kosten, zum Beispiel durch Rationalisierung, steht die zunehmende Variantenzahl im Lebenszyklusverlauf gegenüber. Eine vermehrte Anzahl an Produktvarianten ist für das Marketing ein Element, um auf die indi-

---

[388] Vgl. Schumann (1981), S. 93 f.
[389] Vgl. Breit (1985), S. 125 f.
[390] Eine Übersicht bezüglich eines engen Verständnisses kann Breit (1985), S. 65 ff. geben.
[391] Schweitzer/Küpper (1975), Sp. 3304.
[392] Vgl. Breit (1985), S. 141.
[393] Vgl. Schumann (1981), S. 124 ff.

viduellen Kundenwünsche eingehen zu können. Eine steigende Anzahl von Varianten bedeutet für das Produktionsmanagement jedoch eine zunehmende Komplexität durch eine erhöhte Teilevielfalt. Durch eine höhere Anzahl an Varianten erhöhen sich gleichzeitig die Kosten. Die höheren Kosten zeigen sich beispielsweise im F&E-Bereich, durch sinkende Auslastungsgrade und höhere Gemeinkosten.[394] Im Variantenmanagement ist es deshalb aus Kostensicht Ziel, Varianten zu vermeiden bzw. zu beherrschen. Hierfür stehen vielfältige Ansätze zur Verfügung. So kann die Variantenbeherrschung mittels Modularisierung, Standardisierung oder einer Postponement-Strategie, in der die Variantenentstehung an das Ende der Wertschöpfungskette verschoben wird, erfolgen.[395]

3.3.4.3 Problemstellungen im Produktionsauslauf

Im Produktionsauslauf wird die Stückzahl stetig reduziert. Der Produktionsauslauf überlappt die Marktphase und die Nachlaufphase. Aufgrund der sich verkürzenden Produktlebenszyklen kann eine Zunahme von Produktionsausläufen wie für Produktionsanläufe konstatiert werden. Der Produktionsauslauf wurde in der Literatur bisher nur ungenügend aufgegriffen. Es wurden vereinzelt Themen wie die Prognose des Ersatzteilbedarfes bearbeitet.[396] Die Prognose des Ersatzteilbedarfes ist aus zweierlei Hinsicht bedeutsam. Der Ersatzteilbestand ist eine Größe für die Lagerhaltung. Ein zu hoher Ersatzteilbestand führt zu einer zu hohen Kapitalbindung und eventuell zu einem Ergebnisrisiko. Ist der Ersatzteilbestand zu niedrig, können hohe Lieferzeiten die Folge sein.

Themen der Desinvestition betreffen zum einen den Ausstieg aus dem Markt und zum anderen den Abbau der Potenziale, wie der Betriebsmittel, die für das Produkt bereitgestellt wurden. Diese Themen werden in den Abschnitten 3.3.3.5 und 3.3.5 näher behandelt. Die Reduzierung der Stückzahlen kann für die Produktion des betroffenen Produktes erhebliche Folgen haben. Rationalisierungsmaßnahmen werden eingeschränkt, da die Wirkungen solcher Maßnahmen schrumpfen. Insgesamt sinkt die Wirtschaftlichkeit der Produktion im Produktionsauslauf.

3.3.5 Desinvestitions- und Serviceaufgaben in der Nachlaufphase

Das Management der Nachlaufphase ist gekennzeichnet durch die Durchführung von *Serviceleistungen*, die Wahrnehmung von produktbezogenen *Entsorgungsverpflichtungen* und die Umsetzung von *Desinvestitionen*.[397] Während die Serviceleistungen und die produktbezogenen Entsorgungsverpflichtungen vornehm-

---

[394] Vgl. Adam (1998), S. 35 ff. und S. 47 ff.
[395] Vgl. Herrmann/Peine (2007), S. 671 ff.
[396] Vgl. beispielsweise Dombrowski/Schulze (2008); Loukmidis/Luczak (2006).
[397] Vgl. Götze (2000), S. 270.

lich durch externe Faktoren bestimmt werden, werden Desinvestitionsaufgaben durch unternehmensinterne Rahmenbedingungen festgelegt. Erlöse lassen sich in dieser Phase durch Servicedienstleistungen erzielen.

Unternehmensbezogene *Desinvestitionsaufgaben* starten oft mit einer Entscheidung in der Degenerationsphase innerhalb der Marktphase und können auch schon zum Beispiel im Rahmen der Abschöpfungsstrategie in der Degenrationsphase beginnen. Der Abbau und die Entsorgung der einmal benötigten Produktionssysteme erfolgt in der Nachlaufphase. Das Management hat einerseits die Option, die Produktionsanlagen unternehmensintern weiter zu verwenden oder anderseits unternehmensextern zu verwerten. Eine Weiterverwendung bietet sich dann an, wenn es sich um flexible Produktionssysteme handelt und sie demzufolge für neue Produkte genutzt werden können. Der Vorteil einer externen Veräußerung liegt in der Generierung von Erlösen. Nachteilig ist die Preisgabe von in dem Produktionssystem gebundenem Wissen. Auf der Kostenseite müssen in beiden Fällen Kosten für den Abbau berücksichtigt werden.[398]

Unter kundenbezogenem *Service* werden Beratungen, Schulungen, Reparatur- und Wartungsleistungen sowie Ersatz- und Zubehörteile gefasst. An diesem Punkt zeigt sich, dass die Auffassung des Produktes als hybrides Leistungsbündel nicht außer Acht gelassen werden darf. Neben dem eigentlichen physischen Gut sind es oft Dienstleistungen, die eine kaufentscheidende Wirkung haben können.[399] Bei den Dienstleistungen muss zwischen entgeltlichen wie Ersatzteilverkauf und unentgeltlichen Leistungen, beispielsweise aus Gewährleistungs- und Kulanzgründen, differenziert werden. Beide Arten von Dienstleistungen müssen dementsprechend unterschiedlich behandelt werden.[400] Den unentgeltlichen Dienstleistungen stehen keine Umsätze gegenüber und werden – sofern sie Garantieansprüchen entstammen – als Gewährleistungskosten berücksichtigt.

Werden dagegen entgeltliche Leistungen erbracht, ist neben dem Kapazitätsmanagement auch ein Vertriebsmanagement anzuwenden. Die entgeltlichen Dienstleistungen und Ersatzteile müssen Bestandteil des Produktlebenszyklusmanagements sein, da ihre Bedeutung immer mehr zunimmt und sie ein bedeutsamer Baustein bei der Erreichung der Produktziele in qualitativer und quantitativer Hinsicht sind.[401] Aus diesem Grund kann der Servicebereich ein profitabler Bereich des Produktgeschäfts sein. In einigen Bereichen hat das Folgegeschäft der Dienstleistungen mehr Bedeutung erlangt als das physische Produkt. Deshalb sollten sich die Preisgestaltung und die Abrechnungsmodalitäten am Markt orien-

---

[398] Vgl. Schild (2005), S. 166.
[399] Vgl. Burr/Stephan (2006), S. 23 f. Aus kostenrechnerischer Perspektive können demzufolge Kern-, Neben- und Zusatz-Servicekosten differenziert werden. Vgl. Stauss (2000), S. 432.
[400] Vgl. Stauss (2000), S. 436 f.
[401] Vgl. Stauss (2000), S. 436 f.

tieren.[402] In diesem Punkt schließt sich ein Kreis zwischen dem anbieterorientierten Produktlebenszyklus, dem nachfrageorientierten Produktlebenszyklus und den hybriden Leistungsbündeln.

Schon im integrierten Produktlebenszykluskonzept kommt den *kundenbezogenen Entsorgungsaufgaben* in einem extra berücksichtigten Entsorgungszyklus eine hohe Bedeutung zu. Dort werden die kundenbezogenen Entsorgungsaufgaben explizit bearbeitet. Seit vielen Jahren werden vermehrt gesetzliche Bestimmungen für die sachgerechte Rücknahme und Entsorgung von Produkten und Verpackungen erlassen, welche die Unternehmen zwingen, sich dem Thema zu widmen.[403] Im Rahmen von Reverse-Logistics-Aktivitäten haben die Unternehmen darüber hinaus ökonomische Anreize, zum Beispiel durch die Erhöhung der Beschaffungsflexibilität.[404] Mit Blick auf die Entsorgung fallen nicht nur erhebliche Kosten an, sondern es können auch Erlöse durch den Handel mit gebrauchten Ersatzteilen und Recyclingmaterial erzielt werden.[405]

Mit dem Management der Nachlaufphase endet das Management des anbieterorientierten Produktlebenszyklus. Die Nachlaufphase kann sich jedoch über Jahrzehnte hinziehen und in diesem Zeitraum umfangreiche Ressourcen im Unternehmen binden. In jeder Phase des Produktlebenszyklus, gilt es die spezifische Situation zu erkennen und mit adäquaten Methoden zu agieren, was ein phasenspezifisches Management mit sich bringt.

3.4   Phasenübergreifendes Management

Das Product Lifecycle Management (PLM) ist ein zumeist informationstechnisch geprägter Begriff. Er wird hauptsächlich mit Bezug auf Softwarelösungen angewandt. Das hier vorgestellte Produktlebenszyklusmanagement geht über informationstechnische Aspekte des PLM hinaus. Grundlage für das PLM sind die Produktdatenmanagementsysteme und somit die Frage der umfassenden Informationsversorgung das Produkt betreffend. Nachfolgend werden mit der Lebenszyklusrechnung und dem PLM zwei wichtige Instrumente zur phasenübergreifenden Steuerung des Produktlebenszyklus dargestellt.

3.4.1   Lebenszyklusrechnungsansätze für ein
Produktlebenszyklusmanagement

Zur phasenübergreifenden Steuerung des Produktlebenszyklus aus Kostensicht bietet es sich an, eine Lebenszyklusrechnung einzusetzen. Die Lebenszyklus-

---

[402] Vgl. Schild (2005), S. 166 f.
[403] Vgl. Wutz (2008), S. 40 ff.
[404] Vgl. Wutz (2008), S. 36 ff.
[405] Vgl. Zehbold (1996), S. 40 ff.

rechnung ist ein zentrales Element der betriebswirtschaftlichen Bewertung des Produktlebenszyklus. Der Literatur kann zu diesem Zweck eine Vielzahl von Rechnungsansätzen entnommen werden.[406] Die Vielfalt der Ansätze kann einerseits durch die Bezugsobjekte und andererseits durch die unterschiedlichen Gegebenheiten in den Unternehmen, zum Beispiel hinsichtlich der Produktionsbedingungen, der Produkte und den Märkten, begründet werden.[407] Historisch gesehen hat die Lebenszyklusrechnung ihren Ursprung im Life Cycle Costing und damit im nachfragerorientierten Produktlebenszyklusmodell. Erst später wurde bei Blanchard (1978) das Konzept auf Serienprodukte und die anbieterorientierte Sichtweise übertragen.[408] In dieser Arbeit werden die anbieterorientierten Lebenszyklusrechnungen thematisiert.

Die in der Literatur herausgearbeiteten Ansätze operieren mit divergierenden Zielsetzungen und Unterschieden im Umfang der Erlös- und Kostenrechnung.[409] Während beispielsweise Fassbender-Wynands (2001) eine Lebenszyklusrechnung mit einer ökologischen Zielsetzung entwickelt, fokussieren andere Autoren wie Zehbold (1996) und Back-Hock (1988) die erfolgszielorientierte Steuerung des Produktlebenszyklus. Andere Zielsetzungen werden unter anderem mit dem Variantenmanagement bei Rückle/Klein (1994) in den Vordergrund gerückt, in dem die Kosten und Erlöse anhand einzelner Varianten errechnet werden. Back-Hock (1988) konzipiert eine deckungsbeitragsorientierte Lebenszyklusrechnung, welche die Prinzipien der Einzelkostenrechnung nach Riebel und der Deckungsbeitragsrechnung anwendet. Eine Zahlungsorientierung findet sich in der Lebenszyklusrechnung von Riezler (1996), wodurch eine Annäherung an die Investitionsrechnung erreicht wird.

Allgemein kann die Lebenszyklusrechnung als eine mehrperiodige Ergebnisrechnung gekennzeichnet werden, die auf ein Produktprojekt ausgerichtet ist. Mithilfe der Lebenszyklusrechnung können Interdependenzen zwischen Phasen und Gestaltungsmöglichkeiten in die Überlegungen einbezogen werden. Die Vorteile einer Lebenszyklusrechnung liegen in der frühzeitigen Analyse und dem Management von Kosten und Erlösen sowie der Berücksichtigung der Kosten-

---

[406] Vgl. beispielsweise Zehbold (1996), S. 77 ff.; Kemminer (1999), S. 104 ff.; Schild (2005), S. 179 ff.
[407] Vgl. Schild (2005), S. 194.
[408] Vgl. Zehbold (1996), S. 105; Einen Überblick nachfragerorientierter Ansätze kann Zehbold (1996), S. 77 entnommen werden.
[409] Lebenszyklusrechnungsansätze werden beispielsweise bei Blanchard (1978), Berliner/Brimson (1988), S. 139 ff., Susman (1989), Shields/Young (1991), House/Price (1991), Back-Hock (1988), Reichmann/Fröhling (1994), Rückle/Klein (1994), Siegwart/Senti (1995), Zehbold (1996), Riezler (1996), Kemminer (1999), Faßbender-Wynands (2001), Pfohl (2002), und Schild (2005) entworfen. Dabei ist zu beachten, dass Siegwart/Senti (1995), Rückle/Klein (1994), Shields/Young (1991), und Berliner/Brimson (1988) das Gewicht stärker auf das Kostenmanagement legen.

festlegung, der Denkweise in Produktprojekten und einer daraus resultierenden umfassenden Planung.[410]

Für die Ausrichtung an den Rechnungszwecken muss die Lebenszyklusrechnung in allen Ausgestaltungsvarianten methodisch notwendige Anforderungen erfüllen. Neben den üblichen Anforderungen, die mit einer Kostenrechnung einhergehen, sind weitere lebenszyklusmanagementbezogene Anforderungen zu beachten. Eine grundlegende Forderung ist die nach der Berücksichtigung von Kosten und Erlösen inklusive deren systematischer Abgrenzung im Hinblick auf die Phasenstruktur (zum Beispiel Vorlauf-, Markt-, Produktions- und Nachlaufphase) des Produktlebenszyklusmodells.[411]

Die Anwendung jeglicher Lebenszyklusrechnungen ist an verschiedene Voraussetzungen und Annahmen geknüpft. Zu diesen zählen die Veränderbarkeit von Produkten und Ressourcen[412], die Isolierbarkeit von Projektwirkungen, die Vollständigkeit von Informationen bezüglich Alternativen und die Sicherheit der prognostizierten Daten.[413] Wendet man sich der konkreten Ausgestaltung der Lebenszyklusrechnung zu, müssen die intendierten Rechnungszwecke beachtet werden. Zu nennen sind hier beispielhaft die Dokumentation, die Planung und Steuerung, die Kontrolle sowie die Verhaltenssteuerung.[414] Die Dokumentation kann im Kontext der Lebenszyklusrechnung insbesondere der Erkenntnisgewinnung über Realisierungs- und Planungsfehler dienen. Der Planungs- und Steuerungsaspekt drückt sich in einer Prognose-, einer Entscheidungsvorbereitungs- und einer Gestaltungsfunktion der Lebenszyklusrechnung aus. Da es sich beim Produktlebenszyklus um ein langfristiges Handlungsfeld handelt, sind Prognosen beispielsweise über monetäre Auswirkungen wichtig.

Der Rechnungszweck der Gestaltung berührt die Möglichkeiten der Einflussnahme auf die Kostensituation des Produktprojektes. Dies betrifft einerseits die zeitliche Perspektive, da die Möglichkeiten des Kostenmanagements mit dem Produktlebenszyklusfortschritt schwinden, und andererseits eine strukturelle Ebene, weil die Projektbeteiligten für verschiedene Fixkostenpotenziale oft keine Entscheidungskompetenzen besitzen. Die Projektmitarbeiter können zum Beispiel häufig nicht über den Aufbau oder die Stilllegung eines Werkes entscheiden. Eine solche Entscheidung wird durch die Geschäftsführung getroffen. Es

---

[410] Vgl. Schild (2005), S. 182 ff.
[411] Vgl. Zehbold (1996), S. 181 ff. Zu den gängigen Beurteilungskriterien für eine Kosten- und Erlösrechnung: vgl. Schweitzer/Küpper (2008), S. 72 ff.
[412] Vgl. Brühl (1996), S. 320 f.
[413] Vgl. Schild (2005), S. 189 ff.
[414] Vgl. Schweitzer/Küpper (2008), S. 27 ff.

dürfen demnach zielorientiert nur die veränderbaren Kosten ausgewiesen werden, was zudem eine komplexitätsreduzierende Komponente hat.[415]

Für den Zweck der Koordination wird von einem festgelegten Plan und abgestimmten Vorgaben ausgegangen. Die Koordination kann durch die Verknüpfung mit einer Budgetierung erreicht werden.[416] Der Rechnungszweck der Verhaltenssteuerung wird in den Vorgabeinformationen als Zielgrößen, zum Beispiel für den Umsatz, deutlich. Um eine Verhaltensbeeinflussung zu erzielen, müssen darüber hinaus Kontrollen durchgeführt werden.[417] Die Kontrolle als Rechnungszweck erschließt sich aus der Bedeutung von Regelkreisen, in denen sie ein wesentliches Element ist. Regelkreise benötigen Abweichungsanalysen zur Ermittlung von Ursachen und die Ableitung von Maßnahmen. Daraus ergibt sich im Kontext der Kontrolle insbesondere die Anforderung der Kompatibilität zur Planung.[418]

Ein weiterer Rechnungszweck ist die Bewertung. Die Bewertung von fertigen und unfertigen Erzeugnissen kann besser durch kurzfristige Erfolgsrechnungen bewerkstelligt werden. Geht es jedoch um Leistungserstellungsverbünde ist die Lebenszyklusrechnung ein adäquates Instrument. Bei Leistungserstellungsverbünden handelt es sich um Komponenten, Plattformen etc., die in andere Produktprojekte einfließen. Solche Leistungen besitzen einen eigenen Lebenszyklus, denn sie finden in mehreren Produktprojekten Anwendung. Da diese Leistungen jedoch keinen direkten Marktbezug und somit keine Erlöse haben, kann mittels der Lebenszyklusrechnung eine Verrechnung an leistungsempfangende Projekte geschehen. Grundlage für die Verrechnung sind die Ergebnisse der jeweiligen Forschungs- und Entwicklungsprojekte und deren angefallenen Kosten. Dabei wird ermittelt welche Leistungen durch das Produktprojekt in Anspruch genommen werden. Da die Leistungen keinen direkten Marktbezug haben, können die internen Verrechnungen als Erlöse deklariert werden.[419]

Auf Basis der Rechnungszwecke und der gegebenen Rahmenbedingungen können die im Folgenden beschriebenen Ausgestaltungsmöglichkeiten spezifiziert werden. Die Rechnungsstruktur umschließt den zeitlichen Umfang des Lebenszyklus und die Spezifizierung des Bezugsobjektes.[420] Bei dem zeitlichen Umfang ist zu entscheiden, welche Phasen Berücksichtigung finden, welche Kriterien den Produktlebenszyklus eingrenzen und wie hoch die Rechengenauigkeit, also zum Beispiel die Periodenlänge, sein soll. Ferner können für die Auswertungsrech-

---

[415] Vgl. Schild (2005), S. 199 f.
[416] Vgl. Küpper (2008), S. 44.
[417] Vgl. Schweitzer/Küpper (2008), S. 32 ff.
[418] Vgl. Pfohl (2002), S. 27; Reichmann/Fröhling (1994), S. 326 ff.; Hahn/Hungenberg (2001), S. 59 f.
[419] Vgl. Götze (2004), S. 12; Schild (2005), S. 202 f.
[420] Vgl. Schild (2005), S. 208.

nungen, zum Beispiel mit einer Phasenorientierung oder einer Periodenorientierung, unterschiedliche Abgrenzungsmethoden angesetzt werden.[421]

Die Spezifizierung des Bezugobjektes greift die Frage nach dem Neuigkeitsgrad des Produktes und die schon thematisierte Aggregationsproblematik auf.[422] Natürlich muss außerdem geklärt werden, welche Rechnungsgrößen – Kosten und Erlöse – erfasst werden.[423] Eine letzte Ausgestaltungsmöglichkeit betrifft die Rechnungsmethodik.[424] In der Rechnungsmethodik werden Variationen im Hinblick auf den Umfang und die Methoden der Kostenzurechnung betrachtet. Unter der Kostenzurechnung ist zu verstehen, ob die Lebenszyklusrechnung als Voll- oder Teilkostenrechnung aufgebaut und wie mit Gemeinkosten verfahren wird. Des Weiteren muss die Frage nach dem Ansatz zahlungs- oder kostenorientierter Größen und die Berücksichtigung von Zinseffekten beantwortet werden.

Die Lebenszyklusrechnung hat dennoch vordringlich die Zielsetzung einer Ergebnisrechnung.[425] Die Vielzahl der Ausgestaltungsvarianten ermöglicht das Ergebnis als verdichtete Kennzahl adäquat zu ermitteln – die Ausgestaltungsvarianten erlauben die Anpassung der Lebenszyklusrechnung auf die jeweilige Situation – und somit eine detaillierte Beurteilung des Produktprojektes vorzunehmen.[426] Durch die Verknüpfung der umfangreichen Informationen zur Ergebniskennzahl können den Mitarbeitern ihre Beiträge zum Produkterfolg dargestellt und Vorgaben abgeleitet werden. Neben der Ergebniskennzahl können weitere grundlegende Kennwerte wie der Amortisationszeitpunkt und die produktprojektbezogene Rendite errechnet werden. Andere Auswertungsmöglichkeiten können unter dem Fokus von Szenarien unterschiedlicher Markteintrittszeitpunkte, Preispolitiken[427] oder Fertigungsstandorte sowie des Eintritts externer Ereignisse erstellt werden.

Eine grundlegende Tätigkeit in der Lebenszyklusrechnung ist die Prognose. Aufgrund von unvermeidbaren Prognoseungenauigkeiten plädiert Schild für die Berücksichtigungen solcher Unsicherheiten in der Lebenszyklusrechnung.[428] Grundsätzlich wird die Prognosegenauigkeit von Unsicherheitsfaktoren und von Faktoren im Prognose- bzw. Planungsprozess beeinflusst. Die Unsicherheit kann zum Beispiel durch Diversifikation gemildert werden. Faktoren im Prognose-

[421] Vgl. Reichmann/Fröhling (1994), S. 326 ff.
[422] Vgl. Zehbold (1996), S. 199 ff.; Schild (2005), S. 209 ff.
[423] Vgl. Schild (2005), S. 212; Eine beispielhafte Aufstellung von Kosten- und Erlöskategorien findet sich bei Back-Hock (1988), S. 26.
[424] Vgl. im Folgenden allgemein Schweitzer/Küpper (2008), S. 63 ff., und Schild (2005), S. 219 ff.
[425] Vgl. Zehbold (1996), S. 153.
[426] Vgl. Schild (2005), S. 242 ff.
[427] Vgl. Zehbold (1996), S. 257 ff.
[428] Vgl. Schild (2005), S. 245.

bzw. Planungsprozess sind größtenteils auf Schwierigkeiten seitens der Mitarbeiter und der Planungsprozedur zurückzuführen.[429]

Zur Reduzierung von planungstechnischen Fehlern kann ein Verbesserungsprozess in der Planung implementiert werden. Auf der Ebene der Planungsgrundlage kann eine Verbesserung durch die Verwendung zusätzlicher Instrumente wie Marktforschungsmethoden erreicht werden. Andere Maßnahmen können die Anwendung von Checklisten, von Sensitivitätsanalysen sowie die bewusste Korrektur der Planung im Falle veränderter Kenntnisse über die Planungsprämissen sein.[430] Die Berücksichtigung von Unsicherheiten muss unter dem Fokus des Rechnungszwecks erfolgen. Für Entscheidungen ist das Aufzeigen von vorhandenen Unsicherheiten und deren Ursachen unerlässlich. Bei anderen Rechnungszwecken wie der Verhaltenssteuerung kann eine Kommunikation von Unsicherheiten eher negative Auswirkungen haben.[431] Die negativen Auswirkungen äußern sich vor allem in einer fehlenden Klarheit bezüglich der Vorgabewerte und Nutzung der Unsicherheit als Abweichungsgrund.

Die Lebenszyklusrechnung ist ein Instrument mit erheblichem Potenzial. Dieses Potenzial resultiert nicht zuletzt aus der Vielfalt der Ausgestaltungsmöglichkeiten. Wie dargestellt wurde, müssen in der Ausgestaltung der Lebenszyklusrechnung unterschiedliche Faktoren, insbesondere der verfolgte Rechnungszweck, Berücksichtigung finden. Bei der Anwendung der Lebenszyklusrechnung kristallisieren sich jedoch mehrere Handlungsfelder heraus. Einige können unter dem schon angesprochenen Punkt der Prognose- und Planungsunsicherheit subsumiert werden. Der zusätzliche Aufwand, den die Erstellung einer Lebenszyklusrechnung zweifelsohne nach sich zieht, lässt sich nur mit einer positiven Kosten-Nutzen-Relation rechtfertigen.[432] Auf der Mitarbeiterseite kann mitunter die mangelnde Fähigkeit oder die mangelnde Bereitschaft einen Engpass darstellen,[433] insbesondere wenn die Kenntnisse über das Instrument in soweit zu gering sind, als dass die Mitarbeiter es nutzen könnten. Organisatorisch kann der Lebenszyklusansatz vor allem bei einer Projekt- oder Matrixorganisation umgesetzt werden, denn eine funktions- und phasenübergreifende Verantwortung lässt sich unter Ausnutzung dieser Organisationsformen am besten realisieren.[434] In beiden

---

[429] Vgl. Pfohl/Wübbenhorst (1983), S. 150; Hentze/Brose/Kammel (1993), S. 28 ff. Unsicherheit kann als Abweichung von einem erwarteten Wert gekennzeichnet werden. Dabei wird sie durch Ungewissheit und Risiko bestimmt. Vgl. Beyer (2002), S. 47.

[430] Vgl. Schild (2005), S. 245 ff.; Pfohl/Wübbenhorst (1983), S. 151.

[431] Vgl. Schild (2005), S. 247 f.

[432] Zur Wirtschaftlichkeit von Kostenrechnungssystemen: vgl. Schweitzer/Küpper (2008), S. 75 f. Ein zusätzlicher Aufwand der Lebenszyklusrechnung liegt zumeist in der Komplexität des Planungsproblems und in einem eventuell notwendigen neuen Informationssystem begründet.

[433] Vgl. Pfohl/Wübbenhorst (1983), S. 154.

[434] Vgl. Schild (2005), S. 252 f.

Organisationsformen arbeiten Mitarbeiter funktionsübergreifend über einen längeren Zeitraum zusammen.

3.4.2 Verbindung der Lebenszyklusphasen als Handlungsfeld des Product Lifecycle Management

In der aktuellen Literatur wird das PLM verstärkt aus der Informations- und Kommunikationstechnologie-Sicht bearbeitet. Dort wird es als Strategie zur datentechnischen Administration von Produkten gesehen. In diesem Kontext hat sich bisher dennoch keine einheitliche Definition von PLM – insbesondere in Abgrenzung zum Produktdatenmanagement – herausgebildet. PLM wird in dieser Arbeit dahingehend präzisiert, als dass es ein integrierendes Konzept zur Erzeugung, Organisation und Verteilung von produktbezogenen Informationen im Unternehmen und über den gesamten Produktlebenszyklus ist.[435] Diese Informationen schließen neben technischen auch betriebswirtschaftliche Inhalte ein.

Das PLM kann als Software zudem durch seine Funktionalitäten definiert werden. Kern eines solchen PLM-Systems ist das Produktdatenmanagementsystem. Das Produktdatenmanagement umfasst die Speicherung, Aufbewahrung, Pflege und Bereitstellung von produktdefinierenden Daten inklusive der Beziehungen zwischen ihnen unter Berücksichtigung des Managements technischer und organisatorischer Geschäftsprozesse.[436] Damit übernimmt das Produktdatenmanagement die Verwaltung aller Dokumente und Daten, die im Laufe eines Produktlebenszyklus entstehen. Produktdatenmanagementsysteme umfassen im Kern die Funktionalitäten Projektmanagement, Arbeitsmanagement und Prozessmanagement.[437] Aufgabe des Projektmanagements ist die Unterstützung der Zusammenarbeit der Projektmitarbeiter auch über Unternehmensgrenzen hinaus.[438] Das Prozessmanagement dient der Abbildung und Steuerung der Geschäftprozesse mit dem Ziel, das Produktmodell zu dynamisieren.[439] Im Arbeitsmanagement werden die Veränderungen mittels Versionen festgehalten.[440]

Das PLM-System besteht zusätzlich aus weiteren Funktionen wie Konfigurationsmanagement und Anforderungsmanagement.[441] Das Konfigurationsmanagement leistet die vollständige Dokumentation der Produktstruktur hinsichtlich

---

[435] Für eine ähnliche Definition vgl. beispielsweise Arnold et al. (2005), S. 13.
[436] Vgl. Eigner/Stelzer (2001), S. 18.
[437] Vgl. Jenne (2001), S. 26; Eigner/Stelzer (2001), S. 19 ff.
[438] Vgl. Seiler/Grauer/Schäfer (2003), S. 68.
[439] Vgl. Eigner/Stelzer (2001), S. 19; Die Dynamisierung erfolgt durch die ereignisgesteuerte Aktualisierung des Produktmodells. Dabei werden durch Änderungen am Produktmodell im Rahmen eines vorgegebenen Prozesses weitere Aufgaben zur Aktualisierung des gesamten Produktmodells eingeleitet.
[440] Vgl. Eigner/Stelzer (2001), S. 19.
[441] Vgl. Seiler/Grauer/Schäfer (2003), S. 68.

funktioneller und physikalischer Merkmale.[442] Im Anforderungsmanagement werden die Anforderungen an die Produktdefinition sowie deren Veränderungen erfasst und verwaltet.[443] Mithilfe der Erweiterungen ist es möglich, alle Prozesse und Mitarbeiter, zum Beispiel in Entwicklung, Produktion und Service, einzubeziehen.[444] Demzufolge können Unternehmen über den gesamten Lebenszyklus produktbezogen operieren.

Eine Möglichkeit zur Darstellung von Aktivitäten während eines Produktlebenszyklus in einem Industriebetrieb ist das Y-CIM-Modell, wie es in Abbildung 10 visualisiert wird. In diesem Modell werden gleichsam die betriebswirtschaftlichen und die technischen Prozessketten auf der Planungs- und der Fertigungsebene betrachtet.[445] An der grafischen Darstellung werden die Koordinationsschwierigkeiten zwischen den technischen und den betriebwirtschaftlichen Prozessen durch die auseinander liegenden Startpunkte deutlich. Die Integration der Prozessketten soll durch das PLM geleistet werden.[446]

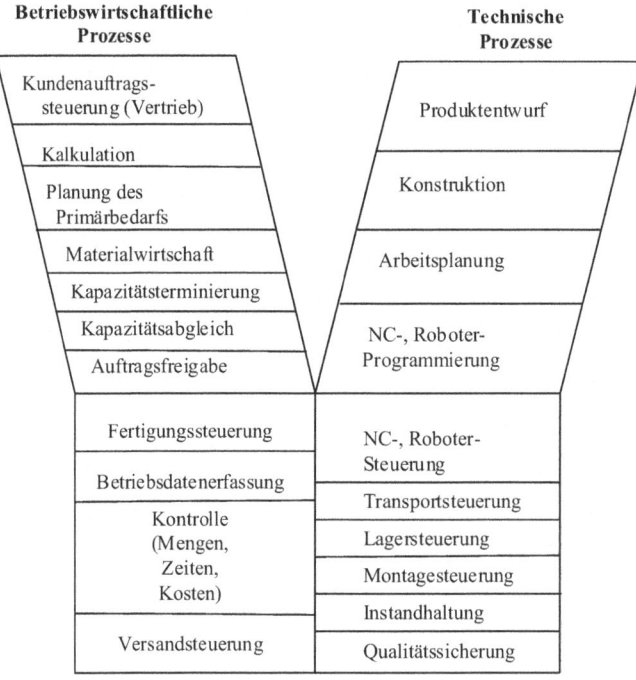

Abbildung 10:   Y-CIM-Modell[447]

---

[442]   Vgl. DIN (2004), S. 6.
[443]   Vgl. Seiler/Grauer/Schäfer (2003), S. 68.
[444]   Vgl. Zetzl/Käuper (2006), S. 72.
[445]   Vgl. Scheer et al. (2006), S. 8.
[446]   Vgl. Scheer et al. (2006), S. 13 ff.
[447]   Vgl. Scheer (1990), S. 3.

Ein PLM kann eine gute Unterstützung für das Produktlebenszyklusmanagement sein. Jedoch nutzen viele Unternehmen die Systeme nicht vollständig aus oder sind nicht im Besitz von PLM-Systemen. In der Darstellung von PLM-System wurde deutlich, dass diese vor allem die informationstechnische Seite des Produktentwicklungsprozesses fokussieren. Spätere Lebenszyklusphasen und betriebswirtschaftliche Themen werden nur ungenügend angesprochen. Für die betriebswirtschaftliche Planung und Steuerung sind deshalb Erweiterungen erforderlich. Neben den software-technischen Möglichkeiten sollten vor allem weitere Faktoren wie die Qualifikation der Mitarbeiter bei der Zusammenführung der technischen und betriebswirtschaftlichen Prozessketten eine Rolle spielen.

3.5 Das Management eines Produktwechsels als Übergang zwischen Lebenszyklen von Produkten

Viele Produktionen verfügen zwar über eine Basisflexibilität, zum Beispiel durch eine intensitätsmäßige Anpassung, die es erlaubt, einen bestimmten Kapazitätsbereich effizient abzudecken. Treten jedoch größere Schwankungen auf, kann es zu Opportunitätskosten durch nicht realisierte Geschäfte oder zu nicht gedeckten Fixkosten durch eine mangelnde Auslastung kommen. Die schwankenden Stückzahlen können einerseits kurzfristig durch den Produktionsanlauf und andererseits langfristig durch den Produktlebenszyklus begründet sein. Um dem schwankenden Kapazitätsbedarf Rechnung tragen zu können, muss das Produktionssystem über eine hohe kapazitative Flexibilität verfügen.[448] Handlungsfelder aufgrund eines Produktwechsels resultieren nicht nur aus schwankenden Stückzahlen, sondern zusätzlich aus Veränderungen des Produktes. Im Produktwechsel überlagern sich demnach mit dem Produktionsanlauf und dem Produktionsauslauf zwei Phasen unterschiedlicher Produkte. Der Produktionsanlauf und die Einführungsphase für sich sind mit vielen Unsicherheiten und Störeinflüssen behaftet. Im Produktwechsel kann wegen der notwendigen Umstrukturierungen nicht die gleiche Effizienz erreicht werden wie in der laufenden, störungsfreien Produktion. Dies legt nahe, dass ein schneller und effizienter Produktwechsel unerlässlich ist.

Das Thema Produktwechsel wird in der Literatur lediglich tangiert, so auch von Kaluza (1989), der das Thema zwar auf mehreren Ebenen, aber nur implizit unter dem Begriff Erzeugniswechsel bearbeitet.[449] Kaluza subsumiert unter dem Begriff Erzeugniswechsel den Zeitpunkt „… wenn die Produktion eines Erzeugnisses auf der Fertigungsstufe einer Fertigungseinrichtung beendet ist und mit der kon-

---

[448] Vgl. Kobylka (2000), S. 12 ff.
[449] Vgl. Kaluza (1989).

kreten technischen Fertigung eines anderen Erzeugnisses begonnen wird."[450] Der Produktwechsel wird bei Kaluza als innovativer Erzeugniswechsel bzw. Modellwechsel bezeichnet. Für Kaluza stellt dieser einen „schweren" Erzeugniswechsel mit vielen Problemen dar.[451] Potenziale zur Unterstützung von Erzeugniswechseln sieht Kaluza in fertigungstechnischen sowie informations- und kommunikationstechnischen Optionen.[452] Diese Sicht ist auf den Produktionsbereich beschränkt und greift im Kontext des Produktlebenszyklus zu kurz. Es werden bei Kaluza weder fabrikbezogene noch organisatorische Themen behandelt. Da das Management des kompletten Produktlebenszyklus und insbesondere des Produktwechsels sich auf stetig verändernde Situationen einstellen können muss, spielt Flexibilität eine wichtige Rolle.

Unter Flexibilität kann die Anpassungsfähigkeit an unterschiedliche Bedingungen gefasst werden.[453] Alle Bereiche des Unternehmens – insbesondere der Produktion – müssen flexibel handhabbar sein,[454] daher muss zur effizienten Umsetzung eines Produktwechsels eine Flexibilitätspolitik vorhanden sein. Im Folgenden werden Möglichkeiten für die Schaffung von Flexibilität aufgezeigt. Für die Flexibilität im Produktlebenszyklusmanagement müssen die *informationstechnischen Systeme*, die *Organisation*, die *Fabrikstruktur* und die *Produktionssysteme* entsprechend ausgerichtet werden.[455]

Informationstechnische Systeme können den Produktwechsel in zweierlei Hinsicht unterstützen. Zum einen können relevante Informationen bereitgestellt und zum anderen können Entscheidungen effizient und zeitnah beurteilt werden.[456]

Die *Organisation* kann mittels verschiedener Methoden der aktuellen Situation angepasst werden. Für den Wandel muss im Unternehmen die erforderliche Bereitschaft gegeben sein. Situationsunabhängig kann die Wandlungsbereitschaft durch individuelle Neugier und Experimentierfreude sowie strukturell durch das Anreizsystem beeinflusst werden. Die Wandlungsbereitschaft muss dennoch immer wieder situationsunabhängig geschaffen werden. Dabei geht es um das Erkennen des Wandlungsbedarfs und die positive Zielbeurteilung. In der Produktionsorganisation können Flexibilitätsgrade durch die Dezentralisierung des Pro-

---

[450] Kaluza (1989), S. 99.
[451] Vgl. Kaluza (1989), S. 101 und S. 145.
[452] Vgl. Kaluza (1989), S. 111 f.
[453] Vgl. Kaluza (1989), S. 266, sowie zur weitergehenden Analyse der Literatur: Letmathe (2002), S. 21 ff.; Frischke (2006), S. 5 ff.
[454] Vgl. Kaluza (1989), S. 289 ff.
[455] In der Literatur wird dies aktuell maßgeblich unter den Begriffen Change Management und Wandlungsfähigkeit diskutiert. Vgl. Spath/Hirsch-Kreinsen/Kinkel (2008); Wiendahl (2002); Müller-Stewens/Lechner (2005), S. 577 ff.
[456] Für die Beurteilung können softwarebasierte Methoden und Modelle für die Steuerung und Planung von Fabrikprozessen herangezogen werden. Vgl. Verein Deutscher Ingenieure (2008), S. 3.

duktionsmanagements gewonnen werden.[457] Beim Thema Personal wurde in der Vergangenheit beispielsweise mit der Einführung von Arbeitszeitkonten eine hohe Flexibilität erreicht.

Um die erhöhte Flexibilität oder Wandlungsfähigkeit von Unternehmen zu erreichen, wird besonders das Konzept der Modularisierung eingesetzt. Dies betrifft zum Beispiel die *Organisation*, die Gestaltung der *Fabrikstruktur* und die Gestaltung der *Produktionssysteme*.[458] Für die *Fabrikstruktur* existieren Konzepte für die Nutzung von Flächen[459] und dem Aufbau der Fabrik hinsichtlich der Ausrüstungen und Strukturen.[460] Dabei geht es zum Beispiel um das aufwandsarme Verändern technischer Ressourcen.

Ein weiteres wichtiges Element zur Umsetzung eines effizienten und schnellen Produktwechsels ist das *Produktionssystem*. Können verschiedene Produkte auf unterschiedlichen den Produktionssystemen gefertigt werden, können die Produktionssysteme besser ausgelastet werden. Ähnlich gestaltet sich die Situation bei verschiedenen Produktgenerationen. Der einfachste Fall liegt vor, wenn das neue Produkt in einem neuen Werk produziert wird. Hier sind im Produktionsmanagement keine Berührungspunkte zwischen den Produktgenerationen zu erwarten.[461] Für den Fall der Verwendung ein und derselben Kapazitäten für zwei Produktgenerationen können unterschiedliche Strategien durchgeführt werden, bei denen entweder zu einem fixierten Termin die Produktion des Vorgängermodells gestoppt und mit der Produktion des neuen Produktes begonnen oder sukzessive von einem Produkt auf das nächste umgestellt wird.[462]

Mit der Verkürzung der Produktlebenszyklen geht desgleichen eine Verkürzung der Reaktionszeiten in der Fertigung einher. Deshalb müssen die Änderungen von Anforderungen, die sich auf die Fertigungsaufgaben, den Kapazitätsbedarf und die eingesetzten Technologien beziehen, schnell realisiert werden.[463] Mit flexiblen Fertigungssystemen kann diesen Ansprüchen nicht begegnet werden, da deren Eigenschaften weitgehend durch die Anfangskonfiguration festgelegt werden. Auf technischer Ebene sind sogenannte rekonfigurierbare *Produktionssys-*

---

[457] Vgl. Letmathe (2002), S. 48.
[458] Vgl. für die einzelnen Bereiche beispielsweise Ethiraj/Levinthal (2004), S. 159 ff.; Picot/Reichwald/Wigand (2003), S. 230 ff.; Schenk/Wirth (2004), S. 20; Bi et al. (2008), S. 975; Letmathe fokussiert dabei die Produktionsorganisation. Vgl. Letmathe (2002), S. 178 ff.
[459] Vgl. Vielhaber (2004b), S. 40 ff.
[460] Vgl. Schenk/Wirth (2004), S.151; Hildebrand/Mäding/Günther (2005), S. 25; Vielhaber (2004a), S. 2 f. Um die Wandlungsfähigkeit einer Fabrik zu evaluieren, müssen die einzelnen Komponenten wie Produktionsstrukturen und Logistiksysteme hinsichtlich ihrer Flexibilität, ihrer Mobilität sowie wandlungsfähigkeitsfördernden, -einschränkenden und -beeinflussenden Faktoren beurteilt werden. Vgl. Vielhaber (2004b), S. 30 ff.
[461] Vgl. Wangenheim (1998), S. 28 ff.
[462] Vgl. Wangenheim (1998), S. 28 ff.
[463] Vgl. Heisel/Michaelis (2003), S. 526 ff.

teme geeignet, einen schnellen und effizienten Produktwechsel umzusetzen. Rekonfigurierbare Produktionssysteme zeichnen sich gegenüber flexiblen Fertigungssystemen durch eine modulare Struktur aus und erlauben nach der ersten Konfiguration jederzeit beliebige Rekonfigurationsvorgänge durch einfaches Ergänzen, Entfernen oder Ersetzen von Modulen.[464]

Die vorangegangenen Darstellungen haben gezeigt, dass ein Unternehmen zur Flexibilität gezwungen ist. Diese Notwendigkeit zur effizienten Anpassung an neue Bedingungen, vor allem an schwankende Stückzahlen, resultiert aus dem Produktwechsel und dem Produktlebenszyklus. Hierfür steht dem Management eine Vielzahl an Möglichkeiten auf unterschiedlichen Ebenen zur Verfügung. Eine konsequente Umsetzung der Flexibilitätsstrategien bedarf einer vorausschauenden Planung und einer adäquaten Koordination. Voraussetzung für die Realisierung der geforderten Flexibilität ist die Kenntnis der vorhandenen Flexibilität in den genannten Dimensionen. Für die Bewertung der Flexibilität sind konkrete Objekte, an denen ein Anpassungsprozess durchgeführt werden kann, zu definieren. Um die Flexibilität beeinflussen zu können, müssen daraufhin die Eigenschaften der Objekte, welche den Wandel fördern, erfasst werden.[465]

3.6 Zwischenfazit und Implikationen für ein produktlebenszyklusorientiertes Controlling

Flexibilität und Koordination sind die Hauptanforderungen, die sich aus dem Lebenszyklus heraus an das Unternehmen stellen. Die Bedeutung der Flexibilität ergibt sich zum Beispiel für die Produktion aus der Schwankung des Absatzvolumens. Es konnte gezeigt werden, dass für den Marktzyklus zwar theoretisch fundierte Konzepte vorhanden sind, jedoch sind die klassischen Produktlebenszyklusmodelle in der Anwendung dahingehend anzupassen, dass für jedes Produkt ein eigener spezifischer Kurvenverlauf angenommen wird.

Für das Management des Produktlebenszyklus lassen sich phasenspezifische und phasenübergreifende Situationen, Handlungsfelder und Aufgaben identifizieren. Das vorgestellte Konzept eines Produktlebenszyklusmanagement basiert auf einem idealtypischen Konzept und muss daher als solches gesehen werden. Vielen Instrumenten und Strategien, beispielsweise das QFD, kann lediglich ein phasenspezifischer Charakter beigemessen werden. Diese Instrumente und Strategien kommen in einzelnen Phasen zum Einsatz, wirken dennoch in andere Phasen hinein.

---

[464] Vgl. Heisel/Michaelis (2003), S. 538; Koren et al. (1999), S. 528 f.
[465] Vgl. Hernández Morales (2003), S. 76 ff.

Ein Handlungsfeld ist demnach die Verbindung von Instrumenten entlang des Produktlebenszyklus. Bisher sind zwar vielfältige Instrumente mit unterschiedlichen Aussagen im Gebrauch und mit dem Product Lifecycle Management eine umfangreiche Datengrundlage möglich, dennoch stehen die meisten Instrumente unverbunden nebeneinander. Deshalb bleiben die Interdependenzen weitestgehend in der Steuerung unbeachtet. Demzufolge kann bisher nicht von einer Steuerung des Produktlebenszyklus gesprochen werden. Die Situation verschärft sich nach der Entwicklungsphase, da viele Instrumente vorwiegend in der Entwicklungsphase verwendet werden.

Mit Blick auf übergreifende Instrumente sind mit der Lebenszyklusrechnung und dem informationstechnischen Product Lifecycle Management adäquate Ansätze vorhanden. In der Literatur ist eine Vielzahl an Lebenszyklusrechnungen mit unterschiedlichen Zielsetzungen vorhanden. Das derzeitig diskutierte Product Lifecycle Management fokussiert stark den technischen Part der Produktentwicklung und vernachlässigt dabei den betriebswirtschaftlichen Teil und vor allem die späteren Lebenszyklusphasen. Die Lebenszyklusrechnung liefert ausschließlich monetäre Aussagen und vernachlässigt qualitative Informationen sowie technische Daten. Diese Lücke soll das produktlebenszyklusorientierte Controlling auf Basis des produktbezogenen Businessplans schließen. Der produktbezogene Businessplan durchleuchtet alle relevanten Themen im Produktlebenszyklusmanagement und verknüpft die betriebswirtschaftliche mit der technischen Dimension. Sowohl das produktlebenszyklusorientierte Controlling als auch der produktbezogene Businessplan werden daher in den Folgekapiteln thematisiert.

4 Das produktlebenszyklusorientierte Controlling

Die Komplexität eines Produktlebenszyklusmanagements mit den damit einhergehenden Interdependenzen[466] sowie den vielfältigen Aufgaben und den unterschiedlichen beteiligten Bereiche erfordert eine Funktion, welche die koordinierende Aufgabe übernimmt. Unter Koordination wird im Allgemeinen die Abstimmung unterschiedlicher Aktivitäten verstanden.[467] Besondere Relevanz haben zudem die frühzeitige Information und Handlung der Beteiligten.

In der aktuellen Literatur wird mehrheitlich die Koordinationsfunktion des Controllings als zentrales Thema herausgestellt.[468] Für die Wahrnehmung einer Koordinationsfunktion ist ein interdisziplinärer Charakter unerlässlich.[469] Die historische Entwicklung des Controllings, seine wissenschaftliche Fundierung und seine gegebene Beziehungen zu anderen Disziplinen, die Organisationsformen und das Instrumentarium zeigen dessen interdisziplinäre Eigenschaft. Vor dem Hintergrund unterschiedlicher theoretischer Ansätze hilft gerade im Produktlebenszyklusmanagement eine interdisziplinäre Ausrichtung des Controllings mittels verschiedener Methoden differenzierte Erkenntnisse zu gewinnen und daraus verbesserte Lösungen abzuleiten. Unter Interdisziplinarität wird die Anwendung fachübergreifender Ansätze sowie die Nutzung von Methoden verschiedener Wissenschaftsdisziplinen für eine Problemstellung verstanden.[470] Jede Perspektive bietet einen anderen Ausschnitt des Gesamtbildes bzw. eine andere Lösungs-

---

[466] Interdependenzen liegen immer dann vor, wenn Tatbestände einander beeinflussen. Vgl. Küpper (1980), S. 38 ff.; Cordes (1976), S. 18 ff. Bei Interdependenzen können Verhaltens- und Sachinterdependenzen unterschieden werden. Sachinterdependenzen können weiterhin in Ziel-, Mittel- und Risikointerdependenzen differenziert werden. Vgl. Küpper (2008), S. 67 f. Werden trotz Interdependenzen Tatbestände getrennt festgelegt, ist eine Abstimmung oder Koordination notwendig. Vgl. Laux/Liermann (2005), S. 191.

[467] Vgl. Laux (1993), Sp. 2308; Frese (1975), Sp. 2263.

[468] Ein einheitliches Verständnis von Controlling konnte sich bis heute nicht etablieren. Schon das Wort „control" hat viele Bedeutungen zum Beispiel Kontrolle, Beherrschung oder Steuerung. Vgl. Schwarz (2002a), S. 13ff; Horváth (2009), S. 16 ff; Serfling (1992), S. 16; So hat zum Beispiel Rathé 57 Bedeutungen des Wortes „control" zusammengetragen. Vgl. Rathé (1960), S. 32; Die Problematik einer theoretischen Fundierung wird zurzeit vor allem in Deutschland intensiv diskutiert. International wird der Begriff Controlling selten verwendet. In der deutschen Fachliteratur hat sich zwar eine mehrheitlich homogene Auffassung von „Controlling" hinsichtlich einer Koordinationsfunktion durchgesetzt, jedoch hat die Bandbreite an Konzeptionen in der jüngeren Vergangenheit zugenommen. Vgl. Küpper (2008), S. 5 f.; Horváth (2009), S. 56 ff.; Horváth (2009), S. 91 ff. Die eigenständige Fragestellung des Controllings in der Wissenschaft wird in dieser Arbeit nur in dem Umfang behandelt, wie es für den Einsatz im Produktlebenszyklus notwendig ist.

[469] Das Controlling ist im Allgemeinen frei von spezifischen Inhalten mit der Ausnahme, dass die Koordinationsinhalte Einfluss auf die Koordinationsprozesse und -instrumente haben. Eine integrative Sichtweise im Controlling stellt hohe Ansprüche an den Einzelnen. Jedoch ist eine solche Sicht für die Koordinationsaufgaben unumgänglich. Vgl. Weber/Schäffer (2000), S. 112 f.

[470] Luhmann differenziert zwischen drei Möglichkeiten einer interdisziplinären Forschung: die *okkasionelle Interdisziplinarität*, die auf teilweise zufälligen Kontakten zwischen Wissenschaftsdisziplinen beruht, die *temporäre Interdisziplinarität*, in der zeitlich begrenzte Projekte initiiert werden und die *Transdisziplinarität*, bei der ein Paradigma für mehrere Disziplinen aufgestellt wird. Durch die Interdisziplinarität sollen Interdependenzunterbrechungen und Möglichkeitsverlust vermieden werden. Vgl. Luhmann (1994), S. 457 ff.

© Springer Fachmedien Wiesbaden GmbH, ein Teil von Springer Nature 2011
J. Jacobs, *Produktlebenszyklusorientiertes Controlling am Beispiel des produktbezogenen Businessplans*, Edition KWV, https://doi.org/10.1007/978-3-658-24330-2_4

möglichkeit des Problems, aber erst die Summe aller Teile stellt eine Annäherung an das Ganze dar.

Ausgehend von einer ersten Funktionsbestimmung des Controllings aufgrund seiner Entwicklung in Theorie und Praxis und den aus der Unterstützung des Produktlebenszyklusmanagements abgeleiteten Anforderungen wird ein Rahmen für das produktlebenszyklusorientierte Controlling geschaffen. Abschließend wird die Ausgestaltung des produktlebenszyklusorientierten Controllings beschrieben.

4.1 Auffassungen des Controllings zur Funktionsbestimmung

Das Controlling als Teildisziplin der Betriebswirtschaftlehre resultiert aus den Bedürfnissen der Unternehmen. Seine Entwicklung wurde immer wieder durch die Praxis bestimmt und gefördert. Die Wissenschaft hat die Notwendigkeit eines Controllings aus der Praxis aufgegriffen. Dabei können mehrere Disziplinen als Quelle bzw. Einflussgebiet für das Controlling identifiziert werden.

4.1.1 Herausbildung des Controllings

Erste Erwähnungen von Controllern lassen sich im staatlichen Bereich, zum Beispiel am englischen Königshof mit den Aufgaben der Aufzeichnung von Geldflüssen, ausmachen.[471] Während anfangs das Controlling die Funktion des Secretary und des Treasurer umfasste,[472] übernahm das Controlling später die Verknüpfung von Rechnungswesen und Planung.[473] Zur Ausgestaltung des Controllings in Unternehmen wurden in der Vergangenheit viele Untersuchungen mittels Befragungen und Analysen von Stellenanzeigen durchgeführt. Ein Vergleich der Studien belegt die Veränderungen des Controllings im Zeitablauf.[474] Neben den historischen Veränderungen des Controllings gibt es regionale Unterschiede in der Auffassung und Ausgestaltung. Die Unterschiede zum Beispiel zwischen dem US-amerikanischen und dem deutschen Controlling liegen zum einen in der Fokussierung auf das Finanz- und Rechnungswesen in den USA und zum anderen auf der verstärkten Ausrichtung des Controllings auf die stra-

---

[471] Vgl. Jackson (1950), S. 17 ff.; Czenskowsky/Schünemann/Zdrowomyslaw (2002), S. 26.
[472] Für detaillierte Ausführungen: vgl. Jackson (1949), S. 9.
[473] Für eine ausführliche Darstellung: vgl. Weber/Schäffer (2008), S. 3 ff.; Horváth (2009), S. 18 ff.; Serfling (1992), S. 20.
[474] Eine Übersicht zu empirischen Studien in Deutschland und in den USA findet sich bei Horváth (2009), S. 23 ff.

tegische Planung in Deutschland.[475] Vor allem in Japan weicht die Ausgestaltung des Controllings von der in anderen Teilen der Welt ab.[476]

Im Folgenden wird die Entwicklung des Controllings in der Literatur mit den bedeutendsten der zahlreichen Einflüsse betrachtet, um das Potenzial eines interdisziplinären Controllings zu verdeutlichen. Schwarz zählt die Managementlehre, die Kybernetik, die Sozialwissenschaften und das Rechnungswesen zu den Quellen des Controllings. Er untersucht die Entwicklung des Controllings mittels der Analyse bedeutender Werke dieser Disziplinen in Bezug auf die Verwendung des Wortes „control".[477] Die Abbildung 11 visualisiert die Entwicklung des Controllings vom Ursprung her und zeigt verschiedene Einflüsse auf das Controlling.

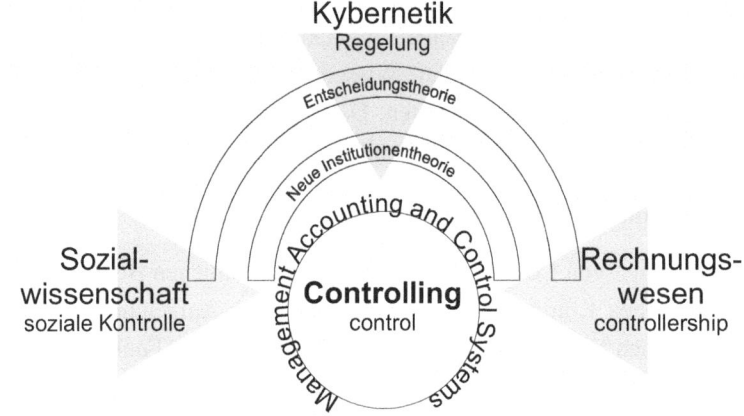

Abbildung 11:   Entwicklungslinien des Controllings in der Literatur [478]

---

[475] Zur unterschiedlichen Ausgestaltung von Controlling in den USA, Deutschland und Frankreich vgl. Stoffel (1995).
[476] In japanischen Unternehmen ist selten eine explizit verankerte Controllingorganisation anzutreffen, da eine zentrale Lenkung durch sich selbst steuernde Mitarbeiter bzw. kleine Einheiten überflüssig wird. Controller haben in Japan verstärkt eine Trainingsaufgabe inne, um alle Mitarbeiter mit Kosteninformationen und Controllingkenntnissen zu versorgen. Dadurch kann der Controller Standardaufgaben an die Kostenbeeinflusser vor allem im Entwicklungsbereich übergeben. Dies wird durch Faktoren wie eine gute Ausbildung, eine ausgeprägte Unternehmensloyalität sowie ein hohes Leistungsbewusstsein unterstützt. Ergebnis solcher Rahmenbedingungen ist ein Selbstcontrolling, das ein effizientes Kostenmanagement ermöglicht. Hierzu vgl. Horváth/Seidenschwarz/Sommerfeldt (1993), S. 12 ff.
[477] Vgl. Schwarz (2002a), S. 22 ff.
[478] In Anlehnung an Schwarz (2002), S. 25 ff.

In der Managementlehre wird die Funktion der Kontrolle häufig synonym zum Controlling verwendet wird.[479] Kontrolle wird hierbei schon in frühen Ansätzen im Sinne von Steuerung und Management begriffen.[480] In der Deutung von Kontrolle wird in der Managementlehre auf der einen Seite die Steuerung bzw. Beherrschung und auf der anderen Seite die Überwachung und Korrektur betont.[481] Mit der Messung der Leistung von Mitarbeitern und der Korrektur zur Sicherstellung der Zielerreichung wird der Aspekt der Überwachung und Korrektur offensichtlich, was das Vorhandensein von Plänen und Zielen voraussetzt.[482] Eine Erweiterung erfährt das Controlling in der Managementforschung durch die Aufgabe jedes Managers, die Kommunikationsprozesse zu steuern sowie durch die vorrangige Aufgabenstellung des Top-Managements die Unternehmensgrundsätze zu lenken.[483] Vertreter der Managementforschung sehen die Kontrolle in ihren unterschiedlichen Ausgestaltungsformen als eine Funktion für jeden Manager.[484]

Angesichts der bereitzustellenden Informationen ist das Rechnungswesen ein wichtiger Bestandteil des Controllings.[485] Das Rechnungswesen befasst sich mit dem Zählen, Messen und Bewerten von Gegenständen und Handlungen.[486] Es ist ein Informationssystem, das quantitative betriebswirtschaftliche Informationen bezüglich angefallener bzw. geplanter Geschäftsvorfälle erfasst und verarbeitet.[487] Im Rechnungswesen erfolgt die Kontrolle zum Beispiel in Form einer Inventur oder einer Abweichungsanalyse.[488] Wichtige Methoden des Controllings, deren Grundlage das Rechnungswesen ist, sind zum Beispiel Kennzahlen, Verrechnungspreise und Budgets.[489] Durch die Diffusion des Rechnungswesens in die Entscheidungstheorie und die Sozialwissenschaften entstanden das Management Accounting (entscheidungsorientiertes Rechnungswesen) und das Behavioral Accounting (verhaltensorientiertes Rechnungswesen). Durch die Erweiterun-

---

[479] In der Managementforschung gibt es eine Vielzahl an Ansätzen, die sich seit Beginn des 19. Jahrhunderts herausgebildet haben, wie zum Beispiel die traditionellen Ansätze, welche ingenieurmäßig-ökonomische Ansätze, administrative Ansätze usw. umfassen, oder systemtheoretische Ansätze. Vgl. Staehle (1999), S. 22 ff. In diesen Ansätzen wird die Notwendigkeit der Anwendung der Ergebnisse verschiedener Wissenschaftsdisziplinen für das Management deutlich.

[480] Vgl. Staehle (1999), S. 665 ff; Schwarz (2002a), S. 22; Schon 1914 wurde in der Managementforschung auch die Koordinationsfunktion eines Controlling-Systems betont. Auslöser hierfür war die verstärkte Umsetzung der Arbeitsteilung in den Unternehmen. Vgl. Church (1914), S. 74.

[481] Vgl. Schwarz (2004), S. 47.

[482] Vgl. Koontz/O'Donnell (1972), S. 648 ff.

[483] Zur Lenkung der Unternehmensgrundsätze: vgl. Koontz/O'Donnell (1972), S. 219; In der Steuerung des Kommunikationsprozesses beziehen sich Koontz und O'Donnell besonders auf das Berichtswesen im Unternehmen. Vgl. Koontz/O'Donnell (1972), S. 553 ff.

[484] Vgl. Koontz/O'Donnell (1972), S. 582.

[485] Vgl. Serfling (1992), S. 23 f. Deutlich wird dies am so genannten traditionellen Controllertyp, der eine starke Vergangenheits- und Buchhaltungsorientierung aufweist.

[486] Vgl. Schwarz (2002a), S. 26.

[487] Vgl. Schierenbeck (2003), S.505.

[488] Vgl. Schwarz (2002a), S. 26; Wöhe (2005), S. 809.

[489] Küpper ordnet die genannten Instrumente den (Führungsteilsystem-) übergreifenden Koordinationssystemen zu. Vgl. Küpper (2008), S 43.

gen können die Entscheidungsvorbereitung und die Verhaltenssteuerung besser gestaltet werden.[490]

Ein Prinzip für das Controlling-System ist das Prinzip der Rückkopplung, in dem der Bezug zur Kybernetik offensichtlich wird. In der Definition von Wiener wird die Kybernetik als Lehre der Regulierung bzw. Steuerung und der Nachrichtentheorie auf der Basis von Rückkopplungen in Maschinen und Lebewesen gesehen.[491] Die Rückkopplung, welche die Verbindung zwischen Abweichung und Steuerung darstellt, ist die Basis für den Controllingregelkreis und insofern für das Controlling-System.[492] Ziel für Controlling-Systeme könnte eine Vorgehensweise sein, die es ermöglicht, ein homöostatisches Verhalten herbeizuführen.[493] Eine wichtige Feststellung für das Controlling ist die Schwierigkeit einer ausführlichen Planung und Steuerung,[494] die die vielfältigen relevanten Einflussfaktoren einbezieht.

Auf viele Sachverhalte in Unternehmen, die vom Controlling berührt werden, wirken Menschen und deren Aktivitäten ein. Durch den Einbezug des Menschen in das Controlling, zum Beispiel im Rahmen der Verhaltenssteuerung, rücken vermehrt sozialwissenschaftliche Aspekte in den Fokus.[495] Die Sozialwissenschaften beschäftigen sich mit den Menschen und ihren Beziehungen untereinander sowie den institutionellen und organisatorischen Voraussetzungen für das Handeln von Menschen.[496] „Control" wird dabei in den sozialwissenschaftlichen Werken in der Bedeutung von Macht, (bürokratischer) Herrschaft oder Autorität genutzt.[497]

Die Entscheidungstheorie und die Neue Institutionenökonomie können für die Verknüpfung der oben dargelegten Entwicklungslinien mit Blick auf das Controlling herangezogen werden.[498] Die Entscheidungstheorie will einerseits erklären wie der Entscheidungsprozess tatsächlich erfolgt und anderseits wie Ent-

---

[490] Vgl. Schwarz (2002a), S. 28.
[491] Vgl. Wiener (1963), S. 39.
[492] Vgl. Schwarz (2002a), S. 34.
[493] Vgl. Müller (2002), S. 33; Ein homöostatisches System reguliert sich selbst. In einem solchen System sind Auslöser und Rückkopplung untrennbar miteinander verbunden. Vgl. Beer (1967), S. 45 ff. Für die Kybernetik ist der Homöostat die beste Form der Steuerung. Man kann diese Art der Lenkung in kleinen Unternehmen als am ehesten realisierbar erachten, da hier der Einzelunternehmer oder ein kleines Team sämtliche Funktionen vereint und somit diese über alle Aspekte des Unternehmens informatiert sind. Vgl. Malik (2002), S. 81 ff.
[494] Vgl. Schwarz (2002a), S. 36.
[495] Vgl. Weber/Hirsch/Linder/Zayer (2003), S. 7 ff. Am Beispiel der Planung: vgl. Weber/Schäffer (2008), S. 250 ff.
[496] Vgl. Köster (1998), S. 160. Wichtige Impulse aus den Sozialwissenschaften kommen aus der Soziologie, welche soziales Handeln zu verstehen sucht. Als Begründer der Soziologie, die sich Ende des 19. Jahrhunderts herausbildete, gelten Max Weber, Auguste Comte und Émile Durkheim. Zu den Klassikern werden auch Vorläufer wie Karl Marx gezählt. Vgl. Giddens (1999), S. 7 ff.
[497] Vgl. Schwarz (2002a), S. 29; Zur bürokratischen Herrschaft: vgl. Weber (1988), S. 475 ff.
[498] Vgl. Schwarz (2002b), S. 6.

scheidungen „rational" getroffen werden können.[499] Die Analyse der Entscheidungsprozesse ist für die phasenspezifische Bereitstellung von Daten durch das Controlling von besonderer Bedeutung.[500] Dies hat zum Beispiel Auswirkungen auf die Organisation des Rechnungswesens. Für die Analyse von Entscheidungsprozessen und die Organisation der Informationsversorgung müssen Entscheidungen bezüglich der Informationsunterstützung und der Beeinflussung der Entscheidung sowie des optimalen Zeitpunktes der Informationsweitergabe beurteilt werden.[501] Für eine umfassende Betrachtung von Entscheidungsmodellen und -prozessen sowie der Bereitstellung von relevanten Daten durch das Controlling werden in der Entscheidungstheorie kybernetische und sozialwissenschaftliche Aspekte mit denen des Rechnungswesens verbunden, womit eine integrative Funktion der Entscheidungstheorie demonstriert wird.[502]

Auch die Neue Institutionenökonomie leistet einen wesentlichen Beitrag, die Entwicklungslinien zu verbinden und das Controlling theoretisch zu fundieren. Ein Unternehmen ist ein Netzwerk unterschiedlicher und unvollkommener Verträge.[503] Darüber hinaus schafft die Arbeitsteilung Informationsasymmetrien, Handlungsfreiräume und folglich Verhaltensrisiken.[504] Informationsökonomische Analysen spielen infolgedessen im Controlling eine wichtige Rolle.[505] Um Informationsasymmetrien und divergierenden Interessen entgegenzuwirken, können für die Controlling-Mechanismen Anreiz- und Überwachungssystem ausgebaut werden.[506] Mittels der Neuen Institutionenökonomie können für das Controlling vor allem Koordinationsprobleme und Informationsasymmetrien betrachtet werden.

International, besonders aber im US-amerikanischen Raum, wird eine koordinierende Funktion im Management Control herausgestellt.[507] Ein Management Control System soll die Koordination von Entscheidungen und die Verhaltensbe-

---

[499] Vgl. Laux/Liermann (2005), S. 32; Bamberg/Coenenberg (2004), S. 1 ff.; Klein/Scholl (2004), S. 37 ff.

[500] Vgl. Weber/Hirsch/Linder/Zayer (2003), S. 13 ff. Die Autoren veranschaulichen die phasenbezogene Bereitstellung von Daten anhand von Investitionsentscheidungen. Sie fokussieren die Berücksichtigung von Opportunitätskosten, die Einstellungen von Menschen hinsichtlich Optimismus und Kontrollillusionen unter Rezeption verschiedener empirischer Studien.

[501] Simon et al.(1954), S. 45 ff.

[502] Vgl. Schwarz (2002b), S. 8; Schwarz hebt in diesem Kontext mit Simon einen Begründer der Entscheidungstheorie hervor, in dessen Werken sich die drei Entwicklungslinien widerspiegeln.

[503] Vgl. Schmidt (1999), S. 73.

[504] Vgl. Hofmann/Homburg (2004), S. 564; Horváth (2009), S. 117 f.

[505] Noch so durchdachte Lösungen für Koordinationsprobleme werden unbrauchbar, wenn im Unternehmen Interessenkonflikte und Informationsasymmetrien zwischen Agent und Prinzipal herrschen. In diesem Punkt setzen informationsökonomische Analysen an und versuchen Aufschluss zum Beispiel für mögliche Anreizsteuerungen zu geben. Vgl. Ewert (1992), S. 280 ff.; Ewert (2002), S. 32 ff. Zu den Formen von Informationsasymmetrien: vgl. zum Beispiel Arrow (1985), S. 38 ff., Küpper (2008), S. 83 ff.; Breid (1994), S. 238.

[506] Vgl. Schwarz (2002a), S. 97.

[507] Vgl. Friedl (2003), S. 7.

einflussung von Entscheidungsträgern leisten.[508] Das Spektrum der Instrumente reicht von der reinen Informationsversorgung bis zum Einsatz von Koordinationskonzepten. Management Control umfasst darüber hinaus Planungs- und Steuerungsaktivitäten.[509] Dem Management Control werden ferner die externe Berichterstattung und die interne Revision zugewiesen.[510]

Die Entwicklung des Controllings in Theorie und Praxis zeigen, welches Potenzial das Controlling für die Unterstützung des Produktlebenszyklusmanagements haben kann. Das Controlling kann im Produktlebenszyklusmanagement die Planung und Steuerung aus verschiedenen Perspektiven unterstützen. Ein wesentliches Instrument hierfür ist die Unternehmensrechnung.

4.1.2 Controlling-Konzeptionen als Bezugsrahmen

In der Wissenschaft ist das Controlling als eigenständige Disziplin der Betriebswirtschaftslehre umstritten.[511] Deshalb werden in der theoretischen Auseinandersetzung Ansatzpunkte und Differenzierungsmerkmale für die Herleitung eines Controllings geprüft. Eine Controlling-Konzeption ist ein Bezugsrahmen zur konkreten Ausgestaltung eines Controlling-Systems für eine spezifische Problemstellung.[512] An dieser Stelle ist es nicht Ziel, eine spezifische Controlling-Konzeption zu erarbeiten, sondern ein zulässiges und adäquates Controlling-Verständnis für die Arbeit zu entwerfen. Basis für die Beschäftigung mit Controlling-Konzeptionen ist die Systematik von Küpper.[513]

Küpper unterscheidet gewinnzielorientierte, führungsprozessbezogene und koordinationsorientierte Controlling-Konzeptionen. In der gewinnzielorientierten Controlling-Konzeption steht die Erreichung des Gewinnziels im Mittelpunkt. Hierfür müssen die notwendigen Informationen für die Planung und Kontrolle

---

[508] Vgl. Simons (1995), S. 5 f.; Anthony/Govinadarajan (1998), S. 6 f.

[509] Vgl. Anthony (1965), S. 15 ff. Anthony unterscheidet drei Typen von Planungs- und Steuerungsaktivitäten: Strategische Planung, Management Control und Operational Control. Unter Strategischer Planung versteht er zum Beispiel die Generierung von Strategien und Zielen. Der Führungsprozess Management Control sichert die Umsetzung der Strategien in operative Maßnahmen mittels Beeinflussung der Manager. Die Planung und Steuerung von Aufgaben fällt in den Bereich Operational Control.

[510] Vgl. Friedl (2003), S. 7, mit Bezug auf zum Beispiel Anthony/Govinadarajan (1998). Damit ist das Management Control umfangreicher als das Controlling-Verständnis in Deutschland.

[511] Vgl. Küpper (2008), S. 1.

[512] Vgl. Friedl (2003), S. 5; Reichmann (2006), S. 6.

[513] Für die Struktur in der vorliegenden Arbeit vgl. Küpper (2008). Aktuell ist eine Vielzahl von Konzeptionen in der Diskussion, weil bisher keine Konzeption vollkommen überzeugen konnte. Vgl. Pietsch (2003), S. 1; Für Zusammenfassungen vgl. zum Beispiel Pietsch/Scherm (2004a). In der Literatur sind voneinander abweichende Systematisierungen für Controlling-Konzeptionen zum Beispiel von Friedl (2003) und von Küpper (2008) zu finden.

des Gewinns bereitgestellt werden. Das Controlling bezieht sich hier primär auf das Informations-, Planungs- und Kontrollsystem.[514]

Bei den führungsprozessbezogenen Controlling-Konzeptionen können die rationalitätsorientierte und reflexionsorientierte Konzeption unterschieden werden. Ziel der rationalitätsorientierten Konzeption ist eine effiziente Verwendung von Mitteln bei einem vorgegebenen Zweck, was als Rationalität verstanden wird.[515] Dem Controlling kommt die Aufgabe der Rationalitätssicherung zu. Rationalitätssicherung wird dabei als Wahrscheinlichkeitserhöhung der Realisierung einer effizienten Zweck-Mittel-Beziehung definiert, also als Handlungen, die Rationalitätsdefizite vermeiden bzw. reduzieren.[516] Für die Handlungen im Unternehmen wird eine sollrationale (optimale) Ausprägung unterstellt, die zum Beispiel durch die „herrschende Meinung" von Experten ermittelt werden kann.[517] Aufgrund begrenzter Rationalität der Handlungsträger kommt es zu Wertschöpfungsverlusten, die es aber zu vermeiden gilt.

Grundlage für die reflexionsorientierte Controlling-Konzeption ist die Differenzierung des Unternehmens in Führung, Führungsunterstützung und Ausführung.[518] Zur Bewältigung der Komplexität und der begrenzenden Informationsverarbeitungskapazität des Menschen können die Operationen Selektion und Reflexion herangezogen werden.[519] Weil die Selektion zu inadäquaten Ergebnissen führen kann,[520] wird die Reflexion als Gegenpart der Selektion benötigt. Während die Selektion auf bewusste Überlegungen oder intuitive Prozesse fußt, stellt die Reflexion eine distanzierend-kritische Gedankenarbeit dar und beurteilt kritisch die vorgenommenen Selektionen im Hinblick auf die gesetzten Ziele und das gegebenen Handlungsfeld.[521]

Problemstellungen, die einer Koordination bedürfen, liegen immer dann vor, wenn Interdependenzen zwischen Entscheidungen auftreten.[522] Zum Begriff Koordination gibt es in der Literatur vielfältige Auffassungen. Allgemein wird Koordination als Abstimmung „…der arbeitsteiligen Aktivitäten im Hinblick auf das Gesamtziel…"[523] definiert. Es wird je nach Art der vorhandenen Interdependenzen in die vertikale und die horizontale Koordination getrennt.[524] Die vertika-

---

[514] Vgl. Pfohl/Zettelmeyer (1987), S. 149.
[515] Vgl. Weber/Schäffer (2008), S. 44 ff. Die Autoren kennzeichnen dies als Zweck-Mittel-Rationalität bzw. Zweckrationalität. Zu diesen Begriffen siehe: Weber (1980), S. 12 f., Gutenberg (1929), S. 30.
[516] Vgl. Weber/Schäffer (2008), S. 45.
[517] Vgl. Weber/Schäffer (2008), S. 45 f.
[518] Vgl. Pietsch/Scherm (2000a), S. 2 f.
[519] Vgl. Pietsch/Scherm (2000b), S. 404 ff.
[520] Vgl. Pietsch/Scherm (2004b), S. 533 f.
[521] Vgl. Pietsch (2003), S. 19 ff.
[522] Vgl. Kirsch (1971), S. 61.
[523] Schierenbeck (2003), S. 116.
[524] Vgl. Horváth (2009), S. 96 f.

le Koordination befasst sich mit der Teilung und Zuweisung von Entscheidungskompetenzen und stellt die hierarchischen Kommunikationsbeziehungen sicher.
Eine horizontale Koordination fokussiert die Abstimmung zwischen Einheiten,
die kein hierarchisches Verhältnis zu einander besitzen.[525] Bei nicht-
hierarchischen Koordinationsformen sind Tendenzen zu marktähnlichen Koordinationsmechanismen zu verzeichnen. Hierbei sind marktorientierte Verrechnungspreise zu nennen. Diese Koordinationsmechanismen können durch eine
entsprechende Unternehmenskultur unterstützt werden. Ferner ermöglichen fort-
schreitende Informations- und Kommunikationstechniken eine verbesserte
Wahrnehmung der Koordinationsaufgabe durch den Menschen.[526]

Durch die Aufteilung des Unternehmens in Führungs- und Ausführungssystem
wird in Primär- und Sekundärkoordination separiert. Während die Primärkoordi-
nation als originäre Führungsaufgabe die Ausrichtung von Ausführungshandlun-
gen auf ein übergeordnetes Ziel herstellt, umfasst die Sekundärkoordination die
Abstimmung von Entscheidungen und Aktivitäten im Führungssystem.[527] Die
Koordinationsfunktion des Controllings innerhalb des Führungssystems wird in
drei Bereiche eingeteilt: die Koordination der Informationsversorgung, die Koordination des Planungs- und Kontrollsystems mit dem Informationsversorgungssystem und die Koordination des Führungsgesamtsystems[528], welche nachfolgend
erläutert werden.

Die Koordinationsfunktion kann in verschiedenen Abstufungen erfolgen. In einer
ersten Stufe wird der Fokus des Controllings auf die Funktion der Informationsversorgung gelegt, dabei stehen die bedarfsgerechte Versorgung mit Informationen und die Informationsaufbereitung im Zentrum des Controllings.[529] Merkmal
einer zweiten Stufe der koordinationsorientierten Konzeption ist die Fokussierung auf die Abstimmung zwischen Planung, Kontrolle und Informationssystem.
Hieraus wird ersichtlich, dass die planungs- und kontrollorientierte Konzeption
die informationsorientierte Konzeption mit einschließt.[530] Dieser Ansatz fußt auf
einer systemorientierten Denkweise und sieht das Unternehmen als ein System,
bestehend aus mehreren Teilsystemen. Horváth differenziert das Unternehmen in
ein Ausführungs- und ein Führungssystem. Das Controlling-System siedelt Horváth im Führungssystem an, da das Ausführungssystem durch das Führungssystem koordiniert wird.[531] Die Koordinationsfunktion richtet sich auf die einzelnen
Teilsysteme des Unternehmens. Die Hauptaufgabe sieht er in der systembilden-

---

[525] Vgl. Frese (1975), Sp. 2266 ff.
[526] Vgl. Picot/Reichwald/Wigand (2003), S. 235.
[527] Vgl. beispielsweise Friedl (2003), S. 8 ff.
[528] Vgl. zum Beispiel Küpper (2008), S. 25 f.; Horváth (2009), S. 128.
[529] Vgl. Reichmann (2006), S. 10 ff.
[530] Vgl. Küpper (2008), S. 26 f.
[531] Vgl. Horváth (2009), S. 104.

den und systemkoppelnden Koordination innerhalb und zwischen dem Planungs- und Kontrollsystem und dem Informationsversorgungssystem.[532]

Die Überlegungen von Horváth wurden mehrfach aufgegriffen und weiter entwickelt. So auch durch Küpper, der das Unternehmen in ein Führungs- und ein Leistungssystem teilt, wobei er das Führungssystem stärker als Horváth gliedert. Das Führungssystem besteht nach Küpper aus den Teilsystemen Controlling, Organisation, Planungssystem, Kontrollsystem, Informationssystem und dem Personalführungssystem. Kern dieser Controlling-Konzeption ist die Koordination im Führungssystem, da das Leistungssystem durch das Führungssystem und dadurch nur indirekt durch das Controlling koordiniert wird.[533] Durch die zusätzliche Differenzierung der Führungsteilsysteme werden weitere Koordinationsprobleme ersichtlich. Während die Konzeption von Horváth eine klare Ergebnisorientierung beinhaltet, ist die Koordination bei Küpper auf das gesamte Zielsystem ausgerichtet.[534]

Ein Produktlebenszyklusmanagement besteht aus einer Vielzahl von zusammenhängenden Entscheidungen und Tätigkeiten sowohl auf operativer und taktischer als auch auf strategischer Ebene. Es ist zu konstatieren, dass ein produktlebenszyklusorientiertes Controlling die Koordinationsfunktion im Produktlebenszyklus wahrnehmen kann. Des Weiteren kann das Controlling zusätzliche wichtige Funktionen für die Unterstützung des Produktlebenszyklusmanagements übernehmen. Zu diesen zählen zum Beispiel die kritische Vor- und Nachbereitung von Entscheidungen.

Mit der Entscheidung für die Aufnahme eines Produktes in das bestehende Programm können umfangreiche organisatorische Veränderungen einhergehen, die sich im Informationsversorgungs-, im Planungs- und im Kontrollsystem widerspiegeln müssen. Demzufolge müssen die genannten Führungsteilsysteme miteinander koordiniert werden. In das Produktlebenszyklusmanagement ist eine Vielzahl von Mitarbeiter involviert, weshalb die Berücksichtigung von Verhaltenswirkungen unerlässlich ist. Für ein Anreizsystem muss das Personalführungssystem mit dem Informationsversorgungs-, dem Planungs- und dem Kontrollsystem verknüpft werden. Das Produktlebenszyklusmanagement ist demnach ein komplexes Handlungsfeld, das einer Controlling-Konzeption auf der Basis einer breit angelegten Koordinationsfunktion bedarf.

---

[532] Vgl. Horváth (2009), S. 102 ff.
[533] Vgl. Küpper (2008), S. 28 ff.
[534] Vgl. Weber/Schäffer (2008), S. 23 ff. Sie stellen die Konzeptionen von Horváth (2009), S. 91 ff. und Küpper (2008); S. 28 ff. gegenüber. Die Ausrichtung der Koordination auf das Führungsgesamtsystem wurde erstmals von Küpper, Weber und Zünd erörtert. Vgl. Küpper/Weber/Zünd (1990), S. 283 f.

4.2 Anforderungen an das produktlebenszyklusorientierte Controlling

Nach dem die Funktion des Controllings für das Produktlebenszyklusmanagement erläutert wurde, werden im Folgenden Anforderungen an das produktlebenszyklusorientierte Controlling dargestellt. Basierend auf den Anforderungen wird dann ein zweckmäßiges Controlling-System erarbeitet. Für die Unterstützung der Steuerung des gesamten Produktlebenszyklus müssen durch das Controlling unterschiedliche Aspekte betrachtet und verschiedene Führungsteilsysteme koordiniert werden. Die unterschiedlichen Aspekte resultieren unter anderem aus den Rahmenbedingungen für das Produktlebenszyklusmanagement und der Struktur des Produktlebenszyklus.

Weil sich häufig ein Produktlebenszyklus – in Abhängigkeit vom Produkt – über einen langen Zeitraum erstrecken kann, müssen zukünftige Entwicklungen antizipiert und in der Produktplanung berücksichtigt werden. Dabei müssen die Rahmenbedingungen aus betriebswirtschaftlicher Sicht erfasst und analysiert werden. Das Controlling muss für die Entscheidungsvorbereitung die Rahmenbedingungen beschreiben und deren mögliche Auswirkungen auf den Erfolg des Produktprojektes aufzeigen. In Abhängigkeit der Produktgestaltung sind beispielsweise die Kompatibilität des Produktes zu anderen komplementären Produkten und somit die potenzielle Absatzmarktgröße zu antizipieren, um entweder einen abgegrenzten Markt zu bearbeiten oder sich aktiv in den Wettbewerb mit anderen Produkten zu begeben.

Für die strategische Bewertung eines Produktprojektes und insbesondere der eventuell notwendigen Anpassung muss die Flexibilität des Unternehmens als Voraussetzung für die effiziente Aufnahme des Produktes in das Produktprogramm bewertet werden. Anhand der Bewertung der Flexibilität können mögliche Handlungsfelder bei auftretenden Nachfrageschwankungen und dem Produktwechsel identifiziert werden. Dabei muss das Unternehmen bezüglich seiner Reaktionsmöglichkeiten auf Veränderungen evaluiert werden. Hierfür sind durch das lebenszyklusbezogene Controlling die Informationen zu erheben und die Bewertung in den verschiedenen Bereichen vorzunehmen. Rahmenbedingungen, welche den Innovationsprozess betreffen, sind die vorhandenen relevanten Patente. Sind für die vorgesehene Innovation Patente im Besitz Dritter, so müssen entweder Lizenzgebühren einkalkuliert oder in F&E investiert werden, um eine andere Lösung hervorzubringen. In diesem Zusammenhang ist die Notwendigkeit unterschiedlicher Möglichkeiten für den Schutz der eigenen Innovation gegen Imitationen zu prüfen.

Während des Produktlebenszyklus können unterschiedliche Risiken auftreten. Die Unsicherheiten und Risiken für das Unternehmen können im Produktlebenszyklus zum Beispiel durch eine höhere Kapitalbindung und durch hohe Investitionen zunehmen. Es können weiterhin Risiken, zum Beispiel bis zur Marktphase in der technischen Umsetzung, bestehen. Im gesamten Produktlebenszyklus sind immer Risiken hinsichtlich der Marktentwicklung gegeben. Ungewissheit liegt vor, wenn bekannt ist, dass Zustände aus einer Menge von Zuständen eintreten können, diesen aber keine Wahrscheinlichkeiten zugeordnet werden können. Demgegenüber sind bei einem Risiko die Wahrscheinlichkeiten für das Eintreten eines Zustandes bekannt.[535] Das Risiko kann demnach die Komponenten Chance als positive und Verlustgefahr als negative Auswirkung umfassen. Die positiven Auswirkungen eines Risikos sind dennoch nicht Gegenstand des Risikomanagements.[536] Das produktlebenszyklusorientierte Controlling hat die Aufgabe die Auswertung, Dokumentation und Berichterstattung mit Fokus auf die Risiken durch das Produkt und dessen Lebenszyklus zu unterstützen.[537]

Der Produktlebenszyklus gliedert sich in unterschiedliche Phasen mit differierenden Schwerpunkten. Zu Beginn eines Produktlebenszyklus stehen mit der Beobachtungs- und Vorlaufphase maßgeblich Inhalte des Innovationsprozesses im Mittelpunkt. In dieser Phase muss das Controlling zum Beispiel die Generierung von Produktideen unterstützen. Daher ist eine Aufgabe des Controllings die Beurteilung von Quellen von Produktideen. Im nächsten Schritt kann zur Unterstützung der Einführung des Produktes in den Markt „pre annoucements" durchgeführt werden. Auch hier sind die möglichen Konsequenzen für die Einführung des Produktes und zusätzlich für andere eigene Produkte zu untersuchen. Diese Beispiele zeigen, dass ein produktlebenszyklusorientiertes Controlling in jeder Phase divergierende Fragestellungen bearbeiten muss, um die Entscheidungen des Managements vorbereiten zu können.

Mit den Themen in den einzelnen Phasen des Produktlebenszyklus werden sich zudem die maßgeblichen Verantwortungsbereiche ändern. Während in der Vorlaufphase die Forschung und Entwicklung den Hauptanteil am Produktlebenszyklusmanagement verantwortet, hat in der Marktphase das Marketing bzw. der Vertrieb den überwiegenden Einfluss auf das Produktlebenszyklusmanagement. Darüber hinaus wird zeitgleich zur Marktphase die Produktionsphase umgesetzt. Deshalb haben Fragestellungen der Produktion eine große Bedeutung. Somit hat sich das lebenszyklusbezogene Controlling phasenabhängig vor allem den Entscheidungen der relevanten Funktionsbereiche zu widmen. Das lebenszyklusbe-

---

[535] Vgl. Bamberg/Coenenberg/Krapp (2008), S. 19.
[536] Vgl. Hölscher (2000), S. 300.
[537] Vgl. Reichmann (2006), S. 626.

zogene Controlling muss sich demnach adressatengerecht den Produktlebenszyklusphasen anpassen. Mit der Produktlebenszyklusphase verändern sich teilweise die relevanten Inhalte und Empfänger der Controllinginformationen.

Um die phasenspezifischen Controllinginformationen bereitstellen zu können, muss das produktlebenszyklusorientierte Controlling den Vorgehensweisen des Funktionsbereichscontrollings des vorherrschenden Funktionsbereichs der Produktlebenszyklusphase bedienen. Dies betrifft besonders den Instrumenteneinsatz. Nur so kann das produktlebenszyklusorientierte Controlling die jeweils benötigten Informationen bereitstellen. Dadurch ergibt sich, dass ein produktlebenszyklusorientiertes Controlling eine Vielzahl an Instrumenten einschließt. Eine konstante Aufgabe des Controllings ist die Unterstützung des Projektmanagements zu jedem Zeitpunkt im Produktlebenszyklus. Da das Produktlebenszyklusmanagement als Produktprojektmanagement definiert wurde, muss dieses Projektmanagement durch ein Projektcontrolling unterstützt werden.

Die Vielzahl der Instrumente, die beim Produktlebenszyklusmanagement eingesetzt werden können, die unterschiedlichen involvierten Funktionen und die phasenabhängig wechselnden Verantwortlichen bedürfen einer umfassenden Koordination. Es müssen insbesondere die Informationen zwischen den beteiligten Funktionen und Instrumenten koordiniert werden. Dafür ist es sinnvoll, die Informationen zu bündeln sowie für alle Funktionen und Zwecke bereitzustellen. Hierbei spielt die Aktualität der Informationen eine wesentliche Rolle. Aufgrund dieser Koordination durch das Controlling übernimmt dieses ferner die Aufgabe, die Entscheidungen aus verschiedenen Perspektiven zu beleuchten. Realisiert wird dies durch den Einbezug aller wichtigen Funktionen mittels der Verteilung der Informationen. Die Funktionen können die Informationen aus ihrer Sicht bewerten und ihre Diagnosen dazu abgegeben.

Gerade der Faktor Zeit ist im gesamten Produktlebenszyklus ein bestimmender Aspekt.[538] Eine weitreichende Analyse von Informationen kann sehr viel Zeit in Anspruch nehmen, deshalb reicht es nicht aus, ausschließlich die aktuellen Informationen zu koordinieren. Für den gesamten Produktlebenszyklus sind einerseits die Einflussgrößen zu identifizieren und anderseits Handlungsfelder frühzeitig zu erkennen.[539] Mit letzterem Punkt wird das Erkennen von situativen Kontextfaktoren thematisiert. Der Umgang mit unterschiedlichen Situationen verlangt Frühwarnsysteme, um Entwicklungen zeitnah zu erkennen und realistische Pläne erstellen zu können.[540] Für das Controlling ergibt sich daraus einerseits eine Unterstützung eines entsprechenden Frühwarnsystems und anderseits die

---

[538] Zu Faktor Zeit im Produktinnovationsprozess: vgl. zum Beispiel Buchholz (1996), S. 35 ff.
[539] Vgl. Müller (2002), S. 35.
[540] Vgl. Steinmann/Schreyögg (2005), S. 134.

114

Beschäftigung mit nicht quantifizierbaren Einflussfaktoren[541]. In diesem Kontext muss das Risiko unter anderem mit Blick auf zukünftige Entwicklungen und technische Umsetzungsmöglichkeiten analysiert und gesteuert werden.

Auf Basis der Darstellung des Produktlebenszyklus und seines Management sowie des Verständnisses von Controlling lassen sich die Anforderungen an ein produktlebenszyklusorientiertes Controlling wie folgt zusammenfassen. Das Controlling muss:

- phasenspezifisch und funktionsbezogen die Entscheidungen vorbereiten,
- eine problemlösungsadäquate Ausprägung annehmen,
- Situationen frühzeitig erkennen und analysieren,
- koordinierend wirken,
- zur Bewertung von Voraussetzungen für zukünftige Entwicklungen und von Strategien beitragen,
- die Aufgaben eines Projektcontrollings übernehmen sowie
- die Steuerung des gesamten Produktlebenszyklus aus unterschiedlichen Perspektiven unterstützen.

Die Zusammenfassung der Anforderungen für das lebenszyklusbezogene Controlling zeigt eine große Bandbreite von wesentlichen Aufgaben, die das Controlling erfüllen muss. Hierfür muss das produktlebenszyklusorientierte Controlling funktionell, instrumentell und organisatorisch ausgestaltet sein.

4.3 Ausgestaltung eines produktlebenszyklusorientierten Controllings

Auf Basis der Beschreibung der Aufgaben eines Controllings und der Anforderungen an das produktlebenszyklusorientierte Controlling wird nun die Ausgestaltung des produktlebenszyklusorientierten Controllings auf funktioneller, instrumenteller und organisatorischer Ebene herausgearbeitet.

4.3.1 Funktionelle Ausgestaltung des Controllings

Die historische Entwicklung des Controllings und die Diskussion der Controlling-Konzeption geben für die Funktion Controlling im Produktlebenszyklusmanagement den konzeptionellen Rahmen vor. Für die funktionelle Ausgestaltung des produktlebenszyklusorientierten Controllings wird dieser Rahmen durch die herausgearbeiteten Anforderungen konkretisiert. Bei diesen handelt es sich um die Koordinationsfunktion und um die Vorbereitung von Entscheidungen. Aus

---

[541] Vgl. Riezler (1996), S. 197 ff.; Müller (2002), S. 37.

diesem Grund wird bei der funktionellen Ausgestaltung die koordinationsorientierte Controlling-Konzeption zugrunde gelegt.

Um mögliche Interdependenzen und Einflussfaktoren in die Koordination des Produktlebenszyklusmanagement einbeziehen zu können, ist ein interdisziplinäres Vorgehen erforderlich. Die Probleme interdisziplinärer Arbeit liegen dabei insbesondere in der Fachsprache der Disziplinen als Abgrenzungsmerkmal und deren Interpretationsspielräumen. Fachspezifische Begriffe sind jedoch notwendig, um die Kommunikation innerhalb der Disziplinen zu erleichtern.[542] Die Fragestellungen müssen daher für die Disziplinen spezifisch gestellt und aufbereitet werden.

Eine weitere Funktion des produktlebenszyklusorientierten Controllings ist die Reflexion im Entscheidungsprozess. Dies kann durch ein dreistufiges Modell der Selektion vermittelt werden. In diesem Modell geht es um die Reduktion der Komplexität bei der Selektion in einer Entscheidungssituation durch subjektives Wissen, subjektive Aufmerksamkeit und subjektive Entscheidungen. Auf der ersten Stufe kann der Entscheidungsträger nur den Teil der realen Komplexität wahrnehmen, der ihm aufgrund eines subjektiven Wissens zugänglich ist.[543] Das subjektive Wissen ist das Wissen der beteiligten Entscheidungsträger. Je weitgehender das Wissen in der Selektionssituation, zum Beispiel durch eine interdisziplinäre Zusammenstellung von Experten ist, desto umfangreicher ist die erkennbare Komplexität. Weil die subjektive Aufmerksamkeit beispielsweise durch Neigungen und Einstellungen auf bestimmte Aspekte des Problems gelenkt werden kann, können dann zusätzlich Teile der Komplexität in der zweiten Stufe nicht erkannt werden. Eine letzte Reduktion der Komplexität beruht auf der teilweise bewussten Vernachlässigung von Zusammenhängen durch die subjektive Entscheidung für eine Klassifizierung des Problems bzw. die Anwendung eines Modells bzw. Instruments inklusive seiner Annahmen.[544]

Durch die unvermeidliche Komplexitätsreduktion in einer Selektionssituation können Fehlentscheidungen entstehen. Deshalb soll die Reflexion als distanzierend-kritische Gedankenarbeit die Beurteilung der Selektionsleistung und das Aufzeigen neuer Perspektiven übernehmen.[545] Reflexion und Beratung als Auf-

---

[542] Vgl. Köster (1998), S. 160.
[543] Vgl. Peffekoven (2004), S. 568 f.
[544] Vgl. Peffekoven (2004), S. 568 ff.
[545] Vgl. Pietsch/Scherm (2000b), S. 405 bzw. Pietsch (2003), S. 19 ff. Reflexion bezeichnet die Fähigkeit Erfahrungen aufzuarbeiten und Annahmen zur Handlungssteuerung zu bilden. Die Evaluation der Selektion muss Bezug auf Ziele nehmen. Im Gegensatz zu Pietsch und Scherm wird die Reflexion hier nicht als Führungs- sondern als Führungsunterstützungsaufgabe verstanden. Reflexion als Funktion des Controllings liegt unter anderem begründet in der Aufgabe der Informationsbereitstellung und geht einher mit erhöhtem Fakten- und Methodenwissen. Die Reflexionsaufgabe sollte als Beratung erfolgen, um eine unabhängige Position und somit kritische Sichtweise zu bewahren.

gabe des Controllings wird von vielen Autoren vertreten.[546] Im Modell der Selektion kann auf der ersten Selektionsstufe die Reflexion nur mit Schwierigkeiten erfolgen, denn in diesem Bereich fehlt den Beteiligten das nötige Wissen. Lediglich Experten könnten dort mögliche Konsequenzen ex ante reflektieren.[547] Hat der Controller das benötigte Wissen, kann er diese Dienstleistung selbst erbringen. Anderenfalls kann das Controlling nur den Einbezug von in- oder externen Experten vorschlagen.

In der zweiten Selektionsstufe hat das produktlebenszyklusorientierte Controlling aufzudecken was ausgeblendet wird und neue Sichtweisen in den Entscheidungsprozess einzubringen. Auf der dritten Stufe hinterfragt das produktlebenszyklusorientierte Controlling die Prämissen der angewandten Instrumente. Insgesamt dient das produktlebenszyklusorientierte Controlling ex ante der verbesserten Erfassung der realen Komplexität und dem Entgegenwirken unzulässiger Komplexitätsreduktion in Entscheidungsprozessen, um zu annähernd optimalen Lösungen zu gelangen.[548] In der Komplexitätsreduktion besteht die Gefahr unberücksichtigter Interdependenzen. Da ex ante nicht bestimmt werden kann, in welcher Stufe relevante Interdependenzen übersehen werden, müssen alle Selektionen mithilfe der Reflexion evaluiert werden. Eine fehlerhafte Selektion auf einer frühen Stufe kann zum Beispiel zu einem falschen Instrumenteneinsatz führen. Ex post gibt das produktlebenszyklusorientierte Controlling Aufschluss über eine korrekte Selektion und die Effizienz von Maßnahmen.[549]

Die Rahmenbedingungen eines Produktlebenszyklus werden vor allem auf der strategischen Ebene betrachtet. Auf der strategischen Ebene unterstützt das produktlebenszyklusorientierte Controlling die Entscheidungsträger des Produktprojektes durch die Bereitstellung von Instrumenten.[550] Das Controlling stellt die

---

[546] Peemöller kennzeichnet die Beratung als Hauptaufgabe des Controllings. Vgl. Peemöller (2005), S. 88. Die Beratungsfunktion des Controllings sollte die Vermittlung von Methodenwissen und betriebswirtschaftlichen Wissen umfassen. Dagegen steht für Küpper die Vermittlung von Methodenwissen im Vordergrund. Vgl. Küpper (2008), S. 34; Beide Aspekte betont zum Beispiel Reichmann (2006), S. 39 ff. Darüber hinaus wird dem Controlling eine Reflexionsfunktion zugeschrieben. Vgl. Pietsch/Scherm (2004b), S. 535 ff. Im Gegensatz dazu sieht Küpper die Reflexion als Aufgabe aller Funktionen an. Vgl. Küpper (2008), S. 46. Natürlich ist es Aufgabe einer jeden Funktion im Unternehmen Entscheidungen und Handlungen zu reflektieren. Trotzdem ist es notwenig, zum Beispiel wegen mangelndem Wissen, intuitivem Handeln oder Opportunismus das Controlling mit einer Reflexionsaufgabe zu betrauen. Vgl. Weber/Schäffer (2008), S. 57 ff., S. 72 ff. sowie S. 255 ff.
[547] Vgl. Peffekoven (2004), S. 568 f. Es wird zwischen der zukunftsbezogenen Reflexion ex ante und der vergangenheitsbezogenen Reflexion ex post unterschieden. Aus diesem Grund werden im Folgenden die Termini der reflexionsorientierten Controlling-Konzeption verwendet.
[548] Vgl. Peffekoven (2004), S. 569 f.
[549] Vgl. Peffekoven (2004), S. 567 ff.
[550] Vgl. Reichmann (2006), S. 560 f.

entscheidungsbezogene Versorgung mit Informationen, zum Beispiel zu Risiken, sicher.[551]

Der Gegenstand der Entscheidungsprozesse variiert während des Produktlebenszyklus. Kennzeichnend hierfür ist insbesondere die Lebenszyklusphase. In jeder Lebenszyklusphase sind unterschiedliche Funktionsbereiche bestimmend. Das produktlebenszyklusorientierte Controlling muss sich daher entsprechend der Lebenszyklusphase dem bestimmenden Funktionsbereich anpassen. Dabei kann das produktlebenszyklusorientierte Controlling auf die Konzeption des geeigneten Bereichscontrollings zurückgreifen. Dadurch kann das Controlling auf die Besonderheiten des Controllings in diesem Bereich zweckmäßig reagieren.[552] Dies gilt auch für phasenübergreifende Themen wie das Risikomanagement.

Die Lebenszyklusphase gibt zwar eine thematische Ausrichtung vor, jedoch kann das Produktlebenszykluskonzept keine allgemeingültigen Handlungsempfehlungen geben.[553] Es müssen demzufolge die Kontextfaktoren in das produktlebenszyklusorientierte Controlling einbezogen und situationsbezogen eine angemessene Handlungsempfehlung geben werden.[554] Um Veränderungen rechtzeitig erkennen zu können, muss das produktlebenszyklusorientierte Controlling im Sinne von Screening und Monitoring eine Vielzahl an Daten erfassen und auswerten. Diese situationsbezogenen Informationen und Handlungsempfehlungen müssen dann mit der Strategie für den gesamten Produktlebenszyklus abgeglichen werden. In diesem Kontext müssen zusätzlich die gegebenen Voraussetzungen für die Anpassung des Unternehmens untersucht werden.

Demgegenüber bleibt die Unterstützung des Managements des Produktprojektes in Form des Projektcontrollings über den gesamten Produktlebenszyklus bestehen. Als Projektcontrolling versorgt das produktlebenszyklusorientierte Controlling das Produktlebenszyklusmanagement mit Instrumenten und Informationen zur Projektabwicklung. Es berät und unterstützt die Entscheidungsvorbereitung in der Projektplanung und -steuerung.[555]

Die Anforderungen erfordern eine Erfüllung vielfältiger Aufgaben durch das produktlebenszyklusorientierte Controlling. Im gesamten Produktlebenszyklus übernimmt das produktlebenszyklusorientierte Controlling eine koordinierende Funktion, die Unterstützung des Projektmanagements und die Analyse der Situation. Zur Wahrnehmung der adressatengerechten Koordination muss sich das

---

[551] Stratmann fokussiert insbesondere die Informationsversorgung des Controllings während des gesamten Produktlebenszyklus. Hierfür wird der Informationsbedarf in den einzelnen Phasen erfasst und daraufhin mit verschiedenen Instrumenten abgedeckt. Vgl. Stratmann (2001); S. 71 ff.
[552] Vgl. Küpper (2008), S. 464 ff.
[553] Vgl. Staehle (1999), S. 178.
[554] Vgl. Staehle (1976), S. 44.
[555] Vgl. Horváth (2009), S. 656.

produktlebenszyklusorientierte Controlling darüber hinaus phasenbezogen anpassen.

4.3.2 Instrumentelle Ausgestaltung des Controllings

Zur Erfüllung seiner Aufgaben benötigt das produktlebenszyklusorientierte Controlling eine Vielzahl von Instrumenten, die, wie die Aufgaben des produktlebenszyklusorientierte Controllings, im Produktlebenszyklus variieren. Die gewählte Controlling-Konzeption hat weit reichende Konsequenzen für das Spektrum des Instrumentariums. Je nach Controlling-Konzeption werden Instrumente zum Beispiel als spezifische Controlling-Instrumente bzw. als Controlling-Instrumente im engeren Sinne betrachtet oder werden vom Controlling nur genutzt bzw. „... in Abhängigkeit von den Gegebenheiten des Einzelfalls ..."[556] eingesetzt.[557] Im Folgenden werden mögliche Instrumente aufgeführt und bedeutende Instrumente detaillierter beschrieben.

4.3.2.1 *Instrumente des produktlebenszyklusorientierten Controllings im Überblick*

Die Funktionen des produktlebenszyklusorientierten Controllings verlangen nach dem Einsatz vieler Instrumente. In Tabelle 3 werden Instrumente beispielhaft genannt und den Funktionen des produktlebenszyklusorientierten Controllings zugeordnet. In der Auflistung der Funktionen lassen sich Funktionen ausmachen, die durch ein Bereichscontrolling abgedeckt werden können. Instrumente, die für das Controlling nur Informationen bereitstellen, also nicht durch das produktlebenszyklusorientierte Controlling selbst eingesetzt werden, wie das QFD, werden an dieser Stelle nicht thematisiert. Diese Instrumente werden maßgeblich durch die anderen Funktionsbereiche eingesetzt.

Eine wichtige Aufgabe des Projektcontrollings ist die Projektüberwachung hinsichtlich Termine und Projektfortschritt. Durch den Einsatz des Meilensteinkonzepts oder der Netzplantechnik kann die Erfolgskontrolle realisiert werden.[558] Im Meilensteinkonzept und in der Netzplantechnik wird das Produktprojekt – vor

---

[556] Pietsch (2003), S. 140.

[557] Die Abgrenzung der Controllinginstrumente wird heterogen vorgenommen. Vgl. Friedl (2003), S. 123 f. Dies wird ersichtlich an der Systematisierung von Instrumenten in den Konzeptionen. Horváth kennzeichnet alle ideellen (Modelle und Methoden) und realen Hilfsmittel, die zur Informationsaufbereitung bzw. Organisationsgestaltung dienen, als Controllinginstrumente. Er klassifiziert die Instrumente in eine Aufgaben-Instrumente-Hierarchie entsprechend dem Controllingziel. Vgl. Horváth (1993), Sp. 670 ff. bzw. Horváth (2009), S. 125; Küpper unterteilt in seiner Koordinationsauffassung in isolierte und übergreifende Koordinationsinstrumente. In der Reflexionsorientierung gliedert Pietsch die Instrumente anhand der Reflexionsaufgabe in Controllinginstrumente im engen und im weiten Sinn. Während für Küpper die isolierten Koordinationsinstrumente keine spezifischen Controllinginstrumente sind, trifft dies bei Pietsch auf die Controllinginstrumente im weiten Sinne zu. Vgl. Küpper (2008), S. 39 ff.; Pietsch (2003), S. 139 ff.

[558] Vgl. Zimmermann/Stark/Riek (2006), S. 6 f.

allem in der Vorlaufphase – in Arbeitspakete gegliedert. Die Fertigstellung der Arbeitspakete wird zudem mit Terminen versehen. In der Erfolgskontrolle wird der Projektfortschritt mit den geplanten Terminen abgeglichen. Bei Abweichungen müssen Maßnahmen zur Zielerreichung, zum Beispiel durch weitere Ressourcenbereitstellung, abgeleitet werden. Ein weiteres Instrument, welches den Projektfortschritt fokussiert, ist die Serienreifegradmessung. Allerdings wird dieses Instrument nur in der Vorlaufphase und dem Produktionsanlauf angewendet.

In der strategischen Dimension können viele Instrumente herangezogen werden. Zu nennen sind hier die Szenariotechnik und Bewertungsmethoden für die Flexibilität. Die Szenariotechnik dient der Prognose relevanter marktlicher Entwicklungen. In der Szenariotechnik werden künftige Entwicklungen durch alternative Entwicklungsmöglichkeiten beschrieben.[559] In der Bewertung der Flexibilität werden unterschiedliche Ebenen eines Unternehmens bezogen auf vorhandene Anpassungsmöglichkeiten geprüft. So werden zum Beispiel Produktionsanlagen hinsichtlich ihrer Mobilität und ihrer Kapazitätsflexibilität untersucht.[560]

Funktion	Instrumente
Projektcontrolling	• Meilensteinkonzept • Netzplantechnik • Serienreifegradmessung
Strategisches Controlling	• Bewertungsmethoden der Flexibilität • Szenariotechnik
Risikocontrolling	• Risk Maps • Sensitivitätsanalyse
Erkennen von Situationen	• Früherkennungssysteme
Übergreifende Koordinationsinstrumente	• Kennzahlensysteme • Budgets
Bereichs- und phasenspezifische Informationsversorgung	• Kosten- und Erlösrechnungen • Target Costing • Konstruktionsbegleitende Kalkulation • Liquiditätsrechnungen • Conjoint-Analysen • Prognosemodelle des Operations Research

Tabelle 3: Funktionsbezogene Einteilung von Instrumenten des produktlebenszyklusorientierten Controllings[561]

---

[559] Vgl. Horváth (2009), S. 353.
[560] Vgl. Vielhaber (2004b), S. 31 ff.
[561] Eigene Darstellung.

Zur Abbildung und Controlling des Risikos im Produktlebenszyklus können Risk Maps eingesetzt werden. Anhand von Risk Maps kann die Risikosituation dargestellt und untersucht werden. In den Risk Maps werden die Risiken anhand ihrer Eintrittswahrscheinlichkeit und ihrer Schadenshöhe eingeordnet.[562] In der Sensitivitätsanalyse wird die Sensitivität von Entscheidungsgrößen aufgrund von Änderungen unterschiedlicher Einflussfaktoren ermittelt. Dadurch können relevante Einflussfaktoren und deren Auswirkungen auf die Entscheidung identifiziert werden. Es lassen sich für jede Entscheidungssituation kritische Werte für die Einflussgrößen, bei denen das Entscheidungskriterium unter- oder überschritten wird, festlegen.[563] Enge Verbindung zur strategischen Dimension und zur Risikobetrachtung hat das Erkennen und Gestalten der Situation. Für das frühzeitige Erkennen von Situationen und Entwicklungen bieten sich Früherkennungssysteme an. In Früherkennungssystemen werden schwache Signale erfasst und dadurch noch latente Veränderungen aufgezeigt. Für Früherkennungssysteme sollten beispielsweise Wirkungszusammenhänge zwischen Einflussgrößen und Erfolgsfaktoren hergestellt werden.[564]

Für eine übergreifende Koordination schlägt Küpper unter anderem Kennzahlensysteme und Budgets vor.[565] Für einen steten Überblick sind Kennzahlensysteme als informationsverdichtende Instrumente prädestiniert. Kennzahlen geben relevante Zusammenhänge in quantitativ verdichteter Form für Informations- und/oder Steuerungsaufgaben wieder.[566] Kennzahlensysteme sind eine geordnete Gesamtheit von quantitativen Variablen mit einer Beziehung zueinander und einem gemeinsamen übergeordneten Ziel.[567] Die vertikale Koordination wird durch Zielvorgaben erreicht.[568] Eine horizontale Koordination kann zum Beispiel über Bereichszielen realisiert werden. Dabei wird die Belohnung der Bereichsleiter weitgehend selbstständiger Organisationseinheiten an die Bereicherfolgsgrößen

---

[562] Vgl. Wittmann (2000), S. 814.
[563] Vgl. Reichmann (2006), S. 314.
[564] Vgl. Horváth (2009), S. 341 ff.
[565] Vgl. Küpper (2008), S. 43 f.
[566] Vgl. Horváth (2009), S. 504; Küpper (2008), S. 389; Reichmann differenziert in Kennzahlen mit normativer Intention als Baustein von Zielsystemen und in Kennzahlen mit informativem Charakter. Vgl. Reichmann (2006), S. 51; Kennzahlen können *absolute Zahlen* und *Verhältniszahlen* sein. Die Beziehungen zwischen Kennzahlen können vielfältiger Natur sein. Eine Systematisierung hierfür liefert Küpper. In dieser Strukturierung können die Zusammenhänge auf der Logik, auf empirischen Befunden oder auf einer hierarchischen Beziehung basieren. Vgl. Küpper (2008), S. 389 ff.
[567] Vgl. zum Beispiel Reichmann (2006), S. 22 f.
[568] Die vertikale Koordination setzt ein Zielsystem für alle Hierarchieebenen und Organisationseinheiten voraus. Das Führen über Ziele ist die Grundlage für die Operationalisierung von Strategien sowie für die Unternehmensplanung. Durch einen Zielbildungsprozess werden die Unternehmensziele auf die Ziele aller Hierarchieebenen übertragen, indem sie entweder durch Vorgaben oder Vereinbarungen fixiert werden. Die festgelegten Ziele werden regelmäßigen Kontrollen unterzogen, um gegebenenfalls Zielanpassungen vorzunehmen. Werden Zielerreichungskontrollen auf Mitarbeiterebene für Beurteilungen und Fortbildungsmaßnahmen herangezogen, erstrecken sich Kennzahlensysteme als Koordinationsinstrument über alle Führungsteilsysteme. Vgl. Küpper (2008), S. 414 ff.

geknüpft. Ziel ist es, eine Koordination und Gesamtzielausrichtung mehrerer Bereiche einer Organisation zu erreichen. Für dezentrale Planungs- und Entscheidungsprozesse sind daher Ziel- und Kennzahlensysteme unerlässlich.[569]

Nach Wild sind Budgets schriftlich festgelegte und monetär bewertete Plangrößen, die einem Verantwortlichen für eine Periode vorgegeben werden.[570] Durch sie wird eine Möglichkeit zur Delegation von Entscheidungen mittels verbindlicher Vorgaben geschaffen. Die Planung und Realisierung von Budgets sind eng mit Maßnahmenplänen verknüpft, denn sie werden durch kurzfristige Maßnahmen verwirklicht und aus langfristigen Maßnahmen abgeleitet.[571] Beide Instrumente erlauben das Einbeziehen von Komponenten unterschiedlicher Phasen des Produktlebenszyklus und verschiedener am Produktlebenszyklusmanagement beteiligter Funktionsbereiche.

Eine Anforderung an das produktlebenszyklusorientierte Controlling ist die problemlösungsadäquate Ausprägung, weshalb das Controlling auf das jeweils bestimmende Bereichscontrolling zurückgreifen muss. Dies bezieht auch die instrumentelle Ebene ein. Wie im Rahmen des Marketingcontrolling Conjoint-Analysen eingesetzt werden, müssen für den Logistikbereich Prognosemodelle des Operations Research angewendet werden. Mittels der Prognosemodelle können in der Produktionsphase zum Beispiel Bestellmengen und die Lagerhaltung verbessert werden. Ziel der Conjoint-Analyse ist die Aufnahme der Kundenpräferenzen für die kundenorientierte Gestaltung der Problemlösung. Demnach wird sie maßgeblich in der Vorlaufphase verwendet.[572]

Eine besondere Bedeutung für das produktlebenszyklusorientierte Controlling haben die Instrumente des Kostenmanagements. Das Kostenmanagement widmet sich der Steuerung des Niveaus, der Struktur und dem Verlauf von Kosten.[573] Demzufolge ist das Kostenmanagement in der Kostenrechnung verankert. Betrachtungsobjekte für das Kostenmanagement können die Kunden, die Produkte, bestimmte Unternehmensbereiche, Prozesse oder Ressourcen sein.[574] Je nach Ablauf kann das Kostenmanagement als proaktiv oder reaktiv bezeichnet wer-

---

[569] Hierfür sind geeignete Kennzahlen zu bilden, welche dem Erfolg der Einheit zurechenbar sind, einen Anreiz zur Zielmaximierung gestatten und nicht durch den Bereichsleiter manipulierbar sind. Durch die Verwendung mehrer Zielgrößen für einen Bereich kann den vorgenannten Bedingungen teilweise genügt werden. Vgl. Küpper (2008), S. 424 ff.
[570] Vgl. Wild (1974), S. 325.
[571] Vgl. Küpper (2008), S. 381.
[572] Vgl. Reichmann (2006), S. 415 ff.; Küpper (2008), S. 466 ff.
[573] Die Beeinflussung des Kostenniveaus zielt auf die Preis- und Mengenkomponente des Betrachtungsobjektes ab. Bei der Gestaltung der Kostenstruktur handelt es sich um die Veränderung der relativen Zusammensetzung der Kosten bezogen auf einzelne Kategorien (zum Beispiel fixe und variable Kosten). In der Modifikation der Abhängigkeit der Kosten von der Beschäftigung oder anderer Einflussgrößen setzt die Beeinflussung des Kostenverlaufs an. Vgl. Reiß/Corsten (1992), S. 1478 ff.
[574] Vgl. Franz/Kajüter (2002a), S. 13.

den. In der reaktiven Ausprägung kommen Maßnahmen des Kostenmanagements erst zum Einsatz, wenn Abweichungen bereits entstanden sind. Dem entgegen steht das proaktive Kostenmanagement, welches permanent und systematisch und dadurch frühzeitig Kostensenkungspotenziale sucht und nutzt. Das proaktive Kostenmanagement sollte dabei von allen Mitarbeitern unterstützt werden.[575]

Das Kostenmanagement ist besonders in den frühen Phasen der Produktentwicklung und des Produktlebenszyklus aufgefordert, Kostensenkungspotenziale zu erkennen und auszuschöpfen. Zu den Instrumenten des Kostenmanagements zählen zum Beispiel das Target Costing und die konstruktionsbegleitende Kalkulation.

Grundüberlegung des Target Costing sind die zumeist marktorientierte Ermittlung des Produktpreises und für dessen Realisierung die Gestaltung der Kosten. Dabei werden die Kosten der Komponenten entsprechend ihrer Relevanz ausgehend vom Marktpreis und dem geforderten Gewinn kalkuliert.[576] Mit voranschreitender Konstruktion reduziert sich einerseits die Möglichkeit der Kostenbeeinflussung und erhöhen sich andererseits die festgelegten Kosten. Es müssen deshalb stetig die Produktkosten aktualisiert werden, um frühzeitig Abweichungen zu erkennen und Maßnahmen zur Kostenbeeinflussung einleiten zu können. Ermöglicht wird dies durch die Konstruktionsbegleitende Kalkulation.[577]

4.3.2.2 Schlussfolgerungen für das Instrumentarium des produktlebenszyklusorientierten Controllings

Die vorangegangene Darstellung hat gezeigt, dass dem produktlebenszyklusorientierten Controlling eine Vielzahl an Instrumenten zur Verfügung steht und somit für jede Anforderung bzw. Aufgabe entsprechende Instrumente genutzt werden können. Die Abgrenzung der Instrumente kann nicht vollkommen überschneidungsfrei vorgenommen werden, da einige Instrumente wie die Früherkennungssysteme für mehrere Funktionen – für das Erkennen der Situation und für das Risikocontrolling – verwendet werden können. Die verschiedenen Funktionen und Instrumente haben teilweise eine enge Beziehung zueinander. So ist es für die Bewertung des Risikos vorteilhaft, über zukünftige Entwicklungen, zum Beispiel durch die Szenariotechnik des strategischen Controllings, informiert zu sein.

Einige Instrumente, wie Kennzahlensysteme, werden als übergreifende Koordinationsinstrumente gekennzeichnet. In ihnen werden zwar Komponenten unterschiedlicher Führungsteilsysteme erfasst, allerdings können auch diese Instru-

---

[575] Vgl. Franz/Kajüter (2002a), S. 13.
[576] Vgl. Riegler (2000), S. 239 ff.
[577] Vgl. Franz (1992), S. 130 f.

mente keine integrierte und umfassende Informationsversorgung gewährleisten. Im Kennzahlensystem werden die Informationen verdichtet. Dadurch gehen unter Umständen wichtige Informationen verloren. In der Budgetierung werden nur für die im Vorfeld bekannten Handlungsfelder Vorgaben geplant. Daher kann festgehalten werden, dass kein Instrument alle, für den gesamten Produktlebenszyklus relevante, Informationen zusammenführt und verknüpft. Für eine umfassende Koordination ist dies aber unerlässlich.

4.3.3   Organisation des produktlebenszyklusorientierten Controllings

Nachfolgend steht die organisatorische Einbindung des Controllings im Mittelpunkt. Hierbei wird oft die Abgrenzung der Kompetenzen zwischen Controller und Manager diskutiert.[578] Zur Einbindung des Controllings können zwei Tendenzen beobachtet werden. Zum einen werden die Controller verstärkt in den Entscheidungsprozess involviert und zum anderen wird Selbstcontrolling forciert.[579] Das Selbstcontrolling bzw. das Fremdcontrolling beziehen sich auf die funktionelle Verteilung der Controlling-Aufgaben zwischen dem institutionalisierten Controlling und dem Management bzw. den ausführenden Mitarbeitern. Beim Selbstcontrolling werden Controlling-Aufgaben teilweise oder sogar vollständig durch das Management oder ausführenden Mitarbeitern übernommen.[580] Mittels Selbstcontrolling können dann eine bessere Informationssituation der Mitarbeiter und schnellere Regelkreise realisiert werden.[581] Im Selbstcontrolling verändern sich die Aufgaben der Organisationseinheit Controlling in Richtung Moderations- und Trainingstätigkeiten.[582]

Für das Produktlebenszyklusmanagement bietet es sich an, das Selbstcontrolling als elementaren Baustein zu nutzen, da in einer dynamischen Marktsituation ein zielorientiertes und frühzeitiges Handeln aller Beteiligten erforderlich ist. Das Selbstcontrolling kann durch kürzere Regelkreise dieses frühzeitige Agieren ermöglichen. Das Selbstcontrolling erlaubt des Weiteren die Reduktion von nicht wertschöpfenden Controlling-Stellen, die Einbindung vieler Mitarbeiter und somit den Abbau von Akzeptanzbarrieren sowie eine frühzeitige Einflussnahme zur

---

[578] Diese Frage steht unter anderem in engem Zusammenhang zur Konzeption des Controllings. In eine Konzeption, welche die Informationsversorgung in den Vordergrund rückt, werden dem Controller lediglich Kompetenzen hinsichtlich des Informationssystems zugesprochen. Dagegen werden in der koordinationsorientierten Konzeption nach Horváth dem Controller bedeutend mehr Kompetenzen eingeräumt. Zu unterschiedlichen Auffassungen der Aufgaben des Controllings siehe Abschnitt 4.1.2 bzw. in der dort angegebenen Literatur.

[579] Vgl. Horváth (2009), S. 781 ff.

[580] Vgl. Gruber (1995), S. 103.

[581] Vgl. Uthmann/Gentner/Gemmingen (1995), S. 64 f.; Schimank (1995), S. 65.; Sinzig (1993), S. 290 ff.; Peemöller (2005), S. 104 ff.

[582] Vgl. Horváth & Partners (2003), S. 8.

Verbesserung von Koordination und Effizienz.[583] Dennoch lässt sich das Selbstcontrolling nur bedingt umsetzen. Es wird unter anderem durch die Zusatzbelastung der beteiligten Mitarbeiter beschränkt. Eine andere Grenze betrifft die fachlichen und persönlichen Voraussetzungen der Mitarbeiter für das Selbstcontrolling. Auch kann opportunistisches Verhalten in Verbindung mit Selbstcontrolling zu unerwünschten Konsequenzen führen.[584]

Zur Sicherung einheitlicher Controlling-Systeme im Unternehmen und wegen möglicher mangelnder Eignung von Mitarbeitern ist dennoch auf eine entsprechende Mischung von Fremd- und Selbstcontrolling zu achten. Das Fremdcontrolling zeigt dabei den Mitarbeitern die Konsequenzen ihres Handelns auf und wirkt negativen Entwicklungen entgegen.[585] Im Kontext des produktlebenszyklusorientierten Controllings bedeutet dies, dass die übergreifenden Koordinationsinstrumente im Aufgabenbereich des institutionalisierten Controllings verbleiben. Der Grund hierfür liegt im funktionsübergreifenden Charakter der Instrumente. Phasenspezifische Instrumente können dagegen in den Aufgabenbereich der Mitarbeiter anderer Funktionsbereiche verlagert werden. Das institutionalisierte Controlling unterstützt beratend und stellt den korrekten Einsatz der phasenspezifischen Controllinginstrumente sicher. Anders verhält es sich mit den Instrumenten des Risikocontrollings und der Früherkennung. Während das institutionalisierte Controlling den Einsatz der Instrumente leitet, erfolgt die Anwendung der Instrumente durch Mitarbeiter aller Funktionsbereiche.

4.4 Zusammenfassende Beurteilung des Controllings für das Produktlebenszyklusmanagement

In diesem Kapitel wurde ein Controlling zur Unterstützung des Produktlebenszyklusmanagements herausgearbeitet. Aufbauend auf den Anforderungen an das Controlling, welche sich aus den Bedürfnissen des Produktlebenszyklusmanagements ableiten, wurde die Ausgestaltung des produktlebenszyklusorientierten Controllings in funktioneller, instrumenteller und organisatorische Hinsicht vorgenommen.

Die Anforderungen an ein Controlling, welches das Produktlebenszyklusmanagement unterstützen kann, sind sehr umfassend. Besonders relevant erscheinen die phasenspezifische und funktionsbezogene Entscheidungsvorbereitung, die Koordinationsfunktion sowie die Unterstützung des Produktprojektmanagements. Es ist offensichtlich, dass ein Controlling die Koordinationsaufgabe im Produkt-

---

[583] Vgl. Gollos/Widmaier (1999), S. 73 ff.; Horváth (2009), S. 783 ff.
[584] Vgl. Urigshardt/Jacobs/Letmathe (2008), S. 9 f.
[585] Vgl. Horváth (2009), S. 883 ff.

lebenszyklus ausfüllen kann. Kern des entwickelten produktlebenszyklusorientierten Controllings ist deshalb die Koordinationsfunktion.

Eine frühzeitige und zweckmäßige Einflussnahme verlangt außerdem einen richtigen Instrumenteneinsatz. Die Instrumente werden jedoch häufig nicht miteinander verknüpft. Folglich entsteht kein systematischer und durchgängiger Informationsfluss über alle Phasen und alle beteiligten Unternehmensbereiche hinweg. In vielen Unternehmen sind die notwendigen Informationen verteilt abgelegt, wodurch Medienbrüche und ein hoher Aufwand verursacht werden. Aus diesen Gründen wird der produktbezogene Businessplan vorgestellt, der nötige produktbezogene Informationen aufgreift und bereitstellt.

Ein Ansatz zur Institutionalisierung ist das Selbstcontrolling, in dem Controlling-Aufgaben in die Linie zurückverlagert werden. Die Institution Controlling agiert in diesem Verständnis als interne, relativ unabhängige Beratung mit der Aufgabe, die Geschäftstätigkeit koordinierend zu unterstützen. Bei besonderen Handlungsfeldern können darüber hinaus Komitees zur laufenden Koordination eingerichtet werden.[586] Ein Team aus Mitarbeitern der beteiligten Unternehmensbereiche, das sich am Selbstcontrolling orientiert, begleitet den Produktlebenszyklus in allen Phasen. Hierbei ist wichtig, dass Mitarbeiter unterschiedlicher Qualifikationen eng miteinander kooperieren.[587] Sollen die Mitarbeiter Selbstcontrolling ausüben und Instrumente anwenden, müssen sie alle notwendigen Informationen unmittelbar erhalten. Das schnelle Feedback unterstützt Lernprozesse und die kontinuierliche Verbesserung.[588]

---

[586] Vgl. Horváth (2009), S. 766.
[587] Vgl. Horváth/Seidenschwarz/Sommerfeldt (1993), S.16 f.
[588] Vgl. Kaplan (1995), S. 62.

5 Produktlebenszyklusorientiertes Controlling mithilfe produktbezogener Businesspläne

In den vorangegangenen Kapiteln wurde ein umfassendes Produktlebenszyklusmanagement entworfen, das durch ein produktlebenszyklusorientiertes Controlling unterstützt wird. In der instrumentellen Ausgestaltung des produktlebenszyklusorientierten Controllings wurde deutlich, dass viele Instrumente für unterschiedliche Zwecke eingesetzt werden können. Nur wenige Instrumente wie die Budgetierung, die Kostenrechnung und die Kennzahlensysteme können als Grundlage einer umfassenden Koordination verwendet werden. Diese Instrumente unterstützen jedoch das Produktlebenszyklusmanagement nur unzureichend, da Informationen verdichtet werden und dadurch relevante Informationen vernachlässigt werden können. Bei einem losgelösten Einsatz der Instrumente besteht außerdem die Gefahr, dass die Daten im Verlauf des Produktlebenszyklus nicht mehr aktuell sind.

Als ein wichtiges Instrument für das produktlebenszyklusorientierte Controlling wird in diesem Kapitel ein produktbezogener Businessplan dargestellt. Ziele des produktbezogenen Businessplans sind die produktlebenszyklusorientierte Produktplanung sowie eine Steuerung entlang des Produktlebenszyklus. Zugleich kann der produktbezogene Businessplan die Grundlage für ein kontinuierliches Monitoring, insbesondere im Hinblick auf die Vorlaufphasen, und die Koordination und Steuerung im gesamten Produktlebenszyklus darstellen.

Inwiefern ein Businessplan als Controllinginstrument genutzt werden kann, ist Gegenstand des nachfolgenden Abschnitts. Die Auslegung des produktbezogenen Businessplans bezieht das Konzept eines Businessplans auf ein produktbasiertes Geschäftsmodell. Anschließend wird aufgezeigt, welchen konkreten Beitrag der produktbezogene Businessplan für das produktlebenszyklusorientierte Controlling über die Geschäftsmodellanalyse und die Koordination hinaus übernehmen kann. Den Abschluss bildet eine kritische Würdigung des produktbezogenen Businessplans.

5.1 Der Businessplan als Controllinginstrument

Um die bisherigen Möglichkeiten des Businessplans für das Controlling aufzeigen zu können, muss auf existierende Konzeptionen und Anwendungsgebiete von Businessplänen eingegangen werden. Eine wesentliche Aufgabe von Businessplänen ist dabei die Beschreibung und Analyse von Geschäftsmodellen. Die Funktion eines Businessplans kann sich zudem mit dem Stadium des Geschäftsmodells ändern. Diese Flexibilität hinsichtlich der Wahrnehmung von Funktio-

© Springer Fachmedien Wiesbaden GmbH, ein Teil von Springer Nature 2011
J. Jacobs, *Produktlebenszyklusorientiertes Controlling am Beispiel des produktbezogenen Businessplans*, Edition KWV, https://doi.org/10.1007/978-3-658-24330-2_5

nen kann für das produktlebenszyklusorientierte Controlling interessant sein und wird im Folgenden näher dargestellt.

5.1.1 Zielsetzung und Anwendungsgebiete von Businessplänen

Der Literatur können unterschiedliche Vorschläge für den Inhalt von Business-plänen entnommen werden. Die Hauptfunktion eines Businessplans variiert mit dem Anwendungsgebiet. Ein Businessplan kann im Rahmen von Unternehmens-gründungen aber auch in bestehenden Unternehmen eingesetzt werden. Demzu-folge werden diese beiden Fälle differenziert betrachtet.

5.1.1.1 *Funktion und Aufbau eines Businessplans*

Für den Begriff des Businessplans bzw. des Geschäftsplans findet sich keine all-gemein anerkannte Definition, da Unterschiede im Anwendungsbereich und in der wissenschaftlichen Betrachtung bestehen. Zur Abgrenzung des Begriffs kann wissenschaftliche Literatur und zusätzlich die eher praxisorientierte Literatur zur Anleitung der Erstellung von Businessplänen bei Existenzgründungen herange-zogen werden.[589] Die deutschsprachige wissenschaftliche Literatur hat den Beg-riff Businessplan bisher vorrangig in sofern aufgegriffen, wie er bei Existenz-gründungen bzw. im Gründungsmanagement behandelt wird.

Es existiert eine große Anzahl von nicht-wissenschaftlichen Quellen, die Anlei-tungen zur Erstellung von Businessplänen für Existenzgründer geben. Diese Quellen sind beispielsweise Banken, Unternehmensberatungen und staatliche Einrichtungen. Dabei sind diese Anleitungen indirekt Leitfäden zur Businesspla-nung, da der Prozess der Planung im Prozess des Erstellens des Plans abgebildet wird.

Businesspläne können sich auch als hilfreich bei der Beurteilung von Aktivitäten bereits bestehender Unternehmen, wie Diversifikation, Spin-off, Kapitalerhö-hung, Börsengang und dem Verkauf des Unternehmens erweisen.[590] In den ge-nannten Fällen kann der Businessplan als schriftliche Darstellung des Ge-schäftsmodells interpretiert werden. Demzufolge können alle Entscheidungen und Informationen in einem Businessplan festgehalten werden.[591] Ähnliche Defi-nitionen werden u. a. von Laub (1989) und Brüderl/Preisendörfer/ Ziegler (1996) verwendet. In einigen Literaturquellen wird der Businessplan auf innovative Ge-schäftsvorhaben bezogen.[592]

---

[589] Zur praxisorientierten Literatur, die Anleitungen zu Businessplänen geben, zählen zum Beispiel Wupperfeld (1999), Nagl (2006) sowie Schwetje/Vaseghi (2006).
[590] Vgl. Cristea et al. (2007), S. ii.
[591] Vgl. Vgl. Müller/Lechner (2005), S. 410 f.
[592] Vgl. Laub (1989); Brüderl/Preisendörfer/Ziegler (1996).

Die teilweise unterschiedlichen Begriffsauffassungen von Businessplänen erfordern, das dieser Arbeit zugrunde liegende Verständnis festzulegen. Dies erfolgt anhand der wesensbestimmenden Merkmale, die sich aus einer Synthese der aufgezeigten Begriffsauffassungen ergeben. Zunächst handelt es sich bei Businessplänen um eine Planung. Die gesamthafte regelmäßige Planung eines bestehenden Unternehmens wird als Unternehmensplanung bezeichnet.[593] Da der Businessplan darüber hinaus zur Beschreibung des Geschäftsmodells herangezogen wird, können Businesspläne bei der Planung eines neuen Unternehmens, einer Ausgründung und ebenso bei der Planung eines neuen Geschäftsfeldes in einem bestehenden Unternehmen Anwendung finden. Das grundlegende Merkmal der Businessplanung ist in der Erstmaligkeit der Planung zu suchen. Das bedeutet, dass der Planungsgegenstand vorher noch nicht bestanden hat.

Die erstmalige Erstellung bedeutet nicht, dass der Businessplan während der Laufzeit des Geschäftsmodells unverändert bleibt. Ein Businessplan muss kontinuierlich dem aktuellen Kenntnisstand angepasst werden.[594] Er durchleuchtet das Geschäftsmodell mit Blick auf Chancen und Risiken. Mithilfe des Businessplans können strategische Optionen identifiziert und benötigte Ressourcen ermittelt werden. Der Bezug zur Unternehmensplanung wird bei der Gestaltung und Koordination von Wertschöpfungsketten und betrieblichen Funktionen sowie der Integration von Liquiditätsplänen und Rentabilitätsplänen deutlich.[595]

Basis für das unternehmerische Handeln sind Geschäftsmodelle. Ein Geschäftsmodell kann als Beschreibung der wesentlichen Aspekte und der Architektur des Geschäfts eines Unternehmens bzw. einer Organisationseinheit verstanden werden. Zu den relevanten Aspekten zählen die Akteure, die Leistungen und die Gestaltung der Austauschbeziehungen.[596] Jede entgeltliche Leistung und jedes verkaufte Produkt beruht demnach implizit auf einem Geschäftsmodell. Folglich besteht ein Unternehmen, das verschiedene Dienstleistungen und Produkte oder den Kunden unterschiedliche Konditionen offeriert, aus unterschiedlichen Geschäftsmodellen.

---

[593] Vgl. zum Beispiel Wild (1974), S. 12.
[594] Vgl. Timmons (1999), S. 368; Annacchino (2007), S. 155.
[595] Vgl. Polichnei (2007), S. 171.
[596] Zu ähnlichen Definitionen siehe: Timmers (1998); Nilsson/Tolis/Nellborn (1999); Bartelt/Lamersdorf (2000); Heinrich/Leist (2000); Zimmermann (2000); Alt/Zimmermann (2001); Gordijn/Akkermans (2001); Porter (2001); Rentmeister/Klein (2001), S. 356; Bieger/Rüegg-Stürm/von Rohr (2002); Margetta (2002); Nagl (2006), S. 21; Dubosson-Torbay/Osterwalder/Pigneur (2002); Einen besonderen Fokus auf Produkte wird in der Definition bei Dubosson-Torbay/Osterwalder/Pigneur (2002) gelegt. Dubosson-Torbay/Osterwalder/Pigneur (2002) sind für diese Arbeit ferner interessant, da sie in der Definition die Wertschöpfungsbetrachtung mit dem Produktlebenszyklus verbinden.

Das Konzept Geschäftsmodell gewinnt in der Betriebswirtschaftlehre in den Themenfeldern Wertkette und Strategie zunehmend an Bedeutung.[597] Es gilt mittlerweile als wichtige Analysemöglichkeit für den Unternehmenserfolg.[598] Im Folgenden wird die Geschäftsmodelldefinition nach Stähler (2002)[599] zugrunde gelegt. Das Geschäftsmodell umfasst die drei Komponenten Nutzenmodell, Architektur der Wertschöpfung und Ertragsmodell. Abbildung 12 zeigt die Bestandteile des Geschäftsmodells.

Abbildung 12:   **Bestandteile eines Geschäftsmodells[600]**

Im Nutzenmodell wird der Nutzen des Unternehmens für den Kunden und für andere Partner des Unternehmens betrachtet. Für den Kunden, der hier im Fokus steht, muss das Produkt zur Bedürfnisbefriedigung dienen, um einen Nutzen zu generieren. Es muss festgelegt werden, welche Bedürfnisse durch das Produkt befriedigt werden sollen. Der Nutzen des Geschäftsmodells für Partner des Unternehmens, wie Lieferanten oder Anbietern komplementärer Produkte, muss ebenfalls berücksichtigt werden, um deren Motivation zur Unterstützung des Geschäftsmodells sicherzustellen.

Die Architektur der Wertschöpfung konzentriert sich auf die Leistungserstellung. Aufgabe der Leistungserstellung ist die effiziente Erzeugung des Nutzens, insbesondere für den Kunden. Hierfür spielen die Gestaltung des Produktes, die unternehmensinterne Architektur und die unternehmensexterne Architektur der Leistungserstellung eine wesentliche Rolle. In der Gestaltung des Produktangebotes, welches aus Leistungsbündeln von Produkten und Dienstleistungen bestehen kann, werden die Grundlagen für die Differenzierung zu Wettbewerbern gelegt.

Bei der internen Architektur der Leistungserstellung wird die Umsetzung der Gestaltung des Produktes im Unternehmen behandelt. Die interne Architektur der Wertschöpfung wird durch die erforderlichen Ressourcen, die Stufe der Wert-

---

[597]   Vgl. Bieger/Rüegg-Stürm/von Rohr (2002), S. 35 f.
[598]   Vgl. Knyphausen-Aufseß/Meinhardt (2002), S. 64 f.
[599]   Vgl. Stähler (2002), S. 41 ff.
[600]   In Anlehnung an Stähler (2002), S. 47.

schöpfung sowie Koordinations- und Kommunikationsmechanismen zwischen den Wertschöpfungsstufen bestimmt. Demgegenüber befasst sich die externe Architektur der Wertschöpfung mit den Schnittstellen zum Kunden und zu den Wertschöpfungspartnern. In der Schnittstelle zum Kunden werden vor allem die Distributions- und die Kommunikationskanäle betrachtet. Wertschöpfungspartner verstärken als Lieferanten die Ressourcenbasis. Zusammen mit Wettbewerbern kann durch Standardisierungen von Produkten die Anzahl der potenziellen Kunden erhöht werden, da die Kunden Produkte unterschiedlicher Anbieter mit einander kombinieren können.

Das Ertragsmodell erklärt, wie die Einnahmen generiert werden. Dazu gehören Überlegungen zu den Abrechnungsformen, Zahlungsbedingungen und zur Preisbildung. Zusammen mit der Architektur der Wertschöpfung definiert das Ertragsmodell die Margenstruktur des Geschäftsmodells.

Das produktbasierte Geschäftsmodell kann als eine spezifische Form eines Geschäftsmodells angesehen werden. Im produktbasierten Geschäftsmodell werden gegenüber eines allgemeinen Geschäftsmodells stärker produktbezogene Themen wie die Produktion betrachtet. Der produktbezogene Businessplan muss also insbesondere detaillierte Aussagen zur Forschung und Entwicklung, zur Produktgestaltung, zur Produktionsprozessgestaltung und zu den erforderlichen Betriebsmitteln treffen. Demnach spielt die Architektur der Wertschöpfung eine wesentliche Rolle.

Zwischen den Bestandteilen eines Geschäftsmodells herrschen Interdependenzen, die bei der Veränderung einzelner Parameter in den Bestandteilen des Geschäftsmodells berücksichtigt werden müssen. So kann die Veränderung des Kundennutzens eine Veränderung des Ertragsmodells erforderlich machen, zum Beispiel rechtfertigt ein höherer Nutzen auch einen höheren Preis. Zu Beginn des Produktlebenszyklus werden die Bestandteile des Geschäftsmodells – Kundennutzen, Architektur der Wertschöpfung und Ertrag – erstmals ausgestaltet. Während der weiteren Planung und der Umsetzung des Geschäftsmodells können Bestandteile variieren und können somit Auswirkungen auf andere Bestandteile des Geschäftsmodells haben. Die Aufgaben des Controllings bestehen hier maßgeblich in der Analyse der Interdependenzen zwischen den Bestandteilen, in der Dokumentation der Entscheidungen und der Ausprägungen der einzelnen Geschäftsmodellbestandteile sowie in der Planung der Bestandteile.

Der Businessplan umfasst alle funktionalen Planbereiche, die für den Planungsgegenstand relevant sind. Der Businessplan ist zusammenfassend das schriftliche Ergebnis:

1. einer Planung,

2. deren Gegenstand ein neues Unternehmen, ein neues Produkt oder ein neues Geschäftsfeld sein kann,

3. die sich über alle funktionalen Planbereiche erstreckt und

4. die eine mittel- bis langfristige Entwicklung aufzeigt.[601]

Ein Businessplan fasst vor allem die kritischen Annahmen der neuen Aktivität zusammen und enthält die Beschreibung der Idee bzw. des (zukünftigen) Geschäftsmodells, Aussagen zur Umsetzbarkeit und vielfältige betriebswirtschaftliche Analysen, zum Beispiel zum Finanzierungsbedarf.[602] Neben der Übersicht bezüglich wichtiger Informationen dient der Businessplan der Strukturierung der Realisierung. Gerade Unternehmensgründern soll der Planungsprozess die Gelegenheit bieten, ihre Idee und deren Umsetzbarkeit systematisch zu überdenken.[603]

Neben diesen allgemeinen Aufgaben können dem Businessplan konkrete Funktionen zugeordnet werden. Aufgrund der Planungsfunktion kann der Businessplan als Entscheidungsgrundlage herangezogen werden und ist zugleich Basis für die Steuerung.[604] In Abhängigkeit der Geschäftsmodellrealisierung wechseln die Funktionen des Businessplans. Zum Zeitpunkt der Geschäftsmodellentwicklung überwiegt die Planungsfunktion. Nachdem die Planung vorangeschritten oder abgeschlossen ist, dient der Businessplan der Kommunikation mit Kapitalgebern oder dem Management. Während der Realisierung gewinnt die Kontroll- und Steuerungsfunktion an Bedeutung.[605] Es wird deutlich, dass der Businessplan Basis für die strategische Planung und für das Controlling sein kann.[606] Außer in den genannten Funktionen kann der Businessplan auch als Motivationsinstrument eingesetzt werden.[607]

Eine weitere wichtige Aufgabe eines Businessplans ist die Analyse des für die neue Aktivität notwendigen und vorhandenen Wissens. Mit der Identifizierung von Wissenslücken und der Beschaffung des fehlenden Wissens wird das Wissensmanagement thematisiert.[608] Neben dem Wissensmanagement spielt auch das Risikomanagement eine wichtige Rolle. Da der Businessplan viele wichtige Ausgangsinformationen für ein Risikomanagement enthält, bietet es sich an, diesen in ein Risikomanagement zu integrieren. Gerade das Risikomanagement ist

---

[601] Honig definiert den Businessplan als Beschreibung der aktuellen Situation und der Zukunft einer Organisation. Vgl. Honig (2004), S. 259.

[602] Vgl. Dowling (2003), S. 240; Cristea et al. (2007), S. 45 f.

[603] Vgl. Dowling (2003), S. 240.

[604] Vgl. Ludolph/Lichtenberg (2002), S. 12 ff.; Willer (2007), S. 7.

[605] Vgl. Willer (2007), S. 9 f.

[606] Vgl Wittenberg (2006), S. 165.

[607] Vgl. Wittenberg (2006), S. 153.

[608] Vgl. Cristea et al. (2007), S. 4.

ein bedeutender Bereich, der nicht vernachlässigt werden darf. Deshalb sollten die Hauptrisiken und deren Management angesprochen werden.[609]

Der Businessplan kann bei Innovationsprojekten die Entscheidungsfindung für oder gegen die Durchführung des Projektes unterstützen. Aus diesem Grund wird die Businessplanung als „Pre-Decision Planning" bezeichnet. Die Beurteilung und Planung einer Produktidee wird hinsichtlich technologischer, finanzieller und marktbezogener Kriterien vorgenommen.[610] Nach der Entscheidung für die Durchführung eines Produktprojektes sollte der Businessplan zusätzlich Grundlage für die Steuerung sein sowie dem Controlling dienen.

Der Businessplan, insbesondere der für Existenzgründungen, sollte zudem den Wachstumpfad des Unternehmens und mögliche Barrieren aufzeigen. Ferner sollten Businesspläne die Analyse exogener Faktoren enthalten.[611]

Gerade die Analyse des Geschäftsmodells erfordert eine Ausgestaltung der Businesspläne, in der alle Bestandteile eines Geschäftsmodells abgebildet werden können. Der Aufbau von Businessplänen wird in vielen Literaturquellen ähnlich dargestellt. Grundsätzlich können Businesspläne zwar verschiedene Elemente einschließen, dennoch sind einige Punkte Grundbestandteile eines Businessplans, wie die Executive Summary. Die Executive Summary gibt eine Zusammenfassung über den Gegenstand des Businessplans. Besondere Relevanz hat die Executive Summary bei Businessplänen für Existenzgründungen. Hier hat sie die Aufgabe das Interesse der Investoren zu wecken. Nach der Meinung von Timmons sollte ein Businessplan Bestandteile, wie in der folgenden Abbildung 13 abgebildet, aufweisen:[612]

1. Executive Summary,	Nutzenmodell / Ertragsmodell / Architektur der Wertschöpfung
2. Branchenanalyse,	Nutzenmodell / Architektur der Wertschöpfung
3. Marketing-Plan,	Nutzenmodell / Ertragsmodell
4. Produktdesign und technische Entwicklung,	Nutzenmodell / Architektur der Wertschöpfung
5. Produktion,	Architektur der Wertschöpfung
6. Management-Team,	Architektur der Wertschöpfung
7. Finanz-Plan.	Ertragsmodell / Architektur der Wertschöpfung

Abbildung 13: Punkte eines Businessplans und deren Verknüpfung zum Geschäftsmodell[613]

Des Weiteren werden in anderen Quellen beispielsweise die Punkte Dienstleistung, Chancen und Risiken, Realisierungsfahrplan, Geschäftsmodell und Organi-

---

[609] Vgl. Nagl (2006), S. 183 ff.
[610] Vgl. Weise (2007), S. 58 ff.
[611] Vgl. Dowling (2003), S. 241.
[612] Vgl. Timmons (1999), S. 374 ff.
[613] Eigene Darstellung.

sation sowie Markt und Wettbewerb genannt.[614] Bei der Erstellung des Businessplans muss die Vernetzung zwischen den einzelnen Punkten beachtet werden. Mit den Vernetzungen werden die Wechselwirkungen zwischen den verschiedenen Teilplänen des Businessplans thematisiert.[615] Werden beispielsweise die Marktannahmen geändert, hat dies fast immer Auswirkungen auf den Umsatz und somit auf die Gewinnsituation. Das Instrument Businessplan kann in unterschiedlichen Fällen hilfreich sein. Allerdings ist es notwendig, den Businessplan in seiner Konzeption dem Einsatzfall anzupassen. Gerade bei der externen Anwendung des Businessplans sollte dieser der Zielgruppe bezüglich des Inhalts angepasst werden. Während sich Kapitalgeber eher für Informationen hinsichtlich der Sicherheiten und dem potenziellen Gewinn interessieren, sollte der Businessplan bei der Anbahnung einer strategischen Allianz stärker Aussagen über Produktentwicklungen und Vertriebsmöglichkeiten enthalten.[616]

5.1.1.2 Businessplanung bei Existenzgründungen

Für viele Existenzgründungen – die auch auf einer Produktinnovation basieren können – muss der Unternehmer zur Realisierung seiner Geschäftsidee den erforderlichen Kapitalbedarf extern abdecken. Die überzeugende Kommunikation mit externen Investoren ist hier eine wichtige Funktion des Businessplans.[617] Der Businessplan ist in diesem Kontext ein Dokument, welches die Beschreibung des (produktbasierten) Geschäftsmodells enthält und ein Ergebnis der Planung für eine Existenzgründung ist. In diesem Dokument belegt der Gründer die Erfolgschancen des zu gründenden Unternehmens. Der Businessplan umfasst alle relevanten Aspekte des zu gründenden Unternehmens, eine Beschreibung der Geschäftsidee und betriebswirtschaftliche Analysen.[618] Trotzdem kann der Inhalt entsprechend der Zielgruppe (zum Beispiel Eigen- oder Fremdkapitalgeber) variieren. Während Eigenkapitalgeber die Rendite als Risikoentlohnung fokussieren, interessieren Fremdkapitalgeber überwiegend die Sicherheit der Rückzahlungen.[619]

Ein Businessplan erfüllt eine Reihe weiterer Aufgaben. Er soll die Gründer in der Konzeption der Geschäftsidee unterstützen sowie deren Umsetzungsmöglichkeit systematisch analysieren. Mithilfe des Businessplans als Führungsinstrument

---

[614] Vgl. beispielsweise Wupperfeld (1999); Schwetje/Vaseghi (2006); Nagl (2006); Wittenberg unterscheidet dabei zwischen einem qualitativ erläuternden Teil, einem quantitativen Teil und einem Ergänzungsabschnitt. Vgl. Wittenberg (2006), S. 154 ff.
[615] Vgl. Töpfer (2007), S. 1322 f.
[616] Vgl. Schwetje/Vaseghi (2006), S. 1 ff. Die Autoren führen die Beschaffung von Investitionsmitteln, die Begründung von Bonitäten und die interne Verwendung für das Management auf. Sie unterscheiden zwischen einem kurzen, einem operationalen und einem ausführlichen Businessplan.
[617] Vgl. Schwetje/Vaseghi (2006), S. 1; Töpfer (2007), S. 1322; de Koning (2000), S. 155.
[618] Vgl. Cristea et al. (2007), S. 45 f.
[619] Vgl. Plümer (2006), S. 162 f.

können Maßnahmen- und Projektpläne erarbeitet werden, die Basis für das Management sein können.[620] Zusätzlich kann der Businessplan in eine Balanced Scorecard übersetzt werden.[621] Für die Entwicklung des Unternehmens und für zu treffende Entscheidungen gibt der Businessplan einen Rahmen vor. Nach der Gründung des Unternehmens ermöglicht der Businessplan Soll-Ist-Vergleiche. Sowohl der Unternehmer selbst als auch die Kapitalgeber können dadurch Abweichungen von den Zielvorgaben feststellen.[622]

Im Fall einer mit der Produktinnovation einhergehenden Existenzgründung kann der produktbezogene Businessplan als Instrument des produktlebenszyklusorientierten Controllings auch die Aufgabe eines Businessplans für die Existenzgründung übernehmen, um doppelte Arbeit zu vermeiden. Allerdings müssen die konkreten Anforderungen an einen Businessplan für die Existenzgründung mit den Möglichkeiten des produktbezogenen Businessplans abgeglichen werden. Diese müssen nicht übereinstimmen. Gerade die Kommunikationsfunktion hinsichtlich der Fremdkapitalgeber ist kein primäres Ziel im produktlebenszyklusorientierten Controlling.

5.1.1.3 Businesspläne in bestehenden Unternehmen

Businesspläne werden nicht nur bei der Existenzgründung eingesetzt. Wichtige Anwendungsgebiete sind auch in bestehenden Unternehmen gegeben. Hierzu zählen insbesondere die Analyse und Planung von Innovationen und neuen Geschäftsfeldern.[623] Die Businessplanung umfasst dabei alle Planungsbereiche, die dieses Geschäft betreffen und ist nicht regelmäßiger Bestandteil der Unternehmensplanung. Wie bei der Existenzgründung weist die Businessplanung Ähnlichkeiten zur Durchführung eines Projektes auf. Allerdings ist die Intention der Businessplanung in einem bestehenden Unternehmen anders gelagert. Während bei der Planung einer Existenzgründung die Erstellung eines Businessplans zur externen Kommunikation große Bedeutung hat, tritt diese Funktion der Planung im bestehenden Unternehmen in der Regel in den Hintergrund. Der Businessplan fundiert hier die Entscheidungsfindung und legt die planerische Grundlage für die Umsetzung eines neuen Geschäfts.[624]

Systematisch erfolgt die Aufteilung der Gesamtplanung ebenfalls in funktionale Planungsbereiche. Es muss aus strategischer Perspektive – wie bei der Existenzgründung – das Erfolgspotenzial des neuen Geschäfts herausgearbeitet werden.

---

[620] Vgl. Wupperfeld (1999), S. 9 f.
[621] Vgl. Polichnei (2007), S. 171 ff.
[622] Vgl. Wupperfeld (1999), S. 10.
[623] Ausführungen hierzu finden sich bei: Annacchino (2007), S. 155 ff.; Farrokhzad/Kern/Fritzhanns (2005), S. 281 ff.; Paxmann/Fuchs (2005); Schwetje/Vaseghi (2006), S. 5 ff.
[624] Vgl. Farrokhzad/Kern/Fritzhanns (2005), S. 283; Paxmann/Fuchs (2005), S. 15 f.

Allerdings unterliegt die Businessplanung den strategischen Vorgaben des Unternehmens, während bei einer Existenzgründung eine größere Planungsfreiheit herrscht. Im bestehenden Unternehmen übernimmt der Businessplan die Aufgabe einer Entscheidungsgrundlage und muss daher den Entscheidungsträgern vorgelegt werden. Diese müssen nicht in die Projektarbeit eingebunden sein und können aus Projektsicht als extern betrachtet werden. Für den Fall einer unternehmensexternen Kapitalbeschaffung kann der Businessplan ähnlich der Existenzgründung eine Kommunikationsaufgabe – für den Austausch mit Kapitalgebern – erfüllen.

Methodisch muss sich die Businessplanung in die vorhandene Unternehmensplanung eingliedern. Planungsverfahren und -instrumente müssen entsprechend der bereits im Unternehmen bestehenden Planungsmethodik angepasst und zumindest vergleichbar und kompatibel sein. Zwar wird damit die freie Wahl der Planungsverfahren und -instrumente eingeschränkt, dies birgt jedoch den Vorteil, dass man im Projekt auf das im Unternehmen bereits bestehende Know-how und die vorhandenen Ressourcen zurückgreifen kann.

5.1.2 Die Eignung des Businessplans als Controllinginstrument

Der Businessplan kann im Unternehmen vielfältige Funktionen erfüllen. Durch die vordringliche Aufgabe – die Darstellung und Planung des Geschäftsmodells – kann die aktuelle und prognostizierte Situation des Unternehmens hinsichtlich fundamentaler Strukturen im Geschäftsmodell analysiert werden. Die Funktionen des Businessplans können mit dem Anwendungsfall und dem Status des Geschäftsmodells variieren. Dabei weist er eine große Flexibilität bezüglich der Anwendungsfelder auf. Allerdings ist es notwendig, den Businessplan in seiner Konzeption dem Einsatzfall anzupassen.

Greift man das Controlling-Verständnis der Arbeit auf, dann muss der Businessplan dem Zweck der Koordination genügen. Doch auch die Zwecke der Information und der Planung werden durch den Businessplan wahrgenommen. Die Planung wird durch den Businessplan mit Blick auf den Planungsprozess und die Integration von anderen Planungsinstrumenten getragen.[625] Da im Businessplan alle relevanten Informationen über das Geschäftsmodell enthalten sein sollten, ist er ein zentraler Baustein für das Informationsversorgungssystem.

Die Struktur, insbesondere die Berücksichtigung von Vernetzungen innerhalb des Businessplans, erlaubt die Koordination der betrachteten Bereiche und der Interdependenzen zwischen ihnen. Aufgrund der Zusammenführung vielfältiger Informationen, dem Aufzeigen von Interdependenzen und der intendierten Ausei-

---

[625] Vgl. Wittenberg (2006), S. 158 ff.

nandersetzung mit dem Geschäftsmodell wird der Zweck der Reflektion erfüllt. Es kann also konstatiert werden, dass der Businessplan für das Controllingverständnis dieser Arbeit geeignet ist. Für Vockel stellt der Businessplan sogar den Kern des Controllings bzw. das zentrale Werkzeug dar.[626]

Der Businessplan als Controllinginstrument entspricht vielfältigen Anforderungen, die an ein Controllinginstrument gestellt werden. Im Folgenden werden zwei wesentliche Eigenschaften herausgestellt.[627] Aufgrund der vielfältigen Informationen, die ein Businessplan umfasst, und der Vielzahl an Teilplänen, die in einem Businessplan integriert werden können, weist der Businessplan eine hohe **Variabilität** auf. Ein Businessplan muss nicht nur im bestehenden Unternehmen **kompatibel** zum vorhandenen Instrumentarium sein, sondern eventuell auch die Kompatibilität zu den Instrumenten der Fremdkapitalgeber gewährleisten.

Für den Einsatz eines Businessplans im Fall von Innovationsprojekten im „Pre-Decision Planning" dient der Businessplan vor allem als Grundlage für die Entscheidungsfindung, zur Zielsetzung und zur Vorstrukturierung der Projektplanung.[628] Da der Zieldefinition eine Koordinationsfunktion und eine verhaltenssteuernde Wirkung zugeschrieben werden, sind wesentliche Ansprüche an ein Controllinginstrument erfüllt.

Mit Blick auf die Aufgabenverteilung ist festzuhalten, dass die Inhalte für den Businessplan durch Fachabteilungen bereitgestellt werden müssen. Das Controlling ist maßgeblich für die Methodik, die Metaplanung und die Systematik zuständig[629] und somit indirekt für die Informationsbereitstellung. Gegen einen Businessplan spricht der hohe zusätzliche Aufwand bei dessen Erstellung.[630] Aus diesem Grund sollte abgewogen werden, in welchen Fällen ein Businessplan eingesetzt wird. Eine Vereinfachung kann die Anpassung der Businessplanstruktur mit sich bringen. Dabei können unwichtige Punkte weggelassen werden bzw. bei Gleichheiten über mehrere Businesspläne hinweg zusammengefasst werden. Dies kann insbesondere bei produktbezogenen Businessplänen umgesetzt werden. Dafür ist es allerdings notwendig, Ähnlichkeiten zwischen Produkten zu erkennen und in der Produktplanung zu berücksichtigen.

---

[626] Vgl. Vockel (2001), S. 9.
[627] Für die folgende Darstellung vgl. Wittenberg (2006), S. 163 ff. Wittenberg eruiert diese Eigenschaften unter dem Blickwinkel der Erfüllung von Anforderungen an Controllinginstrumente in der Gründungsphase eines Unternehmens.
[628] Vgl. Weise (2007), S. 58 ff.
[629] Vgl. Wittenberg (2006), S. 162.
[630] Vgl. Schwetje/Vaseghi (2006), S. 7 f.

5.2 Die Ausgestaltung des produktbezogenen Businessplans

Geschäfte, deren Basis ein Produkt oder ein Produktbündel sein kann, müssen dem Kunden einen Nutzen bieten, einen Erlös für das anbietende Unternehmen bringen und durch eine Wertschöpfungsarchitektur erstellt werden. Da ein Produktprojekt also ebenfalls durch ein Geschäftsmodell abgebildet werden kann, bietet es sich an, die Planung eines neuen Produktes in Form eines Businessplans vorzunehmen. Bei Produktprojekten ist es sinnvoll, das produktbasierte Geschäftsmodell während des gesamten Produktlebenszyklus zu betrachten. Dies erlaubt den Produkterfolg kontinuierlich aus unterschiedlichen Perspektiven – zum Beispiel Kundennutzen oder Wertschöpfungsarchitektur – zu untersuchen und somit das Produktlebenszyklusmanagement mit wichtigen Informationen zu versorgen.

In den vorangegangenen Abschnitten wurden die Möglichkeiten eines Businessplans offensichtlich. Durch die Konzeption des produktbezogenen Businessplans und seine Einbindung in ein produktlebenszyklusorientiertes Controlling wird er vom Planungsinstrument zum übergreifenden Koordinationsinstrument erhoben. Zur Darstellung des produktbezogenen Businessplans werden zuerst die verfolgte Zielsetzung und dessen Funktion herausgearbeitet. Aus der Funktion und der Zielsetzung werden Anforderungen abgeleitet. In der abschließend dargestellten Konzeption werden die einzelnen Aspekte des produktbezogenen Businessplans dargelegt.

5.2.1 Zielsetzung und Funktion des produktbezogenen Businessplans

Der produktbezogene Businessplan ist ein Instrument des produktlebenszyklusorientierten Controllings bzw. dient der Unterstützung des Produktlebenszyklusmanagements. Zielsetzungen des produktbezogenen Businessplans ergeben sich daher einerseits aus den Funktionen von Businessplänen und andererseits aus der funktionalen Ausgestaltung des produktlebenszyklusorientierten Controllings. Da der produktbezogene Businessplan im produktlebenszyklusorientierten Controlling eingesetzt wird, wird er auch mit Blick auf Produktprojektthemen ausgeweitet.

Die Aufgaben des produktlebenszyklusorientierten Controllings bzw. des produktbezogenen Businessplans bestehen hier unter anderem in der Analyse der Interdependenzen zwischen den Bestandteilen des Geschäftsmodells, in der Dokumentation der Entscheidungen und der Ausprägungen der einzelnen Geschäftsmodellbestandteile sowie in der Steuerung des Geschäftsmodells während des Produktlebenszyklus.

In diesem Kontext kann der produktbezogene Businessplan entsprechend des Stadiums des Geschäftsmodells weitere Zwecke wie Entscheidungsfundierung und Steuerung übernehmen. Vor der Realisierung des produktbasierten Geschäftsmodells dient der produktbezogene Businessplan der Planung. Eng mit der Planungsfunktion des produktbezogenen Businessplans ist die Unterstützung von Entscheidungen verbunden. Auf Basis der Prognose- und Planungsinformationen im produktbezogenen Businessplan können fundierte Entscheidungen zur Umsetzung des produktbasierten Geschäftsmodells getroffen werden. Während der Realisierung des produktbasierten Geschäftsmodells kann mithilfe der Aktualisierung der Informationen und der Gegenüberstellung von Planungsinformationen eine Steuerungsfunktion identifiziert werden. Darüber hinaus kann durch die Prognose von Informationen und die Erstellung von Simulationen die Steuerungsfunktion verstärkt werden. Werden die verschiedenen Informationen der Planungen und der Realisierung des produktbasierten Geschäftsmodells gespeichert, übernimmt der produktbezogene Businessplan eine Dokumentationsfunktion.

Das produktlebenszyklusorientierte Controlling als Bezugsrahmen und die Kennzeichnung des produktbezogenen Businessplans als übergreifendes Koordinationsinstrument bestimmen weitere Zielstellungen. Der produktbezogene Businessplan stellt für alle am Produktprojekt beteiligten Funktionsbereiche relevante Informationen bereit. Durch die Sicherstellung aktueller Informationen können über die Analyse hinaus Aktivitäten koordiniert werden.

Wie beim produktlebenszyklusorientierten Controlling ändert sich während des Produktlebenszyklus die Bedeutung einzelner Funktionen des produktbezogenen Businessplans. In der Beobachtungsphase überwiegen die Prognosefunktion und die Entscheidungsvorbereitung. Eine weitere wichtige Funktion gerade in der Vorlaufphase des Produktlebenszyklus ist die Unterstützung des Projektcontrollings durch die Darstellung des Produktprojektfortschritts. In den folgenden Produktlebenszyklusphasen – Markt-, Produktions- und Nachlaufphase – tritt besonders die Steuerungsfunktion in den Vordergrund.

Mit der Produktlebenszyklusphase variiert zudem der relevante Gegenstand der Entscheidungsprozesse – der Entscheidungsvorbereitungs- und der Steuerungsfunktion – und somit die Relevanz der verschiedenen Inhalte im produktbezogenen Businessplan. In jeder Lebenszyklusphase sind unterschiedliche Funktionsbereiche bestimmend. Die Markt- und die Produktionsphase finden annähernd gleichzeitig statt. In ihnen überwiegen Fragestellungen des Marketings bzw. des Vertriebs sowie Produktions- und Logistikthemen. Durch den Abgleich der Informationen aus den genannten Bereichen kann einerseits eine Informationsbereitstellungsfunktion und andererseits eine Koordinationsfunktion konstatiert werden. In der Nachlaufphase müssen insbesondere Service- und Entsorgungsthemen betrachtet werden.

5.2.2 Anforderungen an die Konzeption des produktbezogenen Businessplans

Die Funktionen des produktbezogenen Businessplans bestimmen Anforderungen an diesen. Anforderungen an die Konzeption des produktbezogenen Businessplans resultieren aus der Planungsfunktion, die einem Businessplan zugrunde liegt. Des Weiteren ergeben sich aus dem produktlebenszyklusorientierten Controlling Anforderungen, die der produktbezogene Businessplan als Controllinginstrument erfüllen muss. Auch die Konzentration auf ein produktbasiertes Geschäftsmodell zieht Anforderungen für den produktbezogenen Businessplan nach sich.

Am Anfang eines Produktlebenszyklus steht eine Produktidee, die über den gesamten Lebenszyklus – beginnend mit der Vorlaufphase über die Marktphase bis hin zur Nachlaufphase – geplant wird. Die Planung verfolgt die Hauptzwecke der Zielorientierung, der Risikoerkennung und der Ermöglichung von frühzeitigen Regelkreisen.[631] Demnach ist die Planung in der Ausgangssituation eine wichtige Funktion im Produktlebenszyklusmanagement. Zur Herleitung der Anforderungen an die Konzeption des produktbezogenen Businessplans aus Sicht eines Planungsinstruments muss zunächst geklärt werden, was die Planung beinhaltet. Ausgehend von den Merkmalen der Planung soll das Wesen der Planung wie folgt umrissen werden: Planung ist ein systematisch ablaufender Prozess, in dem

- auf die Zukunft bezogene
- Ziele, Maßnahmen und Ressourcen
- als Rahmen von Entscheidungen festgelegt werden.[632]

Die Planung kann durch die Festlegung von Zielen, Maßnahmen und Ressourcen von der Prognose abgegrenzt werden.[633] Die geplanten Größen bilden den Rahmen für die in Zukunft zu treffenden Entscheidungen. Es können folglich Vorentscheidungen getroffen, welche als Vorgaben die zukünftigen Entscheidungen partiell einengen.[634]

Aufgrund des komplexen Charakters einer Planung ergibt sich der Bedarf einer Metaplanung, also einer „Planung der Planung". Die Metaplanung kann durch

---

[631] Vgl. Hahn/Hungenberg (2001), S. 47.
[632] Vgl. Wild (1974), S. 13 f.; Weber/Schäffer (2008), S. 241 f., sowie ähnlich Horngren et al. (2005), S. 9.
[633] Vgl. Grünig (1990), S. 54.
[634] Vgl. Grünig (2002), S. 23 f.

ein Planungskonzept strukturiert werden. Ein Planungskonzept gestaltet einen formellen Rahmen, in welchem sich alle Planungstätigkeiten bewegen. Ein Planungskonzept umfasst:

- die Planungssystematik,
- die Planungsmethodik und
- die Planungsorganisation.[635]

In der *Planungssystematik* werden die Planungsgegenstände bestimmt und ergänzend die Koordination der Teilbereiche der Planung aufgezeigt. Zur Ausgestaltung der Planungssystematik können hauptsächlich die Dimensionen: Planungsebene, Planungsbereich und Planungsinhalt herangezogen werden. Weitere Dimensionen betreffen beispielsweise die Verknüpfung der Planungsebenen und die Planungsintervalle.[636] In der Literatur werden insbesondere die strategische, die taktische und die operative Planungsebene unterschieden.[637] Die Planungsebenen haben darüber hinaus verschiedene Zwecke und Detaillierungsgrade. Hauptzweck einer strategischen Planung ist die Sicherung des Erfolgspotenzials. Taktische Planungen dienen der strategiekonformen Gestaltung der einzelnen Funktionen. Die operative Planung fokussiert die laufenden Geschäftsprozesse.[638]

Bei den Planungsbereichen handelt es sich um die Bestimmung der zu planenden Unternehmenssubsysteme. Hierfür können gemäß der Unternehmensorganisation funktionale, organisatorische oder regionale Gesichtspunkte in Betracht gezogen werden.[639] Planungsinhalte können Ziele, Maßnahmen und Ressourcen sein. Ausgehend von der Vision und der Mission des Unternehmens, die als übergeordnete Rahmenvorgaben fungieren, werden in der Planung Ziele und Maßnahmen zur Zielerreichung bestimmt. Da die Realisierung der Ziele und Maßnahmen den Einsatz von Ressourcen verlangt, ist die Ziel- und Maßnahmenplanung eng mit der Ressourcenplanung verbunden.[640] Die Planungsinhalte haben einen wesentlichen Einfluss auf die Auswahl der Planungsmethodik.

Die *Planungsmethodik* umschreibt die einzusetzenden Verfahren und Hilfsmittel der Planung.[641] Sie liefert Aussagen beispielsweise zum Planungsverfahren, zu den Formularen und zur Verwendung der Software.[642] Ein wichtiger Parameter

---

[635] Vgl. Grünig (1990), S. 107; Eine ähnliche Systematik entwickelt Kühn, der zwischen Planungssystematik, Planungsorganisation und Planungsmittel unterscheidet. Vgl. Kühn (1985), S. 537.
[636] Vgl. Grünig (1990), S. 110 ff.
[637] Vgl. Letmathe (2002), S. 12, und die dort angegebene Literatur.
[638] Vgl. Anthony (1965), S. 15 ff.; Zäpfel (2000), S. 13.
[639] Vgl. Grünig (1990), S. 112.
[640] Vgl. Pfohl/Stölzle (1997), S. 90; Maßnahmen und Ressourcen können im Zusammenwirken als Aktion definiert werden. Vgl. Matthes (1989), Sp. 1059.
[641] Vgl. Grünig (1990), S. 108.
[642] Vgl. Grünig (2002), S. 132 f.

ist die Festlegung der Vorgaben für die Planungsverfahren. In der Planung werden i. d. R. verschiedene Planungsinstrumente und -verfahren genutzt, da diese einen unterschiedlichen Aussagegehalt und Einsatzschwerpunkt besitzen. Dabei können sich Instrumente bedingen oder ergänzen.

Die *Planungsorganisation* steckt die Aufgaben der Planung ab und weist den Aufgaben verantwortliche Organisationseinheiten zu.[643] Um eine hohe Qualität der Planung gewährleisten zu können, muss die Planung in Teilaufgaben separiert werden. Ein erster Gegenstand der Planungsorganisation ist demzufolge die Aufspaltung der Planungsaufgabe, welche in ihrem Umfang durch die Planungssystematik und die Planungsmethodik bestimmt wird. Die Aufspaltung von Planungsaufgaben in Teilaufgaben kann im Rahmen einer Aufgabenanalyse erfolgen.[644] Nachdem die Gesamtaufgabe Planung und ihre Teilaufgaben definiert sind, ist die Festlegung der Planungsträger eine weitere wichtige Dimension der Planungsorganisation.[645] Eine letzte wichtige Dimension der Planungsorganisation betrifft den Ablauf einer Planung.[646] Damit ist maßgeblich die zeitliche Abfolge der Planung gemeint. Die Pläne der einzelnen Teilplanungsbereiche werden als Teilpläne des Gesamtplans festgehalten. Weil zwischen den Teilplänen Interdependenzen auftreten können, muss eine Koordination der Teilpläne erfolgen. Die Koordination der Teilpläne kann entweder in Form einer sukzessiven oder einer simultanen Planung geschehen. In der Sukzessivplanung werden die Teilpläne der einzelnen Bereiche aufeinander aufgebaut. Demgegenüber werden bei der Simultanplanung die Teilpläne unter Berücksichtigung der vorhandenen Interdependenzen gleichzeitig entwickelt. Ein Gesamtoptimum wird nur bei der Simultanplanung sichergestellt. Allerdings muss ein Planungsmodell aufgestellt werden, welches alle zu planenden Teilbereiche abbildet.[647]

Eine wichtige Anforderung an den produktbezogenen Businessplan resultiert aus der Betrachtung eines produktbasierten Geschäftsmodells. Der produktbezogene Businessplan muss demzufolge Aspekte des Produktgeschäfts aufgreifen. Das bedeutet, dass der produktbezogene Businessplan detaillierte Aussagen zur Produktgestaltung, zur Produktionsprozessgestaltung und zu den erforderlichen Betriebsmitteln treffen muss. Neben dem Nutzen- und Ertragsmodell spielt also insbesondere die Architektur der Wertschöpfung eine wesentliche Rolle. Da mit dem produktbezogenen Businessplan unterschiedliche Produktprojekte entspre-

---

[643] Vgl. Kühn (1985), S. 537; Grünig (2002), S.120.
[644] Vgl. Picot (2005), S. 66. Mit der Art des Objektes wird der Gegenstandsbereich der Planung spezifiziert. Das Kriterium der Rang der Aufgabe stellt auf den Unterschied zwischen Entscheidungs- und Ausführungsaufgaben ab. Vgl. Pfohl/Stölzle (1997), S. 72 f.
[645] Vgl. Grünig (1990), S. 122.
[646] Vgl. Grünig (1990), S. 123.
[647] Vgl. Adam (1996), S. 187 ff.

chend der dargestellten Produkttypologie abgebildet werden sollen, muss dieser dem Einsatzfall angepasst werden.

Das produktlebenszyklusorientierte Controlling hat die Aufgabe phasenspezifische und funktionsbezogene Entscheidungen vorzubereiten. Auch der produktbezogene Businessplan muss die Steuerung des gesamten Produktlebenszyklus aus unterschiedlichen Perspektiven unterstützen können. Demnach muss der produktbezogene Businessplan während des gesamten Produktlebenszyklusmanagements für die beteiligten Funktionsbereiche alle relevanten Informationen über das Produktprojekt bereitstellen. Für die Ziele des produktbezogenen Businessplans, zum Beispiel die Koordination, ist es unabdinglich, dass die Informationen zu jedem Zeitpunkt aktuell sind. Im Kontext des produktlebenszyklusorientierten Controllings als Projektcontrolling muss der produktbezogene Businessplan den Fortschritt des Produktprojektes unterstützen können. Auch müssen die Informationen anderer Instrumente, wie das QFD, einfach in den produktbezogenen Businessplan integriert werden können.

In einem Unternehmen bzw. in einem Geschäftsfeld – und schließlich im produktbezogenen Businessplan – können Produkte hinsichtlich der Produktion, dem Material, dem Absatz und der F&E zusammengefasst werden.[648] Die Verwandtschaft in der Produktion resultiert aus der Verwendung gleicher Produktionsaggregate oder gleicher Produktionsverfahren. Werden ähnliche Materialien eingesetzt, ist eine Materialverwandtschaft gegeben. Nutzen Produkte die gleichen F&E-Potenziale, dann liegt eine F&E-Verwandtschaft vor.[649] Besonders relevant ist die Betrachtung im Absatzbereich, denn hier können die Produkte die gleichen Vertriebspotenziale nutzen bzw. komplementäre oder substitutionale Verbundwirkungen aufweisen.[650]

Eine weitere Funktion des produktlebenszyklusorientierten Controllings, die Anforderungen an den produktbezogenen Businessplan stellt, ist das frühzeitige Erkennen und Analysieren von Situationen. In diesem Sinn fungiert er als Früherkennungssystem. Hierfür muss der Businessplan zum einen relevante Informationen bereitstellen und zum anderen die Erzeugung von spezifischen Kennwerten ermöglichen. Im Folgenden wird eine Konzeption herausgearbeitet, die dies leisten kann.

5.2.3   Konzeption eines produktbezogenen Businessplans

Der produktbezogene Businessplan offenbart viele Potenziale zur Steuerung des produktbasierten Geschäftsmodells. Einerseits führt er eine Vielzahl an betriebs-

---

[648]   Vgl. Zäpfel (1982), S. 51 ff.
[649]   Vgl. Corsten (2007), S. 155 f.
[650]   Vgl. Frese (1985), S. 268 ff.

wirtschaftlichen Informationen zusammen. Andererseits ermöglicht er, das produktbasierte Geschäftsmodell zu analysieren und über den gesamten Produktlebenszyklus zu steuern. Im ersten Schritt wird im Folgenden der produktbezogene Businessplan hinsichtlich des Inhalts dargestellt. Danach werden die organisatorischen Erfordernisse für den Einsatz des produktbezogenen Businessplans erörtert.

5.2.3.1 Inhalte eines produktbezogenen Businessplans

In dieser Arbeit wird in Übereinstimmung mit der Literatur der Businessplan als Beschreibung des Geschäftsmodells aufgefasst. Dies gilt ebenso für den produktbezogenen Businessplan. Nur dass dieser ein produktbasiertes Geschäftsmodell beschreibt. Ein produktbasiertes Geschäftsmodell ist die Beschreibung der wesentlichen Aspekte des Geschäfts, das ein Produkt oder Produktbündel als maßgeblichen Gegenstand hat. Zu den relevanten Aspekten zählen die Akteure, die Leistungen und die Gestaltung der Austauschbeziehungen. Die Komponenten des Geschäftsmodells[651] – Nutzenmodell, Wertschöpfungsarchitektur und Ertragsmodell – werden im produktbasierten Geschäftsmodell für das Produktprojekt konkretisiert. Im Nutzenmodell wird der Nutzen für den Kunden und für Wertschöpfungspartner untersucht. Damit Produkte abgesetzt werden können, müssen diese dem Kunden einen Nutzen stiften und Bedürfnisse befriedigen. In diesem Kontext sollte die Abgrenzung des Marktes und die Definition von Zielgruppen vorgenommen werden. Der Nutzen eines Produktes kann in verschiedene Kategorien aufgespalten werden.[652] Mittels dieser Kategorien kann die Produktgestaltung kundenorientiert ausgerichtet werden.

In der Architektur der Wertschöpfung werden das Produkt bzw. das Leistungsbündel und seine Erstellung erläutert. Der gewünschte Kundennutzen beeinflusst dabei die Produktgestaltung. Die Produktgestaltung hat wiederum starke Interdependenzen zur Prozessgestaltung. Für die Durchführung der Prozesse werden Ressourcen benötigt, die in der Architektur der Wertschöpfung zu benennen sind und deren Vorhandensein zu prüfen ist. Auch werden in der Architektur der Wertschöpfung die notwendigen Koordinationsmechanismen beschrieben.[653]

Im Ertragsmodell wird dargelegt, wie die Erlöse generiert werden. Dazu gehört die Preispolitik für das Produkt bzw. die verbundenen Dienstleistungen. Des Weiteren wird hier die Kommunikation zum Kunden bestimmt. Während im

---

[651] Vgl. Stähler (2002), S. 41 ff.
[652] Vgl. Corsten (2007), S. 157 f. Corsten unterteilt in Grund- und Zusatznutzen. Im Kano-Modell werden zur Bedürfnisbefriedigung die Kategorien „must-be", „one-dimensional" und „attractive" verwendet. Vgl. Tan/Xie/Shen (1999), S. 275.
[653] Vgl. Stähler (2002), S. 43 ff. Abweichend zu Stähler wird die Kundenschnittstelle im Nutzenmodell behandelt.

Nutzenmodell die Bedürfnisbefriedigung und darauf aufbauend die Zielgruppen festgelegt werden, wird im Ertragsmodell deren Ansprache dargestellt.

Um produktbasierte Geschäftsmodelle und das Produktprojekt adäquat abbilden zu können, muss der Businessplan angepasst werden. Gegenüber einem Businessplan für die Gründung eines Unternehmens müssen in einem produktbezogenen Businessplan vermehrt produktorientierte Informationen und Möglichkeiten für die Steuerung des produktbasierten Geschäftsmodells bereitgestellt werden. Diese produktorientierten Informationen betreffen technische, marktbezogene, produktionswirtschaftliche, organisatorische und finanzielle Gesichtspunkte. Mithilfe dieser Informationen ist es möglich, das produktbasierte Geschäftsmodell zu steuern. Unter Anwendung des herausgearbeiteten Produktlebenszyklusmodells können die Informationen in einen Kontext gesetzt und Interdependenzen zwischen ihnen strukturiert berücksichtigt werden. Ferner können die Informationen für das Produktlebenszyklusmanagement phasenübergreifend und phasenspezifisch genutzt werden.

Wie der unternehmensbezogene Businessplan besteht ein produktbezogener Businessplan aus mehreren Teilen. Im Einzelnen sind dies:

1. Executive Summary,
2. strategisches Umfeld,
3. Marketing,
4. Forschung und Entwicklung,
5. Produkt,
6. Produktion,
7. Beschaffung,
8. Logistik,
9. Investitionen,
10. Personal,
11. Finanzplan und
12. Sensitivitäts- und Risikoanalysen.

Im Businessplan für die Unternehmensgründung dient die *Executive Summary* dazu, dem Kapitalgeber einen Überblick über das Geschäftsmodell zu geben. Die *Executive Summary* geht im produktbezogenen Businessplan über eine kurze Zusammenfassung hinaus. Hier werden neben den Elementen eines Businessplans, wie der Zielsetzung des Projektes, den generellen Aussagen zum Markt oder der Darstellung der kritischen Erfolgsfaktoren, die Annahmen des produktbasierten Geschäftsmodells dargelegt sowie die vorhanden Risiken und noch nicht berücksichtigten Möglichkeiten quantifiziert. Darüber hinaus kann in der *Executive Summary* auf Basis verschiedener Kennwerte, zum Beispiel dem Umsatz, dem

Gewinn oder dem Serienreifegrad ein Monitoring aufgebaut werden.[654] Anhand des verkauften Volumens und weiterer Kennwerte[655] kann unter anderem die Lebenszyklusphase bestimmt werden.

Zum *strategischen Umfeld* gehören Aussagen zu ökonomischen, rechtlichen, ökologischen, gesellschaftlichen sowie regionalen Einflüssen. Im *strategischen Umfeld* können Informationen mittels einer Branchenstrukturanalyse[656] systematisiert werden. In der Branchenstrukturanalyse wird das Umfeld des Unternehmens bzw. des Produktes hinsichtlich der Markteintrittsbarrieren, der Gefahr von Ersatzprodukten, der Marktmacht von Lieferanten sowie der Marktmacht der Kunden untersucht. Die Markteintrittsbarrieren sind nur bei neuartigen Produkten bzw. bei dem Eintritt in neue Märkte relevant. Die Barrieren können sich zum Beispiel aus rechtlichen Gründen, fehlendem Wissen oder der Notwendigkeit von hohen Anfangsinvestitionen ergeben.

Im Punkt *Marketing* werden vor allem die Kundenwünsche, das Marktpotenzial, das Marktvolumen und die Marktsegmente ausgeführt. Des Weiteren ist zu erläutern, wie die Marktbearbeitung erfolgt und wie der Marketingmix ausgestaltet wird.[657] Aus diesem Grund muss der produktbezogene Businessplan gerade in diesem Punkt regelmäßig überarbeitet werden. Andere Instrumente, die zur Bearbeitung des Marketingplans herangezogen werden können, sind die GAP-Analyse[658] und die Image-Analysen[659]. Die Analyse der Wettbewerber wird im Punkt *strategisches Umfeld* durchgeführt.

Die Strukturierung und Planung der Aktivitäten zur Entwicklung des Produktes und der Produktion finden sich im Teilplan *Forschung und Entwicklung*. Der Teilplan umfasst vor allem die Kosten und Termine für das F&E-Projekt sowie notwenige Maßnahmen für dessen Steuerung. Hier werden zudem die Kapazitäten des F&E-Bereichs für das Produktprojekt geplant. Durch die Gegenüberstellung von geplanten und Ist-Daten, zum Beispiel hinsichtlich des Projektfortschritts und der Entwicklungskosten, kann das wirtschaftliche Projektergebnis verfolgt werden. Zur Unterstützung der Erstellung des Teilplans Forschung und Entwicklung können Netzpläne, die Stage-Gate-Methodik und im Fall der Serienfertigung die Serienreifegradmessung hilfreich sein.

---

[654] Für eine detaillierte Darstellung des Monitoring siehe Abschnitt 5.3.
[655] Eine Übersicht hinsichtlich möglicher Kennwerte zur Identifizierung der Lebenszyklusphase eines Produktes findet sich bei Höft (1992), S. 36 ff.
[656] Vgl. Porter (2000).
[657] Im Abschnitt 3.3.3 wird die lebenszyklusphasenbezogene Gestaltung des Marketingmixes detaillierter aufgezeigt.
[658] Vgl. Küpper (2005), S. 473 f.
[659] Vgl. Haag (1990), S. 204.

Eine große Bedeutung im produktbezogenen Businessplan besitzt der Abschnitt über das *Produkt*. Hier werden das Produkt und die verbundenen Dienstleistungen mit den Merkmalen und dem Design erläutert. Dies kann mittels der Qualitätstabellen und Matrizen des QFD geschehen. Die Notwendigkeit der Verknüpfung von Produkteigenschaften und Dienstleistungen wird im für die Geschäftsmodellentwicklung angepassten QFD durch Experten in den Matrizen bewertet.[660] Beleitet wird die Vorgehensweise des QFD durch das kontinuierliche Beachten des Kundennutzens. In diesem Zusammenhang werden auch die Qualitätsstandards für das Produkt festgelegt.

Um detaillierte Informationen über das Produkt zu haben, können Stücklisten und Konstruktionsunterlagen eingebunden werden. Zudem werden die einzelnen Produktvarianten abgebildet und die Produktfunktionen detailliert dargestellt. Darüber hinaus werden das Absatzvolumen, der Produktmix sowie die Lebenszyklusphase geplant und festgehalten. Das Target Costing kann an dieser Stelle in Verbindung mit anderen Teilplänen die Kunden- und Kostenorientierung des Produktprojektes durch die Ausweisung der Zielkosten stärken.

Eng mit dem Produkt sind die Prozesse zur Herstellung des Produktes bzw. zur Erbringung der Dienstleistung, also der Punkt *Produktion*, verbunden. In der Prozessentwicklung werden die notwendigen Produktions- und Dienstleistungsprozesse entworfen und darauf aufbauend zum Beispiel die Werkzeuge und Anlagen konzipiert. Ferner werden hier für die Erbringungen Kennwerte wie Taktzeiten angegeben. An dieser Stelle ist zu prüfen, ob die festgelegten Qualitätsstandards durch die Produktionsprozesse erreicht werden. Zusätzlich können auf Basis der technischen Spezifikationen die Produktionskosten ermittelt werden.

Für die Fertigung der Produkte müssen Produktionskapazität bereitgestellt werden. Es muss ein Abgleich zwischen den vorhandenen und den benötigten Kapazitäten vorgenommen werden. Die benötigten Kapazitäten sind auf technischer Ebene zu berechnen. Die personellen Kapazitäten sind Gegenstand des Teilplans *Personal*. Instrumente zur Betrachtung der Wirtschaftlichkeit von Produktionssystemen sind die Kostenwirkungsgradrechnung und die Maschinensatzrechnung[661]. In der Teilplanung *Produktion* sollte die Flexibilität der Produktionssysteme bewertet werden, um den Aufwand für die Kapazitätsanpassungen planen und steuern zu können.[662]

Im Teilplan *Beschaffung* werden die Komponenten und Dienstleistungen des hybriden Leistungsbündels betrachtet, die fremdbezogen werden. Demnach ist

---

[660] Vgl. Letmathe/Jacobs (2009), S. 25 ff. Zur Methode QFD vgl. Abschnitt 3.3.2.
[661] Vgl. Schweitzer/Küpper (2009), S. 447 ff.
[662] Bewertungsmethoden finden sich bei Vielhaber (2004b), S. 30 ff.; Bach/Steinhaus (2006), S. 322 ff.

dieser Teilplan wesentlicher Anhaltspunkt für den Aufbau des Lieferantenmanagements. Der Beschaffungsplan basiert dabei maßgeblich auf der Materialbedarfsplanung für das Produkt. Dabei wird festgehalten, welches Material und welche Dienstleistungen von welchen Lieferanten bezogen werden. Zusätzlich sollten auch die Einkaufskonditionen festgehalten werden, um im Rahmen des Lieferantenmanagements Maßnahmen, zum Beispiel Preisverhandlungen, durchführen zu können. Für das Lieferantenmanagement spielen Lieferantenbewertungen und das TCO eine wichtige Rolle. Mithilfe dieser Instrumente können nicht nur die Lieferanten mit den niedrigsten Preisen ermittelt werden, sondern die Lieferanten, welche zudem insgesamt die geringsten Kosten verursachen. Allerdings müssen hierfür die unternehmensinternen Kosten, die durch nicht eingehaltene Lieferkonditionen verursacht werden, bekannt sein.[663]

Transportplanung, Themen der Lagerhaltung, die Maßnahmenplanung für den Bereich Logistik etc. sind Gegenstand des Teilplans *Logistik*. Unter dem Begriff Logistik werden die Material-, Waren- und Informationsflüsse von der Beschaffung bis zum Versand der Endprodukte an den Kunden behandelt.[664] Im Teilplan Logistik werden zudem die zur Anwendung kommenden Logistikkonzepte beschrieben. Der Punkt Logistik hat definitionsgemäß enge Verbindungen zum Punkt Beschaffung. Beide Teilpläne können dahingehend voneinander abgegrenzt werden, dass der Teilplan Beschaffung ausschließlich die Lieferkonditionen wie Lieferant, Preise, Mengen etc. umfasst. Andere eher technische Themen wie das Behältermanagement und deren Maßnahmenplanung werden im Punkt Logistik aufgeführt. Zur Planung und Steuerung der Logistik bietet es sich an, Verrechnungs- und Lenkungspreise einzusetzen.[665]

Im Abgleich von vorhandenen Ressourcen und für das Produktprojekt benötigten Ressourcen kann offensichtlich werden, dass zusätzliche Anschaffungen durchgeführt werden müssen. Sind *Investitionen* für das Produkt notwendig, beispielsweise für neue Produktionsanlagen, Werkzeuge oder Entwicklungseinrichtungen, müssen diese im Teil *Investitionen* begründet, zeitlich geplant und bewertet werden. Das bedeutet, es muss angegeben werden, wann die Anschaffung und die Zahlungen vorgenommen werden. Diese Zahlungsinformationen fließen in die Finanzplanung ein und sind Voraussetzung zum Beispiel für die Berechnung des Kapitalwerts. Der Kapitalwert kann dann wiederum als Bewertungsmaßstab für das Produktprojekt dienen.

Im Teil *Personal* werden die Organisationsstrukturen für das Produktprojekt angegeben und Maßnahmenpläne mit Verantwortlichkeiten geführt. Neben dem

---

[663] Vgl. Ellram (1995b), S. 25 ff.
[664] Vgl. Corsten/Gössinger (2001), S. 81 ff.
[665] Vgl. Küpper (2008), S. 494.

Management des Produktprojektes muss an dieser Stelle das Personal für alle Funktionen einbezogen werden. Grundlage für den Teilplan ist die quantitative und qualitative Personalbedarfsplanung für das Produktprojekt. In der quantitativen Personalbedarfsplanung können Zeitstudien und Systeme vorbestimmter Zeiten genutzt werden. Für die qualitative Personalbedarfsplanung sind die Arbeitsplätze bezüglich des erforderlichen Wissens zu beschreiben.[666] Dies erlaubt die Identifizierung von Wissenslücken. Wird eine Wissenslücke erkannt, sind im Teil *Personal* entsprechende Maßnahmen wie Schulungen zu berücksichtigen. Das *Personal* ist zudem die Grundlage für die Berechnung der Personalkosten im *Finanzplan*, da hier die Anzahl der Mitarbeiter mit deren Kosten bzw. deren Leistungen für das Produktprojekt abgebildet werden.

Mit dem *Finanzplan* wird ein zentraler Bestandteil eines jeden Businessplans ausgewiesen, der viele Informationen anderer Teilpläne zusammenfasst und monetär bewertet. Am Finanzplan werden deshalb bestehende Interdependenzen zwischen verschiedenen Kennwerten deutlich. Der Finanzplan enthält beispielsweise Aussagen zu den Erlösen, zum geplanten Betriebsergebnis, zum Finanzbedarf und zur Liquidität. Wie bereits erwähnt, müssen die Vernetzungen und Interdependenzen zwischen den Teilplanungen beachtet werden. Eine beispielhafte Darstellung des Finanzplans und dessen Entwicklung während des Produktprojektes erfolgt im Fallbeispiel im Abschnitt 6.

Die Lebenszyklusrechnung ist zentraler Baustein des finanzorientierten Bereichs des produktbezogenen Businessplans. Hauptaufgabe der Lebenszyklusrechnung ist die Planung und Gestaltung des Produktes sowie die Steuerung seiner Produktion über den gesamten Produktlebenszyklus.[667] Hierfür sind alle Kosten über alle Phasen des Produktlebenszyklus zu erfassen und zu planen. Da die Kosten unternehmens- und produktabhängig variieren können, wird in Tabelle 4 nur eine beispielhafte Konkretisierung der Kostenstrukturen aufgezeigt. Für die Analyse von konkreten Handlungsfeldern und die Zuweisung von Aufgaben im Produktlebenszyklus bietet es sich an, die Lebenszyklusrechnung um die Standardkostenrechnung auszuweiten.

Vordergründiges Ziel einer (flexiblen) Standardkostenrechnung ist die wirtschaftliche Steuerung der Unternehmensprozesse. Um hierfür die Auswirkungen innerbetrieblicher Entscheidungen aufzeigen zu können, werden bei der Berechnung der Standardkosten der Einfluss externer Preisänderungen durch die Bewertung der geplanten und realisierten Faktorverbräuche mit Festpreisen eliminiert.[668] Dieses Herausstellen der Technizität hebt die mengenmäßige und techni-

---

[666] Zur quantitativen und qualitativen Personalbedarfsplanung vgl. Ridder (1999), S. 136 ff.
[667] Für eine detaillierte Darstellung der Lebenszyklusrechnung vgl. Abschnitt 3.4.1.
[668] Vgl. Schweitzer/Küpper (2008), S. 661 ff.

sche Komponente des Gütereinsatzes hervor.[669] Die Mengenstandards werden dabei technisch-analytisch mittels festgelegter Verfahrensstandards ermittelt.[670]

Phase	Vorlaufphase	Markt- und Produktionsphase	Nachlaufphase
Kosten	Kosten für: • Marktanalysen • Forschung • Konstruktionen • Produkttests • Musterfertigung • …	Kosten für: • Marketing • Distribution • Fertigungsmaterial • Fertigungslöhne • Logistik • Produktionsplanung • …	Kosten für: • Garantie • Wartung • Service • Ersatzteil-versorgung • Entsorgung • …

Tabelle 4:   Kosten für ein Produktprojekt nach Lebenszyklusphasen[671]

Die so ermittelten Standardkosten dienen im Rahmen einer kurzfristigen Ergebniskontrolle der detaillierten Abweichungsanalyse. Die Standardkosten können dabei eine vorgegebene Norm bilden, die zur Verhaltenssteuerung von Mitarbeitern herangezogen werden kann, in dem in der Abweichungsanalyse dann die Abweichungen der Kostenstellen festgestellt und mit Sanktionen belegt werden. Dadurch kann der Standardkostenrechnung eine Verhaltenorientierung attestiert werden.[672] Werden die Preise über mehrere Perioden konstant gehalten, kann zudem die zeitliche Entwicklung der Technizität untersucht werden.[673] Im Fallbeispiel im Abschnitt 6 wird die Vorgehensweise aufgezeigt.

Um zu einer Lebenszyklusrechnung zu gelangen, müssen neben den Kosten auch Erlöse erfasst werden. Um den Beitrag von Vertriebsaktivitäten beurteilen und Vorgaben ermitteln zu können, ist es angebracht, für die Erlöse ebenfalls Standardpreise anzunehmen. Für den Aufbau der Lebenszyklusrechnung im Sinne der Standardkostenrechnung bedeutet die aufgezeigte Vorgehensweise mit Blick auf die Abweichungsanalyse, dass einerseits die relevanten Abweichungsursachen und andererseits die Standardkosten aufgeführt werden.

Die Lebenszyklusrechnung kann als Grundlage der statischen Investitionsverfahren aufgefasst werden, da hier die Kosten bzw. Gewinne ermittelt werden. Sollen die Informationen der Lebenszyklusrechnung für dynamische Investitionsverfahren genutzt werden, müssen Anpassungen vorgenommen werden, um die erfor-

---

[669] Vgl. Kosiol (1960), S. 56; Steger (2001), S. 515 f..
[670] Vgl. Käfer (1964), S. 79 ff.; Lachnit/Müller (2006), S. 77.
[671] In Anlehnung an Stratmann (2001), S. 114.
[672] Vgl. Schweitzer/Küpper (2008), S. 661 ff.
[673] Vgl. Schweitzer/Küpper (2008), S. 661.

derlichen Zahlungsinformationen bereitstellen zu können.[674] Aus der wesentlichen Kritik an den statischen Investitionsverfahren – die fehlende Beachtung von zeitlichen Strukturen – heraus ergibt sich die Notwendigkeit der Anwendung von *dynamischen Investitionsrechnungsverfahren*.[675] Aus diesem Grund sollten, wie im Fallbeispiel, dynamische Investitionsverfahren in die Finanzplanung einbezogen werden. Ein wichtiges dynamisches Investitionsrechnungsverfahren ist die Kapitalwertmethode. Dynamische Verfahren sind dadurch gekennzeichnet, dass sie für die Investitionsobjekte Ein- und Auszahlungen erfassen und den zeitlichen Anfall der Zahlungsströme einkalkulieren. Dadurch eignen sie sich zur mehrperiodigen Beurteilung von Investitionen.[676]

Für die Berechnung des Kapitalwertes werden die einer Investition zurechenbaren Zahlungsströme prognostiziert und mit einem Kalkulationszinsfuß diskontiert. Dabei können diese Kapitalkostensätze für unterschiedliche Finanzierungsstrukturen und für einzelne Regionen aufgrund risikospezifischer Charakteristika variieren.[677] Bei der Kapitalwertmethode wird für den Alternativenvergleich unterstellt, dass der Betrachtungszeitraum und das gebundene Kapital gleich sind.[678]

Aufgrund der immanent hohen Unsicherheit im Produktlebenszyklus und den Vernetzungen sind *Sensitivitätsanalysen und Risikoanalysen* in den produktbezogenen Businessplan zu integrieren. Sensitivitätsanalysen ermitteln die Zusammenhänge zwischen verschiedenen Kennwerten. Dabei geht es vor allem um die Ermittlung von Outputänderungen bei der Veränderung von Inputgrößen.[679] Eng mit den Themen Sensitivitätsanalyse und Unsicherheit verbunden ist die Risikoanalyse. Die Risikoanalyse dient der Risikoidentifikation und -bewertung.[680] Zusätzlich kann sie Grundlage für ein unternehmensbezogenes Risikomanagement sein.

Für die Strukturierung der Inhalte des produktbezogenen Businessplans ist es sinnvoll, eine Produkttypologie, wie sie in Abschnitt 2.2 dargestellt wird, zu nutzen. Anhand der Produkttypologie können Produkte aufgrund ihrer Eigenschaften gekennzeichnet und der produktbezogene Businessplan wie andere Instrumente des produktlebenszyklusorientierten Controllings spezifiziert werden. Die

---

[674] Vgl. Riezler (1996), S. 134 ff.

[675] Zu statischen Investitionsrechnungen vgl. Becker (2007) und Perridon/Steiner (2004). Als Nachteile der statischen Investitionsrechnungen wird insbesondere die Vernachlässigung zeitlicher Interdependenzen angeführt. Zu diesen und weiteren Nachteilen vgl. zum Beispiel Ewert/Wagenhofer (2005), S. 82.

[676] Vgl. Perridon/Steiner (2004), S. 86.

[677] Vgl. Hahn/Hungenberg (2001), S. 400.

[678] Vgl. Blohm/Lüder/Schäfer (2006), S. 69 f.

[679] Vgl. zum Beispiel Dinkelbach (1969), S. 25 ff.; Zehbold (1996), S. 250 ff.

[680] Vgl. Hertz (1964), S. 95 ff. Hertz diskutiert die Risikoanalyse im Kontext von Investitionen.

Ausprägungen der Merkmale der Produkttypologie haben dabei einerseits Auswirkungen auf den Inhalt des produktbezogenen Businessplans und andererseits Auswirkungen auf die Instrumente des produktlebenszyklusorientierten Controllings, die Informationen für den produktbezogenen Businessplan liefern. Der Inhalt des produktbezogenen Businessplans hängt nicht nur von der Art des Produktes und dem Zweck des Businessplans ab, sondern auch von der Struktur und den Rahmenbedingungen des Unternehmens bzw. des produktbasierten Geschäftsmodells.

Ein wichtiges Merkmal der Produkttypologie für die Konzeption des produktbezogenen Businessplans ist die Absatzstruktur des Produktes. Die Ausprägungen dieses Merkmals können Auswirkungen auf den produktbezogenen Businessplan haben. Während Einzel- und Kleinserienfertiger eher eine auftragsorientierte Produktion verfolgen, fokussieren Großserien- und Massenfertiger eher eine marktorientierte Strategie. In diesem Kontext werden in der Großserien- und Massenfertigung standardisierte und in der Einzel- und Kleinserienfertigung eher individuelle Produkte hergestellt. Somit rücken bei Großserien- und Massenfertigern die Kosten und deren Senkungspotenziale in den Mittelpunkt der Betrachtung.[681] Bei Großserien- und Massenfertigern werden deshalb im produktbezogenen Businessplan die Prozesse detaillierter geplant als bei Einzel- und Kleinserienfertigern.

Hinsichtlich der Instrumente, die für die Bearbeitung des produktbezogenen Businessplans herangezogen werden, lässt sich festhalten, dass bei Einzel- und Kleinserienfertigern vor allem Liquiditätsrechnungen sowie ein konstruktionsbegleitendes Controlling im Vordergrund stehen. Bei Großserien- und Massenfertigern kommen beispielsweise das Target Costing, eine erfahrungskurvenbasierte Vorkalkulation und eine mehrstufige Deckungsbeitragsrechnung zum Einsatz.[682]

Es ergeben sich auch Unterschiede in den Bestandteilen eines produktbezogenen Businessplans zwischen einer auftragsorientierten und einer marktorientierten Fertigung bzw. zwischen individuellen und standardisierten Produkten. Bei standardisierten Produkten gewinnen Kostensenkungspotenziale und somit die Produkt- und Prozessgestaltung – also die Bestandteile Produkt und Produktion des produktbezogenen Businessplans – an Bedeutung. Die auftragsorientierte Fertigung bedingt gegenüber der marktorientierten Fertigung eine andere Interaktion mit dem Kunden und somit Unterschiede im Marketing.

Gerade bei Leistungsbündeln müssen bezüglich dem Typ der Produkte neben den Aspekten der materiellen Produkte auch die Dienstleistungen berücksichtigt wer-

---

[681] Vgl. im Folgenden Jacobs et al. (2009), S. 36 f.
[682] Vgl. Jacobs et al. (2009), S. 41 ff.

den. Die Unterschiede betreffen hier die absatzwirtschaftliche und ebenso die produktionswirtschaftliche Seite. Im Finanzplan müssen demzufolge sowohl Produkterlöse und -kosten als auch Erlöse und Kosten von Dienstleistungen berücksichtigt werden. Die Aspekte der Dienstleistung müssen zudem Eingang in die Bestandteile Produkt und Produktion finden.

Einige Aspekte des produktbasierten Geschäftsmodells wie das *strategische Umfeld* können im Produktprogramm einheitlich für alle Produkte festgelegt werden. Sämtliche Punkte, die über alle Produkte einheitlich behandelt werden können und von der strategischen Planung abgedeckt werden, müssen nicht unbedingt im produktbezogenen Businessplan aufgeführt bzw. gesondert geplant werden. Werden beispielsweise gleichartige Produktgruppen in derselben Organisationseinheit hergestellt, können Synergieeffekte hinsichtlich der Darstellung der Wettbewerber genutzt werden. Dies bedingt allerdings eine enge Verknüpfung von produktbezogenem Businessplan und strategischer Planung.

Damit das produktlebenszyklusorientierte Controlling mittels des produktbezogenen Businessplans die zuvor aufgeführten Informationen zur Verfügung stellen kann, müssen viele verschiedene Daten erfasst und aufbereitet werden. Die Daten sind im Unternehmen oft in unterschiedlichen Informationssystemen gespeichert. So sind Zeichnungen für die Produktgestaltung in Konstruktionssystemen und Kosteninformationen in Enterprise-Ressource-Planning-Systemen (ERP) etc. abgelegt.[683] Zur Zusammenfassung von Daten wurden PDM- bzw. PLM-Systeme – siehe Abschnitt 3.4.2 – entwickelt. Aus diesen Systemen können in die produkt- und produktionsorientierten Teilbereiche des produktbezogenen Businessplans Daten eingebunden werden.

Die Fundierung der betriebswirtschaftlichen Informationen kann insbesondere anhand von Stücklisten und Zeichnungen erfolgen. Eine andere wichtige Quelle für die Erfassung und Bewertung von Daten sind Mitarbeiter und externe Experten. Die Mitarbeiter können über Erfahrungswerte verfügen und Prognosen vornehmen. Aber auch externe Experten wie Lieferanten oder Kunden können Informationen für die Planung bereitstellen.[684]

Die relevanten Planungsaspekte, zum Beispiel die Prognose von Umweltfaktoren, der Marketing-Mix, die Erlöse und Kosten, die Zeitaspekte und die Qualitätsaspekte können unter Bezugnahme auf den Produktlebenszyklus geplant werden. Unter Umweltfaktoren werden alle unternehmensexternen Einflussgrößen subsumiert. Da sich die Umweltfaktoren als Planungsprämissen im Zeitablauf

---

[683] Vgl. Scheer et al. (2006), S. 3 ff.
[684] Vgl. Riezler (1996), S. 190.

verändern, müssen diese prognostiziert werden.[685] Für die Absatzprognose sollte jedoch nicht allein das Produktlebenszyklusmodell angewendet werden. Der idealtypische Verlauf kann nur einen ersten Planungsentwurf darstellen, wenn es an anderen Instrumenten wie Erfahrungswerte, Prognoseverfahren oder Kausalketten mangelt.[686] Zur Konkretisierung der Planungswerte können dann Verfahren der Marktforschung, der Technologieprognose etc. herangezogen werden.

Zur effizienten Planung und Steuerung des Produktlebenszyklus bietet es sich an, die Faktoren und Größen hinsichtlich möglicher Zusammenhänge zu untersuchen. Sind Zusammenhänge gegeben, können diese genutzt werden, um eine Verknüpfung von Faktoren und Planungsgrößen zu etablieren. Das bedeutet, dass bei Veränderung eines Faktors zusätzlich geprüft werden muss, welchen Einfluss diese Änderung auf andere Größen hat. Werden Änderungen von Einflussfaktoren erkannt, kann zum Beispiel mithilfe organisatorischer Maßnahmen, die im Folgenden dargestellt werden, eine kontinuierliche Aktualisierung der Informationen und somit eine zeitnahe Steuerung des Produktlebenszyklus erreicht werden. Zur zeitlichen Strukturierung der Informationen, die eine Identifizierung von Änderungen erleichtert, müssen diese in Versionen abgelegt werden. Durch die Änderung der Versionsidentifikation wird für alle beteiligten Mitarbeiter deutlich, dass eine Änderung eingetreten ist und eine Prüfung von möglichen Konsequenzen und eventuell eine Anpassung der Informationen erfolgen muss.

5.2.3.2 Organisatorischer Rahmen des produktbezogenen Businessplans

Das produktlebenszyklusorientierte Controlling und die produktbezogene Businessplanung müssen organisatorisch geregelt werden. Da in der Businessplanung sehr viele verschiedene Informationen mit einer hohen Vernetzung einfließen, müssen die Vernetzungen zwischen den beteiligten Verantwortungsbereichen beachtet werden. Auch können sich die Informationen während des Produktlebenszyklus aufgrund von Entscheidungen zum Beispiel hinsichtlich der Produktgestaltung häufig ändern.

Bei einer Existenzgründung liegt die Aufgabe der Erstellung eines Businessplans im Aufgabenbereich des Unternehmers. Da der Businessplan darüber hinaus als Controllinginstrument genutzt wird, ist dieser durch das Controlling oder der Institution im Unternehmen, welche die Controllingaufgaben übernimmt, da in Gründungsunternehmen nicht zwangsläufig eine Controllingorganisation vorhanden sein muss, zu bearbeiten. Etwas anders sieht dies bei bestehenden Unternehmen aus. Hier ist das Anwendungsgebiet ausschlaggebend für den Planungsträger des Businessplans. Während oft eher die Unternehmensleitung und der

---

[685] Vgl. Schild (2005), S. 175 ff.
[686] Vgl. Schild (2005), S. 172.

Finanzbereich die Erstellung übernehmen, müssen bei Produktinnovationen und deren Entscheidung aufgrund der spezifischen Themenstellung weitere Funktionen beteiligt werden. Oft sind dies der Vertrieb, das Marketing und der F&E-Bereich.[687]

In fertigungsintensiven Industrien sollten das Produktlebenszyklusmanagement und das produktlebenszyklusorientierte Controlling durch einen Produktmanager und eventuell einen Produktportfoliomanager begleitet werden. Da die Produkte und somit die Produktmanagementteams in Konkurrenz um unternehmensinterne Ressourcen stehen, müssen Prioritäten für die Produkte gesetzt werden. Hierfür kann das Produktportfolio herangezogen werden.[688] Somit wirken der Produktportfolio- und der Produktmanager am produktbezogenen Businessplan mit. Der Produktmanager verantwortet die konkreten Produktbelange wie die Vermarktung des Produktes und die Lösung von Fertigungsproblemen. Er ist somit direkt gegenüber der Geschäftsfeldleitung verantwortlich für Kennzahlen wie Umsatz und Deckungsbeitrag des Produktes.[689] Die Positionierung des Produktes am Markt innerhalb des Produktportfolios sowie die produktübergreifende Betrachtung von technischen und wirtschaftlichen Fragen aus strategischer Sicht sind Gegenstand der Aufgaben des Produktportfoliomanagers.[690]

Neben der Einzel- und Kleinserienfertigung – bei denen ein Projektbezug in der Produktion gegeben ist – werden für die Serien- und Massenproduktion ebenfalls zur Wahrnehmung der Steuerung – maßgeblich bei F&E und der Markteinführung – Produktprojekte vorgeschlagen.[691] Durch die Überlagerung von funktionsorientierten Bereichsstrukturen und produktorientierten Strukturen in der Aufbauorganisation kann die Projektorganisation abgebildet werden. Dabei sind die Projektteams für die Erstellung und Kontrolle des produktbezogenen Businessplans zuständig.[692]

Es wird gefordert, dass in jeder Phase der Produktentwicklung bzw. des gesamten Produktlebenszyklus alle relevanten Funktionen im Projektteam integriert sind.[693] Allerdings kann sich die Organisation – insbesondere die Zusammensetzung des Projektteams – während des Produktlebenszyklus ändern. Dies resultiert aus den unterschiedlichen Aufgabenschwerpunkten in den einzelnen Produktlebenszyklusphasen. In Tabelle 5 werden die relevanten Funktionsbereiche in den Produktlebenszyklusphasen aufgeführt. Aufgrund einer Allgemeingültig-

---

[687] Vgl. Farrokhzad/Kern/Fritzhanns (2005), S. 336.
[688] Vgl. Aumayr (2006), S. 126 f.
[689] Vgl. Aumayr (2006), S. 123.
[690] Ähnlich Farrokhzad/Kern/Fritzhanns (2005), S. 336 ff.
[691] Zu Einzel- und Kleinserienfertiger vgl. Böhl (2001), S. 19; zu Serien- und Massenfertiger vgl. Riezler (1996), S. 44.
[692] Vgl. Cooper (1994), S. 6.
[693] Vgl. Aumayr (2006), S. 125 ff.; Cooper (1994), S. 5.

keit werden in der Tabelle spezielle Funktionsbereiche verschiedener Branchen, wie beispielsweise der Servicebereich im Maschinen- und Anlagenbau, vernachlässigt.

Da die Teams, wie die Tabelle 5 aufzeigt, funktionell – während des Produktionsanlaufs verschiebt sich die Besetzung und Aufgabenstruktur von der Entwicklung zum Produktionsmanagement – unterschiedlich besetzt sind, sollte mit dem Produktionsanlauf eine Umbesetzung und Aufgabenanpassung beim Team vorgenommen werden. Aufgrund seiner Kompetenz sollte der Produktmanager der Teamleiter sein. Während für die Produktentwicklung Phasenmodelle inklusive detaillierter Aufgabenverteilung existieren, können aufgrund der Dynamik und Variabilität späterer Produktlebensphasen nur Rollen für die Mitglieder von Produktmanagementteams angegeben werden.[694]

Produktlebenszyklusphase	Funktionsbereiche
Beobachtungsphase	F&E, Marketing, Produktion, Controlling
Vorlaufphase	F&E, Marketing, Produktion, Controlling, Einkauf, Personalmanagement, Organisation
Markt- und Produktionsphase	Marketing, Produktion, Controlling, F&E, Einkauf, Personalmanagement, Organisation
Nachlaufphase	Service, Controlling, Personalmanagement

Tabelle 5: Die relevanten Funktionsbereiche in den Produktlebenszyklusphasen

Die Beteiligung der Funktionsbereiche im Produktprojekt kann mittels verschiedener organisatorischer Strukturen erfolgen. Bei funktionsorientierten Strukturen finden die Aktivitäten in den Funktionsbereichen statt. Demgegenüber werden bei autonomen Projektstrukturen die Mitarbeiter komplett für das Projekt abgestellt. Zwischen diesen beiden Extremen können zwei weitere Strukturansätze ausgemacht werden. Im Fall der funktionsorientierten Strukturen verbleiben die Mitarbeiter im Funktionsbereich und stellen eine Verbindungsperson für einen Projektausschuss ab. Der Projektleiter verfügt über geringe Befugnisse und koordiniert lediglich die Aktivitäten der Funktionsbereiche.[695]

Bei autonomen Projektstrukturen hat der Projektleiter direkte Befugnisse bezüglich der Projektmitarbeiter. Das Projekt wird über ein Kernteam gesteuert. In diesem Kernteam arbeiten oft für das Projekt abgestellte Mitarbeiter, die eine direkte Verantwortung für die Projektergebnisse übernehmen. Autonome Projektstruk-

---

[694] Vgl. Aumayr (2006), S. 125 ff.
[695] Vgl. Wheelwright/Clark (1994), S. 262 ff.

turen spielen eine wichtige Rolle bei der Verkürzung von Entwicklungszeiten und der Steigerung der Entwicklungsproduktivität, da die funktionsübergreifenden Teams eine bessere Kommunikation und eine stärkere Identifikation mit dem Projekt bedeuten. Von besonderem Interesse ist die autonome Projektstruktur, weil in dieser eine Lösung angestrebt wird und die notwendigen Ressourcen für das Projekt gebündelt werden. Herausforderungen einer autonomen Projektstruktur sind beispielsweise Konflikte mit den Funktionsbereichen.[696] Die Nachteile können durch verschiedene Maßnahmen wie eine konkrete Zielformulierung in einem Projektauftrag, eine adäquate Projektleitung und einem Promotor in der Unternehmens- bzw. Geschäftsfeldleitung minimiert werden.[697]

Die Projektteamorganisation sollte im Profilkontinuum, welches durch die funktionsorientierten und die autonome Struktur aufgespannt wird, aufgestellt werden. Das Kontinuum betrifft die Ausprägungen bezüglich der Projektleitercharakterisierung und der Teammitgliederzuordnung. Sind die Ressourcen im Unternehmen knapp, ist es nicht möglich, die Teammitglieder komplett für das Entwicklungsprojekt abzustellen. Im Kontext einer Kapazitätsanalyse können Prioritäten für die Projekte vorgegeben werden.

Eine wichtige Aufgabe des Projektteams ist die Erstellung und Bearbeitung des produktbezogenen Businessplans, um ihn als Informationsinstrument zur Planung und Steuerung einsetzen zu können. Anfangs muss der produktbezogene Businessplan mit ersten Inhalten erstellt werden. Während des gesamten Produktlebenszyklus, insbesondere der Produktentwicklung, muss er oft angepasst werden. Dabei können Änderungen durch das Vorgehen, zum Beispiel durch den Projektfortschritt, bestimmt sein oder unvorhersehbar, beispielsweise aufgrund von Fehlern, notwendig werden.

In Abbildung 14 wird der Prozess der Erstellung und Bearbeitung des produktbezogenen Businessplans, wie er im Folgenden erläutert wird, dargestellt. Die erste grobe Businessplanung auf Basis der Produktidee kann durch die Nutzung von dokumentiertem Erfahrungswissen und den Einsatz von vorgefertigten Informationen, zum Beispiel von Produktkomponenten, erarbeitet werden. Bei diesem Vorgehen werden vorhandene Komponenten in einem neuen Produkt eingesetzt. In der Produktgestaltung werden die Modellierungsmöglichkeiten eines Produktes mit vorgegebenen Komponenten unter der Berücksichtigung der gewünschten Komponenteneigenschaften und von Regeln betrachtet.[698] Dabei können die Ressourcen für die Produkterstellung ermittelt werden, indem mit den Standardkom-

---

[696] Vgl. Clark/Wheelwright (1992), S. 14 ff.
[697] Vgl. Wheelwright/Clark (1994), S. 280 ff.
[698] Vgl. Scheer et al. (2006), S. 41.

ponenten die notwendigen Ressourcen wie Material und Fertigungskapazitäten verknüpft werden.[699]

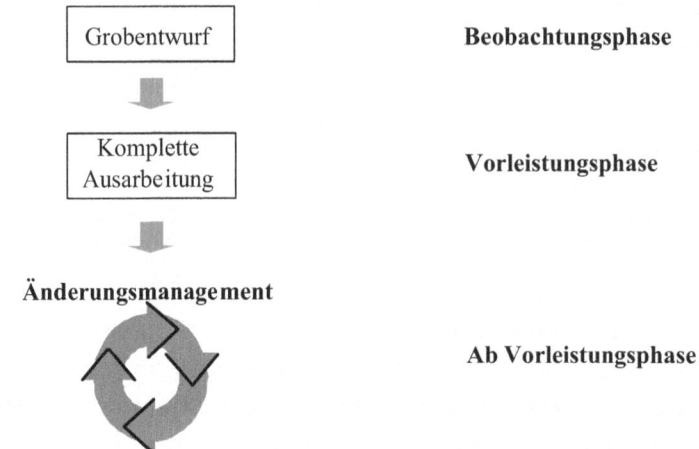

Grobentwurf	**Beobachtungsphase**
Komplette Ausarbeitung	**Vorleistungsphase**
Änderungsmanagement	**Ab Vorleistungsphase**

Abbildung 14:   Ablauf der Bearbeitung des produktbezogenen Businessplans

Diese erste grobe Version des produktbezogenen Businessplans dient der Strukturierung der Produkt- und Geschäftsidee. Dabei werden nur die Informationen einbezogen, die aus Sicht des Managements für die Entscheidung über das Produktprojekt relevant sind. So sind besonders finanzielle Prognosen für die Entscheidung über die Durchführung des Produktprojektes wichtig. Für diese Prognosen ist es aber erforderlich, zumindest eine Spezifikation des Produktes zu entwickeln, um die Marktabgrenzung vorzunehmen und somit den Absatz schätzen zu können. Wegen der fehlenden bzw. unsicheren Informationen über das zukünftige Produktprojekt, zum Beispiel hinsichtlich der Produkt- und Prozessgestaltung, können anfangs nur geschätzte Informationen mit einer geringen Detaillierung bereitgestellt werden. Zu diesem Zeitpunkt beginnen die Planungsphase und der Erstellungsprozess des produktbezogenen Businessplans. Auf Grundlage der detaillierten Informationen des Businessplans kann eine Beurteilung erfolgen und die Entscheidung hinsichtlich weiterer Schritte für das produktbasierte Geschäftsmodell getroffen werden. Dadurch kann auf Basis der Informationen eine Produktkalkulation erstellt werden.

Eine höhere Sicherheit in der Produktentwicklung kann einerseits durch die Verwendung von standardisierten Komponenten, für die Erfahrungswerte vorhanden sind, und andererseits durch den Einbezug des Kunden in die Produktspezifikation erreicht werden. Dadurch können für das produktlebenszyklusori-

---

[699] Eine Literaturübersicht zu den Aufgaben und der Konzeption eines Produktkonfigurators sowie dessen Definition findet sich bei Scheer (2006) et al., S. 48 ff.

entierte Controlling frühzeitig sicherere Plandaten bereitgestellt und der Aufwand für die Produktentwicklung bzw. -anpassung reduziert werden. Der Einbezug des Kunden kann in der Produktentwicklung durch Phasenmodelle wie das Stage Gate erreicht werden. Studien zeigen, dass diese Modelle zwar keinen Einfluss auf den Produkterfolg im Markt haben. Sie geben aber einen ablauforganisatorischen Rahmen für die Produktentwicklung, zum Beispiel hinsichtlich des Instrumenteneinsatzes, vor und können dadurch Entwicklungskosten senken. Durch die Einbettung der Phasenmodelle in ein Risikomanagement können schon vor Beginn der Produktentwicklung mögliche Risiken in den Phasen eingeschätzt werden. Dies ermöglicht das Vorbeugen von bekannten Risiken.[700]

Gerade in den frühen Phasen des Produktlebenszyklus können vielfältige Instrumente, wie das QFD oder das Target Costing, eingesetzt werden. In der Fallstudie im Abschnitt 6 wird das Zusammenwirken von Instrumenten am Beispiel der beiden genannten Instrumente dargestellt. Alle Instrumente können demnach technische und betriebswirtschaftliche Konsequenzen und somit die Notwendigkeit von Änderungen nach sich ziehen. Da sich die wirtschaftlichen und technischen Informationen während des gesamten Produktlebenszyklus und besonders in der Produktentwicklung ändern können, ist ein Änderungsmanagement in allen Produktlebenszyklusphasen unabdingbar. Die Aufgabe des produktbezogenen Businessplans besteht hauptsächlich in der Aufnahme und Bereitstellung der Informationen, in der Initiierung des Instrumenteneinsatzes sowie in der Verarbeitung der Ergebnisse der Prozessschritte bzw. Instrumente. Aufgrund der sich oft ändernden Informationen über das Produkt, den Markt und die Produktionsprozesse, die eine Anpassung und Detaillierung der Planung bedingen, wird die produktbezogene Businessplanung eine permanente Tätigkeit während des Produktprojektes.

Neben den aufgezeigten Anpassungen der Informationen über das produktbasierte Geschäftsmodell aufgrund der Konkretisierung des Projektfortschritts können unvorhersehbare Änderungen eine Quelle für Unwirtschaftlichkeiten sein. Änderungen „… sind nachträgliche Änderungen und Modifikationen an bereits frei gegebenen Entwicklungsständen …"[701]. Sie umfassen die Anpassung von Produkten, Prozessen und den technischen Dokumentationen. Es wird davon ausgegangen, dass Änderungen während der Entwicklungsphase aufgrund unterschiedlicher Ursachen notwendig werden.[702] Durch Änderungen werden Kapazitäten gebunden und Kosten verursacht.[703] Dennoch sind Änderungen unerlässlich, be-

---

[700] Vgl. Scharer (2002), S. 47 ff.
[701] Zanner/Jäger/Stotko (2002), S. 41. Ähnlich definiert die DIN den Begriff Änderung. Vgl. Deutsches Institut für Normung (2009), S. 6.
[702] Vgl. Zanner/Jäger/Stotko (2002), S. 41 ff.
[703] Vgl. Lindemann/Reichwald (1998), S. 2.

sonders wenn aus dem Unterlassen von Änderungen Rückrufaktionen resultieren. Gründe für Änderungen können neben Qualitätsproblemen, Sicherheitsproblemen, veränderten Gesetzen, Kundenwünschen auch Verbesserungsvorschläge sein.[704]

Weitere Gründe für Änderungen können beispielsweise unzureichend erfüllte Zielvorgaben sein. Unerfüllte Zielvorgaben können aus der langwierigen Erstellung der finanziellen Teilplanung, bei der viele Informationen aus unterschiedlichen Teilplanungen benötigt werden, technischen Schwierigkeiten, Materialeigenschaften, fehlendes Wissen etc. resultieren. Erst im Laufe der Produkt- und Prozessentwicklung werden die Werte konkretisiert. Deshalb sind die anfänglichen Werte als vorläufig anzusehen.[705] Mit voranschreitender Entwicklung nimmt die Kostenfestlegung zu. Dadurch sinken die Möglichkeiten der Kostenbeeinflussung und steigen die Kosten von Änderungen. Abbildung 15 listet die Kosten von Änderungen systematisch auf. Die zusätzlichen Entwicklungskosten als ein wesentlicher Kostenblock werden unter den Prozesskosten der Änderungsdurchführung gefasst. Änderungen sollten in der Regel frühzeitig umgesetzt werden, da hier aufgrund der besseren Möglichkeiten der Kostenbeeinflussung der Änderungsaufwand geringer ist.[706]

Kosten von Änderungen				
Prozesskosten des Änderungs-vorlaufs	Prozesskosten der Änderungs-durchführung	Folgekosten des Änderungs-vorlaufs	Folgekosten der Änderungs-durchführung	Fallübergreifende Änderungs-folgekosten
Vorprüfung von Änderungen	zusätzliche Entwicklungs-kosten	Unterbrechung der Produktion	Wertminderung von Altbeständen	Vertrauensverlust bei Betroffenen
Planung von Änderungen	Änderung der Primärdokumente	Lagerung im Sperrlager	Wiederholung von Teilprozessen	Imageverlust am Markt
Genehmigung von Änderungen	Änderung von Betriebsmitteln	zusätzliche Rüstvorgänge	änderungs-induzierte Fehler	Komplexität der Prozesse
	Einsteuerung von Änderungen	Zeitverluste am Markt	Zeitverluste am Markt	Demotivation der Mitarbeiter
{...}	{...}	{...}	{...}	{...}

Abbildung 15:   Wesentliche Kostenkategorien bei Änderungsvorhaben[707]

Für Änderungen werden im Normalfall nur implizit zusätzliche Ressourcen bereitgestellt, deswegen werden diese oft unsystematisch durchgeführt. Die Aus-

---

[704] Vgl. Clark/Fujimoto (1992), S. 124 f.; Risse (2002), S. 181.
[705] Vgl. Risse (2002), S. 180.
[706] Vgl. Zanner/Jäger/Stotko (2002), S. 40 ff.
[707] In Anlehnung an Conrat/Riedel (1998), S. 39.

führung von Änderungen ist komplex und von einer hohen Anzahl an administrativen Schritten begleitet.[708] Um Änderungen vermeiden zu können, sind klare Zieldefinition und detaillierte Anforderungsklärungen zu erheben und zu kommunizieren. Ferner sollten Instrumente wie die FMEA (Failure Mode and Effect Analysis) eingesetzt werden. Bei der FMEA werden auf Basis von Produktprojektinformationen, die zum Beispiel aus dem Einsatz des QFD resultieren, das Auftreten möglicher Fehler und deren Auswirkungen untersucht.[709] Auch können Erfahrungen aus anderen Entwicklungsprojekten, zum Beispiel durch die Nutzung vorhandener Lösungen, Änderungen vermeiden helfen.

Notwendige Änderungen müssen zügig bewertet, beschlossen und kommuniziert werden. Jede Änderung muss hinsichtlich ihrer Auswirkungen analysiert werden. Hierfür sind die Änderungswünsche dokumentiert zu kommunizieren. Eine frühzeitige intensive Kommunikation kann, wie im Freigabemanagement aufgezeigt, die Abstimmung zwischen Mitarbeitern erhöhen und dadurch die Anzahl der Änderungen reduzieren. An dieser Stelle müssen die von der Änderung betroffenen Komponenten und Abteilungen identifiziert werden.[710] Für das Änderungsmanagement müssen demzufolge die Informationen hinsichtlich der Änderung, wie Änderungsgrund und Auswirkungen, jederzeit und für alle beteiligten Funktionsbereiche bereitgestellt werden.

Ein Änderungsantrag löst formal einen Änderungsprozess aus. Dabei müssen die Auswirkungen beschrieben sowie die Änderung technisch und wirtschaftlich bewertet werden. Sind mehrere Bereiche bzw. Unternehmen von der Änderung betroffen, muss eine Abstimmung erfolgen.[711] Damit die Änderungen effizient durchgeführt werden können, empfiehlt es sich, für die Planung und Beherrschung der Änderungsprozesse die Änderungsursachen genau zu eruieren und Vorgehenspläne zu verwenden.[712] Mithilfe von Änderungsbudgets und einer adäquaten Anreizgestaltung kann die Anzahl der Änderungen reduziert und der Änderungsprozess effizient verwirklicht werden.

Das Änderungsmanagement und der produktbezogene Businessplan weisen Synergieeffekte auf. Änderungen können Konsequenzen für den Inhalt des produktbezogenen Businessplans, insbesondere für den Finanzplan, haben und müssen deshalb im produktbezogenen Businessplan abgebildet werden. Aus diesem Grund ist bei unvorhersehbaren Änderungsgründen das Änderungsmanagement für die Aktualisierung des produktbezogenen Businessplans unerlässlich. Demnach ist der produktbezogene Businessplan in das Änderungsmanagement einzu-

---

[708] Vgl. Aßmann (2000), S. 32; Aßmann/Conrat (1998), S. 48 ff.
[709] Vgl. Deutsches Institut für Normung (2006), S. 6 ff.
[710] Vgl. Düchting (2005), S. 84 ff.
[711] Ähnlich Deutsches Institut für Normung (1981), S. 2.
[712] Vgl. Conrat/Voigt (1998), S. 26 ff.

beziehen. Darüber hinaus kann der produktbezogene Businessplan wichtige Funktionen für das Änderungsmanagement übernehmen. Zum einen kann er zur Simulation der betriebswirtschaftlichen – vor allem der monetären – Auswirkungen in der Entscheidungsvorbereitung für die Durchführung einer Änderung dienen sowie zum anderen die Auswirkungen der Änderungen in der Planung und Steuerung des Produktprojektes berücksichtigen. Die Daten der Änderung können also einerseits in der Entscheidungsvorbereitung und andererseits bei der Aktualisierung von Unterlagen, wie Konstruktionspläne, in den produktbezogenen Businessplan einfließen. Anstoß hierfür kann der Änderungsantrag bzw. der Änderungsauftrag sein.

5.3   Einsatz des produktbezogenen Businessplans im produktlebenszyklusorientierten Controlling

Nachdem die Konzeption und die organisatorische Ausgestaltung dargestellt worden sind, wird im Folgenden auf die Einbindung des produktbezogenen Businessplans in das produktlebenszyklusorientierte Controlling näher eingegangen. Hierfür wird der Beitrag zur Zielsetzung des produktbezogenen Businessplans – zur Planung des produktbasierten Geschäftsmodells – aufgezeigt. Zusätzlich werden Aufgaben, die sich aus der Konzeption des produktbezogenen Businessplans ergeben, wie das Monitoring, aufgezeigt.

In der Planung werden Informationen über das produktbasierte Geschäftsmodell zukunftsbezogen erhoben und zusammengefasst. Dies geschieht vornehmlich in der Beobachtungs- und in der Vorlaufphase. Die Planung dient dabei vor allem der Erfolgssicherung, Risikohandhabung und Flexibilitätserhöhung.[713] Dabei werden die Informationen anhand der Struktur des produktbezogenen Businessplans aufbereitet. Das bedeutet, dass der produktbezogene Businessplan einerseits Vorgaben für die Planungssystematik liefert, indem er den Planungsinhalt umschreibt, und andererseits die Planungsinformationen zusammenführt.

Der produktbezogene Businessplan ermöglicht es somit nicht nur die Planungsdaten zu sammeln, sondern auch für das produktlebenszyklusorientierte Controlling die Planung zu koordinieren. Die Koordination der Planung ist eine wesentliche Aufgabe des Controllings.[714] Mittels des produktbezogenen Businessplans können unterschiedliche Elemente wie die Planziele, die Planungsträger und die Planungsgegenstände koordiniert werden. Die Ziele können aus dem Zielsystem des Unternehmens abgeleitet werden.[715] Die Formal- und Sachziele definieren wesentliche Bedingungen der produktbezogenen Businessplanung wie die Bran-

---

[713] Vgl. Küpper (2008), S. 105 f.
[714] Vgl. zum Beispiel Küpper (2008), S. 111 ff.; Horváth (2009), S. 92 ff.
[715] Vgl. zum Beispiel WelgeAl-Laham (1992), S. 258; Hahn (1996), Sp. 1523.

che, die Homogenität des Produktprogramms und die angestrebte Wirtschaftlichkeit. Deshalb geben die übergeordneten Planungen den Rahmen für das Produktprojekt vor. Für die Koordination der Planungsträger können mittels der Struktur des produktbezogenen Businessplans einzelnen organisatorischen Einheiten Planungsaufgaben zugewiesen werden. Die Planungsgegenstände resultieren aus den einzelnen Teilplänen.

Ausgangspunkt für die Planung des Produktprojektes ist die Planung eines Unternehmens oder einzelner strategischer Geschäftseinheiten, die von Hahn und Hungenberg mit der integrierten Produktprogramm- und Potenzialplanung gleichgestellt wird.[716] Strategische Geschäftsfelder sind gekennzeichnet durch eine abgegrenzte, eigenständige Marktbearbeitung mit eigenen Produkten und somit mit eigenen Chancen und Risiken.[717] Produktprogramme können als Kombinationen von neuen und bestehenden Produkten auf bestimmten Märkten aufgefasst werden.[718]

Hat sich der Bedarf für ein neues Produkt ergeben, setzt das produktlebenszyklusorientierte Controlling ein. Zu diesem Zeitpunkt wird der produktbezogene Businessplan erstmals angewendet. Aus der Charakterisierung des produktbasierten Geschäftsfelds wird deutlich, dass einige Planungsaspekte Gegenstand der Produktprogramm- und Potenzialplanung sind und in der Produktprojektplanung lediglich spezifiziert und aus der Produktprogrammplanung übernommen werden können. Dies betrifft maßgeblich grundlegende Entscheidungen und Strukturen, wie die Marktabgrenzung oder die Potenzialplanung, die produktübergreifend das Geschäftsfeld oder das Unternehmen betreffen.

Im Folgenden wird auf die inhaltliche Komponente der betriebswirtschaftlichen Businessplanung eingegangen. Nur wenige, unsichere Daten können anfänglich in den produktbezogenen Businessplan eingegeben werden, da zwischen dem Fortschritt des Produktprojektes und dem Bearbeiten des produktbezogenen Businessplans starke Abhängigkeiten bestehen.[719] Für das produktlebenszyklusorientierte Controlling und für den produktbezogenen Businessplan liefert der Produktlebenszyklus einen integrativen Rahmen zur Berücksichtigung der Planungsprämissen, Zeitdaten und quantitativen Erfolgsgrößen, indem relevante Größen systematisch abgebildet und prognostiziert werden.[720]

Wesentliches Ergebnis der Planung ist eine produktbezogene Ergebnisrechnung für den gesamten Lebenszyklus des Produktes. Eine wichtige Ausgangsbasis

---

[716] Vgl. Hahn/Hungenberg (2001), S. 359.
[717] Vgl. Agthe (1972), S. 183 ff.; Hahn (2006), S. 217.
[718] Vgl. Hahn/Hungenberg (2001), S. 389.
[719] Zur Ablauforganisation des produktbezogenen Businessplans siehe Abschnitt 5.2.3.2.
[720] Vgl. Schild (2005), S. 172 ff.

hierfür ist die Festlegung der zu produzierenden und abzusetzenden Stückzahlen des Produktes. Die Festlegung der Stückzahlen kann sich aufgrund interner Erwägungen wie dem Break-Even-Point oder aufgrund vorhandener Absatzmöglichkeiten ergeben. Für die Break-Even-Analyse müssen allerdings ähnlich der Deckungsbeitragsrechnung alle Kosten und Preise bekannt sein.[721] Das Absatzpotenzial lässt sich durch die Methoden der Marktforschung wie Befragungen oder Methoden der Marktprognose wie Zeitreihenanalysen beurteilen.[722] Grundlage für die Ermittlung des Absatzpotenzials ist die technische Spezifikation des Produktes, denn nur wenn die Anwendungsmöglichkeiten des Produktes bekannt sind, können potenzielle Käufer identifiziert werden. Durch die Bewertung der geplanten Stückzahlen mit dem geplanten Preis werden die Erlöse für das Produkt berechnet.

Für die Planung der variablen Kosten werden ebenfalls die Stückzahlen benötigt. Diese werden mit den variablen Stückkosten des Produktes multipliziert. Bei den variablen Stückkosten handelt es sich insbesondere um Material- und Fertigungseinzelkosten. Die fixen Einzelkosten können dem Produkt komplett periodengerecht zugeordnet werden. Dies betrifft zum Beispiel Kosten von Anlagen und Personal, die ausschließlich vom betrachteten Produkt in Anspruch genommen werden. Gemeinkosten, wie eventuelle Mieten, müssen durch einen gewählten Schlüssel verursachungsgerecht auf die unterschiedlichen Produkte oder Produktgruppen verteilt werden. Das Fallbeispiel im Abschnitt 6 verdeutlicht die Vorgehensweise.

In der Geschäftsfeldplanung oder auch integrierten Produktprogramm- und Potenzialplanung wird ein Produktprogramm bestimmt und darauf aufbauend für die Realisierung notwendige Investitions- und Desinvestitionsentscheidungen getroffen.[723] Es sind in der strategischen Planung unter Beachtung der vorhandenen und der bereits beschlossenen Investitionen künftig mögliche Investitions- und Deinvestitionsalternativen bzw. -alternativenbündel zu ermitteln, mit denen formulierte Unternehmensziele erreicht werden können.[724]

Die Bewertung von Produktprogramm- bzw. Potenzialalternativen geschieht auf Basis ihrer Auswirkungen auf die Erreichung von Zielen. Für die Beurteilung der Zielwirkungen kann eine große Anzahl von Instrumenten und Kennwerten herangezogen werden. Als monetärer Kennwert spielt der Kapitalwert eine herausragende Rolle. Wenn nur begrenzt monetäre Aussagen getroffen werden können, kann ersatzweise ein Bündel angestrebter Wettbewerbsvorteile zur Beurteilung

---

[721] Vgl. Horváth (2009), S. 436 ff.

[722] Vgl. Kotler/Keller/Bliemel (2007), S. 166 ff.; Becker (2006), S. 393 ff.

[723] Vgl. Hahn/Hungenberg (2001), S. 366.

[724] Zum Aufbau bzw. zur Erweiterung von Potenzialen: vgl. Thiele (1997), S. 88 ff. Desinvestitionsmöglichkeiten finden sich bei Schild (2005), S. 166.

genutzt werden. Es sollten monetäre und nichtmonetäre Ziele bei der Bewertung von Alternativen untersucht werden.[725]

Am Anfang der Prüfung von Produktprogrammalternativen stehen Analyse- und Prognoseverfahren, wie die Lebenszyklusanalyse und die Szenario-Technik sowie Frühwarnsysteme, um Handlungsnotwendigkeiten zu erkennen.[726] Wie schon dargestellt, ist die Portfoliotechnik ein wichtiges Instrument zur Analyse und Planung von Produktprogrammen. Werden mehrere Ziele verfolgt, kann beispielsweise die Nutzwertanalyse oder der Analytic Hierarchy Process[727] Entscheidungsunterstützung bieten. Für die monetären ergebnisorientierten Wirkungen einzelner Alternativen interessieren vornehmlich die Kennzahlen einer ergebnis- und liquiditätsorientierten Planung.

Investitionen können Bestandteil einer Kette von zusammenhängenden Investitionen oder Desinvestitionen sein. In dieser Kette existieren zeitliche Interdependenzen zwischen Investitionsentscheidungen und Folgeentscheidungen. Die Analyse solcher Ketten ist besonders in Situationen, die von Unsicherheit geprägt sind, geeignet, um Chancen nutzen und Risiken abwehren zu können. Dies ergibt sich aus der Möglichkeit, passend auf zukünftige Informationen und Situationen reagieren zu können.[728] Das *Entscheidungsbaumverfahren* leistet die Darstellung und Lösung von zeitlich und sachlich komplexen Problemen bei unterschiedlichen Umweltsituationen. Im Entscheidungsbaumverfahren wird die optimale Lösung ausgehend vom Entscheidungsproblem berechnet, indem die Zustände bzw. Ereignisse und ihre Folgeereignisse mit den Eintrittswahrscheinlichkeiten sowie den Zahlungswirkungen oder dem Periodenergebnis bewertet werden. Es wird dadurch eine flexible Planung ermöglicht, die neben der Lösung des aktuellen Problems auch Planungen für zukünftige Maßnahmen umfasst.[729] Zur Strukturierung der Entscheidungssituation kann die Entscheidungsbaumdarstellung verwendet werden, wobei Beziehungen zwischen gegenwärtigen Entscheidungen künftigen, nicht beeinflussbaren Situationen und möglichen künftigen Entscheidungen durch eine baumartige Verästelung dargestellt werden.[730]

Die Anwendung des Entscheidungsbaumverfahrens bietet eine Übersicht hinsichtlich des Entscheidungsproblems und die Darlegung von Interdependenzen. Weil alle Maßnahmen in Abhängigkeit der Umweltentwicklung systematisch aufgezeigt werden, eignen sich Entscheidungsbäume zur Beurteilung von Investi-

---

[725] Vgl. beispielsweise Lüder (1996), Sp. 799.
[726] Vgl. Hahn/Hungenberg (2001), S. 393 f.
[727] Vgl. Hahn/Hungenberg (2001), S. 393.
[728] Vgl. Magee (1964b), S. 128 ff.
[729] Vgl. zum Beispiel Blohm/Lüder/Schäfer (2006), S. 263; Magee (1964a), S. 79; Bamberg/Coenenberg/Krapp (2008), S.242 ff.
[730] Vgl. Magee (1964b), S. 127 ff.

tionsalternativen. Allerdings sind dem Einsatz des Entscheidungsbaumverfahrens zum Beispiel aufgrund der Komplexität realer Entscheidungsprobleme Grenzen gesetzt. Bei realen Entscheidungsproblemen müssen oft viele Entscheidungsmöglichkeiten berücksichtigt werden. Auch können die Ereignisse viele Ausprägungen, die ebenfalls Eingang in das Entscheidungsbaumverfahren finden müssen, annehmen.[731] Der produktbezogene Businessplan kann für das Entscheidungsbaumverfahren die Informationen über die Zahlungen und die Informationen über die Wahrscheinlichkeiten bereitstellen. Die Zahlungsinformationen liefert der Finanzplan. Der Sensitivitätsanalyse können die kritischen Faktoren und die Wahrscheinlichkeiten für deren Eintreten entnommen werden.

Für die Produktprogrammplanung eignet sich das Entscheidungsbaumverfahren insbesondere zur Beurteilung von Wachstumsmöglichkeiten.[732] Es wird vorausgesetzt, dass die Inputgrößen für alle Alternativen und die Wahrscheinlichkeitsverteilungen für die stochastischen Werte bekannt sind.[733] Für die Entscheidung über das zukünftige Produktprogramm werden die Alternativen anhand der Kriterien in eine Reihenfolge gebracht. Wird das Entscheidungsbaumverfahren eingesetzt, ergeben sich neben zeitpunktbezogenen ergebnisoptimalen bzw. kapitalwertoptimalen Programmen Erweiterungen um Folgeinvestitionen inklusive dazugehöriger Produktprogramme für künftige Perioden. Weitere quantitative und nicht quantitative Ziele können mithilfe von Zielgewichtungen sowie anderer multikriterieller Verfahren berücksichtigt werden.[734]

Es ist ferner zu prüfen, ob die Alternativen die unternehmensbezogenen Ziele erfüllen. Im Kontext des Produktlebenszyklus sind die geschätzten Zahlungsströme über das gesamte Produktprogramm hinweg dahingehend zu untersuchen, inwieweit festgelegte Periodenziele erreicht werden können. Ein wichtiger Aspekt hierbei ist der unterschiedliche Kurvenverlauf bei Umsatz und Gewinn, denn aufgrund des Produktionsanlaufs und saisonaler Schwankungen schwankt der Beitrag eines Produktes in der gesamtunternehmensbezogenen Zielerreichung. Diese Abstimmung kann durch Verwendung von hinreichend detailliert formulierten Periodenzielen minimiert werden.[735]

In der Analysefunktion des produktbezogenen Businessplans kann zum einen das produktbasierte Geschäftsmodell grundlegend untersucht und zum anderen können innerhalb der Abweichungsanalyse die Gründe für mögliche Abweichungen eruiert werden. Da im produktbezogenen Businessplan das produktbasierte Ge-

---

[731] Vgl. Kruschwitz (2009), S. 343 f.
[732] Vgl. Hahn/Hungenberg (2001), S. 420.
[733] Vgl. Blohm/Lüder/Schäfer (2006), S. 269 f.
[734] Vgl. Dinkelbach (1982), S. 41 f.; Bamberg/Coenenberg/Krapp (2008), S. 45 ff.; Rosenkranz/Missler-Behr (2005), S. 125; Hahn/Hungenberg (2001), S. 437.
[735] Vgl. Hahn/Hungenberg (2001), S. 440.

schäftsmodell in seinen Einzelheiten und Prämissen umfassend beschrieben wird, kann dies auf Plausibilität und Tragfähigkeit geprüft werden. Zudem stellt gerade die Abweichungsanalyse für das Controlling ein wichtiges Verbindungselement zwischen Planung und Kontrolle dar.[736] Im produktbezogenen Businessplan kann diese durch die Gegenüberstellung von Plan- und Istdaten erfolgen. Zudem können mittels der Angabe der Prämissen des produktbasierten Geschäftsmodells auch die Abweichungsgründe aufgezeigt werden.

Durch die permanenten Veränderungen, die auch als Störgrößen charakterisiert werden, treten Abweichungen zur Planung auf. Die Abweichungsanalyse ist daher Grundlage für die Steuerungsfunktion des produktbezogenen Businessplans. Im Gegensatz zur Planung ist die Steuerung gegenwartsbezogen. Die Steuerung setzt dabei die Ergebnisse der Abweichungsanalyse auf. In der Steuerung können bei Abweichungen Maßnahmen zur Anpassung der Planung, zum Beispiel durch Veränderung der Planungsdaten, und Maßnahmen zur Erreichung der Planung, beispielsweise durch Beeinflussung der Prämissen bzw. Aufgaben, ergriffen werden.[737]

Ähnlich der Unternehmensrechnung kann der produktbezogene Businessplan auch eine Dokumentationsfunktion ausüben. Die Dokumentationsfunktion besteht in der Aufzeichnung und der Aufbewahrung der Daten über einen Zeitraum. Für das Controlling ist die Dokumentationsfunktion unter anderem im Rahmen der Planung für die Datenbereitstellung für Zeitreihen und anderen statistischen Methoden von Bedeutung.[738]

Der produktbezogene Businessplan als zentrales Instrument des produktlebenszyklusorientierten Controllings übernimmt im Produktlebenszyklus nacheinander eine Planungs-, eine Entscheidungs- und eine Steuerungsfunktion. Diese Abfolge darf nicht als fest angesehen werden, sondern kann Wiederholungen unterworfen sein. So lebt die Planungsfunktion in einigen Situationen wie dem Relaunch wieder auf. In dieser Situation wird das Produkt oft hinsichtlich neuer Funktionen oder einem neuen Design weiterentwickelt. Durch den Relaunch und andere Modifikationen in der Produktstrategie ergeben sich Änderungen im Kaufverhalten der Kunden und der Kostenstrukturen. Deshalb müssen viele Daten wie der Umsatz und die Kosten neu bewertet und geplant werden. Auf Basis dieser neuen Plandaten müssen neue Entscheidungen getroffen werden.

Neben diesen direkten Beiträgen zum produktlebenszyklusorientierten Controlling kann der produktbezogene Businessplan das Projektcontrolling in der Vor-

---

[736] Vgl. zum Beispiel Weber/Schäffer (2008), S. 266, Küpper (2008), S. 222.
[737] Vgl. Baum/Coenenberg/Günther (2007), S. 4 f.
[738] Vgl. Küpper (2008), S. 194.

laufphase und das Früherkennungssystems durch ein Monitoring des Produktlebenszyklus unterstützen. Gerade in der Vorlaufphase des Produktlebenszyklus ist die Unterstützung des Projektcontrollings durch die Darstellung des Produktprojektfortschritts und ein darauf aufbauendes Entwicklungsmonitoring von Bedeutung.

Die Vielzahl von Informationen, die der produktbezogene Businessplan umfasst, erlaubt in Verbindung mit der Prognose ein umfangreiches Monitoring in vielfältiger Hinsicht. Das betriebswirtschaftliche Monitoring ist aus dem Bereich von Frühwarn- und Frühaufklärungssystemen bekannt. In der Literatur wurden bereits kennzahlengestützte Montoringsysteme für die Entwicklungs- und für die Produktionsanlaufsphase vorgestellt.[739] Monitoring umfasst die Beobachtung, die Diagnose und die Prognose.[740] Die Beobachtung gibt Aufschluss über Zustandsänderungen des Monitoringobjektes.[741] Das organisatorische Monitoring fokussiert die Organisation, um diese weiter zu entwickeln. Es liefert in diesem Zusammenhang Hinweise auf Schwachstellen der Organisation, in dem es mithilfe des Informationssystems die reale Geschäftsabwicklung dokumentiert.[742] Dabei wird das Ablaufgeschehen anhand einzelner Schritte aufgezeichnet und in Verbindung mit dem bearbeiteten Objekt analysiert.[743]

Das betriebswirtschaftliche Monitoring stützt sich unter anderem auf Kennzahlen, da diese Informationen verdichtet und gut quantifiziert werden können. Ein Nachteil von Kennzahlen ist die Vergangenheitsorientierung. Durch eine Prognose des Sachverhalts kann eine Zukunftsorientierung implementiert werden. Für die Prognose müssen jedoch die Wirkbeziehungen bekannt sein. Da sich dies häufig schwierig gestaltet, können die Prognosen nur Anhaltspunkte für die Steuerung liefern. Aus diesem Grund dürfen andere Möglichkeiten wie das Mitarbeiterwissen zur Diagnose nicht vernachlässigt werden. Im Folgenden wird das Monitoring für Produktentwicklungsprozesse zur Unterstützung des Projektcontrollings und für den gesamten Produktlebenszyklus dargestellt.

Die Steuerung des Entwicklungsprozesses hat eine wichtige Stellung im Produktlebenszyklusmanagement. Eine effektive Steuerung bedingt die frühzeitige Kenntnis von Handlungsfeldern und dem aktuellen Status des Prozesses. Ein alleiniges Ablaufmonitoring ist für Entwicklungsprozesse wegen der fehlenden deterministischen Prozesse nicht ausreichend.[744] Nur mittels Verknüpfung von

---

[739] Vgl. beispielsweise Jenne (2001); Winkler (2007).
[740] Vgl. Bea/Haas (2005), S.302.
[741] Vgl. Jenne (2001), S. 19 ff.
[742] Vgl. Österle/Saxer/Hüttenhain (1994), S. 466.
[743] Vgl. Bawden/Blakeman (1990), S. 190.
[744] Für die Realisierung des Monitoring des Entwicklungsprozesses unterbreitet Jenne einen Vorschlag. Vgl. Jenne (2001).

Produkt- und Entwicklungsprozessinformationen kann ein aussagekräftiges Entwicklungsmonitoring entworfen werden, denn zwischen Entwicklungsprozess- und Produktmodellen bestehen enge Zusammenhänge.[745] Dies resultiert aus den Veränderungen des Produkts als Ergebnis der Entwicklungstätigkeiten. Dabei kann der Entwicklungsprozess zum Beispiel durch Entwicklungsaktivitäten, erzeugten Informationen, Objekte und Methoden beschrieben werden.[746]

Das Entwicklungsmonitoring kann dann die Entwicklungsprozesse anhand von Kennzahlen, Kennlinien, Zeitreihen sowie gegenüber einer Planung betrachten. Werden die Aufzeichnungen und Analysen des Monitorings der Entwicklungsprozesse verglichen, können zudem Best Practices ermittelt werden. In diesem Kontext können darüber hinaus Sollwerte für einzelne Entwicklungsprozesse bestimmt werden.[747] Das vorgestellte Monitoring fokussiert die erfolgsrelevante Entwicklungsphase und erlaubt die Gestaltung von Anreizsystemen, zum Beispiel durch die Fundierung von Zielvereinbarungen, die Planung des Entwicklungsprozesses und dessen aktive Steuerung.

Durch das beschriebene Entwicklungsmonitoring kann festgestellt werden, welche Komponenten des Produktes schon entwickelt worden sind. Somit kann eruiert werden, ob das Projekt termingerecht bearbeitet wird. Dies setzt voraus, dass die Fertigstellung der Komponente ebenfalls zeitlich geplant wurde. Werden zusätzlich für die Produktkomponenten die Entwicklungskosten miterfasst, kann ein Abgleich mit den geplanten Entwicklungskosten der Komponente Aufschluss über etwaige Abweichungen geben. Dadurch können Abweichungen der Entwicklungskosten und des Projektfortschritts frühzeitig erkannt werden.

Für den gesamten Produktlebenszyklus muss das Monitoring ausgeweitet werden. Das Produktmodell kann in der Marktphase nur bedingt, zum Beispiel dank der Variantenzahl, Aufschluss über die Lebenszyklusphase geben, da sich das Produkt nach der Vorlaufphase nicht mehr stark ändert. Voraussetzung für ein phasenübergreifendes Produktlebenszyklusmonitoring ist die Erfassung von aussagekräftigen Kennwerten und eine trennscharfe Abgrenzung der Lebenszyklusphasen. Mögliche Kennwerte können entsprechend dem klassischen Produktlebenszyklusmodell der Tabelle 6 entnommen werden. Das Monitoring des gesamten Produktlebenszyklus muss im Gegensatz zum Entwicklungsmonitoring stärker betriebswirtschaftliche Charakteristika abbilden.

Anhand der Beobachtung und Prognose von relevanten Werten kann die Lebenszyklusphase frühzeitig identifiziert werden. Stagniert zum Beispiel die Wachs-

---

[745] Vgl. Awiszus (2000), S. 106 ff. Das Produkt kann als Resultat von Prozessen aufgefasst werden.
[746] Vgl. Jenne (2001), S. 47.
[747] Vgl. Jenne (2001), S. 51 ff. Diese Aufgabe wird auch durch einen Produktkonfigurator erfüllt.

tumsrate des Absatzes, ist der Marktanteil stabil und sind die Gewinne fallend, deutet dies auf eine Sättigung des Marktes hin. Zu diesem Zeitpunkt muss über die Optionen der Sättigungsphase nachgedacht werden. Das heißt, es muss entweder ein Relaunch oder die Eliminierung des Produktes erfolgen. Durch die Kenntnis der Lebenszyklusphase können also die Normempfehlungen für das Produktlebenszyklusmanagement wie sie in Abschnitt 3.3 dargestellt werden, phasengerecht eingesetzt werden. Das lebenszyklusbezogene Monitoring leistet durch eine frühzeitige Planungsunterstützung, die Eröffnung größerer Handlungsspielräume und die Prognose von Auswirkungen einen wichtigen Beitrag zum Produkterfolg.

Qualitative Charakteristika	• Marktpotenzial • Risiko • Produkterfahrung • Wettbewerb • Technologie
Quantitative Kennwerte	• Absatz • Kosten • Deckungsbeitrag • Wachstumsrate • Marktanteil • Auslastung • Preiselastizität

Tabelle 6:   Kennwerte für das lebenszyklusbezogene Monitoring[748]

5.4   Würdigung des produktbezogenen Businessplans

Die Hauptaufgabe des produktbezogenen Businessplans ist die Abbildung des produktbasierten Geschäftsmodells. In diesem Kontext übernimmt der produktbezogene Businessplan verschiedene Zwecke wie Planung, Entscheidungsfundierung und Steuerung. Da der produktbezogene Businessplan vielfältige Informationen und deren Vernetzung umfasst, werden die Zwecke wahrgenommen. Somit stellt der produktbezogene Businessplan ein geeignetes Controllinginstrument dar.

Der produktbezogene Businessplan kann und muss an das Geschäftsmodell und das Unternehmen angepasst werden. Dies betrifft insbesondere die Marktbetrachtung, den Produktionsbereich, die Prozessstrukturen und die Produktinformationen. Der Aufwand für die Anwendung des produktbezogenen Businessplans kann durch die Vereinheitlichung sich überschneidender Informationen in Plänen ähnlicher Produkte des Geschäftsfelds reduziert werden.

---

[748]   Ähnlich Höft (1992), S. 36 ff.; Meffert (2000), S. 344 f.; Zehbold (1996), S. 28 f.

Durch die aufgezeigte organisatorische Einbindung des produktbezogenen Businessplans wird die Geschäftsmodellanalyse um Steuerungsaspekte hinsichtlich des Produktprojektes ergänzt. Der Einbezug technischer Informationen und deren Vernetzung mit wirtschaftlichen Aspekten sowie die Einbeziehung der Ablauforganisation verbessern die Aussagekraft des produktbezogenen Businessplans und die Koordination mit den technischen Bereichen. Dadurch kann der produktbezogene Businessplan die Kommunikation innerhalb der Entwicklungs- und Produktteams fördern. Er fundiert durch die Prognose von Wirkzusammenhängen die produktbezogenen Entscheidungen. Des Weiteren unterstützt er die Steuerung von Entwicklungs- und Änderungsprozessen.

Mittels der Lebenszyklusrechnung können die Auswirkungen von geplanten Maßnahmen für den gesamten Produktlebenszyklus dargestellt werden. Unsicherheiten über den Produktlebenszyklus können in der Lebenszyklusrechnung durch die Anwendung von Simulationen und Sensitivitätsanalysen berücksichtigt werden.[749] Da mit der Aufgliederung von Effekten in der Standardkostenrechnung konkrete Bereiche angesprochen werden, kann hier eine Anbindung an ein Anreizsystem erfolgen. Im Fallbeispiel im Abschnitt 6 wird die Vorgehensweise der Standardkostenrechnung aufgezeigt.

Im Sinne von Küpper[750] kann der produktbezogene Businessplan als übergreifendes Koordinationsinstrument gekennzeichnet werden. Übergreifende Koordinationsinstrumente erfassen mehrere Führungsteilsysteme und ermöglichen eine umfangreiche Steuerung. Dies gewährleistet der produktbezogene Businessplan durch die Integration von Bestandteilen der unterschiedlichen Führungsteilsysteme, wie der Organisation und dem Planungssystem.

Der produktbezogene Businessplan kann unter anderem als zentrales Informationsinstrument für das Produktlebenszyklusmanagement angesehen werden. Er verknüpft Instrumente und Konzepte technischer und wirtschaftlicher Bereiche miteinander, in dem er für die Instrumente Informationen als Eingangsgrößen bereitstellt und die Ergebnisse aufnimmt. Weitere abgeleitete Funktionen sind die Unterstützung der Projektsteuerung und das Monitoring.

---

[749] Vgl. Zehbold (1996), S. 221 ff.
[750] Vgl. Küpper (2008), S. 40 ff.

6   Steuerung eines produktbasierten Geschäftsmodells mittels des produktbezogenen Businessplans

Nachdem die konzeptionellen Grundlagen für die Steuerung im Produktlebens-zyklusmanagement dargelegt worden sind und der produktbezogene Business-plan als Möglichkeit zur Analyse und Steuerung des produktbezogenen Ge-schäftsmodells konzeptionell herausgearbeitet wurde, wird im Folgenden die Wirksamkeit des produktbezogenen Businessplans zur Steuerung in den Produkt-lebenszyklusphasen an einem Fallbeispiel aufgezeigt.

6.1   Grundlegende Ausführungen und Beschreibung der Ausgangssituation

Der produktbezogene Businessplan umfasst vielfältige Planungsinformationen mit Fokus auf das Produkt. Im Fallbeispiel wird zwar die finanzwirtschaftliche Planung in den Mittelpunkt gerückt, jedoch resultieren die Finanzdaten aus tech-nisch sowie betriebswirtschaftlichen Entscheidungen und Handlungen. Die Fi-nanzziele, die mit einem Produkt verbunden sind, können in profitorientierten Unternehmen als wichtigste Ziele angesehen werden. Dies wird auch an der Grundkonzeption der Balanced Scorecard, die die Finanzperspektive als oberste Perspektive beinhaltet[751], deutlich.

Im Rahmen des Fallbeispiels kann nicht auf alle Aspekte der Steuerung eines produktbasierten Geschäftsmodells eingegangen werden. Das Fallbeispiel kon-zentriert sich insbesondere auf die Finanzplanung, um einerseits die wesentlichen Aspekte zu fokussieren und somit die Komplexität zu reduzieren und anderer-seits haben fast alle Maßnahmen und Entscheidungen finanzwirtschaftliche Kon-sequenzen in der Kosten- und Leistungsrechnung. Demnach können viele Ent-scheidungen und Ereignisse anhand ihrer finanzwirtschaftlichen Auswirkungen dargestellt werden. Die Ergebnisse anderer Planungsbereiche wie die Marktbe-schreibung finden in der Finanzplanung ihre Berücksichtigung als prognostizierte Ergebnisse der zugrunde liegenden Analysen.

Bei dem Beispielunternehmen handelt es sich um ein Maschinen- und Anlagen-bauunternehmen. Das Unternehmen ist ein Serienfertiger. Es stellt Einzelmaschi-nen zum Beispiel Bearbeitungszentren in großer Stückzahl her. Das Produktpro-gramm gliedert sich in verschiedene Baureihen. Das Unternehmen fertigt die Standardmaschinen marktorientiert und bietet nur geringe Variationen kundenin-dividuell an. Bevor auf die Produktplanung eingegangen wird, werden im Fol-genden die allgemeinen Rahmenbedingungen des Geschäftsmodells des Unter-

---

[751]   Vgl. Kaplan/Norton (2005), S. 178 ff.

© Springer Fachmedien Wiesbaden GmbH, ein Teil von Springer Nature 2011
J. Jacobs, *Produktlebenszyklusorientiertes Controlling am Beispiel des produktbezo-genen Businessplans*, Edition KWV, https://doi.org/10.1007/978-3-658-24330-2_6

nehmens dargelegt. Das Unternehmen bezieht einen hohen Anteil der Komponenten von speziellen Lieferanten. Nur eine geringe Anzahl wichtiger Komponenten werden in Eigenfertigung produziert. Der größte Anteil der eigenen Wertschöpfung wird durch die manuelle Montage im Werk erzeugt. Die Kapazitäten der Montageabteilung und der Fertigung werden zusätzlich durch andere Baureihen genutzt. Deshalb werden die Produktionssystemdaten anhand von Maschinenstundensätzen berücksichtigt. Dadurch kann die Komplexität der Planung reduziert werden, weil nicht die divergierenden Daten einer Vielzahl von Produktionssystemen der eigenen Fertigung direkt in die Rechnung einfließen. In der Fertigung werden die Produktionskosten durch die Maschinenstundensätze und die Stückzahl bewertet. Da in den Maschinenstundensätzen oft fixe und variable Kostenanteile miteinander vermischt sind, kann diese Kalkulation nur für eine Vollkostenbetrachtung herangezogen werden. Durch eine Aufteilung des Maschinenstundensatzes in einen variablen und einen fixen Anteil kann auch eine Teilkostenbetrachtung durchgeführt werden. Somit ist es möglich, für die Produktkalkulation eine Preisuntergrenze zu ermitteln. Auch werden in den Maschinenstundensätzen nur Werkzeugkosten von Werkzeugen, die für mehrere Produkte eingesetzt werden können, berücksichtigt. Die Kosten produktspezifischer Werkzeuge werden gesondert erfasst und ausgewiesen. In der Montage fallen fast ausschließlich Personalkosten an. Die Personalkosten werden mengenmäßig durch Zeitstudien ermittelt und anschließend mit den Personalkostensätzen taxiert.

Nach einer ersten Inbetriebnahme im Werk wird die Maschine zerlegt und zum Kunden transportiert. Mit dem Transport geht die Maschine in die Verantwortung der Serviceabteilung über. Servicemitarbeiter setzen die Maschine beim Kunden vor Ort wieder zusammen und nehmen sie erneut in Betrieb. Die Garantiezeit für die Maschinen beträgt zwei Jahre. Innerhalb dieser Zeit werden alle Serviceeinsätze, deren Ursache durch den Maschinenhersteller zu verantworten ist, für den Kunden kostenlos durchgeführt. Dies bedeutet, dass in der Garantiezeit keine Erlöse durch den Service erzielt werden können.

Da es sich bei dem Unternehmen um ein Unternehmen des Maschinen- und Anlagenbaus handelt, bestehen die Leistungen sowohl aus dem Produkt „Maschine" bzw. „Anlage" als auch aus Dienstleistungen. Daher können die Leistungen der Unternehmen als hybride Leistungsbündel identifiziert werden. Der Dienstleistungsaspekt spielt im Fallbeispiel eine untergeordnete Rolle, da der Dienstleistungsbereich bei dem Unternehmen nicht zum zentralen Gegenstand des Produktgeschäftes zählt. Zwar darf der Dienstleistungsbereich als Umsatzträger nicht vernachlässigt werden, dennoch wird aus Gründen der Vereinfachung der Dienstleistungsbereich nur am Rand thematisiert. Der Planungszeitraum für das

Produktprojekt beträgt im Fallbeispiel zehn Jahre. Dadurch sind alle relevanten Produktlebenszyklusphasen abgedeckt. Allerdings wird die Nachlaufphase nur teilweise dargestellt. Der Betrachtungszeitraum müsste demnach bis zum 13. Jahr weitergeführt werden. Für die Planung sind lediglich die Effekte der Erlöse und Kosten aus Serviceeinsätzen interessant. Jedoch werden diese schon während der Marktphase deutlich. Aus diesem Grund wird auf eine Ausweitung des Betrachtungszeitraums verzichtet.

Für das produktbasierte Geschäftsmodell müssen für die Erstellung der Planung und der späteren Steuerung der Geschäftsmodelle die maßgeblichen Einflussgrößen bekannt sein. Tabelle 7 weist die wichtigsten Einflussfaktoren für das produktbasierte Geschäftsmodell des Unternehmens nach Produktlebenszyklusphasen aufgegliedert und bezogen auf einzelne Kostenarten bzw. Zahlungsarten aus. Über die Einflussgrößen müssen Information hinsichtlich ihrer Ausprägung im Geschäft gesammelt werden. Die Einflussgrößen sind hauptsächlich das Ergebnis der Geschäftsmodellkonfiguration. Werden, wie im Fall des Unternehmens, die meisten Komponenten des Produktes fremdbezogen, spielen Fertigungskosten und somit Energiepreise zur Betreibung von Fertigungsanlagen eine untergeordnete Rolle.

Die Kosten der Beobachtungsphase werden vor allem durch das Monitoring von externen und internen Entwicklungen verursacht. Es müssen die notwendigen Daten gesammelt und aufbereitet werden sowie die Einflüsse für mögliche zukünftige Produktprojekte bewertet werden. Darüber hinaus verursachen die ersten groben Planungen für die Produktideen Kosten, da hierfür zumindest Mitarbeiterkapazitäten bereitgestellt werden müssen.

In der Vorlaufphase erhöhen sich die Kosten im Bereich F&E, da zu diesem Zeitpunkt die Produktentwicklung stattfindet. In diesem Zusammenhang wirkt sich der Innovationsgrad auf die Kostenstruktur und das Kostenniveau aus. Für innovative Produkte muss mehr F&E durchgeführt und das Personal beispielsweise in den Bereichen Service, Vertrieb und Fertigung umfassender geschult werden. Des Weiteren müssen für neuartige Produkte neue Werkzeuge für die Fertigungsanlagen konstruiert und hergestellt werden. Die Wandlungsfähigkeit des Produktionssystems hat in der Vorlaufphase Auswirkungen auf die Höhe der zusätzlichen Investitionen. Dadurch werden zu diesem Zeitpunkt nur die Zahlungen berührt. Ein wandlungsfähiges Produktionssystem zeichnet sich durch eine effiziente Anpassungsfähigkeit an neue Anforderungen aus. Mittels der Abschreibungen werden die getätigten Investitionen in den Kostenbereich transferiert.

Einflussgröße	Wert- bzw. Kostentreiber	beeinflusste Erlös- bzw. Kostenart (bzw. Zahlungsart)	Messung
Beobachtungsphase			
Anzahl der Monitoringgrößen	Anzahl der durchgeführten Marktstudien	F&E	Stunden Personal
Vorlaufphase			
Wandlungsfähigkeit des Produktionssystems	Erweiterungsoptionen des Produktionssystems	Abschreibung, Produktionsvorbereitung	Anzahl neuer Maschinen
Innovationsgrad des Produktes	unbekannte Prozesse	F&E, Personalentwicklung, Werkzeuge	Anzahl neuer Werkzeuge
Marktphase			
Beginn Absatz	Verschiebung der Einführung	Produkterlöse	Datum
Absatzmenge pro Periode	Anzahl der abgesetzten Produkte	Produkterlöse, variable Kosten, Anzahl der Inbetriebnahmen	gestellte Rechnungen
Absatzdauer	Zeitraum bis zur letzten Lieferung	Produkterlöse, variable Kosten	Monate
Anzahl der Vertriebsaktivitäten	Anzahl der Messestände	Vertriebskosten	Personalstunden
Zahlungsfristen	Zahlungsmoral	Zeitpunkt der Einzahlungen für Produkte	Monate
Produktionsphase			
Anlaufverhalten der Anlagen	Störungen in der Anlaufphase	Anlaufkosten	Anzahl der Produktionsstillstände
Innovationsgrad des Produktes	unbekannte Prozesse	Werkzeuge	Anzahl neuer Werkzeuge
Maschinenstundensätze	Verbrauch des Produktionssystems	Produktionskosten	Rechnungen für Energie
Energiepreis	Verbrauch des Produktionssystems	Maschinenstundensatz	Rechnungen für Energie
Verschleiß	Wartung am Produktionssystems	Werkzeugkosten	Werkzeugbrüche
Materialpreis	Materialverbrauch	Materialkosten	Abfallmenge
Lohnerhöhungen	Tarifänderungen beim Lohn	Personalkosten	prozentuale Anpassungen
Garantie	Garantiezeit	Garantiekosten	Anzahl der Serviceeinsätze
Nachlaufphase			
Dienstleistungsangebot	vertraglicher Anteil am Verkaufspreis	Serviceerlöse	Anzahl der Verträge
Servicenachfrage	Ausfallwahrscheinlichkeit der Maschinen	Servicekosten	Anzahl der Serviceeinsätze pro Maschine

Tabelle 7:   Einflussgrößen für das Produktprojekt

175

In der Marktphase wird der Erfolg des Produktprojektes insbesondere durch die Absatzmenge bestimmt. Weitere Einflussgrößen wie die Vertriebsaktivitäten beeinflussen einerseits die Absatzmenge und andererseits die Kosten für das produktbasierte Geschäftsmodell. Abhängig von der Absatzmenge und der Abschlussrate von Dienstleistungsverträgen entwickeln sich die Serviceumsätze und die Servicekosten. Weil die Serviceverträge ausschließlich Festpreisverträge – diese Annahme wird aus Gründen der Vereinfachung getroffen – sind, können nur die Kosten des Service reduziert werden, um den Gewinn im Servicebereich zu maximieren.

Mit dem Einstieg in die Produktionsphase nimmt die Anzahl der Einflussfaktoren im Bereich der Kosten zu. Während in der Marktphase die wesentlichen Einflussfaktoren aus der Unternehmensumwelt resultieren, hat das Unternehmen in der Produktionsphase mehr Möglichkeiten, den Erfolg des produktbasierten Geschäftsmodells zu steuern. Durch Rationalisierungs- und Lerneffekte können die Fertigungskosten reduziert werden. Dabei wirken sich diese Effekte reduzierend zum Beispiel auf die Bearbeitungszeiten aus. Für jede verkaufte Maschine müssen in der Garantiezeit, die im Beispiel zwei Jahre dauert, sämtliche Reparaturen, so weit diese durch den Hersteller zu tragen sind, für den Maschinenbetreiber kostenlos durchgeführt werden. Garantiekosten fallen demnach auch anfänglich in der Nachlaufphase – für die zuletzt verkauften Maschinen – an. In der Planung werden diese durch einen Prozentsatz vom Maschinenverkaufspreis berücksichtigt.

In der Nachlaufphase werden im Fallbeispiel nur die Auswirkungen der Serviceverträge wie oben beschrieben betrachtet. Andere Aktivitäten, die oft im Rahmen der Beendigung einer Fertigung notwendig sind, wie die Demontage und Entsorgung von Produktionssystemen, können in diesem Beispiel vernachlässigt werden. Dies liegt in der geringen produktspezifischen Investition, also einerseits der Wandlungsfähigkeit des Produktionssystems und andererseits in dem hohen manuellen Montageanteil begründet. Die getätigten Erweiterungsinvestitionen werden für zukünftige Produkte weitergenutzt.

Viele der Einflussgrößen können sehr gut quantifiziert werden und als Planungsannahmen Berechnungsgrundlage für die Finanzplanung sein. Dies betrifft beispielsweise die Maschinenstundensätze, die Absatzmenge bzw. die Stückzahlen und die Preise. Einflussgrößen, deren Quantifizierung problematisch und deren Auswirkungen auf die Finanzplanung nicht eindeutig sind, sind im Fallbeispiel der Innovationsgrad des Produktes, die Anzahl der Monitoringgrößen, das Anlaufverhalten der Anlagen und die Wandlungsfähigkeit des Produktionssystems. Diese Faktoren müssen jedoch in der Planung berücksichtigt werden, da sie einen erheblichen Einfluss auf die Kostensituation und die notwendigen Investitionen haben. Wegen der Schwierigkeiten bei der Quantifizierung und der Einrechnung in die Planung werden diese Faktoren und deren finanziellen Auswirkungen durch Experten zum Beispiel aufgrund von Erfahrungswerten geschätzt.

Die Kostenarten und die Zahlungsarten differieren in Abhängigkeit vom produktbasierten Geschäftsmodell, von der Produktlebenszyklusphase und den Planungsprämissen. In den Abschnitten zur Darstellung der einzelnen Produktlebenszyklusphasen werden die aktuellen Prämissen für die Kosten- bzw. Zahlungsarten erläutert. Die zentrale lebenszyklusbezogene Planungsrechnung des Unternehmens basiert auf einer Standardkostenrechnung, in der besonders auf ökonomische Veränderungen, technische Veränderungen am Produkt, anlaufbedingte Kosten und Prozessveränderungen eingegangen wird. Ökonomische Veränderungen sind – betreffend die Erlöse – Änderungen des Preisniveaus auf den Absatzmärkten und – betreffend die Kosten – tarifliche Anpassungen bei den Personalkosten sowie Preisänderungen bei dem Materialeinkauf. Die Standardkostenrechnung ermöglicht im Gegensatz zur alleinigen Planung von Zahlungen eine bessere Planung und Steuerung für die produktnahen Bereiche, da spätere Abweichungen besser analysiert werden können und Verantwortung verteilt werden kann.

Es wird von folgendem Szenario ausgegangen: Das Unternehmen musste einen Rückgang hinnehmen und sieht sich einem Wettbewerber gegenüber, der eine neue Technologie in seinen Anlagen erfolgreich anbietet. Um weiterhin am Markt Umsätze generieren zu können, ist das Unternehmen gezwungen, zumindest eine gleichwertige Technologie zu entwickeln. Für das Unternehmen heißt dies, dass es eine Innovation umsetzen muss. Es muss zur Ermittlung der Kundenwünsche Marktforschung betreiben. Weil bisher keine adäquate Technologie im Unternehmen zur Verfügung steht, müssen zudem Forschungs- und Entwicklungstätigkeiten initiiert werden. In Abhängigkeit der möglichen Umsatzentwicklung müssen die Produktionsmöglichkeiten ausgebaut werden. Das Fallbeispiel spiegelt zwar die Realität wider, jedoch sind das Unternehmen und somit die Zahlen fiktiv.

6.2 Beobachtungsphase

Dem Businessplan kommt in der Beobachtungsphase des Unternehmens eine untergeordnete Rolle zu, da in dieser Phase noch keine detaillierte Planung erstellt wird. Die Prognoseunsicherheit für eine detaillierte Planung ist in der Beobachtungsphase aufgrund noch nicht getroffener Entscheidungen und fehlender Informationen über mögliche zum Einsatz kommende Technologien hoch. Aus diesem Grund wäre es unwirtschaftlich, Ressourcen in eine detaillierte Planung zu investieren. Zudem ist die Entscheidung, ob ein Produktprojekt initiiert wird oder nicht, erst das Ergebnis der Beobachtungsphase.[752]

Der produktbezogene Businessplan kann in der Beobachtungsphase für das Unternehmen durch die systematische Sammlung von Produktideen und durch die betriebswirtschaftliche Simulation eine Unterstützung bieten. Für die Aufgabe der Beobachtung von Markttendenzen und von Technologieentwicklung ist zum Beispiel auf Kompetenzen der Mitarbeiter und auf externe Marktanalysen zurückzugreifen. Allerdings können die Ergebnisse von Studien unter den entsprechenden Punkten im produktbezogenen Businessplan wie der Marktbeschreibung festgehalten werden. Zur Sammlung von Produktideen und den dazugehörigen Informationen (in Form von Studien) kann ein neues Projekt angelegt werden. Da in vielen Fällen einzelne Komponenten eines neuen Produktes denen bestehender Produkte zumindest ähneln, können für die Planung Informationen bestehender Produkte herangezogen werden.

In der Beobachtungsphase gilt es mit wenig Aufwand einen aussagefähigen produktbezogenen Businessplan zu erstellen. Dies kann einerseits durch die Verwendung von Informationen ähnlicher Produkte und andererseits durch die Beschränkung auf wesentliche Aspekte und einem geringen Detailgrad erfolgen. Für das Unternehmen im Fallbeispiel bedeutet dies, dass in der Beobachtungsphase das Produkt mit seinen wesentlichen technischen Eigenschaften spezifiziert wird. Dadurch kann unter Berücksichtigung weiterer Bedingungen wie die Preispolitik die Zielgruppe und der potenzielle Absatz abgeleitet werden. Des Weiteren kann auf Basis von Erfahrungswerten das strategische Umfeld beschrieben werden. Im produktbezogene Businessplan werden daraufhin die Bestandteile Produkt, Produktion, Investitionen, Personal und Finanzplan skizzenhaft, nur soweit wie für die Umsetzungsentscheidung für das Produktprojekt notwendig, ausgearbeitet.

Die betriebswirtschaftliche Simulation kann ebenfalls durch die Verwendung von betriebswirtschaftlichen Informationen bestehender Produkte erstellt werden. Hierbei spielt der Neuigkeitsgrad des zu planenden Produktes eine wesentliche Rolle. Dies betrifft den lebenszyklusbezogenen Verlauf der Erlöse und vor allem die Kosten. Wird das neue Produkt mit vorhandenen Fertigungstechnologien und Betriebsmitteln produziert, können Erfahrungswerte eingesetzt werden. Die Daten bestehender Produkte müssen für die Simulation auf Basis aktueller Planungsannahmen und -prämissen geprüft und angepasst werden. Somit ergibt sich

---

[752] Eine ähnliche zeitliche Struktur liegt der Stage-Gate-Methode zugrunde. Zum Ablauf der Stage-Gate-Methodik vgl. Cooper/Kleinschmidt (1993), S. 26 ff.

eine erste betriebswirtschaftliche Betrachtung des zukünftigen produktbasierten Geschäftsmodells.

Da die verwendeten Daten Vergangenheitswerte anderer Produkte sind, gehen mit diesen hohe Unsicherheiten einher. Die Prognosegenauigkeit wird durch die Beeinflussbarkeit von Entwicklungen, die Qualität der verfügbaren Daten, den Detaillierungsgrad und veränderten Rahmenbedingungen bestimmt.[753] Im Fall des Unternehmens ergeben sich Prognoseunsicherheiten besonders aus der Marktentwicklung und der neuen Technologie, die in die neuen Produkte integriert werden soll. Es kann wegen der mangelnden Erfahrung mit der neuen Technologie der Fertigungsprozess nicht hinreichend genau geplant und kostenmäßig geschätzt werden.

Allerdings können durch die wiederholte Anwendung des produktbezogenen Businessplans in der Vergangenheit relevante Einflussfaktoren und deren Auswirkungen herausgearbeitet werden. Diese Einflussfaktoren finden ihre Berücksichtigung in den Planungsprämissen, die der Planung zugrunde gelegt werden. Die Prämissen für alle relevanten und quantifizierbaren Einflussfaktoren auf die relevanten Kosten- und Zahlungsarten und Planungsjahre werden in der Tabelle 8 für die Berücksichtigung in der ersten groben Planung spezifiziert. Für alle Kosten- und Zahlungsarten sind die notwendigen Planungsannahmen und deren Auswirkungen auf die Einflussgrößen aufgeführt. Die Eigenfertigung findet auf einer Anlage statt. Demzufolge muss nur ein Maschinenstundensatz angesetzt werden. Zur Vereinfachung werden der gesamte Maschinenstundensatz und der Energieanteil im Maschinenstundensatz ausgewiesen. Dadurch können die Veränderungen der ökonomischen Rahmenbedingungen, zum Beispiel der Energiepreise, direkt auf den Anteil des Maschinenstundensatzes bezogen werden.

Der Verkaufspreis bleibt im Fallbeispiel über den gesamten Planungshorizont gleich. Der Planungshorizont teilt sich wie folgt auf die einzelnen Produktlebenszyklusphasen auf:

- im ersten Jahr finden im Rahmen der Beobachtungsphase die Beobachtungsaktivitäten statt,
- im zweiten und dritten Jahr werden in der Vorlaufphase die Entwicklungs- und die Vorbereitungsarbeiten durchgeführt,
- in den Jahren vier bis acht werden in der Produktionsphase die Produkte produziert und in der zeitgleich erfolgenden Marktphase die Produkte abgesetzt sowie
- in den Jahren neun und zehn der Service in der Nachlaufphase weitergeplant.

---

[753] Vgl. Gröner (1991).

	Allgemein	Beob.-Phase	Vorlaufphase		Markt- und Produktionsphase					Nachlaufphase	
		1. Jahr	2. Jahr	3. Jahr	4. Jahr	5. Jahr	6. Jahr	7. Jahr	8. Jahr	9. Jahr	10. Jahr
Planungsjahre	10										
Stückzahlen					20	100	150	155	120		
Verkaufspreis (pro Stück)	250.000 €										
Serviceanteil am Umsatz pro Maschine und Jahr					0,5%	0,5%	0,5%	0,5%	0,5%	0,5%	0,5%
Erlösschmälerungen (pro Stück)							10.000 €	10.000 €	10.000 €	10.000 €	10.000 €
Ersatzteilverkauf (von der kumulierten Stückzahl)							2%	2%	2%	2%	2%
Garantiezeit	2 Jahre										
Standardkostenmaterial (pro Stück)					108.000 €	108.000 €	104.760 €	101.617 €	98.569 €	98.569 €	98.569 €
Ökonomische Veränderungen (Materialvolumen)						3%	3%	3%	3%		
Prozessveränderung											
Anlaufkosten Montagefehler (pro Stück)	1%				1.080 €						
Materialeingang in Produktion	20.000 €										
Anlaufbedingter Ausschuss Produktion (pro Stück)	20%				4.000 €						
Standardpersonalkosten (pro Stück)					87.500 €	87.500 €	90.125 €	92.829 €	95.614 €		
Personalstundensatz					50 €	52 €	53 €	55 €	56 €		
Montagestunden					1750	1750	1750	1750	1750		
Ökonomische Veränderungen						-3%	-3%	-3%	-3%		
technische Veränderungen											
Prozessveränderung											
Anlauf (zusätzliche benötigte Zeit pro Stück)	Stunden				50						
Anlaufkosten (pro Stück)					2.500 €						
Standardproduktionskosten (pro Stück)					3.000 €	3.000 €	3.060 €	3.124 €	3.191 €		
Maschinenstundensatz					150 €	153 €	156 €	160 €	163 €		
Energieanteil im Maschinenstundensatz					50 €	53 €	56 €	60 €	63 €		
Fertigungsstunden					20	20	20	20	20		
Ökonomische Veränderungen						-6%	-6%	-6%	-6%		
technische Veränderungen											
Prozessveränderung											
Anlauf (zusätzliche benötigte Zeit pro Stück)	Stunden				2						
anlaufbedingter Ausschuss (pro Stück)					600 €						
Anlaufkosten (pro Stück)	20%				900 €						
Frachtkosten (pro Stück)					1.500 €	1.500 €	1.500 €	1.500 €	1.500 €		
Werkzeugentwicklung	100.000 €										
Werkzeugverschleiß (pro Fertigungsstunde)	10 €										
Forschung und Entwicklung		30.000 €	150.000 €	200.000 €	4.000 €	20.000 €	30.000 €	31.000 €	24.000 €		
Produktionsvorbereitung (Lizenz für Software)	(10.000 € pro Muster)			10.000 €	10.000 €	10.000 €	10.000 €	10.000 €	10.000 €		
Produktionsvorbereitung (Anzahl Muster)			2	25	10						
Garantiekosten (in % vom Stückpreis)	2 Jahre Garantie				2%	0,50%	0,50%	0,50%	1%	1%	
Personalentwicklung (Anzahl)	1000 € pro Aktivität / 2500 € pro Workshop			10		20	20	75	5	5	5
Personalkosten Service (Anzahl Einsätze)	8 Einsätze pro Maschine					960	2160	3400	4360	4360	4360
Personalkosten Service (Stunden)	8 pro Einsatz					7680	17280	27200	34880	34880	34880
Personalstundensatz Service						72,10 €	74,26 €	76,49 €	78,79 €	81,15 €	83,58 €
Reisekosten	200 € pro Einsatz					192.000 €	432.000 €	680.000 €	872.000 €	872.000 €	872.000 €
Verwaltungskosten	250.000 € pro Jahr		250.000 €	250.000 €	250.000 €	250.000 €	250.000 €	250.000 €	250.000 €	250.000 €	100.000 €
Zins	10 % pro Jahr										100.000 €

Tabelle 8:   Zusammenfassung der relevanten Prämissen für die Planung in der Beobachtungsphase

Mittels der vorgegebenen Planungsprämissen und den Vergangenheitswerten ergeben sich als erste Plandaten die in Tabelle 9 dargestellten Werte. In der Finanzplanung werden alle Werte als Jahreswerte angegeben. Die Jahreswerte werden überwiegend nach dem Verursachungsprinzip aus den Stückzahlen und den einfließenden Materialien bzw. Leistungen sowie deren Preisen errechnet. Investitionen fallen nur für die Werkzeuge an, die in der Finanzplanung als gesonderte Kosten bzw. Zahlungen dargestellt werden. Alle angegebenen Kosten sind in der Beobachtungsphase Werte, die nicht auf detaillierten Berechnungen der Einflussgrößen beruhen sondern auf akzeptierten Erfahrungswerten. Wegen der fehlenden Berechnungsbasis ist es in der Beobachtungsphase nicht möglich, alle Kostenarten detailliert zu planen. Hier können parametrische Methoden etc. zur ersten Kostenabschätzung genutzt werden.[754]

In der verwendeten Standardkostenrechnung werden die Standardkosten ausgewiesen und Kostenänderungen durch Preisänderungen (ökonomische Veränderungen), durch Änderungen an der Produktgestaltung bzw. den Produktionsanlagen (technische Änderungen), durch Änderungen bzw. etwaige Unwirtschaftlichkeiten im Produktionsprozess und durch Anlaufkosten erklärt. Technische Veränderungen (zum Beispiel Materialeinsparungen) ergeben sich aus einer Veränderung des Produktes. Anlaufbedingte Kosten entstehen aus Schwierigkeiten durch den Start einer neuen Produktion. Wird die Fertigung umstrukturiert, so werden diese Effekte unter dem Punkt Prozessveränderung festgehalten. Neben geplanten Rationalisierungen in der Fertigung werden dort auch Lerneffekte in der Fertigung einkalkuliert. Alle Änderungsbereiche berühren die variablen Kosten und werden deshalb dort ausgewiesen. Die Gesamtkosten einer Kostenart ergeben sich summarisch aus den Standardkosten und den Abweichungen. Das heißt, dass sich höhere Anlaufkosten im Materialbereich in einem erhöhten Materialeinkauf ausdrücken.

Die Standardkostensätze und -preise eines Jahres werden anfangs auf Normalkostenbasis oder Erfahrungen ermittelt. Weil die Preise und Kostensätze in jeder Periode unterschiedlichen Einflüssen unterliegen und sich deshalb stetig verändern, müssen die Standardkostensätze und Preise in jeder Periode angepasst werden. Nur dadurch kann sichergestellt werden, dass in der Abweichungsanalyse die aktuellen Effekte bewertet werden können. Die Aktualität spielt für die Kalkulation und für die Steuerung eine wesentliche Rolle. Alle Standardkostensätze werden zum Stichtag Jahresende auf Basis der Ist-Werte zu diesem Stichtag festgesetzt. Am Beispiel der Produktionskosten bedeutet dies, dass die Maschinenstundensätze zum Ende der Vorperiode als Standardkostensatz für die aktuelle

---

[754] Vgl. Madauss (2000), S. 261 ff. Kostenschätzbeziehung auf Basis von Ähnlichkeiten werden bei König (1995), S. 124 ff. erläutert.

Periode festgelegt werden. Der aktuelle Maschinenstundensatz ergibt sich aus dem Maschinenstundensatz der Vorperiode und den notwendigen Anpassungen für die aktuelle Periode, absehbaren Preisänderungen sowie den Abweichungen der Vorperiode.

Die direkten Personalkosten sind nur Personalkosten der Montageabteilung. Personalkosten, die in der Fertigung anfallen, werden über den Maschinenstundensatz berücksichtigt. Andere Personalkosten, insbesondere für die sekundären Tätigkeiten wie Beschaffung, sind durch die Verwaltungskosten abgedeckt. Lediglich die Personalkosten im Bereich F&E werden gesondert über die F&E-Kosten abgerechnet. Der Rohertrag als Differenz von Nettoerlösen und Kosten – Material-, Personal-, Produktions- und Frachtkosten – kann nicht mit einem Deckungsbeitrag gleich gesetzt werden. Hierfür dürfen nur der variable Anteil im Maschinenstundensatz und Personalkosten, die unmittelbar abbaubar sind, berücksichtigt werden. Zur Steuerung des Produktprojektes ist es wichtig, die variablen und fixen Bestandteile der einzelnen Kosten zu kennen.

Die Entwicklungskosten bei dem Unternehmen ergeben sich durch die notwendigen Entwicklungsstunden und die Stundensätze für die Entwicklungsabteilung. Die Entwicklungstätigkeiten im Unternehmen werden durch eine zentrale Entwicklungsabteilung vorgenommen. Die Kapazitäten und Kosten der Entwicklungsabteilung werden entsprechend der Inanspruchnahme durch Entwicklungsstunden auf die Produktreihen verteilt. Die Entwicklungstätigkeiten bestehen maßgeblich in der Konstruktion der Maschinen und der Simulation von Arbeitsgängen an der Maschine. Da diese Tätigkeiten ausschließlich am Rechner durchgeführt werden, kann auf teuere Prototypen verzichtet werden. Aufgrund der vertraglichen Bedingungen in der Entwicklungsabteilung müssen keine Steigerungen der Stundensätze geplant werden.

Die F&E-Kosten erhöhen sich im 7. Jahr des Produktprojektes, da hier ein Relaunch mit neuen Varianten geplant wird. In der Reifephase führt die steigende Differenzierung der Abnehmerbedürfnisse zu einer zunehmenden Anzahl an Produktvarianten. Dadurch kann sich das Unternehmen einerseits von Wettbewerbern differenzieren und andererseits besser auf individuelle Kundenwünsche eingehen.[755] Für die Entwicklung dieser neuen Varianten und einer geringfügigen Änderung des Produktkonzeptes müssen erneut F&E-Anstrengungen unternommen werden. Ein weiterer Effekt der Veränderung des Produktkonzeptes und die Erhöhung der Variantenzahl ist ein Rückgang der Rationalitätseffekte. Einerseits müssen völlig neue Prozesse realisiert werden und somit ein Verlust von Lernkurveneffekten hingenommen werden. Andererseits birgt die Erhöhung der Vari-

---

[755] Vgl. Schumann (1981), S. 42; Hofstätter (1977), S. 27.

antenzahl das Problem einer Erhöhung der Komplexität in vielen Bereichen wie der Fertigung oder der Beschaffung.

Die Garantiekosten können als Wagniskosten deklariert werden. Sie sind ein Risiko für das Unternehmen. In der Entwicklung und der Fertigung eines Produktes können viele Unwägbarkeiten auftreten, welche zu Fehlern im Einsatz des Produktes führen und im Rahmen der Produkthaftung für den Kunden kostenfrei behoben werden müssen. Die Kosten werden in den ersten zwei Jahren durch den Hersteller übernommen, sofern die Schwierigkeiten in seiner Verantwortung liegen. Die Kosten werden in der Planung unter dem Punkt Garantiekosten zusammengefasst und als Prozentsatz vom Investitionsvolumen geplant.

Die Verwaltungskosten umfassen im Sinne der Vollkostenbetrachtung alle fixen, nicht direkt produktbezogenen Kosten, die nicht wie auf Maschinenebene umgelegt werden können. Zu diesen Kosten zählen zum Beispiel die Personalkosten der Geschäftsführung. Während alle anderen Kostenarten auf Basis von Produktdaten bzw. der Inanspruchnahme von Kapazitäten berechnet werden, werden die Verwaltungskosten auf jedes Produkt gleichermaßen belastet. Dies stellt für das Fallbeispiel eine Vereinfachung dar, weil die Verwaltungskosten beispielsweise durch die Prozesskostenrechnung und die Nutzung von Prozessen fundiert werden könnten. Weil dies aber nicht im Zentrum der Arbeit steht, wird nicht näher auf die Berechnung der Verwaltungskosten eingegangen.

Kalkulatorische Kosten, die in die Lebenszyklusbetrachtung einfließen, sind der kalkulatorische Unternehmerlohn, die kalkulatorische Miete und kalkulatorische Zinsen auf das eingesetzte Kapital. Ein kalkulatorischer Unternehmerlohn kann über die Verwaltungskosten eingerechnet werden, da die Leistungen des Unternehmers für das Produktprojekt, wie die Leistungen der Verwaltung, oft nur mit Schwierigkeiten erfasst und bewertet werden können. Die Miete wird durch die Stundensätze berücksichtigt. Abschreibungen stellen kalkulatorische Kosten dar, die explizit eingerechnet werden. Sie betreffen ausschließlich die Investitionen, die zusätzlich für die Realisierung des Produktprojektes notwendig sind.

Kalkulatorische Zinsen werden auf das durchschnittliche gebundene betriebsnotwendige Kapital in Ansatz gebracht. Im Fallbeispiel werden zum betriebsgebundenen Kapital maßgeblich das durch die Investition angeschaffte Anlagevermögen, die spezifischen Werkzeuge sowie die Maschinen und Gebäude, die nicht produktspezifisch eingesetzt werden – also diejenigen, die über Maschinenstundensätze in die Betrachtung einfließen, gezählt.[756] Die Kapitalkosten vom nicht produktspezifischen Anlagevermögen sind in den Verwaltungskosten enthalten.

---

[756] Zu einer Aufstellung der Berechnung des betriebsnotwendigen Kapitals vgl. beispielsweise Coenenberg (2007), S.46 f.

Da die Materialien bedarfsgerecht beschafft und die Maschinen auftragsorientiert gefertigt werden, wird im Beispiel das Umlaufvermögen größtenteils vernachlässigt. Lediglich die Materialien finden Eingang in die Berechnung der kalkulatorischen Zinsen. Da die Durchlaufzeit der Fertigung einer Maschine zwei Monate beträgt, kann man für den durchschnittlichen Materialbestand eines Jahres die Materialkosten dividiert durch sechs annehmen.

Die Formel visualisiert die Berechnung der Kapital- bzw. Zinskosten für das Produktprojekt. Dabei werden die spezifischen Investitionen um die Abschreibungen der Vorperioden reduziert. Die Werkzeuge werden mit ihren Werkzeugkosten angesetzt. Aufgrund des nutzungsbedingten, starken Verschleißes der Werkzeuge werden die Werkzeugkosten als Maßstab für deren Wert in der Bilanz und somit als Grundlage für die Berechnung der kalkulatorischen Zinskosten angenommen.

$$Kapitalkosten = Zins * \frac{Material + Werkzeuge + spezifische\ Investition - Abschreibungen}{2}$$

Einen großen Anteil am Umsatz stellen die Serviceumsätze und der Ersatzteilverkauf. Sämtliche Ersatzteile können fremd bezogenen werden und schlagen sich demnach in den Materialkosten nieder. Weil der Ersatzteilbedarf gegenüber dem normalen Materialbedarf der Fertigung gering ist, können nach Beendigung der Fertigung der Baureihe keine weiteren Preisreduzierungen im Materialbereich realisiert werden. Die Servicekosten werden maßgeblich durch die Personalkosten und die Reisekosten bestimmt. Die personalbezogenen Servicekosten können durch die Anzahl der Einsätze pro Maschine, die Anzahl der abgesetzten Maschinen und die Länge der Einsätze berechnet werden. Dabei werden die Einsätze mit Stundensätze für das Servicepersonal bewertet. Die Kosten für Ersatzteile werden gesondert in den Materialkosten einkalkuliert. Für die Reisekosten werden durchschnittliche Kosten pro Einsatz angenommen.

Mit Zunahme der abgesetzten Maschinen und der abgeschlossenen Serviceverträge nehmen die Serviceumsätze zu. Entsprechend der Nutzungsdauer der Maschinen beim Kunden laufen die Serviceverträge aus. Aus diesem Grund werden die Serviceumsätze für eine Produktreihe nach einer gewissen Zeit sinken. Werden beispielsweise fünf Jahre als durchschnittliche Nutzungsdauer angenommen, werden die ersten verkauften Maschinen am Ende der Marktphase beim Kunden ausgesondert. Wegen dieses Effekts wird die Serviceverantwortung im zehnten Jahr des Produktlebenszyklus komplett an die Serviceabteilung übergeben und die produktbezogene Betrachtung beendet

Tabelle (in T€):

in T€	Beob.phase 1. Jahr	Vorlaufphase 2. Jahr	Vorlaufphase 3. Jahr	Markt- und Produktionsphase 4. Jahr	5. Jahr	6. Jahr	7. Jahr	8. Jahr	Nachlaufphase 9. Jahr	10. Jahr	Gesamt
Erlöse				5.025	25.125	37.813	39.694	31.838	2.656	3.406	145.556
Produkt (inklusive Ersatzteile)				5.000	25.000	37.600	39.350	31.350	2.125	2.725	143.150
Service				25	125	213	344	488	531	681	2.406
Erlösschmälerungen						-1.500	-1.550	-1.200			-4.250
Nettoerlöse				5.025	25.125	36.313	38.144	30.638	2.656	3.406	141.306
Materialkosten				-2.262	-10.476	-15.283	-15.515	-11.990	-838	-1.074	-57.437
Standardmaterialkosten				-2.160	-10.800	-15.756	-15.995	-12.361	-838	-1.074	-58.983
Ökonomische Veränderungen					324	473	480	371			1.647
technische Veränderungen											
Prozessveränderung				-102							-102
Anlaufkosten											
Direkte Personalkosten				-1.800	-9.013	-13.924	-14.820	-11.818			-51.375
Standardpersonalkosten				-1.750	-8.750	-13.519	-14.388	-11.474			-49.881
Ökonomische Veränderungen					-263	-406	-432	-344			-1.444
technische Veränderungen											
Prozessveränderung				*-50*							-50
Anlaufkosten											
Produktionskosten				-78	-318	-487	-513	-406			-1.802
Standardproduktionskosten				-60	-300	-459	-484	-383			-1.686
Ökonomische Veränderungen					-18	-28	-29	-23			-98
technische Veränderungen											
Prozessveränderung				-18							-18
Anlaufkosten											
Frachtkosten				-30	-150	-225	-233	-180			-818
Rohertrag				855	5.169	6.393	7.063	6.244	1.818	2.332	29.875
Abschreibung (100 % fix)			-5	-19	-88	-129	-131	-101	-7	-9	-489
Kalkulatorische Zinsen (10 % fix)				-10	-10	-50	-10	-10			-440
Forschung und Entwicklung (80 % fix)	-30	-150	-260	-110	-10	-10					-410
Produktionsvorbereitung (90% fix)			-200	-4	-10	-30					-209
Werkzeuge (60 % fix)			-100	-50	-20	-20	-31	-24			-195
Vertriebskosten (70 % fix)			-10	-101	-126	-189	-198	-318	-5	-5	-959
Garantiekosten (0 % fix)				-25	-25		-75	-10	-27		-63
Personalentwicklung (75 % fix)		-5	-8	-90	-554	-1.283	-2.081	-2.748	-2.830	-2.915	-12.501
Personalkosten Service (40 % fix)				-32	-192	-432	-680	-872	-872	-872	-3.952
Reisekosten (0 % fix)										-100	
Allgemeine Verwaltungskosten (100 % fix)			-250	-250	-250	-250	-250	-250	-250		-1.850
Betriebsergebnis	-30	-155	-833	165	3.884	4.000	3.607	1.911	-2.173	-1.570	8.808

Tabelle 9:   Planwerte in der Produktlebenszyklusrechnung für das Unternehmen in der Beobachtungsphase

Die erste Projektion auf Basis von Erfahrungswerten und groben Schätzungen ergibt einen Lebenszyklusgewinn von ca. 8,8 Millionen Euro. Nach diesen ersten

Prognoserechnungen wird dem Produktprojekt ein großes Erfolgspotenzial unterstellt. Vor allem die geringen zusätzlichen Investitionen und der Lebenszyklusgewinn führen zu einer Entscheidung für die Durchführung des Produktprojektes.

Die Kostenrechnung kann in die Zahlungsrechnung unter Berücksichtigung einiger Annahmen überführt werden. Da dies für die vorliegende Arbeit unerheblich ist, wird an dieser Stelle auf die einschlägige Literatur verwiesen.[757] Mittels der Zahlungsbetrachtung können weitere Kennwerte für die Vorteilhaftigkeit eines Projektes, wie der Kapitalwert, ermittelt werden. Die Berechnung des Kapitalwertes wird in Tabelle 10 dargestellt. Ausgangsinformationen für die Aufstellung der Kapitalwertrechnung resultieren aus der Kostenrechnung. Zur Berechnung des Kapitalwertes wird ein Zinssatz von 10 % zugrunde gelegt. Eine wichtige Annahme betrifft die zeitliche Verzerrung bei den Zahlungen. Es wird davon ausgegangen, dass die Zahlungen sofort und komplett geleistet werden. Der Kapitalwert beträgt ca. 5,5 Millionen Euro.

6.3 Vorlaufphase

Mit dem Ende der Beobachtungsphase wurde im Unternehmen eine Entscheidung zur Umsetzung des Produktprojektes getroffen. Die Bedeutung des produktbezogenen Businessplans zeigt sich besonders in der Vorlaufphase. Während in der Beobachtungsphase noch wenige Funktionen mit der Entwicklung der Produktidee bzw. der Erstellung des Angebots beteiligt waren, nimmt in der Vorlaufphase die Anzahl von Mitarbeitern, die mit dem Produktprojekt betraut sind, zu. Auch steigt die Anzahl von Instrumenten, die zum Einsatz kommen. Durch die zunehmende Konkretisierung der Entwicklung nimmt die Unsicherheit in der Planung ab. Dies bedeutet wiederum, dass die Prämissen und die Planung immer wieder angepasst werden müssen.

In der Beobachtungsphase wurde das Produkt in wichtigen Leistungsmerkmalen beschrieben. Der Instrumenteneinsatz, der im Folgenden beschrieben wird, ist als beispielhaft anzusehen. Es können in den Phasen viele Instrumente mit unterschiedlichen Zielsetzungen eingesetzt werden. Die Vorgehensweise bleibt jedoch i.d.R. gleich. Es werden Daten aus dem produktbezogenen Businessplan genutzt, um diese mittels der Instrumente zu bearbeiten und überarbeitete Informationen in Form einer aktualisierten Planung in den produktbezogenen Businessplan einzupflegen.

---

[757] In der Literatur wird die Beziehung von Kosten- und Leistungsrechnung zur Investitionsrechnung mithilfe des Lücke-Theorems diskutiert. Vgl. Kloock (1997), S. 67 ff.

in T€	Beob.phase	Vorlaufphase		Markt- und Produktionsphase					Nachlaufphase		Gesamt
	1. Jahr	2. Jahr	3. Jahr	4. Jahr	5. Jahr	6. Jahr	7. Jahr	8. Jahr	9. Jahr	10. Jahr	
Umsatzeinzahlungen				**5.025**	**25.125**	**36.313**	**38.144**	**30.638**	**2.656**	**3.406**	**141.306**
Material				-2.262	-10.476	-15.283	-15.515	-11.990	-838	-1.074	**-57.437**
Direktes Personal				-1.800	-9.013	-13.924	-14.820	-11.818			**-51.375**
Produktion				-78	-318	-487	-513	-406			**-1.802**
Frachtkosten				-30	-150	-225	-233	-180			**-818**
Investition											
Forschung und Entwicklung	-30	-150	-200	-10	-10	-50		-10			**-440**
Produktionsvorbereitung			-260	-110	-20	-10	-10				**-410**
Werkzeuge			-100	-4		-30	-75				**-209**
Vertriebskosten			-10	-50	-20	-20	-31	-24	-5	-5	**-195**
Garantiekosten				-101	-126	-189	-198	-318	-27		**-959**
Personalentwicklung		-5	-8	-25	-25						**-63**
Personalkosten Service				-90	-554	-1.283	-2.081	-2.748	-2.830	-2.915	**-12.501**
Reisekosten				-32	-192	-432	-680	-872	-872	-872	**-3.952**
Allgemeine Verwaltungskosten			-250	-250	-250	-250	-250	-250	-250	-100	**-1.850**
Zahlungsüberschuss	**-30**	**-155**	**-828**	**184**	**3.972**	**4.129**	**3.738**	**2.012**	**-2.166**	**-1.561**	**9.297**
Kapitalwert	**-27**	**-155**	**-777**	**-651**	**1.815**	**4.146**	**6.064**	**7.003**	**6.084**	**5.483**	**5.483**

Tabelle 10: Kapitalwertberechnung für die Produktplanung des Unternehmens in der Beobachtungsphase

187

Im ersten Schritt werden Marktstudien durchführt, um einerseits die Kundenwünsche bezüglich der Produktgestaltung und andererseits das konkrete Marktpotenzial zu erfassen. Für den Innovationsprozess müssen deshalb zu verschiedenen Zeitpunkten Marktstudien durchgeführt werden. Dabei können beschränkte Marktstudien in der Beobachtungsphase ausreichen, um ein Marktpotenzial abschätzen zu können. In der Vorlaufphase müssen jedoch detaillierte Marktstudien Aufschluss für eine kundenorientierte Produktgestaltung geben.

Die Bestimmung des Marktpotenzials dient der Abschätzung der zu fertigenden Gesamtstückzahlen. Der Verlauf der Umsatzkurve über die Jahre wird mithilfe von Vergangenheitswerten modelliert, indem ein eventuell erkennbares Muster im Absatzverlauf der Vergangenheit angenommen wird. Für die kundenorientierte Produktgestaltung werden die Informationen hinsichtlich der Kundenwünsche aufbereitet, um diese im QFD in Produktanforderungen, Fertigungsprozesse und Betriebsmittel zu übersetzen.

Auf die detaillierte Darstellung der Funktionsweise des QFD wird an dieser Stelle verzichtet, da diese im Abschnitt 3.3.2 erfolgt ist und für die Fallstudie maßgeblich die Ergebnisse wichtig sind. Die Basis für das QFD bildet eine Erhebung der Kundenwünsche hinsichtlich der Produkte. Hierfür wurden von potenziellen Kunden des zukünftigen Produktes die Anforderungen erhoben. Die aufbereiteten Kundenanforderungen finden dann zur Produkt- und Prozessgestaltung Eingang in das QFD. Dabei kann auf das Wissen über vorhandene ähnliche Produkte und Prozesse zur Bewertung der Zusammenhänge zwischen Anforderungen und Lösungen zurückgegriffen werden.

Ergebnis des QFD sind konkrete Informationen über die Auslegung der Komponenten des Produktes und die Planung der Fertigungsprozesse. Durch einen vorab festgelegten Workflow werden alle beteiligten Funktionen über die Ergebnisse des QFD in Kenntnis gesetzt, um deren Auswirkungen auf einzelne Bereiche zu bewerten. Im vorgegebenen Workflow werden die Ergebnisse unter anderem an die Produktkalkulation weitergeleitet. Dort werden vor allem die Kosteninformationen aktualisiert. Es werden erstmals detaillierte Berechnungen für die Materialkosten und für bekannte Fertigungsprozesse durchgeführt. Des Weiteren wird die Notwendigkeit erkannt in neue spezifische Betriebsmittel zu investieren. Die notwendigen Investitionen fallen aufgrund der überwiegend manuellen Montage und der wandlungsfähigen Fertigung gering aus.

Im Rahmen der Produktkalkulation werden die Standardmaterialkosten errechnet, in dem für die Kaufkomponenten Angebote eingeholt und für die Eigenfertigung das notwendige Material kalkuliert werden. Die bekannten Fertigungsprozesse können mittels Maschinenstundensätze bewertet werden. Durch den Vergleich beider Varianten können in Grenzfällen Make-or-Buy-Entscheidungen gefällt werden. Bei unbekannten Fertigungsprozessen und Betriebsmitteln muss auf Schätzungen, zum Beispiel durch erfahrene Führungskräfte, zurückgegriffen werden. Aufgrund der detaillierten Daten müssen sowohl die Prämissen als auch die Planung verändert werden. Die neuen Planungsprämissen können der Tabelle 11 entnommen werden.

Anhand der Planungsprämissen wird deutlich, dass der Businessplan in diesem Stadium des Produktprojektes in allen Bestandteilen erstmals vollständig bearbeitet wird. Für das strategische Umfeld ergeben sich nur geringfügige Änderungen aufgrund der Konkretisierung der Produkt- und Prozessgestaltung. Durch die Konkretisierung können die notwendigen Informationen zur Detaillierung aller Bestandteile des produktbezogenen Businessplans erfasst werden. Weitere erforderliche Planungsinformationen können sich aus Zielvorgaben, zum Beispiel hinsichtlich der gewünschten Rationalisierungseffekte, und aus Erfahrungswerten, zum Beispiel bei den Anlaufproblemen, zusammensetzen. Als Ergebnis des Einsatzes des QFD sind alle Teilbereiche komplett ausgeführt.

Durch die Aktualisierung der Kosten in der Finanzplanung, wie sie in Tabelle 12 aufgeführt sind, ergibt sich ein Lebenszyklusgewinn von ca. 10,3 Millionen Euro. Der Lebenszyklusgewinn ist zwar besser als die Planung in der Beobachtungsphase. Dies liegt allerdings an der Detaillierung der Planung und der damit einhergehenden Berücksichtigung von Rationalisierungseffekten. Aus diesem Grund wird der Lebenszyklusgewinn als unbefriedigend aufgefasst. Dieser unbefriedigende monetäre Lebenszyklusgewinn kann auf die starke Kundenorientierung des QFD zurückgeführt werden, weil die Produkt- und Prozessgestaltung dadurch eher überdimensioniert ausgelegt wird. Im Standardablauf des QFD finden zudem Kostenbetrachtungen nicht statt, demnach wird in der Produkt- und Prozessgestaltung die Kostenhöhe nicht berücksichtigt. Die ausgeprägte Kundenorientierung des QFD kann demnach durch die Erfüllung übertriebener Qualitätsansprüche zu überhöhten Kosten führen.

Die hohen Kosten werden vor allem in der Verwendung zu teurer Komponenten und somit in hohen Materialkosten deutlich. In der Tabelle 13 wird die Zahlungsrechnung über den Lebenszyklus dargestellt. Es ergibt sich ein Kapitalwert von fast 6 Millionen Euro.

Dem Produktmanagement stehen an dieser Stelle zwei Alternativen zur Verfügung. Es können entweder die Preise für die Produkte erhöht oder die Kosten gesenkt werden. Das Produktmanagement entscheidet auf Grundlage der Kundenanforderungen das Target Costing einzusetzen, um die Kosten kundenorientiert zu reduzieren. Um eine effiziente Durchführung der marktorientierten Instrumente wie QFD und Target Costing realisieren zu können, sollte durch eine einzige Kundenerhebung die notwendigen Daten bereitgestellt werden.

Als Ansatz zur Stärkung der Kundenorientierung im Kostenmanagement hat das Target Costing das Potenzial die Kosten zu senken und die Kundenanforderungen zu berücksichtigen. Das Target Costing wird in der Literatur umfangreich behandelt,[758] deshalb wird hier auf eine umfassende Beschreibung verzichtet. Im Target Costing werden im Fallbeispiel die Zielkosten des Produktprojektes sowohl stückbezogen als auch im Sinne einer Vollkostenorientierung über die Subtraktionsmethode ausgehend vom Markt (Market into Company) ermittelt.[759] Bei der anschließend stattfindenden Zielkostenspaltung werden die „erlaubten" Kosten beispielsweise auf die im QFD festgelegten Funktionen, Komponenten oder Prozesse bezogen. In der Zielkostenerreichung wird geprüft, ob die prognostizierten Kosten und die Eigenschaften der Betrachtungsobjekte mit den Zielwerten übereinstimmen bzw. akzeptabel sind. Ist dies nicht gegeben, müssen Anpassungen zum Beispiel in der Produktgestaltung erfolgen.

Durch das Target Costing kann der Lebenszyklusgewinn gesteigert werden. Der Verkaufspreis bleibt gegenüber der Planung zum Zeitpunkt des Einsatzes des QFD gleich. Das QFD ermöglicht zwar eine kundenorientierte Produkt- und Prozessentwicklung, trotzdem kann durch das Target Costing die kundenorientierte Ausprägung geschärft werden. Mithilfe des Einsatzes des Target Costing konnten vor allem die Materialkosten gesenkt werden. Die aktualisierten Planungsannahmen können der Tabelle 14 entnommen werden.

Da der Einsatz des Target Costing die Produkt- und Prozessgestaltung fokussiert, ergeben sich maßgeblich in Bestandteilen des produktbezogenen Businessplan, die diese Themen betreffen, Änderungen. Das strategische Umfeld, der Personaleinsatz, das Marketing und die Investitionen werden im Fallbeispiel durch den Einsatz des Target Costing nicht berührt. Die Auswirkungen beziehen sich auf die Bestandteile Produkt, Produktion und Finanzplan.

---

[758] Zur Darstellung des Target Costing vgl. Horváth (2009), S. 478 ff.
[759] Vgl. Schild (2005), S. 260 f.

Tabelle 11: Planungsprämissen nach dem Einsatz des QFD

Planungsjahre	Allgemein	Vorlaufphase 1. Jahr	2. Jahr	3. Jahr	Markt- und Produktionsphase 4. Jahr	5. Jahr	6. Jahr	7. Jahr	8. Jahr	Nachlaufphase 9. Jahr	10. Jahr
Stückzahlen	10				20	100	150	155	120		
Verkaufspreis (pro Stück)	250.000 €										
Serviceanteil am Umsatz pro Maschine					0,5%	0,5%	0,5%	0,5%	0,5%		
Erlösschmälerungen (pro Stück)											
Ersatzteilverkauf											
Garantiezeit	2 Jahre										
Standardkostenmaterial (pro Stück)					117.000 €	117.000 €	109.980 €	103.381 €	102.864 €	102.864 €	102.864 €
Ökonomische Veränderungen (Materialvolumen)						3%	3%	3%	3%		
technische Veränderungen						1%	1%	-1%	1%		
Prozessveränderung						2%	2%	-1,5%	2%	2%	2%
Anlaufkosten Montagefehler (pro Stück)	1%				1.170 €						
Materialeingang in Produktion	20.000 €				4.000 €						
Anlaufbedingter Ausschuss Produktion (pro Stück)	20%										
Standardpersonalkosten (pro Stück)					90.000 €	90.000 €	88.065 €	86.172 €	86.982 €		
Personalstundensatz					50 €	52 €	53 €	55 €	56 €		
Montagestunden					1800	1710	1624,5	1592	1512		
Ökonomische Veränderungen						-3%	-3%	-3%	-3%		
technische Veränderungen						3%	3%	3%	3%		
Prozessveränderung						2%	2%	-2%	2%		
Anlauf (zusätzliche benötigte Zeit pro Stück)	Stunden				50						
Anlaufkosten (pro Stück)					2.500 €						
Standardproduktionskosten (pro Stück)					3.000 €	3.300 €	3.198 €	3.101 €	3.231 €		
Maschinenstundensatz					150 €	153 €	156 €	160 €	163 €		
Energieanteil im Maschinenstundensatz					50	53	56	60	63		
Fertigungsstunden					22	20,9	20	20	19		
Ökonomische Veränderungen						-6%	-6%	-6%	-6%		
technische Veränderungen						2%	2%	2%	2%		
Prozessveränderung						3%	3%	-2%	3%		
Anlauf (zusätzliche benötigte Zeit pro Stück)	Stunden				2						
anlaufbedingter Ausschuss (pro Stück)	20%				660 €						
Frachtkosten (pro Stück)					1.500 €	1.500 €	1.500 €	1.500 €	1.500 €	1.500,00 €	1.500,00 €
Anlaufkosten (pro Stück)					960 €						
Abschreibung	8 Jahre linear			37.500 €	37.500 €	37.500 €	37.500 €	37.500 €	37.500 €	37.500 €	37.500 €
Investitionsvolumen	300.000 €										
Werkzeugentwicklung	100.000 €				10.000 €	50.000 €	50.000 €			50.000 €	50.000 €
Werkzeugverschleiß (pro Fertigungsstunde)	10 €				4.400 €	20.900 €	29.783 €	31.391 €	23.087 €		
Forschung und Entwicklung		30.000 €	150.000 €	200.000 €							
Produktionsvorbereitung (Lizenz für Software)				10.000 €	10.000 €	10.000 €	10.000 €	10.000 €	10.000 €		
Produktionsvorbereitung (Anzahl Muster)	(10.000 € pro Muster)			25	10						
Garantiekosten (in % vom Stückpreis)	2 Jahre Garantie				2%	0,50%	0,50%	0,50%	1%	1%	
Vertriebsaktivitäten (Anzahl)	1000 € pro Workshop		2	10	50	20	20	75	10	5	5
Personalentwicklung (Anzahl)	2500 € pro Workshop			3	10						
Personalkosten Service (Anzahl Einsätze)	8 Einsätze pro Maschine				160	960	2160	3400	4360	4360	4360
Personalkosten Service (Stunden)	8 pro Einsatz				1280	7680	17280	27200	34880	34880	34880
Personalstundensatz Service					70,00 €	72,10 €	74,26 €	76,49 €	78,79 €	81,15 €	83,58 €
Reisekosten	200 € pro Einsatz				32.000 €	192.000 €	432.000 €	680.000 €	872.000 €	872.000 €	872.000 €
Verwaltungskosten	250.000 € pro Jahr		250.000 €	250.000 €	250.000 €	250.000 €	250.000 €	250.000 €	250.000 €	250.000 €	100.000 €
Zins	10 % pro Jahr										

Am Fallbeispiel und insbesondere anhand der Prämissen wird deutlich, dass viele Datenquellen genutzt werden müssen. Datenquellen stellen vor allem Informationssysteme wie Enterprise Ressource Planning-Systeme, in denen Daten der Vergangenheit gespeichert werden, dar. In solchen Informationssystemen werden die Daten ohne Auswertungszweck abgelegt. Demgegenüber werden in Produktkonfiguratoren die Daten auf Komponenten und Prozesse bezogen und somit für die Planung bereitgestellt. Eine nicht zu unterschätzende Quelle sind die Mitarbeiter und externen Experten. Die Mitarbeiter verfügen über Erfahrungswerte und können notwendige Schätzungen vornehmen. Aber auch externe Experten wie Lieferanten oder Kunden können Informationen für die Planung bereitstellen.[760] Wie im Fallbeispiel aufgeführt, können Stundensätze zur Systematisierung und zur Vereinfachung der Planung herangezogen werden, weil in diesen unterschiedliche Einflussfaktoren berücksichtigt werden.

In der aktualisierten kostenorientierten Planungsrechnung auf Basis der Ergebnisse des Target Costing, wie sie in Tabelle 15 gezeigt wird, ergibt sich ein Lebenszyklusgewinn von ca. 13,2 Millionen Euro. Anhand der kostenorientierten Planungsrechnung können jedoch nur aggregierte Effekte untersucht werden. Für eine aussagekräftige Abweichungsanalyse ist die Kenntnis der Planungsprämissen unerlässlich. Nur mittels der Prämissen können die Preis- und Mengenkomponenten über die berücksichtigten Veränderungen des Standards hinaus separiert werden.

In der folgenden Tabelle 16 wird die zahlungsorientierte Planungsrechnung für das Produktprojekt dargestellt. In dieser Darstellungsform gehen viele Informationen zur Steuerung des Produktprojektes zum Beispiel in der Fertigung verloren. Dabei ist allerdings zu bedenken, dass mit der zahlungsorientierten Planungsrechnung andere Auswertungszwecke verfolgt werden. Die Auswertungszwecke betreffen vornehmlich die finanzwirtschaftlichen Aspekte des Produktprojektes bzw. des Unternehmens. Auch müssen zur Steuerung neben den Planwerten die Prämissen analysiert werden.

Streng genommen hat man mit der Vorlaufphase die Planungsphase verlassen, da die Kosten zumindest der Beobachtungsphase keine Planwerte sondern Istwerte sind. Es fallen oft die meisten Kosten und Erlöse in der Markt und Produktionsphase an.

---

[760] Vgl. Riezler (1996), S. 190.

in T€	Beob.phase 1. Jahr	Vorlaufphase 2. Jahr	Vorlaufphase 3. Jahr	4. Jahr	5. Jahr	6. Jahr	7. Jahr	8. Jahr	Nachlaufphase 9. Jahr	Nachlaufphase 10. Jahr	Gesamt
Erlöse				**5.025**	**25.150**	**37.938**	**39.881**	**32.031**	**2.806**	**3.406**	**146.238**
Produkt (inklusive Ersatzteile)				5.000	25.000	37.600	39.350	31.350	2.125	2.725	143.150
Service				25	150	338	531	681	681	681	3.088
Erlösschmälerungen						-1.500	-1.550	-1.200			-4.250
Nettoerlöse				**5.025**	**25.150**	**36.438**	**38.331**	**30.831**	**2.806**	**3.406**	**141.988**
Materialkosten				**-3.103**	**-10.998**	**-15.549**	**-16.191**	**-12.125**	**-874**	**-1.121**	**-59.962**
Standardmaterialkosten				-3.000	-11.700	-16.541	-16.272	-12.899	-874	-1.121	-62.408
Ökonomische Veränderungen					351	496	488	387			1.722
technische Veränderungen					117	165	-163	129			249
Prozessveränderung					234	331	-244	258			579
Anlaufkosten				-103							-103
Direkte Personalkosten				**-1.850**	**-8.600**	**-12.622**	**-13.600**	**-9.973**			**-46.644**
Standardpersonalkosten				-1.800	-8.807	-12.926	-13.482	-10.213			-47.228
Ökonomische Veränderungen					-257	-376	-393	-297			-1.323
technische Veränderungen					278	408	413	323			1.422
Prozessveränderung					185	272	-138	215			535
Anlaufkosten				-50							-50
Produktionskosten				**-79**	**-319**	**-465**	**-501**	**-376**			**-1.741**
Standardproduktionskosten				-60	-330	-480	-481	-388			-1.738
Ökonomische Veränderungen					-6	-9	-11	-8			-35
technische Veränderungen					7	10	-10	8			15
Prozessveränderung					10	15		12			37
Anlaufkosten				-19							-19
Frachtkosten				**-30**	**-150**	**-225**	**-233**	**-180**			**-818**
Rohertrag				**-38**	**5.083**	**7.577**	**7.807**	**8.177**	**1.932**	**2.285**	**32.824**
Abschreibung (100 % fix)			-38	-38	-38	-38	-38	-38	-38	-38	-300
Kalkulatorische Zinsen (10 % fix)			-20	-39	-104	-140	-144	-108	-11	-11	-578
Forschung und Entwicklung (80 % fix)	-30	-150	-200	-10	-10						-440
Produktionsvorbereitung (90 % fix)			-260	-110							-410
Werkzeuge (60 % fix)			-100	-4	-21	-30	-31	-23			-210
Vertriebskosten (70 % fix)			-10	-50	-20	-20	-75	-10			-195
Garantiekosten (0 % fix)				-100	-150	-313	-381	-688	-300		-1.931
Personalentwicklung (75 % fix)		-5	-8	-25	-25						-63
Personalkosten Service (40 % fix)				-90	-554	-1.283	-2.081	-2.748	-2.830	-2.915	-12.501
Reisekosten (0 % fix)				-32	-192	-432	-680	-872	-872	-872	-3.952
Allgemeine Verwaltungskosten (100 % fix)		-250	-250	-250	-250	-250	-250	-250	-100	-100	-1.950
Betriebsergebnis	**-30**	**-405**	**-885**	**-785**	**3.720**	**5.012**	**4.117**	**3.431**	**-2.224**	**-1.656**	**10.294**

Tabelle 12: Planungsrechnung nach dem Einsatz des QFD

in T€	Beob.phase	Vorlaufphase		Markt- und Produktionsphase					Nachlaufphase		Gesamt
	1. Jahr	2. Jahr	3. Jahr	4. Jahr	5. Jahr	6. Jahr	7. Jahr	8. Jahr	9. Jahr	10. Jahr	
Umsatzeinzahlungen				5.025	25.150	36.438	38.331	30.831	2.806	3.406	141.988
Material				-3.103	-10.998	-15.549	-16.191	-12.125	-874	-1.121	-59.962
Direktes Personal				-1.850	-8.600	-12.622	-13.600	-9.973			-46.644
Produktion				-79	-319	-465	-501	-376			-1.741
Frachtkosten				-30	-150	-225	-233	-180			-818
Investition			-300								-300
Forschung und Entwicklung	-30	-150	-200	-10		-50					-440
Produktionsvorbereitung			-260	-110	-10	-10	-10	-10			-410
Werkzeuge			-100	-4	-21	-30	-31	-23			-210
Vertriebskosten			-10	-50	-20	-20	-75	-10	-5	-5	-195
Garantiekosten				-100	-150	-313	-381	-688	-300		-1.931
Personalentwicklung		-5	-8	-25	-25						-63
Personalkosten Service				-90	-554	-1.283	-2.081	-2.748	-2.830	-2.915	-12.501
Reisekosten				-32	-192	-432	-680	-872	-872	-872	-3.952
Allgemeine Verwaltungskosten		-250	-250	-250	-250	-250	-250	-250	-100	-100	-1.950
Zahlungsüberschuss	-30	-405	-1.128	-709	3.861	5.190	4.299	3.576	-2.176	-1.607	10.872
Kapitalwert	-27	-362	-1.209	-1.693	705	3.634	5.840	7.508	6.586	5.966	5.966

Tabelle 13:   Zahlungsrechnung nach dem Einsatz des QFD

194

Tabelle 14 – Aktualisierte Planungsprämissen (Phasen: **Vorlaufphase** = 2./3. Jahr, **Markt- und Produktionsphase** = 4.–8. Jahr, **Nachlaufphase** = 9./10. Jahr)

	Allgemein	1. Jahr	2. Jahr	3. Jahr	4. Jahr	5. Jahr	6. Jahr	7. Jahr	8. Jahr	9. Jahr	10. Jahr
Planungsjahre	10										
Stückzahlen					20	100	150	155	120		
Verkaufspreis (pro Stück)	250.000 €										
Serviceanteil am Umsatz pro Maschine					0,5%	0,5%	0,5%	0,5%	0,5%		
Erlösschmälerungen (pro Stück)											
Ersatzteilverkauf						10.000 € / 2%	10.000 € / 2%	10.000 € / 2%	10.000 € / 2%	2%	2%
Garantiezeit	2 Jahre										
Standardkostenmaterial (pro Stück)					115.000 €	115.000 €	108.100 €	101.614 €	101.106 €	101.106 €	101.106 €
Ökonomische Veränderungen (Materialvolumen)						3%	3%	3%	3%		
technische Veränderungen						1%	1%	-1%	1%		
Prozessveränderung						2%	2%	-1,5%	2%		
Anlaufkosten Montagefehler (pro Stück)	1%				1.150 €						
Materialeingang in Produktion	20.000 €				4.000 €						
Anlaufbedingter Ausschuss Produktion (pro Stück)	20%										
Standardpersonalkosten (pro Stück)					100.000 €	100.000 €	88.065 €	86.172 €	86.982 €		
Personalstundensatz					50 €	52 €	53 €	55 €	56 €		
Montagestunden					1800	1710	1624,5	1592	1512		
Ökonomische Veränderungen						-3%	-3%	-3%	-3%		
technische Veränderungen						3%	3%	3%	3%		
Prozessveränderung						2%	2%	3%	2%		
Anlauf (zusätzliche benötigte Zeit pro Stück)	Stunden				50						
Anlaufkosten (pro Stück)					2.500 €						
Standardproduktionskosten (pro Stück)					3.000 €	3.150 €	3.052 €	2.960 €	3.084 €		
Maschinenstundensatz					150 €	153 €	156 €	160 €	163 €		
Energieanteil im Maschinenstundensatz					50 €	53 €	56 €	60 €	63 €		
Fertigungsstunden					21	19,95	19	19	18		
Ökonomische Veränderungen						-6%	-6%	-6%	-6%		
technische Veränderungen											
Prozessveränderung						2%	2%	-2%	2%		
Anlauf (zusätzliche benötigte Zeit pro Stück)	Stunden				2						
anlaufbedingter Ausschuss (pro Stück)	20%				630	3%	3%	3%	3%		
Anlaufkosten (pro Stück)					930						
Frachtkosten (pro Stück)					1.500 €	1.500 €	1.500 €	1.500 €	1.500 €	1.500,00 €	1.500,00 €
Abschreibung	8 Jahre linear			37.500 €	37.500 €	37.500 €	37.500 €	37.500 €	37.500 €	37.500 €	37.500 €
Investitionsvolumen	300.000 €									50.000 €	50.000 €
Werkzeugentwicklung	100.000 €										
Werkzeugverschleiß (pro Fertigungsstunde)	10 €				4.200 €	19.950 €	28.429 €	29.964 €	22.038 €		
Forschung und Entwicklung		30.000 €	150.000 €	200.000 €	10.000 €	10.000 €	50.000 €	10.000 €	10.000 €		
Produktionsvorbereitung (Lizenz für Software)	(10.000 € pro Muster)			10.000 €	10.000 €	10.000 €	10.000 €				
Produktionsvorbereitung (Anzahl Muster)			2	25	10						
Garantiekosten (in % vom Stückpreis)	2 Jahre Garantie				2%	0,50%	0,50%	0,50%	1%	1%	
Vertriebsaktivitäten (Anzahl)	1000 € pro Aktivität			10	50	20	20	75	10	5	5
Personalentwicklung (Anzahl)	2500 € pro Workshop			3	10	10					
Personalkosten Service (Anzahl Einsätze)	8 Einsätze pro Maschine				160	960	2160	3400	4360	4360	4360
Personalkosten Service (Stunden)	8 pro Einsatz				1280	7680	17280	27200	34880	34880	34880
Personalstundensatz Service					70,00 €	72,10 €	74,26 €	76,49 €	78,79 €	81,15 €	83,58 €
Reisekosten	200 € pro Einsatz				32.000 €	192.000 €	432.000 €	680.000 €	872.000 €	872.000 €	872.000 €
Verwaltungskosten	250.000 € pro Jahr		250.000 €	250.000 €	250.000 €	250.000 €	250.000 €	250.000 €	250.000 €	100.000 €	100.000 €
Zins	10 % pro Jahr										

Tabelle 14:   Aktualisierte Planungsprämissen aufgrund der
Anwendung des Target Costing

6.4   Markt- und Produktionsphase

In der Markt- und Produktionsphase überschneiden sich realisierte und geplante
Werte sehr stark. Aus diesem Grund kann die Finanzplanung an dieser Stelle mit

einer Prognose für das Produktprojekt gleich gestellt werden. Im Unternehmen wurde die Beobachtungs- und Vorlaufphase mit den jeweiligen Aktivitäten abgeschlossen, das bedeutet, dass die Maschinen entwickelt wurden und die Fertigung teilweise durchgeführt wurde. Das Produktprojekt hat das 5. Jahr des Produktlebenszyklus erreicht. Alle Daten bis zum sechsten Jahr sind Istwerte. Da in diesem Stadium des Produktprojektes nicht nur Planwerte überarbeitet werden, sondern auch Istwerte, die sich gegenüber den Planwerten unterscheiden können, eine wesentliche Rolle spielen, können alle Bestandteile des produktbezogenen Businessplans Veränderungen unterliegen. Allerdings bleiben die Handlungsoptionen des Unternehmens aufgrund der geringen Beeinflussungsmöglichkeiten, zum Beispiel in der Produkt- und Prozessgestaltung, beschränkt.

In der Tabelle 17 werden die aktualisierten Planungsprämissen und realisierten Daten für das Produktprojekt veranschaulicht. Es mussten gegenüber der letzten Planung bei den Istwerten geringere Absatzmengen (25 Maschinen) und somit geringere Erlöse – bei konstanten Preisen – hingenommen werden. Auch haben die geringeren Absatzmengen negative Auswirkungen auf die zukünftigen Serviceumsätze und die Ersatzteilumsätze. Auf der Kostenebene können durch die geringere Mengenkomponente ebenfalls in nahezu allen Kostenkategorien geringere Kosten ausgewiesen werden. Eine entsprechende Aufstellung der Kosten findet sich in der Tabelle 18. Kostenkategorien, die nicht durch die geringere Absatzmenge beeinflusst werden – also eher einen fixen Charakter haben – sind beispielsweise die Entwicklungskosten und die Verwaltungskosten. Im Gegensatz zur Planung nach dem Target Costing konnten die Materialkosten pro Maschine reduziert werden. Dafür sind allerdings höhere Personalkosten pro Maschine in der Montage eingetreten. Mit den Material- und den Personalkosten in der Montage wurde die Prämissen für die volumenmäßig größten Kostenarten angesprochen. Die weiteren Änderungen der Prämissen können in der Tabelle 17 nachvollzogen werden und werden hier nicht näher diskutiert.

Kostenrechnung (II)
in T€

	Beob.phase	Vorlaufphase		Markt- und Produktionsphase					Nachlaufphase		Gesamt
	1. Jahr	2. Jahr	3. Jahr	4. Jahr	5. Jahr	6. Jahr	7. Jahr	8. Jahr	9. Jahr	10. Jahr	
Erlöse				**5.025**	**25.150**	**37.938**	**39.881**	**32.031**	**2.806**	**3.406**	**146.238**
Produkt (inklusive Ersatzteile)				5.000	25.000	37.600	39.350	31.350	2.125	2.725	143.150
Service				25	150	338	531	681	681	681	3.088
Erlösschmälerungen						-1.500	-1.550	-1.200			-4.250
Nettoerlöse				**5.025**	**25.150**	**36.438**	**38.331**	**30.831**	**2.806**	**3.406**	**141.988**
Materialkosten				**-2.403**	**-10.810**	**-15.283**	**-15.914**	**-11.918**	**-859**	**-1.102**	**-58.289**
Standardmaterialkosten				-2.300	-11.500	-16.258	-15.994	-12.679	-859	-1.102	-60.692
Ökonomische Veränderungen					345	488	480	380			1.693
technische Veränderungen					115	163	-160	127			244
Prozessveränderung					230	325	-240	254			569
Anlaufkosten				-103							-103
Direkte Personalkosten				**-1.850**	**-8.600**	**-12.622**	**-13.600**	**-9.973**			**-46.644**
Standardpersonalkosten				-1.800	-8.807	-12.926	-13.482	-10.213			-47.228
Ökonomische Veränderungen					-257	-376	-393	-297			-1.323
technische Veränderungen					278	408	413	323			1.422
Prozessveränderung					185	272	-138	215			535
Anlaufkosten				-50							-50
Produktionskosten				**-40**	**-102**	**-150**	**-151**	**-108**			**-550**
Standardproduktionskosten				-20	-100	-147	-140	-106			-512
Ökonomische Veränderungen					-6	-9	-8	-6			-30
technische Veränderungen					2	3	-3	2			4
Prozessveränderung					2	3		2			7
Anlaufkosten				-20							-20
Frachtkosten				**-30**	**-150**	**-225**	**-233**	**-180**			**-818**
Rohertrag				**702**	**5.489**	**8.158**	**8.434**	**8.652**	**1.947**	**2.304**	**35.686**
Abschreibung (100 % fix)			-38	-38	-38	-38	-38	-38	-38	-38	-300
Kalkulatorische Zinsen (10 % fix)			-20	-33	-102	-138	-142	-106	-11	-11	-563
Forschung und Entwicklung (80 % fix)	-30	-150	-200	-10		-50					-440
Produktionsvorbereitung (90% fix)			-260	-110	-10	-10	-10	-10			-410
Werkzeuge (60 % fix)			-100	-4	-20	-28	-30	-22			-205
Vertriebskosten (70 % fix)			-10	-50	-20	-20	-75	-10	-5	-5	-195
Garantiekosten (0 % fix)				-100	-150	-313	-381	-688	-300		-1.931
Personalentwicklung (75 % fix)		-5	-8	-25	-25						-63
Personalkosten Service (40 % fix)				-90	-554	-1.283	-2.081	-2.748	-2.830	-2.915	-12.501
Reisekosten (0 % fix)				-32	-192	-432	-680	-872	-872	-872	-3.952
Allgemeine Verwaltungskosten (100 % fix)		-250	-250	-250	-250	-250	-250	-250	-100	-100	-1.950
Betriebsergebnis	**-30**	**-405**	**-885**	**-40**	**4.128**	**5.596**	**4.748**	**3.909**	**-2.209**	**-1.637**	**13.176**

Tabelle 15:   Kostenorientierte Produktlebenszyklusplanung auf Basis des Target Costing

197

in T€	Beob.phase	Vorlaufphase		Markt- und Produktionsphase					Nachlaufphase		Gesamt
	1. Jahr	2. Jahr	3. Jahr	4. Jahr	5. Jahr	6. Jahr	7. Jahr	8. Jahr	9. Jahr	10. Jahr	
Umsatzeinzahlungen				**5.025**	**25.150**	**36.438**	**38.331**	**30.831**	**2.806**	**3.406**	**141.988**
Material				**-2.403**	**-10.810**	**-15.283**	**-15.914**	**-11.918**	**-859**	**-1.102**	**-58.289**
Direktes Personal				**-1.850**	**-8.600**	**-12.622**	**-13.600**	**-9.973**			**-46.644**
Produktion				**-40**	**-102**	**-150**	**-151**	**-108**			**-550**
Frachtkosten				**-30**	**-150**	**-225**	**-233**	**-180**			**-818**
Investition	-30	-150		-10							-300
Forschung und Entwicklung			-300	-110		-50					-440
Produktionsvorbereitung			-200	-4	-10	-10	-10	-10			-410
Werkzeuge			-260	-50	-20	-28	-30	-22			-205
Vertriebskosten			-100		-20	-20	-75	-10	-5	-5	-195
Garantiekosten			-10	-100	-150	-313	-381	-688	-300		-1.931
Personalentwicklung		-5	-8	-25	-25						-63
Personalkosten Service				-90	-554	-1.283	-2.081	-2.748	-2.830	-2.915	-12.501
Reisekosten				-32	-192	-432	-680	-872	-872	-872	-3.952
Allgemeine Verwaltungskosten		-250	-250	-250	-250	-250	-250	-250	-100	-100	-1.950
Zahlungsüberschuss	**-30**	**-405**	**-1.128**	**31**	**4.268**	**5.772**	**4.928**	**4.053**	**-2.161**	**-1.588**	**13.740**
Kapitalwert	**-27**	**-362**	**-1.209**	**-1.188**	**1.462**	**4.720**	**7.249**	**9.139**	**8.223**	**7.611**	**7.611**

Tabelle 16:   Zahlungsorientierte Planung nach dem Einsatz des Target Costing

Tabelle 17 – Realisierte Daten und Prämissen für die Planung in der Markt- und Produktionsphase

	Allgemein	Vorlaufphase			Markt- und Produktionsphase					Nachlaufphase	
		1. Jahr	2. Jahr	3. Jahr	4. Jahr	5. Jahr	6. Jahr	7. Jahr	8. Jahr	9. Jahr	10. Jahr
Planungsjahre	10										
Stückzahlen					25	100	155	160	115		
Verkaufspreis (pro Stück)	250.000 €										
Serviceanteil am Umsatz pro Maschine					1,0%	1,0%	1,0%	1,0%	1,0%		
Erlösschmälerungen (pro Stück)											
Ersatzteilverkauf										2%	2%
Garantiezeit	2 Jahre										
Standardkostenmaterial (pro Stück)					116.000 €	116.000 €	109.040 €	102.498 €	101.985 €	101.985 €	101.985 €
Ökonomische Veränderungen (Materialvolumen)						3%	3%	3%	3%		
technische Veränderungen						1%	1%	-1%	1%		
Prozessveränderung						2%	2%	-1,5%	2%		
Anlaufkosten Montagefehler (pro Stück)	1%				1.160 €						
Materialeingang in Produktion	20.000 €										
Anlaufbedingter Ausschuss Produktion (pro Stück)	10%				2.000 €						
Standardpersonalkosten (pro Stück)					92.500 €	92.500 €	91.464 €	89.498 €	90.339 €		
Personalstundensatz					50 €	52 €	53 €	55 €	56 €		
Montagestunden					1850	1776	1687,2	1653	1571		
Ökonomische Veränderungen						-1%	-2%	-3%	-3%		
technische Veränderungen						2%	4%	3%	3%		
Prozessveränderung						2%	2%	2%	2%		
Anlauf (zusätzliche benötigte Zeit pro Stück)	Stunden				50						
Anlaufkosten (pro Stück)					2.500 €						
Standardproduktionskosten (pro Stück)					3.000 €	3.150 €	3.052 €	2.960 €	3.084 €		
Maschinenstundensatz					150 €	153 €	156 €	160 €	163 €		
Energieanteil im Maschinenstundensatz					50 €	53 €	56 €	60 €	63 €		
Fertigungsstunden					21	19,95	19	19	18		
Ökonomische Veränderungen						-6%	-6%	-6%	-6%		
technische Veränderungen						2%	2%	-2%	2%		
Forschung und Entwicklung											
Prozessveränderung						3%	3%	3%	3%	5	5
Anlauf (zusätzliche benötigte Zeit pro Stück)	Stunden				2						
anlaufbedingter Ausschuss (pro Stück)	10%				315 €						
Anlaufkosten (pro Stück)					615 €						
Frachtkosten (pro Stück)					1.500 €	1.500 €	1.500 €	1.500 €	1.500 €	1.500,00 €	1.500,00 €
Abschreibung	8 Jahre linear			37.500 €	37.500 €	37.500 €	37.500 €	37.500 €	37.500 €	37.500	37.500
Investitionsvolumen	300.000 €										
Werkzeugentwicklung	100.000 €										
Werkzeugverschleiß (pro Fertigungsstunde)	10 €				5.250 €	19.950 €	29.376 €	30.930 €	21.120 €		
Forschung und Entwicklung		30.000 €	150.000 €	150.000 €	10.000 €	50.000 €	50.000 €			50.000 €	50.000 €
Produktionsvorbereitung (Lizenz für Software)				10.000 €	10.000 €	10.000 €	10.000 €	10.000 €	10.000 €		
Produktionsvorbereitung (Anzahl Muster)	(10.000 € pro Muster)		2	15	10						
Garantiekosten (in % vom Stückpreis)	2 Jahre Garantie				2%	0,50%	0,50%	0,50%	1%	1%	
Personalentwicklung (Anzahl)	1000 € pro Aktivität			10	50	20	20	75	10	5	5
Vertriebsaktivitäten (Anzahl)	2500 € pro Workshop			3	10	10					
Personalkosten Service (Anzahl Einsätze)	7 Einsätze pro Maschine				175	875	1960	3080	3885	3885	3885
Personalkosten Service (Stunden)	8 pro Einsatz				1400	7000	15680	24640	31080	31080	31080
Personalstundensatz Service					70,00 €	72,10 €	74,26 €	76,49 €	78,79 €	81,15 €	83,58 €
Reisekosten	200 € pro Einsatz				35.000 €	175.000 €	392.000 €	616.000 €	777.000 €	777.000 €	777.000 €
Verwaltungskosten	250.000 € pro Jahr	250.000 €	250.000 €	250.000 €	250.000 €	250.000 €	250.000 €	250.000 €	250.000 €	100.000 €	100.000 €
Zins	10 % pro Jahr										

Tabelle 17:   Realisierte Daten und Prämissen für die Planung in der Markt- und Produktionsphase

Die detaillierten Auswirkungen der Änderungen in den Kostenarten können der Tabelle 18 entnommen werden. In den Personalkosten sind die Kostenerhöhungen pro Stück so hoch, dass die geringere Menge überkompensiert wird. Das heißt, dass in der Finanzplanung in der Markt- und Produktionsphase die Personalkosten in der Montageabteilung höher sind als in der Finanzplanung nach dem Target Costing. Der Rohertrag gegenüber der Planung nach dem Target Costing ist um ca. 3,2 Millionen Euro höher. Aufgrund der höheren Absatzmenge und der verbesserten Zuverlässigkeit der Maschinen, die sich in weniger Serviceeinsätzen pro Maschine ausdrücken, fallen die Servicekosten niedriger aus. Insgesamt ergibt sich ein Lebenszyklusgewinn in Höhe von ca. 18,2 Millionen Euro.

Da gerade in der Abweichungsanalyse zwischen Plan- und Istwerten eine hohe Komplexität zu verzeichnen ist, bietet es sich an, eine Überleitung zwischen den Planwerten und den Istwerten zu erstellen. In dieser Überleitung können sukzessive die Werte begründet und zur Differenz des Lebenszyklusgewinns zusammengeführt werden. In Tabelle 19 wird die Überleitung zu den Prognosewerten dargestellt. Besonders auffällig sind die erhöhten Erlöse bei den Umsätzen sowohl für das Produkt als auch für den Service. Die erhöhten Erlöse sind einerseits auf eine erhöhte Absatzmenge und andererseits auf höhere Servicepreise zurückzuführen.

Trotz der höheren Absatzmenge sind die Materialkosten fast gleich geblieben. Das bedeutet, dass die stückbezogenen Materialkosten reduziert werden konnten. Die Personalkosten sind aufgrund der höheren Absatzmenge gestiegen. Auch konnten die Servicekosten durch eine bessere Zuverlässigkeit der Produkte erheblich gesenkt werden. Die Verbesserung der Erlös- und Kostensituation führt zudem zu einem höheren prognostizierten Kapitalwert des Produktprojektes. In Tabelle 20 wird die Zahlungsrechnung für das Produktprojekt des Unternehmens visualisiert.

Die Informationen der finanziellen Rechnung sind die Grundlage für das Kostenmanagement. Eine detaillierte Abweichungsanalyse, die zudem auf den Informationen der Prämissenebene fußt, kann umfassende Aussagen zu Preis- und Mengenabweichungen liefern. Einen wesentlichen Einfluss auf die Mengenkomponente hat der Absatz der Produkte, welcher durch den Vertrieb gesteigert werden kann. Die Möglichkeiten der Kostenbeeinflussung hinsichtlich der Mengen sind zu diesem Zeitpunkt des Produktlebenszyklus gegenüber der Vorlaufphase eher gering. Das Produkt und die Fertigungsprozesse und somit ein überwiegender Anteil der Kosten werden bereits in der Vorlaufphase festgelegt. Danach können diese nur noch geringfügig geändert werden. Wesentlich größer sind die Reaktionsmöglichkeiten bei der Preiskomponente. Jedoch sind diese abhängig von der Verhandlungsmacht des Unternehmens.

in T€	Beob.phase	Vorlaufphase		Markt- und Produktionsphase					Nachlaufphase		Gesamt
	1. Jahr Ist	2. Jahr Ist	3. Jahr Ist	4. Jahr Ist	5. Jahr Ist	6. Jahr	7. Jahr	8. Jahr	9. Jahr	10. Jahr	
Erlöse				**6.313**	**25.313**	**39.575**	**41.725**	**31.538**	**3.588**	**4.163**	**152.213**
Produkt (inklusive Ersatzteile)				6.250	25.000	38.875	40.625	30.150	2.200	2.775	145.875
Service				63	313	700	1.100	1.388	1.388	1.388	6.338
Erlösschmälerungen						-1.550	-1.600	-1.150			-4.300
Nettoerlöse				**6.313**	**25.313**	**38.025**	**40.125**	**30.388**	**3.588**	**4.163**	**147.913**
Materialkosten				**-2.979**	**-9.814**	**-15.426**	**-16.063**	**-12.041**	**-897**	**-1.132**	**-58.351**
Standardmaterialkosten				-2.900	-10.440	-16.411	-16.143	-12.809	-897	-1.132	-60.733
Ökonomische Veränderungen					313	492	484	384			1.674
technische Veränderungen					104	164	-161	128			235
Prozessveränderung					209	328	-242	256			551
Anlaufkosten				-79							-79
Direkte Personalkosten				**-2.363**	**-9.043**	**-13.415**	**-14.576**	**-9.916**			**-49.313**
Standardpersonalkosten				-2.313	-9.146	-13.872	-14.454	-10.166			-49.951
Ökonomische Veränderungen					-240	-391	-408	-309			-1.348
technische Veränderungen					171	565	429	335			1.500
Prozessveränderung					171	283	-143	223			535
Anlaufkosten				-50							-50
Produktionskosten				**-30**	**-92**	**-150**	**-151**	**-108**			**-530**
Standardproduktionskosten				-15	-90	-147	-140	-106			-497
Ökonomische Veränderungen					-5	-9	-8	-6			-29
technische Veränderungen					2	3	-3	2			4
Prozessveränderung					2	3		2			7
Anlaufkosten				-15							-15
Frachtkosten				**-23**	**-135**	**-225**	**-233**	**-180**			**-795**
Rohertrag				**919**	**6.229**	**8.809**	**9.103**	**8.143**	**2.690**	**3.030**	**38.922**
Abschreibung (100 % fix)			-38	-38	-38	-38	-38	-38	-38	-38	-300
Kalkulatorische Zinsen (10 % fix)			-20	-38	-94	-139	-143	-107	-11	-11	-564
Forschung und Entwicklung (80 % fix)	-30	-150	-150	-10		-50					-390
Produktionsvorbereitung (90% fix)			-160	-110	-10	-10	-10	-10			-310
Werkzeuge (60 % fix)			-100	-5	-20	-29	-31	-21			-207
Vertriebskosten (70 % fix)			-10	-50	-20	-20	-75	-10	-5	-5	-195
Garantiekosten (0 % fix)				-125	-150	-313	-381	-688	-300		-1.956
Personalentwicklung (75 % fix)		-5	-8	-25	-25						-63
Personalkosten Service (40 % fix)				-98	-505	-1.164	-1.885	-2.449	-2.522	-2.598	-11.220
Reisekosten (0 % fix)				-35	-175	-392	-616	-777	-777	-777	-3.549
Allgemeine Verwaltungskosten (100 % fix)		-250	-250	-250	-250	-250	-250	-250	-100	-100	-1.950
Betriebsergebnis	**-30**	**-405**	**-735**	**135**	**4.943**	**6.404**	**5.675**	**3.794**	**-1.063**	**-498**	**18.219**

Tabelle 18: Kostenorientierte Produktlebenszyklusrechnung als Prognose

in T€	Aktuell	Vorversion	Veränderung
Erlöse	152.213	146.238	5.975
Produkt	145.875	143.150	2.725
Service	6.338	3.088	3.250
Erlösschmälerungen	-4.300	-4.250	-50
Nettoerlöse	147.913	141.988	5.925
Materialkosten	-58.351	-58.289	-62
Standardmaterialkosten	-60.733	-60.692	-40
Ökonomische Veränderungen	1.674	1.693	-19
technische Veränderungen	235	244	-9
Prozessveränderung	551	569	-18
Anlaufkosten	-79	-103	24
Direkte Personalkosten	-49.313	-46.644	-2.669
Standardpersonalkosten	-49.951	-47.228	-2.723
Ökonmische Veränderungen	-1.348	-1.323	-24
technische Veränderungen	1.500	1.422	79
Prozessveränderung	535	535	-
Anlaufkosten	-50	-50	
Produktionskosten	-530	-550	20
Standardpersonalkosten	-497	-512	15
Ökonmische Veränderungen	-29	-30	1
technische Veränderungen	4	4	-
Prozessveränderung	7	7	-
Anlaufkosten	-15	-20	5
Frachtkosten	-795	-818	23
Rohertrag	38.922	35.686	3.236
Abschreibung	-300	-300	
Forschung und Entwicklung	-390	-440	50
Produktionsvorbereitung	-310	-410	100
Werkzeuge	-207	-205	-2
Vertriebskosten	-195	-195	
Garantiekosten	-1.956	-1.931	-25
Personalentwicklung	-63	-63	
Personalkosten Service	-11.220	-12.501	1.281
Reisekosten	-3.549	-3.952	403
Allgemeine Verwaltungskosten	-1.950	-1.950	
Betriebsergebnis	18.219	13.176	5.042

Tabelle 19:   Überleitung zwischen den Planwerten nach dem Einsatz des Target Costing und der Prognose

Das Fallbeispiel zeigt, dass in der Markt- und Produktionsphase die Planungsfunktion des produktbezogenen Businessplans in den Hintergrund tritt. Auch wird in diesem Zusammenhang die Problematik der Kostenbeeinflussung offensichtlich. Viele Kosten, wie die Forschungs- und Entwicklungskosten können nicht mehr beeinflusst werden. Trotzdem müssen alle Handlungsfelder im Produktprojekt aktiv betrachtet werden.

in T€	Beob.phase	Vorlaufphase		Markt- und Produktionsphase					Nachlaufphase		Gesamt
	1. Jahr	2. Jahr	3. Jahr	4. Jahr	5. Jahr	6. Jahr	7. Jahr	8. Jahr	9. Jahr	10. Jahr	
Umsatzeinzahlungen				**6.313**	**25.313**	**38.025**	**40.125**	**30.388**	**3.588**	**4.163**	**147.913**
Material				-2.979	-9.814	-15.426	-16.063	-12.041	-897	-1.132	**-58.351**
Direktes Personal				-2.363	-9.043	-13.415	-14.576	-9.916			**-49.313**
Produktion				-30	-92	-150	-151	-108			**-530**
Frachtkosten				-23	-135	-225	-233	-180			**-795**
Investition			-300								**-300**
Forschung und Entwicklung	-30	-150	-150	-10		-50					**-390**
Produktionsvorbereitung			-160	-110	-10	-10	-10	-10			**-310**
Werkzeuge			-100	-5	-20	-29	-31	-21			**-207**
Vertriebskosten			-10	-50	-20	-20	-75	-10	-5	-5	**-195**
Garantiekosten				-125	-150	-313	-381	-688	-300		**-1.956**
Personalentwicklung		-5	-8	-25	-25						**-63**
Personalkosten Service				-98	-505	-1.164	-1.885	-2.449	-2.522	-2.598	**-11.220**
Reisekosten				-35	-175	-392	-616	-777	-777	-777	**-3.549**
Allgemeine Verwaltungskosten		-250	-250	-250	-250	-250	-250	-250	-100	-100	**-1.950**
Zahlungsüberschuss	**-30**	**-405**	**-978**	**210**	**5.074**	**6.581**	**5.855**	**3.938**	**-1.014**	**-449**	**18.783**
Kapitalwert	**-27**	**-362**	**-1.096**	**-953**	**2.198**	**5.913**	**8.917**	**10.754**	**10.324**	**10.151**	**10.151**

Tabelle 20: Zahlungsorientierte Produktlebenszyklusrechnung als Prognose

6.5   Nachlaufphase

Mit Beginn der Nachlaufphase sind die meisten Aktivitäten für das Produktprojekt abgeschlossen. Das Produktprojekt strebt in der Nachlaufphase seinem Ende entgegen. Relaunchaktivitäten werden im Fallbeispiel nicht geplant. Das Produktlebenszyklusmanagement konzentriert sich auf den Servicebereich und auf die Demontage bzw. den Rückbau von genutzten Potenzialen wie Produktionssysteme. Im Fallbeispiel ist keine Desinvestition erforderlich, da keine umfangreichen produktprojektspezifischen Investitionen getätigt worden sind. Allgemein finden in der Nachlaufphase keine Planungsaktivitäten statt. In der Nachlaufphase wird der produktbezogene Businessplan maßgeblich nur noch zu Analyse- und Dokumentationszwecken genutzt.

Die Vorgehensweise bezüglich der Steuerungsfunktion gleicht der Vorgehensweise in der Produktions- und Marktphase. Es werden Abweichungsanalysen zwischen Ist- und Planwerten durchgeführt und Maßnahmen abgeleitet. Eine Steuerungsfunktion ist ausschließlich für den Servicebereich erforderlich, allerdings erfolgt die Steuerung des Service durch die separate Serviceabteilung und wird im Fallbeispiel aus den genannten Vereinfachungsgründen nur bedingt im produktbezogenen Businessplan dargestellt. Daher ist der Betrachtungshorizont auf 10 Jahre beschränkt.

6.6   Zusammenfassende Aussage des Fallbeispiels

Im Fallbeispiel wurde das Produktprojekt anhand der Finanzplanung in den unterschiedlichen Produktlebenszyklusphasen analysiert. Es ist deutlich geworden, dass sich die Kostensituation des Produktprojektes ständig ändert, die Unsicherheiten abnehmen sowie die Informationen zunehmen. Das Produktprojekt besitzt demnach eine Dynamik, der durch den produktbezogenen Businessplan mithilfe der Dokumentation verschiedener Planungsversionen entsprochen werden kann. Diese Dynamik ist insbesondere in der Vorlaufphase sehr hoch, da hier viele grundlegende Entscheidungen getroffen werden und das Produkt und die Prozesse stetig weiter ausgebaut werden. Weiterhin wird die Dynamik durch die Anzahl der eingesetzten Instrumente bestimmt. Nach dem Einsatz eines Instrumentes muss die Planung überarbeitet werden, weil ein Instrument wie das QFD oder das Target Costing erheblichen Einfluss auf die Produkt- und Prozessgestaltung haben kann. Es ist von Bedeutung, dass alle relevanten Änderungen in der Planung festgehalten werden.

Da gerade in der Vorlaufphase viele Änderungen am Produkt und an den Prozessen vorgenommen werden und dadurch die Koordination sowie die Steuerung erschwert werden, ist es unerlässlich, kontinuierlich eine aktuelle Planung zu haben. Mittels des Einsatzes des produktbezogenen Businessplans kann zu jedem Zeitpunkt eine aktuelle Planung gewährleistet werden. Hierfür muss der produktbezogene Businessplan aktualisiert werden. Die Aktualisierung verursacht einerseits einen hohen administrativen Aufwand, andererseits ermöglicht sie eine konsistente Verfolgung der Entwicklung und eine koordinierte Steuerung.

Das Fallbeispiel hat gezeigt, dass die Steuerungsmöglichkeiten für die Kostenbeeinflussung gesteigert werden. Dies beruht auf der stringenten Verknüpfung von Prämissen und Kostenplanung. Insbesondere die Aufspaltung, eine Verteilung der Verantwortlichkeiten und die Auslegung als Standardkostenrechnung ermöglicht eine bessere Planung, da Effekte wie Rationalisierung detailliert und verbindlich berücksichtigt werden können. Die Prognoseunsicherheit der Planung kann allerdings nicht komplett ausgeschaltet werden. Hier spielen die Ungewissheit von Erwartungen und Schwierigkeiten in der monetären Bewertung eine wesentliche Rolle.[761] Das Problem der Projektabgrenzung hinsichtlich der Inanspruchnahme von Kapazitäten und der Konsequenzen durch das Produktprojekt konnte im Fallbeispiel durch die Annahme einer wandlungsfähigen Produktion und der Verwendung von Stundensätzen verringert werden. Lediglich im Verwaltungsbereich wurde keine verursachungsgerechte Verteilung der Kosten erreicht.

Abschließend kann festgestellt werden, dass der Planungsaufwand hoch ist. Dennoch kann sich der Einsatz des produktbezogenen Businessplans lohnen. Durch den produktbezogenen Businessplan können die Planung und die Steuerung eines Produktprojektes verbessert werden. Die Verbesserung resultiert aus der Planung der Kosten auf Basis von Einflussgrößen und der Verwendung von validen Werten der Vergangenheit. Mithilfe der Betrachtung von Kosten und Zahlungen kann das Produktprojekt zugleich aus mehreren Perspektiven beurteilt werden. Zusätzlich bietet es sich an, Sensitivitätsanalysen für die Wirkungen einzelner Einflussgrößen auf den Lebenszyklusgewinn und den Kapitalwert durchzuführen.

---

[761] Vgl. Holzwarth (1993), S. 62 f.

7 Zusammenfassende Schlussfolgerungen und Ausblick

Den Abschluss einer wissenschaftlichen Arbeit bildet ein kritisches Fazit. In dieser Arbeit wird dem Rechnung getragen, in dem zuerst die Ergebnisse zusammengefasst und hinsichtlich ihrer Zielerreichung geprüft werden. Danach findet eine kritische Würdigung der Arbeit statt, wobei auch die zwangsläufigen Grenzen der Arbeit erörtert werden. Eine wichtige Frage ist neben der Erreichung der gesetzten Ziele der Wert der Arbeit für Forschung und Praxis. Am Schluss wird ein möglicher Ausblick auf weitere Forschungsfelder gegeben.

7.1 Zusammenfassung der Ergebnisse und Zielbezug

Produkte werden als „...wirtschaftlichen Kristallisationspunkt des Unternehmensgeschehens."[762] bezeichnet. In Gestalt von Sachgütern und Dienstleistungen stellen Produkte einen wichtigen Erfolgsfaktor, der im Fokus des Managements stehen muss, dar. Nahezu alle Produkte folgen dem Paradigma des Entstehens und Vergehens. Sie werden entwickelt und auch wieder vom Markt genommen. Der Produktlebenszyklus ist daher ein in der Betriebswirtschaftslehre etabliertes Analyseinstrument für das strategische Management, welches auch den Erfolgsfaktor Produkt in den Vordergrund rückt.

Durch die aktuelle Situation, die unter anderem durch eine erhöhte Dynamik der Unternehmensumwelt und einem Wertewandel geprägt ist,[763] sind Unternehmen gezwungen, den Produktlebenszyklus umfassend zu planen und zu steuern, um erfolgreich agieren zu können. Insbesondere aufgrund des Problemdrucks der Verkürzung der Marktanwesenheit von Produkten wird sich in Praxis und Wissenschaft stärker der Lebenszyklusbetrachtung bedient. Handlungsfelder im Produktlebenszyklus sind zum Beispiel die Koordination von Aufgaben und Organisationseinheiten sowie die Berücksichtigung der Auswirkungen von Entscheidungen auf unterschiedliche Phasen des Produktlebenszyklus.

Ausgehend von der Bedeutung von Produkten und dem aufgezeigten Problemdruck, zielt die Arbeit auf die Unterstützung eines umfassenden Produktlebenszyklusmanagements, welches Verluste im Produktlebenszyklus aufzeigt und vermeidet sowie vorhandene „Trade-off-Effekte" beachtet, ab. Die Unterstützung des umfassenden Produktlebenszyklusmanagements wird in einem produktlebenszyklusorientierten Controlling gesehen. Aus diesem Grund wird in der vorliegenden Arbeit ein entsprechendes Controlling herausgearbeitet.

---

[762] Stratmann (2001), S. 1.
[763] Vgl. Horváth (2009), S. 3 f.

© Springer Fachmedien Wiesbaden GmbH, ein Teil von Springer Nature 2011
J. Jacobs, *Produktlebenszyklusorientiertes Controlling am Beispiel des produktbezogenen Businessplans*, Edition KWV, https://doi.org/10.1007/978-3-658-24330-2_7

Theoretische Basis ist vor allem der Produktlebenszyklus. Der Produktlebenszyklus geht in den erweiterten Modellen über die Marktphase hinaus und betrachtet gleichermaßen die Vor- und die Nachlaufphase. In der Arbeit werden die erweiterten Produktlebenszyklusmodelle modifiziert, um einerseits den Produktlebenszyklus als Grundlage für ein umfassendes Produktlebenszyklusmanagement mit all seinen Facetten zu erfassen sowie andererseits den Produktlebenszyklus mit seinen Phasen eindeutig abzugrenzen und somit für das Produktlebenszyklusmanagement handhabbar zu gestalten.

Für ein umfassendes Produktlebenszyklusmanagement reicht es nicht aus, lediglich die Aussagen des Produktlebenszyklusmodells zugrunde zu legen, vielmehr müssen die Rahmenbedingungen mit einbezogen werden. Die Auseinandersetzung mit den Rahmenbedingungen für das Produkt steht am Anfang des Produktlebenszyklusmanagements. Diese beeinflussen grundsätzlich den Erfolg des Produktes und müssen daher in einem umfassenden Produktlebenszyklusmanagement Berücksichtigung finden. Werden die Rahmenbedingungen in das Produktlebenszyklusmanagement als möglich zu steuerndes Element integriert, können mehr als nur die „Trade-off-Effekte" realisiert werden.

Neben dem eigentlichen Produkt und dessen Rahmenbedingungen müssen zudem oft Verbundeffekte innerhalb des Produktprogramms eines Unternehmens bedacht werden. Dadurch wird zusätzlich eine produktübergreifende Sichtweise im Produktlebenszyklusmanagement eingenommen. Es müssen zum Beispiel die Produktgenerationen bezüglich der Innovationsgeschwindigkeit langfristig geplant sowie die verschiedenen Produkte eines Produktportfolios hinsichtlich ihrer Liquiditätsbedarfe und vorhandenen Verbundeffekte abgestimmt werden. Unter Hinzunehmen der Unternehmenstypologie können zudem die Steuerungsmöglichkeiten des Produktlebenszyklusmanagements bereits im Vorfeld beurteilt werden.

Das Produktlebenszyklusmanagement wird bisher maßgeblich aus drei Perspektiven betrachtet: dem Marketing, dem Informationsmanagement und der Lebenszyklusrechnung. Alle drei Bereiche werden von einander getrennt behandelt und setzen teilweise bei eng abgegrenzten Problemstellungen an. Diese Ansätze greifen allerdings zu kurz, da sie oft nur einzelne Aspekte oder Phasen betrachten und somit nur einen Ausschnitt eines denkbaren Produktlebenszyklusmanagements berücksichtigen. Aus diesem Grund können diese Ansätze nicht das vollständige Erfolgspotenzial ausschöpfen.

Natürlich schließt das umfassende Produktlebenszyklusmanagement auch phasenspezifische Handlungsfelder ein. Bei den phasenspezifischen Handlungsfeldern werden die geeigneten Managementmethoden und Instrumente für die jeweiligen Phasen behandelt. Diese betreffen je nach Phase beispielsweise F&E oder das Marketing. Eine nächste Ebene des umfassenden Produktlebenszyklus-managements befasst sich mit phasenübergreifenden Handlungsfeldern. In das phasenübergreifende Management werden hierfür die Lebenszyklusrechnung und das Informationsmanagement aufgenommen.

Als einen wichtigen Aspekt, der bisher oft vernachlässigt wird, beschäftigt sich die Arbeit im Rahmen des umfassenden Produktlebenszyklusmanagements mit der Steuerung des Produktwechsels – also dem Übergang zwischen zwei Produkten. Alle Unternehmensbereiche müssen hierauf vorbereitet sein. Ein wichtiges Ziel an dieser Stelle ist die Schaffung einer großen Flexibilität. Die Flexibilität betrifft aber nicht allein den Produktwechsel. In vielen Phasen des Produktlebenszyklus ist zum Beispiel aufgrund von Nachfrageschwankungen eine große Flexibilität von Bedeutung. Da mit dem Produktwechsel häufig eine tiefgreifende Veränderung einhergeht, spielt die Flexibilität in diesem Kontext eine große Rolle.

Da ein umfassendes Produktlebenszyklusmanagement unterschiedliche Aspekte und Interdependenzen des Produktprojektes berücksichtigten muss, ist seine Komplexität hoch. Aus diesem Grund ist eine weitreichende Unterstützung durch ein produktlebenszyklusorientiertes Controlling unerlässlich. Für das produktle-benszyklusorientierte Controlling werden hauptsächlich die Koordination und die Reflexion als grundlegende Funktionen definiert. Als weitere Aufgabe des pro-duktlebenszyklusorientierten Controllings wird das Projektcontrolling zur Ge-währleistung eines adäquaten Managements für das Produktprojekt ausgeführt. Auch müssen wegen der gegebenen Dynamik der Unternehmensumwelt die Kon-textfaktoren einbezogen und situationsbezogen angemessene Handlungsempfeh-lungen geben werden.[764]

Auf Basis einer Aufgabenanalyse für das produktlebenszyklusorientierte Control-ling können vielfältige Anforderungen an dieses eruiert werden. Zu den Anforde-rungen zählen die phasenspezifische und funktionsbezogene Betrachtung ver-schiedener Aspekte im Produktlebenszyklus, die Unterstützung des Produktpro-jektmanagements und das frühzeitige Erkennen von Handlungsfeldern. Weil die Instrumente oft nicht miteinander verknüpft werden, entsteht kein systematischer und durchgängiger Informationsfluss über alle Phasen und alle beteiligten Unter-nehmensbereiche hinweg, wodurch eine frühzeitige und zweckmäßige Einfluss-nahme verhindert wird. Deshalb wird hier der produktbezogene Businessplan als integratives Controllinginstrument dargestellt.

---

[764] Vgl. Jacobs/Sorg/Urigshardt (2009), S. 153 ff.

Der produktbezogene Businessplan wird als ein zentrales Instrument des produktlebenszyklusorientierten Controllings aufgefasst. Mithilfe des produktbezogenen Businessplans wird das produktbasierte Geschäftsmodell beschrieben und analysiert. Neben der inhaltlichen Komponente ist es wichtig, die Einbettung des produktbezogenen Businessplans in das produktlebenszyklusorientierte Controlling zu betrachten, um das Potenzial des produktbezogene Businessplans nutzen zu können. Dabei spielt vor allem die Ablauforganisation eine Rolle. Der produktbezogene Businessplan verknüpft unterschiedliche Instrumente und Konzepte miteinander. Durch das Zusammenwirken der Instrumente verschiedener Funktionen wird die Koordinationsfunktion des produktbezogenen Businessplans herausgestellt. Der produktbezogene Businessplan kann durch die Bereitstellung aktueller Informationen die Kommunikation innerhalb der Entwicklungs- und Produktteams fördern.

Ein Baustein des produktbezogenen Businessplans ist eine Lebenszyklusrechnung. Alle Maßnahmen können mittels der Lebenszyklusrechnung über den Produktlebenszyklus hinsichtlich ihrer Auswirkungen untersucht werden. Die Vorzüge einer produktlebenszyklusorientierten Betrachtung zum Controlling und zur Steuerung im Produktmanagement bestehen vor allem in der mehrperiodigen Betrachtung, der Durchgängigkeit, der Ausgewogenheit und einer umfassenden Gestaltung.

Das Fallbeispiel verdeutlicht die sich ständig ändernde Kostensituation des Produktprojektes. Diese Dynamik ist insbesondere in der Vorlaufphase sehr hoch, da hier viele grundlegende Entscheidungen getroffen werden und stetig das Produkt und die Prozesse weiter entwickelt werden. Dadurch werden die Koordination sowie das Management erschwert, weshalb die Erfordernis besteht, auf aktuelle Informationen zurückzugreifen. Die Aktualisierung verursacht zwar einen hohen administrativen Aufwand, ermöglicht jedoch eine konsistente Verfolgung der Entwicklung und eine koordinierte Steuerung im Produktlebenszyklus.

Zur Erreichung des Ziels der Arbeit ist es notwendig, ein umfassendes Produktlebenszyklusmanagement zu konzipieren. Dafür werden als Grundlage bestehende Produktlebenszykluskonzepte erweitert und in ein umfassendes Produktlebenszyklusmanagement überführt. Die interdisziplinäre Grundauslegung der Arbeit ermöglicht dabei die Ausschöpfung von Synergieeffekten und die erweiterte Betrachtung von „Trade-off-Effekten" im Kontext des Produktlebenszyklusmanagements respektive des produktlebenszyklusorientierten Controllings. Gerade die Integration der Rahmenbedingungen in das Management bietet Ansätze zur langfristigen Sicherung des Produkterfolgs. Mit der Arbeit wurde ein wesentlicher Schritt zu einem integrierten Ansatz für das Produktlebenszyklusmanagement getan. Das produktlebenszyklusorientierte Controlling und der produktbezogene Businessplan können einen erheblichen Beitrag zur Verbesserung des Produktlebenszyklusmanagements leisten.

Mithilfe der Ausführungen wurde der Komplexität des Produktprojektes eine Unterstützung durch ein produktlebenszyklusorientiertes Controlling entgegengesetzt. Die Verbesserung der Steuerung wird unter anderem durch die kontinuierliche Bereitstellung aktueller Informationen erreicht. Auch die Planung der Kosten auf Basis von Einflussgrößen und die Verwendung von validen Werten der Vergangenheit dienen zur Verbesserung der Planung und Steuerung des Produktlebenszyklus von Beginn an. Zudem wird die Verknüpfung von wirtschaftlichen und technischen Daten durch organisatorische Regelungen unterstützt.

7.2   Limitationen der Arbeit

Ein Merkmal der Wissenschaft ist die kritische Bewertung der Forschungsergebnisse.[765] Die Auseinandersetzung mit der Arbeit kann auf mehreren Ebenen – inhaltlich und methodisch – geschehen. Zuerst ist der Produktlebenszyklus, welcher die Basis für das Produktlebenszyklusmanagement und für das produktlebenszyklusorientierte Controlling bildet, zu hinterfragen. Danach sind das Produktlebenszyklusmanagement und das produktlebenszyklusorientierte Controlling mit dem produktbezogenen Businessplan zu evaluieren, bevor im Abschluss die methodische Vorgehensweise im Vordergrund steht.

Der klassische Produktlebenszyklus, welcher Muster im Absatzverlauf unterstellt, ist zentral für alle Produktlebenszyklusmodelle. Dieser konnte für viele Produkte nachgewiesen werden. Produkte, die einen solchen nicht aufweisen, sind zum Beispiel Erzeugnisse aus der Einzelfertigung. Diese Produkte werden nur einmal gefertigt und verkauft. Ob allerdings ein Muster im Absatzverlauf überhaupt bei allen Serienprodukten existiert, ist fraglich. Auch wenn ein zyklischer Verlauf in der Marktphase nicht gegeben ist, bleiben wichtige Aussagen der Arbeit bestehen, da sich eine Vielzahl der Aussagen auf die Handlungsfelder außerhalb der Marktphase beziehen. So werden in der Vor- und in der Nachlaufphase – auch bei Produkten der Einzelfertigung – gleichartige Aktivitäten durchgeführt. Die Aktivitäten können zwar im Einzelnen und zwischen unterschiedlichen Produkten variieren, trotzdem kann von einem festen Ablauf ausgegangen werden.

Der Produktlebenszyklus kann demnach nicht für alle Unternehmen seine Aussagekraft entfalten. Es hängt vom Unternehmenstyp ab, ob die bestmöglichen Einsatzbedingungen herrschen. Deshalb bestimmt auch der Unternehmenstyp,

---

[765] Vgl. Stein (2000), S. 159.

inwieweit es sinnvoll ist, ein umfassendes Produktlebenszyklusmanagement zu implementieren bzw. welche Komponenten des umfassenden Produktlebenszyklusmanagements zum Einsatz kommen sollten.

Das idealtypische Konzept des Produktlebenszyklus muss im Produktlebenszyklusmanagement aufgrund der vielfältigen Variationen und Handlungsfelder individuell auf das Produktprojekt angepasst werden. Auch wenn eine Anpassung an das Produkt erfolgt ist, kann dennoch nicht von einer einfachen Kausal-Beziehung im Produktlebenszyklusmanagement ausgegangen werden. Das Produktlebenszyklusmanagement basiert zwar auf einem festen Muster von Ereignissen und Tätigkeiten während des Produktlebens und vorgefertigten Reaktionen, trotzdem können nicht immer die gleichen Normstrategien eingesetzt werden. Dafür ist die Komplexität der möglichen Ereignisse zu groß.[766]

Das umfassende Produktlebenszyklusmanagement ist erstmals in der vorliegenden Arbeit thematisiert worden. Da dieses in seiner Vollständigkeit vielfältige Aspekte umfasst, konnte in der Arbeit nur ein Überblick über einzelne relevante Handlungsfelder und Instrumente gegeben werden bzw. nur wenige detailliert diskutiert werden. Dies ist für die Zielerreichung der Arbeit aber nicht von großer Bedeutung, da im Vordergrund das produktlebenszyklusorientierte Controlling erarbeitet wird.

Wendet man sich der theoretischen Fundierung – also der Konzeption des Controllings – zu, so muss die aktuelle Diskussion über die Controllingkonzeption Berücksichtigung finden. Gegenstand dieser Diskussion ist vornehmlich die Funktion des Controllings als betriebswirtschaftliche Teildisziplin und berührt somit hauptsächlich die funktionelle Ausgestaltung des Controllings.[767] In der Arbeit wurde eine hohe Anforderung an das produktlebenszyklusorientierte Controlling und somit indirekt an das Controlling selbst gestellt. Das Controlling dient der Entscheidungsunterstützung und kann selbst keine Entscheidungen treffen.[768]

Mithilfe des produktbezogenen Businessplans wird die Planung der Kosten auf Basis von Einflussgrößen und der Verwendung von validen Werten der Vergangenheit verbessert. Die Prognoseunsicherheit der Planung kann trotz allem nicht ausgeschaltet werden. Ein weiteres Ziel des produktbezogenen Businessplans ist die Verbesserung der Steuerung des Produktprojektes. Diese kann nur erreicht werden, wenn die Informationen des produktbezogenen Businessplans immer den aktuellen Stand des Produktprojektes repräsentieren. Die individuelle Anpas-

---

[766] Vgl. Tellis/Crawford (1981), S. 125 ff.
[767] Vgl. Küpper (2008), S. 1 ff.
[768] Vgl. Reichmann (2006), S. 41.

sung und die umfassende Businessplanung können einen hohen Aufwand bedeuten. Aus diesem Grund müssen Nutzen-Aufwand-Abschätzungen den Umfang der Einführung eines umfassenden Produktlebenszyklusmanagements und eines produktlebenszyklusorientierten Controllings begleiten.

Nachdem die inhaltlichen Aussagen kritisch relativiert wurden, werden im Folgenden die methodischen Aspekte reflektiert. Aufgrund des Umfangs und der Komplexität des Produktlebenszyklusmanagements ist es nicht möglich, alle Rahmenbedingungen und Handlungsoptionen integriert zu betrachten. Des weiteren wird das produktlebenszyklusorientierte Controlling anhand des produktbezogenen Businessplans zwar in einem Fallbeispiel geprüft, dennoch ist es nur ein einzelnes Fallbeispiel, das zudem auf fiktiven Werten beruht und somit keine empirische Relevanz hat.

7.3   Implikationen für die Forschung

Für die Betriebswirtschaftslehre als reine Wissenschaft ist der Erkenntnisfortschritt essentiell. Der Erkenntnisfortschritt dieser Arbeit resultiert aus der Erweiterung des Produktlebenszyklusmodells, dessen umfassendem Management und dessen Controlling. Gegenüber anderen Arbeiten werden neue Entwicklungen aus der Forschung eingearbeitet und diese in Bezug zum Produktlebenszyklusmanagement bzw. dem produktlebenszyklusorientierten Controlling erweitert. So wird im Produktlebenszyklusmodell die Produktionsphase mit den neuen Handlungsfeldern Produktionsanlauf und Produktionsauslauf aufgenommen.

Im Kontext des Produktlebenszyklusmanagements wird der Übergang zwischen zwei Produktgenerationen nicht nur aus Marktsicht sondern auch aus Unternehmenssicht betrachtet. Die Flexibilität spielt sowohl für den Übergang zwischen den Produktgenerationen als auch für das gesamte Produktlebenszyklusmanagement eine wichtige Rolle. Gerade in Krisensituationen, in dem die Schwankungen eher negative Ausprägungen aufweisen, zeigt sich die Relevanz einer hohen Flexibilität.

Das umfassende Produktlebenszyklusmanagement gibt Handlungsempfehlungen für einen musterhaften Verlauf von Kennwerten im Produktlebenszyklus. Auch wenn Marktentwicklungen und Handlungsfelder nie komplett gleich sind, erlaubt das Modell Produktlebenszyklus in seinen Erweiterungen Orientierungshilfen für Handlungen zu geben. Diese Orientierungshilfen kennzeichnen das Produktlebenszyklusmanagement. Es zeigt daraufhin Handlungsoptionen für verschiedene Phasen und Situationen auf. Das Produktlebenszyklusmanagement kann keine Unsicherheiten eliminieren, sondern nur Handlungsempfehlungen geben. Aber allein die Ermöglichung von Orientierungshilfen kann für das Management wertvoll sein.[769]

Die Zusammenführung verschiedener, bisher isolierter Bereiche des Produktlebenszyklusmanagements ist eine fundamentale Aussage der Arbeit und eine Bedingung für ein produktlebenszyklusorientiertes Controlling. Neben dem Marketing, dem Informationsmanagement und der Lebenszyklusrechnung werden zusätzlich die Rahmenbedingungen und die Produktionsthemen in das Produktlebenszyklusmanagement integriert. Die Rahmenbedingungen für das Produktlebenszyklusmanagement werden oft vernachlässigt. Sie können jedoch einen erheblichen Einfluss auf den Erfolg des Produktes haben.

Um die Handlungsempfehlungen des Produktlebenszyklusmanagement auf Basis beschriebener Situationen vornehmen zu können, müssen diese Situationen erkannt werden. Hierfür sind die erforderlichen Informationen bereitzustellen. Auch müssen weitere Informationen für die Handlungsoptionen beschafft und es muss koordinierend eingegriffen werden. An dieser Stelle setzt das produktlebenszyklusorientierte Controlling an. Für die Aufgabe stehen dem produktlebenszyklusorientierten Controlling vielfältige Instrumente zur Verfügung. Die Instrumente fokussieren oft ein einzelnes Handlungsfeld. Der produktbezogene Businessplan unterstützt nicht nur einen umfassenden Planungs- und Steuerungsansatz für das Produktlebenszyklusmanagement, sondern erlaubt durch die Bereitstellung wichtiger Informationen eine vielschichtige Situations- und Sensitivitätsanalyse sowie die Prognose von zukünftigen Szenarien.

Das produktlebenszyklusorientierte Controlling geht über die Funktion der reinen Informationsversorgung hinaus. In der Unterstützung des umfassenden Produktlebenszyklusmanagement nimmt das produktlebenszyklusorientierte Controlling die Koordination und die Reflexion wahr. Hierfür bedarf es eines adäquaten Instrumentariums. Mit dem produktbezogenen Businessplan wird ein solches Instrument zur Verfügung gestellt. Dabei wird nicht nur das Instrument selbst sondern auch seine organisatorische Einbindung ausgeführt. Erst durch die bestmögliche organisatorische Einbindung kann das Instrument wirksam genutzt werden.

7.4   Implikationen für die Praxis

Aus Sicht der Betriebswirtschaftslehre als angewandte Wissenschaft kann die Arbeit einen wichtigen Beitrag zur Sicherung des Produkterfolgs von Unternehmen leisten. Studien haben ergeben, dass Unternehmen eine sehr unterschiedliche Performance vor allem bei der Entwicklung und Einführung von Produkten

---

[769] Vgl. Hayek (1972), S. 34.

in den Markt haben.[770] Durch den gestiegenen Kostendruck und die Verkürzung der Produktlebenszyklen sind Unternehmen zunehmend gezwungen, sich mit der Verbesserung ihres Produktlebenszyklusmanagements zu beschäftigen.

Unternehmen haben die Möglichkeit, ihr Produktlebenszyklusmanagement in drei Dimensionen zu verbessern. Die erste Dimension betrifft die Möglichkeit das Produktlebenszykluskonzept anzuwenden. Ein Unternehmen kann für die Marktphase, also im Sinne des klassischen Produktlebenszykluskonzeptes analysieren, ob der Absatz vergangener Produkte Muster, die sich eventuell auf zukünftige Produkte projizieren lassen, aufweist. Für die Anwendung des erweiterten Produktlebenszyklus müssen zusätzlich alle Aufgaben rund ums Produkt identifiziert werden. Dadurch können vorhandene Interdependenzen zwischen Entscheidungen und Aufgaben erkannt werden.

Die zweite Dimension betrifft das Produktlebenszyklusmanagement selbst. Hier können Unternehmen mithilfe des Informationsmanagements und dem Einsatz von Normstrategien ihre Reaktionsfähigkeit im Produktlebenszyklus erhöhen. Das umfassende Produktlebenszyklusmanagement kann darüber hinaus zu einer evidenten Planung des Produktlebenszyklus führen. Der Einbezug zusätzlicher Aspekte in das Produktlebenszyklusmanagement kann in Unternehmen zu einer erhöhten Sensibilität für die grundlegenden Erfolgsfaktoren führen. Gerade eine erhöhte Flexibilität auf allen Ebenen ist eine wesentliche Fähigkeit eines Unternehmens im Produktlebenszyklus.

Das produktlebenszyklusorientierte Controlling stellt die dritte Dimension zur Verbesserung des Produktlebenszyklusmanagements dar. Das Controlling ist eine wichtige Führungsfunktion, die aus der Praxis heraus entwickelt wurde. Es unterstützt die Koordination, die Planung und die Steuerung im Produktlebenszyklusmanagement. Ein Instrument zur Realisierung dieser Funktionen ist der produktbezogene Businessplan. Dieser erlaubt dem Management die Geschäftsmodelle, auf denen die Produkte basieren, zu analysieren, zu planen und zu steuern. Der Einsatz des produktbezogenen Businessplans kann die unterschiedlichen, am Produktlebenszyklusmanagement beteiligten, Bereiche verzahnen.

7.5   Ausblick

Nach Popper haben alle Forschungsergebnisse einen vorläufigen Charakter.[771] Aus diesem Grund wird nun abschließend ein Ausblick auf zukünftige Entwicklungen gegeben. Es bleiben einige Forschungslücken, die wegen der thematischen Breite des Produktlebenszyklusmanagements und daraus resultierenden

---

[770] Vgl. Cooper/Edgett/Kleinschmidt (2004), S. 31 ff.
[771] Vgl. Popper (1994), S. 433 ff.

erforderlichen Abgrenzung der Betrachtung für das produktlebenszyklusorientierte Controlling überblicksartig bearbeitet sind, bestehen. Für die Ausgestaltung des Controllings ist es relevant, das Controllingobjekt Produktlebenszyklus bzw. Produktlebenszyklusmanagement in seiner Komplexität möglichst durchgängig zu erfassen, um vorhandene Interdependenzen und Steuerungsoptionen zum Gegenstand des Controllings machen zu können.

Das umfassende Produktlebenszyklusmanagement bedarf in seiner Konzeption, wie sie in dieser Arbeit vorgestellt wird, weiterer Konkretisierung in einigen Bereichen. Dies betrifft neben der Bearbeitung einzelner abgegrenzter Fragestellungen im Produktlebenszyklus, wie dem Produktionsanlauf und dem Produktionsauslauf, auch die stärkere Integration verschiedener Perspektiven in das Produktlebenszyklusmanagement. Durch die Integration kann der interdisziplinäre Charakter des Produktlebenszyklusmanagements erhöht und somit vermehrt Erlös- und Kostenvorteile erzeugt werden. Die interdisziplinäre Betrachtung des Produktlebenszyklusmanagements wird deshalb zunehmend in den Vordergrund rücken, um die „Trade-off-Effekte" und die Synergien zu erzielen.

Da die Instrumente oft nur ein Handlungsfeld fokussieren, muss das Instrumentarium weiterentwickelt werden. Auch hier werden integrative Instrumente oder auch bereichsübergreifende Koordinationsinstrumente Gegenstand der Forschung sein. Dabei kann die Verknüpfung technischer und wirtschaftlicher Informationen und Instrumente wesentlich zur verbesserten Steuerung eines Produktprojektes beitragen. Die Lösung kann auf den Möglichkeiten der dargestellten technischen Systeme des Informationsmanagements basieren. Vorteile der Verbindung von technischen und betriebswirtschaftlichen Informationen bestehen in der Reduzierung des Aufwands bei der Planung des Produktprojektes und in der konsistenten Umsetzung von Änderungen während des Produktlebenszyklus.

In der Unternehmenspraxis wird das Produktlebenszyklusmanagement besonders mithilfe von Informationstechnologien umgesetzt. Dabei wird das Produktlebenszyklusmanagement in die vorhandenen Softwareprodukte integriert. Dies ist in Unternehmen oft der erste Schritt, sich mit dem Produktlebenszyklusmanagement auseinanderzusetzen. Allerdings wird mit diesen Informationssystemen maßgeblich die technische Seite eines Produktprojektes betrachtet.

Im Produktlebenszyklusmanagement ergibt sich eine Vielzahl an Fragestellungen und Aussagen, die bisher noch nicht vollständig empirisch evaluiert worden sind. Zu diesen zählen die Produktlebenszyklusverkürzung, der „Leapfrogging-Effekt" und die Einflussfaktoren auf das Produktlebenszyklusmanagement. Unternehmen versuchen durch eine hohe Innovationsrate wettbewerbsfähig zu bleiben und dem Markt voraus zu sein, jedoch reagieren die Konsumenten auf zu häufige Produktwechsel eher zurückhalten und neigen zum Überspringen von Produktgenerationen. Es stellt sich die Forschungsfrage, welchen Einfluss der „Leapfrogging-Effekt" auf den Absatz eines Produktes hat und ob es für die Produktlebenszyklusverkürzung produktbezogen eine Grenze gibt. Allein die Produktlebenszyklusverkürzung ist aktuell noch nicht explizit empirisch belegt.[772] Würden Unternehmen ihre produktbezogenen Businesspläne der Forschung für Auswertungszwecke im Rahmen von Fallstudien zur Verfügung stellen, könnten unter anderem die Erfolgsfaktoren des Produktlebenszyklusmanagements belegt werden.

Da Unternehmen mit Schwankungen in der Nachfrage konfrontiert werden, beschäftigen sie sich auch mit der Realisierung einer erhöhten Unternehmensflexibilität. Diese erhöhte Flexibilität bezieht sich auf verschiedene Ebenen eines Unternehmens. Dieses Themenfeld ist bereits Gegenstand zukünftiger Forschungsvorhaben. Im Fokus steht dabei – neben Produktionssystemen und Fabriken – die komplette Supply Chain.[773] Ermöglicht wird die Flexibilität auf allen Ebenen durch unterschiedliche Faktoren. Auf der Ebene von Produktionssystemen und Fabriken spielen rekonfigurierbare Produktionssysteme eine wichtige Rolle. Auf der Ebene von Fabriken und Unternehmen sind skalierbare Organisationen – also die Möglichkeit den Personalbestand flexibel anzupassen – unerlässlich.

Bezogen auf wesentliche Instrumente des produktlebenszyklusorientierten Controllings haben Studien ergeben, dass die Produktlebenszyklusrechnung und das Life Cycle Costing in Unternehmen trotz aller Vorteile selten eingesetzt werden. Während auf der nachfragerorientierten Seite das Life Cycle Costing bzw. das TCO bei der Beschaffung von Produktionssystemen zum Einsatz kommt, scheint die Bewertung eines Produktprojektes durch eine anbieterorientierte Produktlebenszyklusrechnung eher selten zu sein. In der Zukunft werden jedoch immer mehr Unternehmen durch den Kostendruck gezwungen, sich mit der Rentabilität ihrer Produkte auseinandersetzen. Die Unternehmen müssen sich dabei sowohl Gedanken über die Preisstrategie als auch über die Realisierung von Lernkurveneffekten machen.

---

[772] Vgl. Bruhn (2009), S. 10 f.
[773] Vgl. Bundesministerium für Bildung und Forschung (2009).

Literaturverzeichnis

Adam, D. (1996):

Planung und Entscheidung, 4. vollständig überarbeitete und wesentlich erweiterte Auflage, Gabler, Wiesbaden.

Adam, D. (1998):

Produktionsmanagement, 9. überarbeitete Auflage, Gabler, Wiesbaden.

Adam, D. / Johannwille, U. (1998):

Die Komplexitätsfalle, in: Komplexitätsmanagement, Dietrich Adam (Hrsg.), Gabler, Wiesbaden, S. 5 - 28.

Adamany, H. G. / Gonsalves, F. A. J. (1994):

Life Cycle Management: An Integrated Approach to Managing Investments, in: Journal of Cost Management, Volume 8, Issue 2, Page 35 - 48.

Adner, R. / Levinthal, D. A. (2004):

What is not a real option: considering boundaries for the application of real options to business strategy, in: Academy of Management Review, Volume 29, Issue 1, Page 74 - 85.

Agthe, K. (1972):

Strategie und Wachstum der Unternehmung, Verlag für Unternehmensführung Gehlen, Baden-Baden / Bad Homburg.

Akao, Y. (1992):

QFD und Technologieentwicklung, in: QFD: Quality Function Deployment: Wie die Japaner Kundenwünsche in Qualität umsetzen, Yōji Akao (Hrsg.),Verlag Moderne Industrie, Landsberg, S. 143 - 170.

Albach, H. (1978):

Strategische Unternehmensplanung bei erhöhter Unsicherheit, in: Zeitschrift für Betriebswirtschaft, 48. Jg., Heft 9, S. 702 - 715.

Albach, H. / de Pay, D. / Rojas, R. (1991):

Quellen, Zeiten und Kosten von Innovationen, in: Zeitschrift für Betriebswirtschaft, 61. Jg., Heft 3, S. 44 - 65.

Alt, R. / Zimmermann, H.-D. (2001):

Preface: Introduction to Special Section – Business Models, in: Electronic Markets, Volume 11, Issue 1, Page 3 - 9.

Angeles, L. (2005):

Should Developing Countries Strengthen their Intellectual Property Rights?, in: Topics in Macroeconomics, Volume 5, Issue 1, Page 1 - 25.

© Springer Fachmedien Wiesbaden GmbH, ein Teil von Springer Nature 2011
J. Jacobs, *Produktlebenszyklusorientiertes Controlling am Beispiel des produktbezogenen Businessplans*, Edition KWV, https://doi.org/10.1007/978-3-658-24330-2

Annacchino, M. A. (2007):

The Pursuit of New Product Development: The Business Development Process, Butterworth-Heinemann, Amsterdam.

Ansoff, I. H. (1966):

Management-Strategie, Verlag Moderne Industrie, München.

Ansoff, I. H. (1976):

Managing Surprise and Discontinuity – Strategic Response to Weak Signals, in: Zeitschrift für betriebswirtschaftliche Forschung, 28. Jg., S. 129 - 152.

Ansoff, I. H. (1984):

Implanting Strategic Management, Prentice-Hall International, Englewood Cliffs.

Anthony, R. N. (1965):

Planning and Control Systems: A Framework for Analysis, Harvard Business School Press, Boston.

Anthony, R. N. / Govindarajan, V. (1998):

Management Control Systems, 9. Auflage, McGraw-Hill, Boston.

Anton, J. J. / Greene, H. / Yao, D. A. (2006):

Policy Implications of Weak Patent Rights, in: Innovation Policy and the Economy, Volume 6, Issue 1, Page 1 - 26.

Anton, J. J. / Yao, D. A. (2004):

Little patents and big secrets: managing intellectual property, in: RAND Journal of Economics, Volume 35, Issue 1, Page 1 - 22.

Arnold, V. / Dettmering, H. / Engel, T. / Karcher, A. (2005):

Product Lifecycle Management beherrschen: Ein Anwenderhandbuch für den Mittelstand, Springer, Berlin / Heidelberg / New York.

Arrow, K. J. (1985):

The Economics of Agency, in: Principals and Agents: The Structure of Business, John W. Pratt und Kenneth J. Arrow (Hrsg.), Harvard University Press, Boston, Page 37 - 51.

Artto, K. A. (1994):

Life Cycle Cost Concepts and Methodologies, in: Journal of cost management, Volume 8, Issue 3, Page 28 - 32.

Asiedu, Y. / Gu, P. (1998):

Product life cycle cost analysis: state of the art review, in: International Journal of Production Research, Volume 36, Issue 4, Page 883 - 908.

Aßmann, G. (2000):

Gestaltung von Änderungsprozessen in der Produktentwicklung, Herbert Utz Verlag, München.

Aßmann, G. / Conrat, J.-I. (1998):

Modell eines Integrierten Änderungsmanagements, in: Integriertes Änderungsmanagement, Udo Lindemann und Ralf Reichwald (Hrsg.), Springer, Berlin / Heidelberg, S. 47 - 60.

Aumayr, K. J. (2006):

Erfolgreiches Produktmanagement: Tool-Box für das professionelle Produktmanagement und Produktmarketing, Gabler, Wiesbaden.

Awiszus, B. (2000):

Integrierte Produkt- und Prozessmodellierung umformtechnischer Planungsprozesse, Shaker, Aachen.

Bach, N. / Steinhaus, H. (2006):

Controlling der strategischen Erneuerung, in: Excellence in Change: Wege zur strategischen Erneuerung, Wilfried Krüger (Hrsg.), Gabler, Wiesbaden, S. 311 - 340.

Back-Hock, A. (1988):

Lebenszyklusorientiertes Produktcontrolling: Ansätze zur computergestützten Realisierung mit einer Rechnungswesen-Daten- und -Methodenbank, Springer, Berlin / Heidelberg / New York.

Backhaus, K. (1989):

Investitionsgütermarketing, in: Handbuch des Marketing, Manfred Bruhn (Hrsg.), Beck, München, S. 699 - 723.

Backhaus, K. (1991):

Investitionsgütermarketing im Wachstumsmarkt Europa, in: Der Vertrieb von Investitionsgütern im europäischen Wachstumsmarkt, Verein Deutscher Ingenieure-Gesellschaft Entwicklung, Konstruktion, Vertrieb (Hrsg.), Verein Deutscher Ingenieure-Verlag, Düsseldorf, S. 1 - 27.

Backhaus, K. (2003):

Industriegütermarketing, 7. erweiterte und überarbeitete Auflage, Vahlen, München.

Backhaus, K. / Gruner, K. (1998):

Epidemie des Zeitwettbewerbs, in: Die Beschleunigungsfalle oder der Triumph der Schildkröte, 3. Auflage, Klaus Backhaus und Holger Bonus (Hrsg.), Schäffer-Poeschel, Stuttgart, S. 107 - 132.

Bailey, K. D. (1994):

Typologies and taxonomies: an introduction to classification techniques, Sage Publications, Thousand Oaks / London / New Delhi.

Baloff, N. (1966):

Startups in Machine-Intensive Production Systems, in: Journal of Industrial Engineering, Volume 17, Issue 1, Page 25 - 32.

Bamberg, G. / Coenenberg, A. G. (2004):

Betriebswirtschaftliche Entscheidungslehre, 12. Auflage, Vahlen, München.

Bamberg, G. / Coenenberg, A. G. / Krapp, M. (2008):

Betriebswirtschaftliche Entscheidungslehre, 14. Auflage, Vahlen, München.

Barnett, H. G. (1953):

Innovation: The Basis of Cultural Change, McGraw-Hill, New York / Toronto / London.

Bartelt, A. / Lamersdorf, W. (2000):

Geschäftsmodelle des Electronic Commerce: Modellbildung und Klassifikation, in: Verbundtagung Wirtschaftsinformatik 2000, Freimut Bodendorf und Manfred Grauer (Hrsg.), Shaker, Aachen, S. 17 - 29.

Bauer, H. H. / Fischer, M. (2000):

Die empirische Typologisierung von Produktlebenszyklen und ihre Erklärung durch die Markteintrittsreihenfolge, in: Zeitschrift für Betriebswirtschaft, 70. Jg., Heft 9, S. 937 - 958.

Bauer, S. (2003):

Perspektiven in der Organisationsgestaltung, in: Neue Organisationsformen im Unternehmen, 2. neu bearbeitete und erweiterte Auflage, Hans-Jörg Bullinger, Hans-Jürgen Warnecke und Engelbert Westkämper (Hrsg.), Springer, Berlin / Heidelberg / New York, S. 93 - 128.

Baum, H.-G. / Coenenberg, A.G. / Günther, T. (2007):

Strategisches Controlling, 4. Auflage, Schäffer-Poeschel, Stuttgart.

Bawden, D. / Blakeman, K. (1990):

IT Strategies for Information Management, Butterworth, London.

Bayus, B. L. (1994):

Are Product Life Cycles Really Getting Shorter?, in: Journal of Product Innovation Management, Volume 11, Issue 4, Page 300 - 308.

Bayus, B. L. (1998):

An Analysis of Product Lifetimes in a Technologically Dynamic Industry, in: Management Science, Volume 44, Issue 6, Page 763 - 775.

Bea, F. X. / Haas, J. (2005):

Strategisches Management, 4. neu bearbeitete Auflage, Lucius & Lucius, Stuttgart.

Becker, H. P. (2007):

Investition und Finanzierung: Grundlagen der betrieblichen Finanzwirtschaft, Gabler, Wiesbaden.

Becker, J. (2006):

Marketing-Konzeption: Grundlagen des ziel-strategischen und operativen Marketing-Managements, 8. überarbeitete und erweiterte Auflage, Vahlen, München.

Beer, S. (1967):

Kybernetik und Management, 3. erweiterte Auflage, Fischer, Frankfurt am Main.

Behrens, K. C. (1961):

Allgemeine Standortbestimmungslehre, Westdeutscher Verlag, Köln / Opladen.

Benaroch, M. (2002):

Managing Information Technology Investment Risk: A Real Options Perspective, in: Journal of Management Information Systems, Volume 19, Issue 2, Page 43 - 84.

Berliner, C. / Brimson, J. A. (1988):

Cost management for today's advanced manufacturing: the CAM-I conceptual design, Harvard Business School Press, Boston.

Bernauer, D. (2008):

Die Rolle des Controllers bei Swisscom im Wandel – vom Challenger zum Coach für Wertsteigerung, in: Die neue Rolle des Controllers: Aufgaben, Anforderungen, Best Practices, Jürgen Weber, Hendrik Vater, Walter Schmidt und Hartmut Reinhard (Hrsg.), Schäffer-Poeschel, Stuttgart, S. 213 - 224.

Berry, N. C. (1988):

Revitalizing Brands, in: Journal of Consumer Marketing, Volume 5, Issue 3, Page 15 - 20.

Beyer, A.S. (2002):

Wertorientiertes Innovationsmanagement, Eul, Lohmar / Köln.

Bieger, T. / Rüegg-Stürm, J. / von Rohr, T. (2002):

Strukturen und Ansätze einer Gestaltung von Beziehungskonfigurationen –
Das Konzept Geschäftsmodell, in: Zukünftige Geschäftsmodelle: Konzept
und Anwendung in der Netzökonomie, Thomas Bieger, Nils Bickhoff, Rolf
Caspers, Dodo zu Knyphausen-Aufseß und Kurt Reding (Hrsg.), Springer,
Berlin / Heidelberg / New York, S. 35 - 61.

Blanchard, B. S. (1978):

Design and Manage to Life Cycle Cost, M/A Press, Portland.

Blohm, H. / Lüder, K. / Schäfer, C. (2006):

Investition: Schwachstellenanalyse des Investitionsbereichs und Investitionsrechnung, 9. überarbeitete und aktualisierte Auflage, Vahlen, München.

Bock, S. / Rosenberg, O. / van Brackel, T. (2006):

Controlling mixed-model assembly lines in real-time by using distributed systems, in: European Journal of Operational Research, Volume 168, Issue 3,
Page 880 - 904.

Böhl, J. (2001):

Wissensmanagement im Klein- und mittelständischen Unternehmen der Ein-
zel- und Kleinserienfertigung, Herbert Utz Verlag, München.

Bowman, E. H. / Moskowitz, G. T. (2001):

Real Options Analysis and Strategic Decision Making, in: Organization
Science, Volume 12, Issue 6, Page 772 - 777.

Bradley, M. / Dawson, R. (1999):

Whole Life Cost: The Future Trend in Software Development, in: Software
Quality Journal, Volume 8, Issue 2, Page 121 - 131.

Braun, C.-F. v. (1994):

Der Innovationskrieg: Ziele und Grenzen der industriellen Forschung und
Entwicklung, Hanser, München / Wien.

Breid, V. (1994):

Erfolgspotentialrechnung – Konzeption im System einer finanzierungstheore-
tisch fundierten, strategischen Erfolgsrechnung, Schäffer-Poeschel, Stuttgart.

Breit, C. (1985):

Lern- und Erfahrungskurveneffekte in der Produktionstheorie, GBI-Verlag,
München.

Briskorn, G. (1991):

Qualität im Quantensprung, in: Absatzwirtschaft, 34. Jg., Heft 10, S. 116 -
126.

Brockhoff, K. (1967):

A Test for the Product Life Cycle, in: Econometrica, Volume 35, Issue 3 - 4, Page 472 - 484.

Brockhoff, K. (1974):

Produktlebenszyklen, in: Handwörterbuch der Absatzwirtschaft, Bruno Tietz (Hrsg.), Poeschel, Stuttgart, Sp. 1763-1770.

Brockhoff, K. (1999):

Forschung und Entwicklung: Planung und Kontrolle, 5. ergänzte und erweiterte Auflage, Oldenbourg, München / Wien.

Brockhoff, K. K. / Rao, V. R. (1993):

Toward a demand forecasting model for preannounced new technological products, in: Journal of Engineering and Technology Management, Volume 10, Issue 3, Page 211 - 228.

Brooks, F. P. Jr. (1974):

The Mythical Man-Month, in: Datamation, Volume 20, Issue 12, Page 44 - 52.

Brüderl, J. / Preisendörfer, P. / Ziegler, R. (1996):

Der Erfolg neugegründeter Betriebe: eine empirische Studie zu den Chancen und Risiken von Unternehmensgründungen, Dunker & Humblot, Berlin.

Brühl, R. (1996):

Die Produktlebenszyklusrechnung zur Informationsversorgung des Zielkostenmanagements, in: Zeitschrift für Planung, 7. Jg., Heft 4, S. 319 - 335.

Bruhn, M. (1997):

Kommunikationspolitik: Grundlagen der Unternehmenskommunikation, Vahlen, München.

Brunn, H. G. (2009):

Globalisierung und Produktlebenszyklen im Automobilsektor: Methoden, Konzepte und Ergebnisse aus ökonometrischer Sicht, Kovač, Hamburg.

Brynjolfsson, E. / Kemerer, C. F. (1996):

Network Externalities in Microcomputer Software: An Econometric Analysis of the Spreadsheet Market, in: Management Science, Volume 42, Issue 12, Page 1627 - 1647.

Buchholz, W. (1996):

Time-to-market-Management: zeitorientierte Gestaltung von Produktinnovationsprozessen, Kohlhammer, Stuttgart / Berlin / Köln.

Buggie, F. D. (1982):

Strategies for New product Development, in: Long Rang Planning, Volume 15, Issue 2, Page 22 - 31.

Bullinger, H.-J. (1997):

Rapid Prototyping in der Anwendung – der schnelle Weg zum Serienteil, in: Komplexität und Agilität: Steckt die Produktion in der Sackgasse?, Günther Schuh und Hans-Peter Wiendahl (Hrsg.), Springer, Berlin / Heidelberg / New York, S. 169 - 184.

Bundesministerium für Bildung und Forschung (2009):

Bekanntmachung von Förderrichtlinien zum Thema „Standortsicherung durch Wandlungsfähige Produktionssysteme" vom 30. März 2009, Url: http://www.produktionsforschung.de/fzk/groups/pft/documents/internetdoku ment/id_068179.pdf, Stand: 06.10.2009.

Burns, T. / Stalker, G. M. (1971):

The management of innovation, 2nd Edition, Tavistock, London.

Burr, W. / Stephan, M. (2006):

Dienstleistungsmanagement: Innovative Wertschöpfungskonzepte für Dienstleistungsunternehmen, Kohlhammer, Stuttgart.

Buzzell, R (1966):

Competitive Behavior and Product Life Cycles, in: New ideas for successful marketing : proceedings of the 1966 world congress, June 13 - 15, The Palmer House, Wright, J, and Goldstucker, J (Eds), American Marketing Association, Chicago, Page 46 - 70.

Castan, E. (1963):

Typologie der Betriebe, Poeschel, Stuttgart.

Catry, B. / Chevalier, M. (1974):

Market Share Strategy and the Product Life Cycle, in: Journal of Marketing, Volume 38, Issue 4, Page 29 - 34.

Chou, C. F. / Shy, O. (1991):

New Product Development and the Optimal Duration of patents, in: Southern Economic Journal, Volume 57, Issue 3, Page 811 - 821.

Church, A. H. (1914):

The Science and Practice of Management, The Engineering Magazine Co., New York.

Clark, K. B. / Fujimoto, T. (1992):

Automobilentwicklung mit System: Strategie, Organisation und Management in Europa, Japan und USA, Campus, Frankfurt / New York.

Clark, K. B. / Wheelwright, S. C. (1992):

Organizing and Leading "Heavyweight" Development Teams, in: California Management Review, Volume 34, Issue 3, Page 9 - 28.

Clifford, D. K. Jr. (1965):

Managing the Product Life Cycle, in: Management Review, Volume 54, Issue 6, Page 34 - 38.

Clinton, B. D. / Graves, A. H. (1999):

Product Value Chain Analysis: Strategic Analysis over the Entire Product Life Cycle, in: Journal of Cost Management, Volume 13, Issue 3, Page 22 - 30.

Coenenberg, A. G. (2007):

Kostenrechnung und Kostenanalyse, Schäffer Poeschel, Stuttgart.

Coenenberg, A. G. / Fischer, T. / Schmitz, J (1994):

Target Costing und Product Life Cycle Costing als Instrumente des Kosten-managements, in: Zeitschrift für Planung, 5. Jg., Heft 1, S. 199 - 207.

Cohen, L. R. / Ishii, J. (2006):

Competition, innovation and racing for priority at the U.S. Patent and Trade-mark Office, in: American Law and Economics Association Papers, Issue 39, Page 1 - 47.

Conrat, J.-I. / Riedel, D. (1998):

Änderungskosten – Wirtschaftliche Auswirkungen von technischen Änderun-gen, in: Integriertes Änderungsmanagement, Udo Lindemann und Ralf Reichwald (Hrsg.), Springer, Berlin / Heidelberg, S. 35 - 46.

Conrat, J.-I. / Voigt, P. (1998):

Defizite im heutigen Änderungswesen, in: Integriertes Änderungsmanage-ment, Udo Lindemann und Ralf Reichwald (Hrsg.), Springer, Berlin / Heidel-berg, S. 25 - 34.

Cooper, R. G. (1979):

The Dimensions of Industrial New Product success and failure, in: Journal of Marketing, Volume 43, Issue 3, Page 93 - 103.

Cooper, R. G. (1990):

Stage-gate systems: A new tool for managing new products., in: Business Ho-rizons, Volume 33, Issue 3, Page 44 - 53.

Cooper, R. G. (1994):

Third-Generation New Product Processes, in: Journal of Product Innovation Management, Volume 11, Issue 1, Page 3 - 14.

Cooper, R. G. / Edgett, S. J. (2008):

Maximing Productivity in Product Innovation, in: Research Technology Management, Volume 51, Issue 2, Page 47 - 58.

Cooper, R. G. / Edgett, S. J. / Kleinschmidt, E. J. (2004):

Benchmaking Best NPD Practices-I, in: Research Technology Management, Volume 47, Issue 1, Page 31 - 43.

Cooper, R. G. / Kleinschmidt, E. J. (1987):

Success Factors in Product Innovation, in: Industrial Marketing Management, Volume 16, Issue 3, Page 215 - 223.

Cooper, R. G. / Kleinschmidt, E. J. (1991):

New product processes at leading industrial firms, in: Industrial Marketing Management, Volume 20, Issue 2, Page 137 - 147.

Cooper, R. G. / Kleinschmidt, E. J. (1993):

Stage Gate Systems for New Product Success, in: Marketing Management, Volume 1, Issue 4, Page 20 - 29.

Copeland, T. / Tufano, P. (2004):

A Real-World Way to Manage Real Options, in: Harvard Business Review, Volume 82, Issue 3, Page 90 - 99.

Cordes, H.-P. (1976):

Das Problem der Berücksichtigung von Interdependenzen in der Planung, Universitätsverlag, Münster.

Corsten, H. (1998):

Simultaneous Engineering als Managementkonzept für Produktentwicklungs-prozesse, in: Integrationsmanagement für neue Produkte, Péter Horváth und Günther Fleig (Hrsg.), Schäffer-Poeschel, Stuttgart, S. 123 - 166.

Corsten, H. (2007):

Produktionswirtschaft: Einführung in das industrielle Produktionsmanage-ment, 11. Auflage, Oldenbourg, München / Wien.

Corsten, H. / Gössinger, R. (2001):

Einführung in das Supply Chain Management, Oldenbourg, München / Wien.

Cox Jr., W. E. (1967):

Product Life Cycles as Marketing Models, in: Journal of Business, Volume 40, Issue 4, Page 375 - 384.

Cristea, A. / Heucher, M. / Ilar, D. / Kubr, T. / Marchesi, H. / Müller, K. / Waldner, M. / Zsenei (2007):
Planen, gründen, wachsen: Mit dem professionellen Businessplan zum Erfolg, 4. aktualisierte Auflage, Redline Wirtschaft, Heidelberg.

Cunningham, M. T. (1969):
The application of product life cycles to corporate strategy: some research findings, in: British Journal of Marketing, Volume 3, Issue 1, Page 32 - 44.

Cusumano, M. A. / Gawer, A. (2002):
The Elements of Platform Leadership, in: MIT Sloan Management Review, Volume 43, Issue 3, Page 51 - 58.

Czenskowsky, T. / Schünemann, G. / Zdrowomyslaw, N. (2002):
Grundzüge des Controlling: Lehrbuch der Controlling-Konzepte und -Instrumente, Deutscher Betriebswirte-Verlag, Gernsbach.

Dasgupta, P. (1988):
Patents, Priority and Imitation or, The Economics of Races and Waiting Games, in: The Economic Journal, Volume 98, Number 389, Page 66 - 80.

Day, G. S. (1977):
Diagnosing the Product Portfolio, in: Journal of Marketing, Volume 41, Issue 2, Page 29 - 38.

de Koning, A. (2000):
A business plan to entice backers, in: Mastering Entrepreneurship, 2nd Edtion, Sue Birley und Daniel F. Muzyka (Hrsg.), London et al., Page 155 - 158.

Dean, J. (1969):
Pricing Pioneering Products, in: Journal of Industrial Economics, Volume 17, Issue 3, Page 165 - 179.

Degraeve, Z. / Labro, E. / Roodhooft, F (2005):
Constructing a Total Cost of Ownership supplier selection methodology based on Activity-Based Costing and mathematical programming, in: Accounting and Business Research, Volume 35, Issue 1, Page 3 - 27.

Dess, G. G. / Davis, P. S. (1984):
Porter's (1980) Generic Strategies as Determinants of Strategic Group Membership and Organizational Performance, in: Academy of Management Journal, Volume 27, Issue 3, Page 467 - 488.

Deutsches Institut für Normung (1981):
DIN 199 – Teil 4: Begriffe im Zeichnungs- und Stücklistenwesen: Änderungen, Beuth, Berlin.

Deutsches Institut für Normung (1995):

DIN 6789-5: Dokumentationssystematik: Teil 5: Freigabe in der technischen Produktdokumentation, Beuth, Berlin.

Deutsches Institut für Normung (2001):

DIN EN 13306: Begriffe der Instandhaltung, Beuth, Berlin.

Deutsches Institut für Normung (2004):

DIN ISO 10007: Qualitätsmanagement – Leitfaden für Konfigurationsmanagement, Beuth, Berlin.

Deutsches Institut für Normung (2006):

DIN EN 60812: Analysetechniken für die Funktionsfähigkeit von Systemen – Verfahren für die Fehlzustandsart- und -auswirkungsanalyse (FMEA), Beuth, Berlin.

Deutsches Institut für Normung (2007):

DIN EN 45020: Normung und damit zusammenhängende Tätigkeiten Allgemeine Begriffe (ISO/IEC Guide 2:2004), Beuth, Berlin.

Deutsches Institut für Normung (2009):

DIN 69901: Projektmanagement – Projektmanagementsysteme – Teil 5: Begriffe, Beuth, Berlin.

Dhalla, N. K. / Yuspeh, S. (1976):

Forget the product life cycle concept!, in: Harvard Business Review, Volume 54, Issue 1, Page 102 - 112.

Diller, H. (2008):

Preispolitik, 4. vollständig neu bearbeitete und erweiterte Auflage, Kohlhammer, Stuttgart.

Dinkelbach, W. (1969):

Sensitivitätsanalysen und parametrische Programmierung, Springer, Berlin / Heidelberg / New York.

Dinkelbach, W. (1982):

Entscheidungsmodelle, de Gruyter, Berlin / New York.

Dombrowski, U. / Schulze, S. (2008):

Lebenszyklusorientiertes Ersatzteilmanagement – Neue Herausforderungen durch innovationsstarke Bauteile in langlebigen Primärprodukten, in: Beiträge zu einer Theorie der Logistik, Peter Nyhuis (Hrsg.), Springer, Berlin / Heidelberg, S. 439 - 462.

Dowling, M. (2003):

Businesspläne, in: Gründungsmanagement: Vom Erfolgreichen Unternehmensstart zu dauerhaftem Wachstum, 2. Auflage, Springer, Berlin / Heidelberg / New York, S. 239 - 246.

Dubosson-Torbay, M. / Osterwalder, A. / Pigneur, Y. (2002):

E-Business Model Design, Classification, and Measurements, in: Thunderbird International Business Review, Volume 44, Issue 1, Page 5 - 23.

Düchting, C. (2005):

Aufbau eines freigabe- und kommunikationsbasierten Assistenzsystems im Produktentstehungsprozess, Universität Dortmund, Url: http://dspace.hrz.uni-dortmund.de:8080/bitstream/2003/21463/2/Duechting.pdf., Stand: 05.10.2009.

Dunk, A. S. (2004):

Product life cycle cost analysis: the impact of customer profiling, competitive advantage, and quality of IS information, in: Management Accounting Research, Volume 15, Issue 4, Page 401 - 414.

Dyckhoff, H. / Spengler, T. (2005):

Produktionswirtschaft: Eine Einführung für Wirtschaftsingenieure, Springer, Berlin / Heidelberg / New York.

Ebert, G. / Pleschak, F. / Sabisch, H. (1992)

Aktuelle Aufgaben des Forschungs- und Entwicklungscontrolling in Industrieunternehmen, in: Innovationsmanagement und Wettbewerbsfähigkeit: Erfahrungen aus den alten und neuen Bundesländern, Hans Georg Gemünden und Franz Pleschak (Hrsg.), Gabler, Wiesbaden, S. 137 - 157.

Eichler, C. (1990):

Instandhaltungstechnik, 5. bearbeitete Auflage, Verlag Technik, Berlin.

Eigner, M. / Stelzer, R. (2001):

Produktdatenmanagement-Systeme: Ein Leitfaden für Product Development und Life Cycle Management, Springer, Berlin / Heidelberg / New York.

Ellinger, T. (1961):

Die Marktperiode in ihrer Bedeutung für die Produktions- und Absatzplanung der Unternehmung, in: Zeitschrift für handelswissenschaftliche Forschung, 13. Jg., S. 580 - 597.

Ellram, L. (1995a):

Total cost of ownership, in: International Journal of Physical Distribution and Logistics Management, Volume 25, Issue 8/9, Page 4 - 23.

Ellram, L. (1995b):

Activity-Based Costing and Total Cost of Ownership: A Critical Linkage, in: Journal of Cost Management, Volume 8, Issue 4, Page 22 - 30.

Elmakis, D. / Lisnianski, A. (2006):

Life Cycle Cost Analysis: Actual Problem in Industrial Management, in: Journal of Business Economics and Management, Volume 7, Issue 1, Page 5 - 8.

Engelhardt, W. H. (1996):

Dienstleistungen als Produktkomponenten, in: Handwörterbuch der Produktionswirtschaft, 2. völlig neu gestaltete Auflage, Werner Kern, Hans-Horst Schröder und Jürgen Weber (Hrsg.), Schäffer-Poeschel, Stuttgart, Sp. 327 - 338.

Engelhardt, W. H. / Kleinaltenkamp, M. /Reckenfelderbäumer, M. (1993):

Leistungsbündel als Absatzobjekte: Ein Ansatz zur Überwindung der Dichotomie von Sach- und Dienstleistungen, in: Zeitschrift für betriebswirtschaftliche Forschung, 45. Jg., Heft 5, S. 395 - 426.

Eppinger, S. D. / Whitney, D. E. / Smith, R. P. / Gebala, D. A. (1994):

A model-based method for organizing tasks in product development, in: Research in Engineering Design, Volume 6, Issue1, Page 1 - 13.

Ethiraj, S. K. / Levinthal, D. A. (2004):

Modularity and Innovation in Complex Systems, in: Management Science, Volume 50, Issue 2, Page 159 - 173.

Ewert, R. (1992):

Controlling, Interessenkonflikte und asymmetrische Information, in: Betriebswirtschaftliche Forschung und Praxis, 44. Jg., Heft 4, S. 277 - 303.

Ewert, R. (2002):

Der informationsökonomische Ansatz des Controlling, in: Controlling als akademische Disziplin - Eine Bestandsaufnahme, Jürgen Weber und Bernhard Hirsch (Hrsg.), Deutscher Universitätsverlag, Wiesbaden, S. 21 - 38.

Ewert, R. / Wagenhofer, A. (2005):

Interne Unternehmensrechnung, 6. überarbeitete Auflage, Springer, Berlin / Heidelberg / New York.

Farrell, J. / Gallini, N. (1988):

Second-Sourcing as a Commitment: Monopoly Incentives to Attract Competition, in: Quarterly Journal of Economics, Volume 103, Issue 4, Page 673 - 694.

Farrell, J. / Saloner, G. (1985):

Standardization, compatibility, and innovation, in: RAND Journal of Economics, Volume 16, Issue 1, Page 70 - 83.

Farrell, J. / Saloner, G. (1986):

Installed Base and Compatibility: Innovation, Product Preannouncements, and Predation, in: American Economic Review, Volume 76, Issue 5, Page 940 - 955.

Farrokhzad, B. / Kern, C. / Fritzhanns, T. (2005):

Innovation Business Plan im Hause Siemens – Portfolio-basiertes Roadmapping zur Ableitung Erfolg versprechender Innovationsprojekte, in: Technologie-Roadmapping: Zukunftsstrategien für Technologieunternehmen, Martin Möhrle and Ralf Isenmann (Hrsg.), Springer, Berlin / Heidelberg / New York, S. 281 - 307.

Faßbender-Wynands, E. (2001):

Umweltorientierte Lebenszyklusrechnung: Instrument zur Unterstützung des Umweltkostenmanagements, Deutscher Universitätsverlag, Wiesbaden.

Flatters, P. (2004):

The impact of consumer trends on standards, in: Consumer Policy Review, Volume 14, Issue 6, Page 169 - 176.

Forrester, J. W. (1959):

Advertising: a Problem in Industrial Dynamics, in: Harvard Business Review, Volume 37, Issue 2, Page 100 - 110.

Franz, K.-P. (1992):

Moderne Methoden der Kostenbeeinflussung, in: Kostenrechnungspraxis, 36. Jg., Heft 3, S. 127 - 134.

Franz, K.-P. / Kajüter, P. (2002a):

Proaktives Kostenmanagement als Daueraufgabe, in: Kostenmanagement: Wertsteigerung durch systematische Kostensteuerung, 2. überarbeitete und erweiterte Auflage, Klaus-Peter Franz und Peter Kajüter (Hrsg.), Schäffer-Poeschel, Stuttgart, S. 3 - 32.

Franz, K.-P. / Kajüter, P. (2002b):

Kostenmanagement in Deutschland: Empirische Befunde zur Praxis des Kostenmanagements in deutschen Unternehmen, in: Kostenmanagement: Wertsteigerung durch systematische Kostensteuerung, 2. überarbeitete und erweiterte Auflage, Klaus-Peter Franz und Peter Kajüter (Hrsg.), Schäffer-Poeschel, Stuttgart, S. 569 - 586.

Frese, E. (1975):

Koordination, in: Handwörterbuch der Betriebswirtschaft, Erwin Grochla und Waldemar Wittmann (Hrsg.), Schäffer-Poeschel, Stuttgart, Sp. 2263 - 2273.

Frese, E. (1985):

Marktinterdependenzen in Unternehmungen der Investitionsgüterindustrie als organisatorisches Problem – Ergebnisse einer empirischen Untersuchung, in: Zeitschrift für betriebswirtschaftliche Forschung, 37 Jg., Heft 4, S. 267 - 290.

Frese, E. (2000):

Grundlagen der Organisation: Konzept – Prinzipien – Strukturen, 8. überarbeitete Auflage, Gabler, Wiesbaden.

Freudenmann, H. (1965):

Planung neuer Produkte, Schäffer-Poeschel, Stuttgart.

Friedl, B. (2003):

Controlling, Lucius & Lucius, Stuttgart.

Frischke, S. (2006):

Simulationsbasierte Entscheidungsunterstützung bei der Gestaltung flexibler Produktionsbereiche, Logos, Berlin.

Fröhling, O. / Spilker, D. (1990):

Life Cycle Costing, in: io Management Zeitschrift, 59. Jg., Heft 10, S. 74 - 78.

Gallini, N. / Scotchmer, S. (2002):

Intellectual Property: When is it the Best Incentive System?, in: NBER Innovation Policy & the Economy, Volume 2, Issue 1, Page 51 - 77.

Gallini, N. / Winter, R. (1985):

Licensing in the theory of innovation, in: RAND Journal of Economics, Volume 16, Issue 2, Page 237 - 252.

Gerpott, T. J. (2005):

Strategisches Technologie- und Innovationsmanagement, 2. überarbeitete und erweiterte Auflage, Schäffer-Poeschel, Stuttgart.

Geschka, H. (1984):

Marketingkonzepte für Innovationen: Die Markteinführung ist nach wie vor eine wesentliche Innovationshürde, in: Harvard Manager, 6. Jg., Heft 4, S. 7 - 16.

Giddens, A. (1999):

Soziologie, 2. Auflage, Nausner & Nausner, Graz / Wien.

Gilbert, X. / Strebel, P. (1987):

Strategies to outpace the Competition, in: Journal of Business Strategy, Volume 8, Issue 1, Page 28 - 36.

Glennan, T. K. (1967):

Issues in the Choice of Development Policies, in: Strategy for R&D: Studies in the Microeconomics of Development, Thomas A. Marschak, Thomas K. Glennan und Robert Summers (Hrsg.), Springer, Berlin / Heidelberg / New York, S. 13 - 48.

Glück, P. (1995):

Durchlaufzeitverkürzung in der Produktentwicklung: Bewertung von Parallelisierungs- und Überlappungsmaßnahmen, Lang, Frankfurt et al.

Golder, P. N. / Tellis, G. J. (2004):

Growing, Growing, Gone: Cascades, Diffusion, and Turning Points in the Product Life Cycle, in: Marketing Science, Volume 23, Issue 2, Page 207 - 218.

Gollos, M. / Widmaier, G. (1999):

Ganzheitliches Führungsmodell mit integriertem Selbstcontrolling, in: Personalführung, 32. Jg., Heft 9, S. 72 - 79.

Gordijn, J. / Akkermans, H. (2001):

Ontology-Based Operators for e-Business Model De- and Reconstruction, in: Proceedings of the First International Conference on Knowledge Capture, Victoria, Page 60 - 67.

Gorn, E. J. (1964):

Economic Value of Patents, in: The Encyclopedia of Patent Practice and Invention Management: a comprehensive statement of the principles and procedures in solicitation, enforcement and licensing of patents and recognition and utilization of inventions, written by an eminent staff of contributing authors, Reinhold Publishing, New York, Page 221 - 227.

Götze, U. (2000):

Lebenszykluskosten, in: Kosten-Controlling: Neue Methoden und Inhalte, Thomas M. Fischer (Hrsg.), Schäffer-Poeschel, Stuttgart, S. 265 - 290.

Götze, U. (2004):

Kostenrechnung und Kostenmanagement, 3. Auflage, Springer, Berlin / Heidelberg / New York.

Gräfe, C. (1998):

Kostenmanagement im Entstehungszyklus eines Serienerzeugnisses: konzeptionelle und instrumentelle Lösungsvorschläge für Theorie und Unternehmenspraxis, Kovač, Hamburg.

Greenhalgh, C. / Longland, M. (2005):

Running to Stand Still? – The Value of R&D, Patents and Trade Marks in Innovating Manufacturing Firms, in: International Journal of Economics of Business, Volume 12, Issue 3, Page 307 - 328.

Gröner, L. (1991):

Entwicklungsbegleitende Vorkalkulation, Springer, Berlin / Heidelberg / New York.

Große-Heitmeyer, V. / Wiendahl, H.-P. (2004):

Grundsatz des Produktionsstufenkonzeptes, in: Variantenbeherrschung in der Montage: Konzept und Praxis der flexiblen Produktionsendstufe, Hans-Peter Wiendahl, Detlef Gerst und Lars Keunecke (Hrsg.), Springer, Berlin / Heidelberg / New York, S. 21 - 40.

Gruber, H. (1995):

Controlling im Wandel: Der dornige Weg des Controllers vom Medizinmann zum Dienstleister, in: Controlling und Unternehmensführung: Aktuelle Entwicklungen in Theorie und Praxis, Alfred Wagenhofer und Alfred Gutschelhofer (Hrsg.), Linde, Wien, S. 87 - 116.

Grünig, R. (1990):

Verfahren zur Überprüfung und Verbesserung von Planungskonzepten, Haupt, Bern / Stuttgart.

Grünig, R. (2002):

Planung und Kontrolle: ein Ansatz zur integrierten Erfüllung der beiden Führungsaufgaben, 3. Auflage, Haupt, Bern / Stuttgart / Wien.

Gutenberg, E. (1929):

Die Unternehmung als Gegenstand der betriebswirtschaftlichen Theorie, Spaeth & Linde, Berlin.

Haag, J. (1990):

Marketing-Controlling, in: Handbuch Controlling, Elmar Mayer und Jürgen Weber, Poeschel, Stuttgart, S. 175 - 209.

Haedrich, G. (1997):

Relaunchstrategien in der Konsumgüterindustrie, in: Marketingdynamik, Heinz Weinhold-Stünzi, Sven Reinecke und Marcus Schögel (Hrsg.), Thexis, St. Gallen, S. 18 - 26.

Haedrich, G. / Tomczak, T. (1996):

Strategische Markenführung: Planung und Realisierung von Marketingstrategien für eingeführte Produkte, 2. unveränderte Auflage, Haupt, Bern et al.

Hahn, D. (1996):

Strategische Produktionsplanung, in: Handwörterbuch der Produktionswirtschaft, 2. völlig neu gestaltete Auflage, Werner Kern, Hans-Horst Schröder und Jürgen Weber (Hrsg.), Schäffer-Poeschel, Stuttgart, Sp. 1521 - 1534.

Hahn, D. (2006):

Zweck und Entwicklung der Portfolio-Konzepte in der strategischen Unternehmungsplanung, in: Strategische Unternehmungsplanung – Strategische Unternehmungsführung: Stand und Entwicklungstendenzen, 9. überarbeitete Auflage, Dietger Hahn und Bernard Taylor (Hrsg.), Springer, Berlin / Heidelberg / New York, S. 215 - 248.

Hahn, D. / Hungenberg, H. (2001)

PuK: Planung und Kontrolle, Planungs- und Kontrollsysteme, Planungs- und Kontrollrechnung, 6. vollständig überarbeitete und erweiterte Auflage, Wertorientierte Controllingkonzepte, Gabler, Wiesbaden.

Hahn, D. / Laßmann, G. (1993):

Produktionswirtschaft – Controlling industrieller Produktion: Band 3: Zweiter Teilband: Informationssysteme, Physica, Heidelberg.

Halog, A. (2004):

An approach to selection of sustainable product improvement alternatives with data uncertainty, in: The Journal of Sustainable Product Design, Volume 4, Issue 4, Page 3 - 19.

Hambrick, D. C. / Lei, D. (1985):

Toward an Empirical Prioritization of Contingency Variables for Business Strategy, in: The Academy of Management Journal, Volume 28, Issue 4, Page 763 - 788.

Harrigan, K. R. (1980a):

Exit Barriers and vertical Integration, in: Academy of Management Journal, Volume 28, Issue 3, Page 686 - 697.

Harrigan, K. R. (1980b):

Strategy Formulation in Declining Industries, in: Academy of Management Review, Volume 5, Issue 4, Page 599 - 604.

Hauschildt, J. / Salomo, S. (2007):

Innovationsmanagement, 4. überarbeitete, ergänzte und aktualisierte Auflage, Vahlen, München.

Hayek, F. A. v. (1972):

Individualismus und wirtschaftliche Ordnung, Eugen Rentsch Verlag, Erlenbach – Zürich.

Hedley, B. (1977):

Strategy and the "Business Portfolio", in: Long Range Planning, Volume 10, Issue 1, Page 9 - 15.

Heilala, J. / Helin, K. / Montonen, J. (2006):

Total cost of ownership analysis for modular final assembly systems, in: International Journal of Production Research, Volume 44, Issue 18/19, Page 3967 - 3988.

Heinrich, B./ Leist, S. (2000):

Bankenarchitekturen im Informationszeitalter – Zur Rolle des Geschäftsmodells, in: Business Engineering – Auf dem Weg zum Unternehmen des Informationszeitalters, Hubert Österle und Robert Winter (Hrsg.), Springer, Berlin / Heidelberg / New York, S. 141 - 165.

Heisel, U. / Michaelis, M. (2003):

Rekonfiguration von Produktionssystemen, in: Neue Organisationsformen im Unternehmen, 2. neu bearbeitete und erweiterte Auflage, Hans-Jörg Bullinger, Hans-Jürgen Warnecke und Engelbert Westkämper (Hrsg.), Springer, Berlin / Heidelberg / New York, S. 526 - 552.

Helwig, H.-J. (1993):

Simultane Gestaltung für die robotergeführte Kleinteilmontage, Hanser, München / Wien.

Henard, D. H. / McFadyen, M. A. (2005):

The Complementary Roles of Applied and Basic Research: A Knowledge-Based Perspective, in: Journal of Product Innovation Management, Volume 22, Issue 6, Page 503 - 514.

Henderson, B.D. (1973):

The experience curve – reviewed: IV. The Growth Share Matrix or The Product Portfolio, BCG Perspectives No. 135, ohne Ort.

Henderson, B. D. (1974):

Die Erfahrungskurve in der Unternehmensstrategie: Übersetzung und Bearbeitung: Aloys Gälweiler, Herder & Herder, Frankfurt / New York.

Hentze J. / Brose P. / Kammel A. (1993):

Unternehmungsplanung: Eine Einführung, 2. Auflage, Haupt, Bern / Stuttgart / Wien.

Hernández Morales, Roberto (2003):

Systematik der Wandlungsfähigkeit in der Fabrikplanung, Verein Deutscher Ingenieure-Verlag, Düsseldorf.

Herrmann, A. / Peine, K. (2007):

Variantenmanagement, in: Handbuch Produktmanagement: Strategieentwicklung - Produktplanung - Organisation - Kontrolle, 3. Auflage, Sönke Albers und Andreas Herrmann (Hrsg.), Gabler, Wiesbaden, S. 649 - 679.

Hertz, D. B. (1964):

Risk Analysis in Capital Investment, in: Harvard Business Review, Volume 42, Issue 1, Page 95 - 106.

Hildebrand, T. / Mäding, K./ Günther, U. (2005):

Plug + produce: Gestaltungsstrategien für die wandlungsfähige Fabrik, IBF - Institut für Betriebswissenschaften und Fabriksysteme, Technische Universität Chemnitz, Chemnitz.

Hinterhuber, H. H. (1975):

Innovationsdynamik und Unternehmensführung, Springer, Wien / New York.

Hinterhuber, H.H. (1996):

Strategische Unternehmungsführung, Band I: Strategisches Denken, 6. Auflage, de Gruyter, Berlin.

Hofmann, C. / Homburg, C. (2004):

Controlling durch Kombination von Koordinationsinstrumenten: Zur Verbindung von Anreiz- mit Budgetierungssystemen, in: Zeitschrift für Betriebswirtschaft, 74. Jg., Heft 6, S. 563 - 583.

Hofstätter, H. (1977):

Modernes Marketing: Die Erfassung der langfristigen Absatzmöglichkeiten mit Hilfe des Lebenszyklus eines Produktes, Physica, Würzburg / Wien.

Höft, U. (1992):

Lebenszykluskonzepte: Grundlage für das strategische Marketing- und Technologiemanagement, Erich Schmidt Verlag, Berlin.

Hölscher, R. (2000):

Gestaltungsformen und Instrumente des industriellen Risikomanagements, in: Risk Controlling in der Praxis: Rechtliche Rahmenbedingungen und geschäftspolitische Konzeptionen in Banken, Versicherungen und Industrie, Henner Schierenbeck (Hrsg.), Schäffer-Poeschel, Stuttgart, S. 297 - 364.

Holzwarth, J. (1993):

Strategische Kostenrechnung?, Schäffer-Poeschel, Stuttgart.

Homburg, C. / Garbe, B. (1996):

Industrielle Dienstleistungen: Bestandsaufnahme und Entwicklungsrichtungen, in: Zeitschrift für Betriebswirtschaft, 66. Jg., Heft 3, S. 253 - 282.

Honig, B. (2004):

Entrepreneurship Education: Toward a Model of Contingency-Based Business Planning, in: Academy of Management Learning & Education, Volume 3, Issue 3, Page 258 - 273.

Horneber, M. (1992):

Management des Entsorgungszyklus: Im sachlichen und zeitlichen Kontext, Forschungs- und Arbeitsbericht Nr. 20 der Forschungsgruppe für Innovation und Technologische Voraussage (FIV) am Lehrstuhl für Industriebetriebslehre des Fachbereiches Wirtschafts- und Sozialwissenschaften der Friedrich-Alexander Universität Erlangen-Nürnberg, Werner Pfeiffer (Hrsg.), Nürnberg.

Horngren, C. T. / Bhimani, A. / Datar, S. M. / Foster, G. (2005):

Management and Cost Accounting, 3rd Edition, Prentice Hall, Harlow et al.

Horstmann, I. / MacDonald, G. M. / Slivinski, A. (1985):

Patents as Information Transfer Mechanisms: To Patent or (Maybe) Not to Patent, in: Journal of Political Economy, Volume 93, Issue 5, Page 837 - 858.

Horváth, P. (1993):

Controllinginstrumente, in: Handwörterbuch der Betriebswirtschaft: Teilband 1 A-H, 5. völlig neu überarbeitete Auflage, Waldemar Wittmann (Hrsg.), Schäffer-Poeschel, Stuttgart, Sp. 669 – 680.

Horváth, P. (2009):

Controlling, 11. vollständig überarbeitete Auflage, Vahlen, München.

Horváth & Partners (2003):
Das Controllingkonzept: Der Weg zu einem wirkungsvollen Controllingsystem, 5. Auflage, Deutscher Taschenbuch Verlag, München.

Horváth, P. / Seidenschwarz, W. / Sommerfeldt, H. (1993):
Von Genka Kikaku bis Kaizen, in: Controlling, 5. Jg., Heft 1, S. 10-18.

Hostettler, C. (1997):
Time Based Management: Controlling von zeitorientierten Strategien, Haupt, Bern / Stuttgart / Wien.

House, C. H. / Price, R. L. (1991):
The return map: Tracking product teams, in Harvard Business Review, Volume 69, Issue 1, Page 92 - 100.

Ihde, G.-B. (1970):
Lernprozesse in der betriebswirtschaftlichen Produktionstheorie, in: Zeitschrift für Betriebswirtschaft, Jg. 40, Heft 7, S. 451 - 468.

Inness, J. G. (1994):
Achieving Successful Product Change: A Handbook, Pitman Publishing, London.

Jackson, J. H. (1949):
The Comptroller: His functions and organization, Harvard University Press, Cambridge.

Jackson, J. H. (1950):
The Growth of the Controllership function, in: Controllership in Modern Management, Thornton F. Bradshaw, Ross Walker and Charles C. Hull (Hrsg.), R.D. Irwin, Chicago.

Jacob, H. (1982):
Die Aufgaben der strategischen Planung – Möglichkeiten und Grenzen, in: Strategisches Management 1, Schriften zur Unternehmensführung, Band 29, Herbert Jacob (Hrsg.), Gabler, Wiesbaden, S. 41 - 67.

Jacobs, J. / Letmathe, P. / Urigshardt, T. / Zielinski, M. (2009):
Typologiebezogene Controllinganforderungen und -instrumente von kleinen und mittleren Unternehmen des produzierenden Gewerbes, in: Controlling für kleine und mittlere Unternehmen, David Müller (Hrsg.), Oldenbourg, München, S. 29 - 54.

Jacobs J. / Sorg, S. / Urigshardt, T. (2009):
Die Rolle und Ausgestaltung eines situativen Controllings, in: Mittelstandscontrolling 2009, Volker Lingnau (Hrsg.), Eul, Lohmar / Köln, S. 145 - 167.

Jenne, F. (2001):

PDM-basiertes Entwicklungsmonitoring: Ein Beitrag zur Planung und Steuerung von Entwicklungsprozessen, Shaker, Aachen.

Käfer, K. (1964):

Standardkostenrechnung, 2. neubearbeitete und stark erweiterte Auflage, Poeschel, Stuttgart.

Kaluza, B. (1989):

Erzeugniswechsel als unternehmenspolitische Aufgabe: integrative Lösungen aus betriebswirtschaftlicher und ingenieurwissenschaftlicher Sicht, Erich Schmidt Verlag, Berlin.

Kaluza, B. / Klenter, G. (1993):

Zeit als strategischer Erfolgsfaktor von Industrieunternehmen: Teil II: Erfolgskritische Komponenten des strategischen Erfolgsfaktors Zeit, Fachbereich Wirtschaftswissenschaft: Diskussionsbeiträge, Duisburg.

Kamien, M. I. / Tauman, Y. (1986):

Fees Versus Royalties and the Private Value of a Patent, in: Quarterly Journal of Economics, Volume 101, Issue 3, Page 471 - 491.

Kaplan, R. S. (1995):

Das neue Rollenverständnis für den Controller, in: Controlling, 7. Jg., Heft 2, S. 60 - 70.

Kaplan, R. S. / Norton, D. P. (2005):

The Balanced Scorecard: Measures That Drive Performance, in: Harvard Business Review, Volume 83, Issue 7/8, Page172 - 180.

Katz, M. / Shapiro, C. (1985):

Network Externalities, Competition, and Compatibility, in: American Economic Review, Volume 75, Issue 3, Page 424 - 440.

Katz, M. / Shapiro, C. (1986):

Technology Adoption in the Presence of Network Externalities, in: Journal of Political Economy, Volume 94, Issue 4, Page 822 - 841.

Katz, M. / Shapiro, C. (1987):

R&D Rivalry with Licensing or Imitation., in: American Economic Review, Volume 77, Issue 3, Page 402 - 420.

Katz, M. / Shapiro, C. (1992):

Product Introduction with Network Externalities, in: Journal of Industrial Economics, Volume 40, Issue 1, Page 55 - 83.

Kemminer, J. (1999):

Lebenszyklusorientiertes Kosten- und Erlösmanagement, Deutscher Universitätsverlag, Wiesbaden.

Kern, W. (1992):

Industrielle Produktionswirtschaft, 5. durchgesehene und aktualisierte Auflage, Schäffer-Poeschel, Stuttgart.

Kersten, W. / Schröder, K. A. / Zink, T. (2005):

Wissensmanagement zur Optimierung von Produktionsanläufen, in: Synchronisation von Produktentwicklung und Produktionsprozess: Produktreif – Produktneuanläufe – Produktionsauslauf, Horst Wildemann (Hrsg.), TCW, München, S. 91 - 110.

Kieser, A. / Walgenbach, P. (2007):

Organisation, 5. überarbeitete Auflage, Schäffer-Poeschel, Stuttgart.

Kinkel, S. (2005):

Anforderungen an die Fertigung von morgen. Mitteilungen aus der Produktionsinnovationserhebung, in: PI-Mittelungen 37, Fraunhofer-Institut für Systemtechnik und Innovationsforschung, Karlsruhe.

Kirsch, W. (1971):

Die Koordination von Entscheidungen in Organisationen, in: Zeitschrift für betriebswirtschaftliche Forschung, 23. Jg., S. 61 - 82.

Klein, R. / Scholl, A. (2004):

Planung und Entscheidung, Vahlen, München.

Klenter, G. (1995):

Zeit – Strategischer Erfolgsfaktor von Industrieunternehmen, Steuer- und Wirtschaftsverlag, Hamburg.

Klitzke, R. A. (1964):

History of Patents Abroad, in: The Encyclopedia of Patent Practice and Invention Management: a comprehensive statement of the principles and procedures in solicitation, enforcement and licensing of patents and recognition and utilization of inventions, written by an eminent staff of contributing authors, Reinhold Publishing, New York, S. 384 – 394.

Kloock, J. (1997):

Betriebliches Rechnungswesen, Reihe: WISO-Studientexte Band 3, Eckart Bomsdorf und Josef Kloock (Hrsg.), Eul, Lohmar / Köln.

Knight, K. E. (1967):

A Descriptive Model of the Intra-Firm Innovation, in: Journal of Business, Volume 40, Issue 4, Page 478 - 196.

Knoblich, H. (1969):

Betriebswirtschaftliche Warentypologie: Grundlagen und Anwendungen, Westdeutscher Verlag, Köln / Opladen.

Knoblich, H. (1972):

Die typologische Methode in der Betriebswirtschaftslehre, in: WiSt-Wissenschaftliches Studium, 3. Jg., Heft 4, S. 141 - 147.

Knolmayer, G. (1987):

Das Brooks'sche Gesetz: Überlegungen zum Zusammenhang zwischen Teamgröße und Projektdauer bei der Software-Produktion, in: Wirtschaftswissenschaftliches Studium, 16. Jg., Heft 9, S. 453 - 457.

Knyphausen-Aufseß, D. zu /Meinhardt, Y. (2002):

Revisiting strategy: Ein Ansatz zur Systematisierung von Geschäftsmodellen, in: Zukünftige Geschäftsmodelle. Konzept und Anwendung in der Netzökonomie, Thomas Bieger et al. (Hrsg.), Springer, Berlin / Heidelberg / New York, S. 63 - 89.

Kobylka, A. (2000):

Simulationsbasierte Dimensionierung von Produktionssystemen mit definiertem Potential an Leistungsflexibilität, Technische Universität Chemnitz, Institut für Betriebswissenschaften und Fabriksysteme, Chemnitz.

Koch, H. (1979):

Zum Verfahren der strategischen Programmplanung, in: Zeitschrift für betriebswirtschaftliche Forschung, 31. Jg., S. 145 - 161.

Kogut, B. / Kulatilaka, N. (2001):

Capabilities as Real Options, in: Organization Science, Volume 12, Issue 6, Page 744 - 758.

König, T. (1995):

Konstruktionsbegleitende Kalkulation auf der Basis von Ähnlichkeitsvergleichen, Eul, Bergisch Gladbach / Köln.

Koontz, H.; O'Donnell, C. (1972):

Principles of Management, An analysis of managerial functions, 5. Auflage, McGraw-Hill, Tokyo / Düsseldorf / Johannesburg.

Koren, Y. / Heisel, U. / Jovane, F. / Moriwaki, T. / Pritschow, G. / Ulsoy, G. / Van Brussel, H. (1999):
Reconfigurable Manufacturing Systems, in: CIRP Annals - Manufacturing Technology, Volume 48, Issue 2, Page 527 - 540.

Kornmeier, M. (2007):
Wissenschaftstheorie und wissenschaftliches Arbeiten: Eine Einführung für Wirtschaftswissenschaftler, Physica, Heidelberg.

Koruna, S. M. (1998):
Externe Technologie-Akquisition, in: Technologie-Management. Idee und Praxis, Hugo Tschirky und Stefan M. Koruna (Hrsg.), Verlag Industrielle Organisation, Zürich, S. 437 - 476.

Kosiol, E. (1960):
Typologische Gegenüberstellung von standardisierter (technisch orientierter) und prognostizierter (ökonomisch ausgerichteter) Plankostenrechnung, in: Plankostenrechnung als Instrument moderner Unternehmensführung, 2. Auflage, Erich Kosiol (Hrsg.), Dunker & Humblot, Berlin, S. 49 - 76.

Köster, C. R. (1998):
Sozialwissenschaft als Wissenschaft vom und für den Menschen, in: Einführung in die Sozialwissenschaften: Grundlagen menschlichen Handelns, Jürgen Bellers und Peter Schulte, (Hrsg.), Lit Verlag, Münster, S. 158 - 183.

Kotler, P. (1965):
Phasing out weak Products, in: Harvard Business Review, Volume 43, Issue 2, Page 107 - 118.

Kotler, P. / Armstrong, G. / Saunders, J. / Wong, V. (2007):
Grundlagen des Marketing, 4. aktualisierte Auflage, Pearson Studium, München et al.

Kotler, P. / Keller, K. L. / Bliemel, F. (2007):
Marketing-Management: Strategien für wertschaffendes Handeln, 12. aktualisierte Auflage, Pearson Studium, München et al.

Kovac, F. J. / Dague, M. F. (1972):
Forecasting by Product Life Cycle Analysis, in: Research Management, Volume 15, Issue 4, S. 66 - 72.

Kreikebaum, H. (1997):
Strategische Unternehmensplanung, 6. überarbeitete und erweiterte Auflage, Kohlhammer, Stuttgart.

Kristiansen, E. G. (1998):

R&D in the presence of network externalities: timing and compatibility, in: RAND Journal of Economics, Volume 29, Issue 3, Page 531 - 547.

Kruschwitz, L. (2009):

Investitionsrechnung, 12. Auflage, Oldenbourg, München.

Krystek, U. / Müller-Stewens, G. (1993):

Frühaufklärung für Unternehmen : Identifikation und Handhabung zukünftiger Chancen und Bedrohungen, Schäffer-Poeschel, Stuttgart.

Kuhn, A. / Wiendahl, H.-P. / Eversheim, W. / Schuh, G. (2002):

fast ramp up: Schneller Produktionsanlauf von Serienprodukten, Praxiswissen, Dortmund.

Kühn, R. (1985):

Grundzüge eines heuristischen Verfahrens zur Erarbeitung von Planungskonzeptionen, in: Die Betriebswirtschaft, 45. Jg., Heft 5, S. 531 - 543.

Kumar, S. / Krob, W. (2007):

Phase reviews versus fast product development: a business case, in: Journal of Engineering Design, Volume 18, Issue 3, Page 279 - 291.

Küpper, H. - U. (1980):

Interdependenzen zwischen Produktionstheorie und der Organisation des Produktionsprozesses, Dunker & Humblot, Berlin.

Küpper, H. - U. (2008):

Controlling : Konzeption, Aufgaben und Instrumente, 5. Auflage, Schäffer-Poeschel, Stuttgart.

Küpper, H. - U. / Weber, J. / Zünd, A. (1990):

Zum Verständnis und Selbstverständnis des Controlling: Thesen zur Konsensbildung, in: Zeitschrift für Betriebswirtschaft, 60. Jg., Heft 3, S. 281 - 293.

Laarmann, A. (2005):

Lerneffekte in der Produktion, Deutscher Universitätsverlag, Wiesbaden.

Lachnit, L. / Müller, S. (2006):

Unternehmenscontrolling: Managementunterstutzung bei Erfolgs-, Finanz-, Risiko- und Erfolgspotenzialsteuerung, Gabler, Wiesbaden.

Lancaster, K. (1990):

The Economics of Product Variety: a Survey, in: Marketing Science, Volume 9, Issue 3, Page 189 - 206.

Laub, U. D. (1989):

Zur Bewertung innovativer Unternehmensgründungen im institutionellen Zusammenhang, Florentz, München.

Laux, H. (1993):

Koordination in der Unternehmung, in: Handwörterbuch der Betriebswirtschaft, Reihe: Enzyklopädie der Betriebswirtschaftslehre, Band I/2, 5. völlig neu gestaltete Auflage, Waldemar Wittmann et al. (Hrsg.), Schäffer-Poeschel, Stuttgart, Sp. 2308 - 2320.

Laux, H. / Liermann, F. (2005):

Grundlagen der Organisation: Die Steuerung von Entscheidungen als Grundproblem der Betriebswirtschaftslehre, 6. Auflage, Springer, Berlin / Heidelberg / New York.

Leibenstein, H. (1950):

Bandwagon, Snob, and Veblen Effects in the Theory of Consumers´ Demand, in: Quarterly Journal of Economics, Volume 64, Issue 2, Page 183 - 207.

Letmathe, P. (2002):

Flexible Standardisierung: Ein dezentrales Produktionsmanagement-Konzept für kleine und mittlere Unternehmen, Deutscher Universitätsverlag, Wiesbaden.

Letmathe, P. (2008):

Strategisches Wertschöpfungsmanagement, unveröffentlichtes Manuskript.

Letmathe, P. / Jacobs, J. (2009):

Systematisierung verfügbarkeitsgesteigerter Geschäftsmodelle, in: Ganzheitliches, regelbasiertes Verfügbarkeitsmanagement von Produktionssystemen, Horst Meier (Hrsg.), Apprimus, Aachen, S. 23 - 34.

Levin, R. C. (1986):

A New Look at the Patent System, in: American Economic Review, Volume 76, Issue 2, S. 199 - 202.

Levitt, T. (1965):

Exploit the Product Life Cycle, in: Harvard Business Review, Volume 43, Issue 6, Page 81 - 94.

Levitt, T. (1966):

The Management of Reverse R&D or How to imitate your competitor's products before it's too late, in: Management Review, Volume 55, Issue 11, Page 33 - 37.

Lilly, B. / Walters, R. (2000):

An Exploratory Examination of Retaliatory Preannouncing, in: Journal of Marketing Theory and Practice, Volume 8, Issue 4, Page 1 - 9.

Lindemann, U. / Reichwald, R. (1998):

Einleitung, in: Integriertes Änderungsmanagement, Udo Lindemann und Ralf Reichwald (Hrsg.), Springer, Berlin / Heidelberg, S. 1 - 8.

Linton, J. D. / Jayaraman, V. (2005):

A framework for identifying differences and similarities in the managerial competencies associated with different modes of product life extension, in: International Journal of Production Research, Volume 43, Issue 9, Page 1807 - 1829.

Liu, X. / Inuganti, P. / Noguchi, K. (2006):

Technical target setting in time-stamped quality function deployment, in: Total Quality Management & Business Excellence, Volume 17, Issue 2, Page 149 - 177.

Lonsdale, R. T. / Stasch, S. F. (1986):

In Search of a better Approach to the Development of New Products, in: Journal of Consumer Marketing, Volume 3, Issue 1, Page 35 - 43.

Loukmidis, G. / Luczak, H. (2006):

Lebenszyklusorientierte Planungsstrategien für den Ersatzteilbedarf, in: Erfolgreich mit After Sales Services: Geschäftsstrategien für Servicemanagement und Ersatzteillogistik, Karim Barkawi, Andreas Baader und Sven Montanus (Hrsg.), Springer, Berlin / Heidelberg, S. 251 - 270.

Lüder, K. (1996):

Investitionsplanung und -kontrolle, in: Handwörterbuch der Produktionswirtschaft, 2. völlig neu gestaltete Auflage, Werner Kern, Hans-Horst Schröder und Jürgen Weber (Hrsg.), Schäffer-Poeschel, Stuttgart, Sp. 794 - 804.

Ludolph, F. / Lichtenberg, S. (2002):

Der Businessplan: Professioneller Aufbau und überzeugende Präsentation, 2. Auflage, Econ, München.

Luhmann, N. (1994):

Die Wissenschaft der Gesellschaft, 2. Auflage, Suhrkamp, Frankfurt am Main.

MacDuffie, J. P. / Sethuraman, K. / Fisher, M. L. (1996):

Product Variety and Manufacturing Performance: Evidence from the International Automotive Assembly Plant Study, in: Management Science, Volume 42, Issue 3, Page 350 - 369.

Macharzina, K. / Wolf, J. (2005):

Unternehmensführung: das internationale Managementwissen ; Konzepte, Methoden, Praxis, 5. grundlegend überarbeitete Auflage, Gabler, Wiesbaden.

Madauss, B. J. (2000):

Handbuch Projektmanagement: Mit Handlungsanweisungen für Industriebetriebe, Unternehmensberater und Behörden, 6. überarbeitete und erweiterte Auflage, Schäffer-Poeschel, Stuttgart.

Magee, J. F. (1964a):

How to use Decision Trees in Capital Investment, in: Harvard Business Review, Volume 42, Issue 5, Page 79 - 96.

Magee, J. F. (1964b):

Decision Trees for Decision Making, in: Harvard Business Review, Volume 42, Issue 4, Page 126 - 138.

Magretta, J. (2002):

Why Business Models Matter, in: Harvard Business Review, Volume 80, Issue 5, Page 86 - 92.

Majaro, S. (1992):

Managing ideas for profit : the creative gap, McGraw-Hill, Irwin et al.

Malik, F. (2002):

Strategie des Managements komplexer Systeme, 7. durchgesehene Auflage, Haupt, Bern / Stuttgart / Wien.

Malik, F. (2003):

Systemisches Management, Evolution, Selbstorganisation: Grundprobleme, Funktionsmechanismen und Lösungsansätze für komplexe Systeme, 3. unveränderte Auflage, Haupt, Bern / Stuttgart / Wien.

Männel, W. (1992):

Anlagencontrolling, Verlag der GAB, Lauf an der Pegnitz.

Männel, W. (1993):

Moderne Konzepte für Kostenrechnung, Controlling und Kostenmanagement, in: Kostenrechnungs-Praxis, 37. Jg., Heft 2, S. 69 - 78.

Mansfield, E. (1968):

The Economics of Technological Change, Norton, New York.

Mansfield, E. (1986):

Patents and Innovation: An Empirical Study, in: Management Science, Volume 32, Issue 2, Page 173 - 181.

Mansfield, E. / Rapoport, J. / Schnee, J. / Wagner, S. / Hamburger, M. (1971): Research and Innovation in the Modern Corporation, Norton & Company, New York.

Mansfield, E. / Schwartz, M. / Wagner, S. (1981):

Imitation Costs and Patents: an Empirical Study, in: Economic Journal, Volume 91, Issue 364, Page 907 - 918.

Matthes, W. (1989):

Maßnahmen und Ressourcenplanung, in: Handwörterbuch der Planung, Norbert Szyperski (Hrsg.), Poeschel, Stuttgart, Sp. 1059 - 1065.

Maußner, A. / Klump, R. (1996):

Wachstumstheorie, Springer, Berlin / Heidelberg / New York.

McCalman, P. (2001):

Reaping what you sow: an empirical analysis of international patent harmonization, in: Journal of International Economics, Volume 55, Issue 1, Page 161 - 186.

Meffert, H. (1974):

Interpretation und Aussagewert des Produktlebenszyklus-Konzeptes, in: Neuere Ansätze der Marketingtheorie - Festschrift zum 80. Geburtstag von Otto R. Schnutenhaus, Peter Hammann, Werner Kroeber-Riel und Carl W. Meyer (Hrsg.), Dunker & Humblot, Berlin, S. 85 - 134.

Meffert, H. (2000):

Marketing: Grundlagen marktorientierter Unternehmensführung; Konzepte, Instrumente, Praxisbeispiele; mit neuer Fallstudie VW Golf, 9. überarbeitete und erweiterte Auflage, Gabler, Wiesbaden.

Meier, H. (2004):

Service im globalen Umfeld – Innovative Ansätze einer zukunftorientierten Servicegestaltung, in: Dienstleistungsorientierte Geschäftsmodelle im Maschinen- und Anlagenbau: Vom Basisangebot bis zum Betreibermodell, Horst Meier (Hrsg.), Springer, Berlin / Heidelberg / New York, S. 3 - 14.

Mercer, D. (1992):

Marketing, Blackwell, Oxford.

Meyer, J. (1986):

Grundzüge einer entscheidungsorientierten Anlagenkostenrechnung unter besonderer Berücksichtigung der Anlagenkostenerfassung, ohne Verlag, Dortmund.

Michihiro, K. / Rob, R. (1998):

Bandwagon Effects and Long Run Technology Choice, in: Games and Economic Behavior, Volume 22, Issue 1, Page 30 - 60.

Milling, P. / Maier, F. (1996):

Invention, Innovation und Diffusion: eine Simulationsanalyse des Managements neuer Produkte, Dunker & Humblot, Berlin.

Millson, M. R. / Raj, S. P. / Wilemon, D. (1992):

A survey of major approaches for accelerating new product development, in: Journal of Product Innovation Management, Volume 9, Issue 1, Page 53 - 69.

Mintzberg, H. (1979):

The Structuring of Organizations: A Synthesis of the Research, Prentice-Hall International, Englewood Cliffs et al.

Moore, Richard A. (1984):

Control of New Product Development in UK Companies, in: European Journal of Marketing, Volume 18, Issue 6/7, Page 5 - 13.

Mühlenbruch, H. (2004):

Technologie, in: Variantenbeherrschung in der Montage: Konzept und Praxis der flexiblen Produktionsendstufe, Hans-Peter Wiendahl, Detlef Gerst und Lars Keunecke (Hrsg.), Springer, Berlin / Heidelberg / New York, S. 43 - 66.

Müller, A. (2002):

Controlling-Konzepte : Kompetenz zur Bewältigung komplexer Problemstellungen, Kohlhammer, Stuttgart / Berlin / Köln.

Müller-Stewens, G. / Lechner, C. (2005):

Strategisches Management: Wie strategische Initiativen zum Wandel führen: der St. Galler General-Management-Navigator, Schäffer-Poeschel, Stuttgart.

Nagl, A. (2006):

Der Businessplan: Geschäftspläne professionell erstellen; mit Checklisten und Fallbeispielen, 3. überarbeitete und erweiterte Auflage, Gabler, Wiesbaden.

Nilsson, A. G. / Tolis, C. / Nellborn (1999):
Perspectives on Business Modelling: Understanding and Changing Organisa-
tions, in: Perspectives on Business Modelling: Understanding and Changing
Organisations, Anders G. Nilsson, Christofer Tolis und Christer Nellborn
(Hrsg.), Springer, Berlin / Heidelberg / New York, S. 1 - 10.

O´Donoghue, T. / Scotchmer, S. / Thisse, J. F. (1998):
Patent Breadth, Patent Life, and the Pace of Technological Progress, in: Journal of Economics and Management Strategy, Volume 7, Issue 1, Page 1 - 32.

Organisation for Economic Co-operation and Development (1982):
Die Messung wissenschaftlicher und technischer Tätigkeiten: Allgemeine
Richtlinien für statistische Übersichten in Forschung und experimenteller
Entwicklung: Frascati-Handbuch 1980, Bundesministerium für Bildung und
Forschung, Bonn.

Österle, H. / Saxer, R. / Hüttenhain, T. (1994):
Organisatorisches Monitoring in der Gestaltung von Geschäftsprozessen, in:
Wirtschaftsinformatik, 36. Jg., Heft 5, S. 465 - 477.

Pantele, E. F. / Lacey, C. E. (1989):
Mit 'Simultaneous Engineering' die Entwicklungszeiten verkürzen, in: io
Management-Zeitschrift, 58. Jg., Heft 11, S. 56 - 58.

Paxmann, S. A. / Fuchs, G. (2005):
Der unternehmensinterne Businessplan: neue Geschäftsmöglichkeiten entde-
cken, präsentieren, durchsetzen, Campus, Frankfurt et al.

Peemöller, V. H. (2005):
Controlling: Grundlagen und Einsatzgebiete, Neue Wirtschafts-Briefe, 5.
Auflage, Herne, Berlin.

Peffekoven, F. P. (2004):
Erkenntnistheoretische Grundlagen einer reflexionsorientierten Controlling-
forschung, in: Controlling: Theorien und Konzeptionen, Ewald Scherm und
Gotthard Pietsch (Hrsg.), Vahlen, München, S. 555 - 580.

Perridon, L. / Steiner, M. (2004)
Finanzwirtschaft der Unternehmung, 13. überarbeitete und erweiterte Auflage, Vahlen, München.

Pfeiffer, W. (1985):
Technologie-Portfolio zum Management strategischer Zukunftsgeschäftsfel-
der, 3., unveränderte. Auflage, Vandenhoeck & Ruprecht, Göttingen.

Pfeiffer, W. / Bischof, P. (1974):
Produktlebenszyklen als Basis der Unternehmensplanung, in: Zeitschrift für Betriebswirtschaft, 44. Jg., Heft 10, S. 635 - 666.

Pfeiffer, W. / Bischof, P. (1975):
Überleben durch Produktplanung auf der Basis von Produktlebenszyklen, in: FB-IE, Zeitschrift für Unternehmensentwicklung und industrial engineering, 24. Jg., Heft 6, S. 343 - 348.

Pfeiffer, W. / Bischof, P. (1981):
Produktlebenszyklen – Instrument jeder strategischen Produktplanung, in: Planung und Kontrolle, Steinmann, H. (Hrsg.), Vahlen, München, S. 133 - 166.

Pfeiffer, W. / Metze, G. / Schneider, W. / Amler, R. (1985):
Technologie-Portfolios: zum Management strategischer Zukunftsfelder, 3. unveränderte Auflage, Vandenhoeck & Ruprecht, Göttingen.

Pfeiffer, W. / Schneider, W. /Dögl, R. (1986):
Technologie-Portfolio-Management, in: Das Management von Innovationen, Erich Staudt (Hrsg.), Frankfurter Allgemeine Zeitung, Frankfurt am Main, S. 107 - 124.

Pfohl, H.-C. / Gareis, K. (2000):
Die Rolle der Logistik in der Anlaufphase, in: Zeitschrift für Betriebswirtschaft, 70. Jg., Heft 11, S. 1189 - 1214.

Pfohl, H.-C. / Stölzle, W. (1997):
Planung und Kontrolle: Konzeption, Gestaltung, Implementierung, 2. neu bearbeitete Auflage, Vahlen, München.

Pfohl, H.-C. / Wübbenhorst, K. L. (1983):
Lebenszykluskosten: Ursprung, Begriff und Gestaltungsvariablen, in: Journal für Betriebswirtschaft, 33. Jg., Heft 3, S. 142 - 155.

Pfohl, H.-C. / Zettelmeyer, B. (1987):
Strategisches Controlling?, in: Zeitschrift für Betriebswirtschaft, 57. Jg, Heft 2, S. 145 - 175.

Pfohl, M. C. (2002):
Prototypengestützte Lebenszyklusrechnung: dargestellt an einem Beispiel aus der Antriebstechnik, Vahlen, München.

Picot, A. (2005):
Organisation, in: Vahlens Kompendium der Betriebswirtschaftslehre, Band 2, Michael Bitz et al. (Hrsg.), Vahlen, München, S. 43 - 122.

Picot, A. / Dietl, H. / Franck, E. (2005):

Organisation. Eine ökonomische Perspektive, 4. überarbeitete und erweiterte Auflage, Schäffer-Poeschel, Stuttgart.

Picot, A. / Reichwald, R./ Wigand R. T. (2003):

Die grenzenlose Unternehmung: Information, Organisation und Management: Lehrbuch zur Unternehmensführung im Informationszeitalter, 5. aktualisierte Auflage, Gabler, Wiesbaden.

Pietsch, G. (2003):

Reflexionsorientiertes Controlling: Konzeption und Gestaltung, Deutscher Universitätsverlag, Wiesbaden.

Pietsch, G. / Scherm, E. (2000a):

Managementwissenschaft und Controlling. Zur Rekonstruktion eines theoretischen Gesamtkonzepts, Diskussionsbeiträge Fachbereich Wirtschaftswissenschaften der FernUniversität Hagen, Nr. 287, Hagen.

Pietsch, G. / Scherm, E. (2000b):

Die Präzisierung des Controlling als Führungs- und Führungsunterstützungsfunktion, in: Die Unternehmung, 54. Jg., Heft 5, S. 395 - 412.

Pietsch, G. / Scherm, E. (2004a):

Controlling: Theorien und Konzeptionen, Vahlen, München.

Pietsch, G. / Scherm, E. (2004b):

Reflexionsorientiertes Controlling, in: Controlling: Theorien und Konzeptionen, Ewald Scherm und Gotthard Pietsch (Hrsg.), Vahlen, München, S. 529 - 554.

Piller, F. T. / Moeslein, K. / Stotko, C. M. (2004):

Does mass customization pay? An economic approach to evaluate customer integration, in: Production Planning & Control, Volume 15, Issue 4, Page 435 - 444.

Pindyck, R. S. / Rubinfeld, D. L. (2005):

Microeconomics, 6th Edition, Prentice Hall, Upper Saddle River.

Pleschak, F. / Sabisch, H. (1996):

Innovationsmanagement, Schäffer-Poeschel, Stuttgart.

Plümer, T. (2006):

Existenzgründung Schritt für Schritt, Gabler, Wiesbaden.

Polichnei, R. (2007):

Businessplan als Erfolgsfaktor und seine Umsetzung durch die Balanced Scorecard, in: Management kleiner und mittlerer Unternehmen, Peter Letmathe, Joachim Eigler, Friederike Welter, Daniel Kathan und Thomas Heupel (Hrsg.), Deutscher Universitätsverlag, Wiesbaden, S. 171 - 188.

Polli, R. / Cook, V. (1969):

Validity of the Product Life Cycle, in: Journal of Business, Volume 42, Issue 4, Page 385 - 400.

Popper, K. R. (1994):

Die beiden Grundprobleme der Erkenntnistheorie, 2. Auflage, Mohr Siebeck, Tübingen.

Porter, M. E. (1980):

Competitive Strategy: Techniques for Analyzing Industries and Competitors, Free Press, New York.

Porter, M. E. (1985):

Competitive advantage: creating and sustaining superior performance, Free Press, New York.

Porter, M. E. (1999):

Wettbewerbsstrategie: Methoden zur Analyse von Branchen und Konkurrenten, 10. durchgesehene und erweiterte Auflage, Campus, Frankfurt et al.

Porter, M. E. (2000):

Wettbewerbsvorteile, 6. Auflage, Campus, Frankfurt et al.

Porter, M. E. (2001):

Strategy and the Internet, in: Harvard Business Review, Volume 79, Issue 3, Page 62 - 78.

Potts, G. W. (1988):

Exploit Your Product's Service Life Cycle, in: Harvard Business Review, Volume 66, Issue 5, Page 32 - 36.

Prašnikar, J. / Škerlj, T. (2006):

New product development process and time-to-market in the generic pharmaceutical industry, in: Industrial Marketing Management, Volume 35, Issue 6, Page 690 - 702.

Probst, G. / Raub, S. / Romhardt, K. (2006):

Wissen managen: Wie Unternehmen ihre wertvollste Ressource optimal nutzen, Gabler, Wiesbaden.

Rathé, A. W. (1960):

Management Controls in Business, in: Management Control Systems: The Proceedings of a Symposium Held at System Development Corporation, D. G. Malcom and A. J. Rowe (Hrsg.), Wiley, New York/ London, S. 28 - 62.

Reich, M. C. (2005):

Economic assessment of municipal waste management systems - case studies using a combination of life cycle assessment (LCA) and life cycle costing (LCC), in: Journal of Cleaner Production, Volume 13, Issue 3, Page 253 - 263.

Reichmann, T. (2006):

Controlling mit Kennzahlen und Managementberichten: Grundlagen einer systemgestützten Controlling-Konzeption, 7. Auflage, Vahlen, München.

Reichmann, T. / Fröhling, O. (1994):

Produktlebenszyklusorientierte Planungs- und Kontrollrechnungen als Baustein eines dynamischen Kosten- und Erfolgscontrolling, in: Neuere Entwicklungen im Kostenmanagement, Klaus Dellmann und Klaus Peter Franz (Hrsg.), Haupt, Bern / Stuttgart / Wien, S. 281 - 334.

Reinerstein, D. G. (1983):

Whodunit? The search for new-product killers, in: Electronic Business, Page 62 - 66.

Reinganum, J. F. (1981):

Dynamic Games of Innovation, in: Journal of Economic Theory, Volume 25, Issue 1, Page 21 - 41.

Reiß, M. / Corsten, H. (1992):

Gestaltungsdomänen des Kostenmanagements, in: Wolfgang Männel, (Hrsg.), Handbuch Kostenrechnung, Gabler, Wiesbaden, S. 1478 - 1491.

Rentmeister, J. / Klein, S. (2001):

Geschäftsmodelle in der New Economy, in: WISU – das Wirtschaftsstudium, 30. Jg., Heft 3, S. 354 - 361.

Ridder, H.-G. (1999):

Personalwirtschaftslehre, Kohlhammer, Stuttgart.

Riegler, C. (2000):

Zielkosten, in: Kosten-Controlling: Neue Methoden und Inhalte, Thomas M. Fischer (Hrsg.), Stuttgart, S. 237 - 264.

Riezler, S. (1996):

Lebenszyklusrechnung: Instrument des Controlling strategischer Projekte, Gabler, Wiesbaden.

Rink, D. R. / Fox, H. W. (1999):

Strategic Procurement Planning Across the Product's Sales Cycle: A Conceptualization, in: Journal of Marketing Theory & Practice, Volume 7, Issue 2, Page 28 - 42.

Risse, J. (2002):

Time-to-Market-Management in der Automobilindustrie : ein Gestaltungsrahmen für ein logistikorientiertes Anlaufmanagement, Haupt, Bern / Stuttgart / Wien.

Rogers, E. M. (2003):

Diffusion of Innovations, 5th Edition, Free Press, New York.

Rosenberg, N. (1990):

Why do firms do basic research (with their own money)?, in: Research Policy, Volume 19, Issue 2, Page 165 - 174.

Rosenkranz, F. / Missler-Behr, M. (2005):

Unternehmensrisiken erkennen und managen: Einführung in die quantitative Planung, Springer, Berlin / Heidelberg / New York.

Rückle, D. / Klein, A. (1994):

Product-Life-Cycle-Cost Management, in: Neuere Entwicklungen im Kostenmanagement, Klaus Dellmann und Klaus Peter Franz (Hrsg.), Haupt, Bern / Stuttgart / Wien, S. 335 - 370.

Sabisch, H. / Wylegalla, J. (1999):

Pflichten- und Lastenhefte für Innovationsprojekte, in: Technologie Management, 48 Jg., Heft 1, S. 28 - 32.

Schankerman, M. / Pakes, A. (1986):

Estimates of the Value of Patent Rights in European Countries during the Post-1950 Period, in: Economic Journal, Volume 96, Issue 384, Page 1052 - 1076.

Schanz, G. (1990):

Die Betriebswirtschaftslehre als Gegenstand kritisch-konstruktiver Betrachtungen, Poeschel, Stuttgart.

Scheer, A.-W. (1990):

CIM. Computer Integrated Manufacturing. Der computergesteuerte Industriebetrieb, 4. Auflage, Springer, Berlin.

Scheer, A.-W. / Boczanski, M. / Muth, M. / Segelbacher, U. /
Schmitz, W.-G. (2006):
Prozessorientiertes Product Lifecycle Management, Springer, Berlin /
Heidelberg / New York.

Schenk, M. / Wirth, S. (2004):
Fabrikplanung und Fabrikbetrieb: Methoden für die wandlungsfähige und
vernetzte Fabrik, Springer, Berlin / Heidelberg / New York.

Scherer, F. M. / Ross, D. (1990):
Industrial Market Structure and Economic Performance, 3rd Edition,
Houghton Mifflin, Boston.

Scheuing, E. E. (1970):
Das Marketing neuer Produkte, Gabler, Wiesbaden.

Schewe, G. (1992):
Imitationsmanagement: Nachahmung als Option des Technologiemanagements, Schäffer-Poeschel, Stuttgart.

Schierenbeck, H. (2003):
Grundzüge der Betriebswirtschaftslehre, 16. vollständig überarbeitete und
erweiterte Auflage, Oldenbourg, München / Wien.

Schild, U. (2005):
Lebenszyklusrechnung und lebenszyklusbezogenes Zielkostenmanagement:
Stellung im internen Rechnungswesen, Rechnungsausgestaltung und modell-
gestützte Optimierung der intertemporalen Kostenstruktur, Deutscher Universitätsverlag, Wiesbaden.

Schimank, C. (1995):
Leistungssteigerung des Controlling – Ergebnisse eines neuorientierten Cont-
rollingdesigns, in: Controllingprozesse optimieren, Péter Horváth (Hrsg.),
Schäffer-Poeschel, Stuttgart, S. 59 - 78.

Schimmelpfeng, K. (2002):
Lebenszyklusorientierte Produktionssystemcontrolling, Deutscher Universitätsverlag, Wiesbaden.

Schlegel, D. (1981):
Verfügbarkeit und Ausfallverhalten von technischen Systemen (Maschinen,
Anlagen, Bauelementen), in: Instandhaltung: Grundlagen, Hans-Jürgen War-
necke (Hrsg.), TÜV Rheinland, Köln, S. 65 - 102.

Schlick, G. (1995):

Innovationen von A – Z: Begriffe, Definitionen, Erläuterungen und Beispiele; mit 13 Checklisten und 650 Literaturstellen, Expert, Renningen-Malmsheim.

Schmahls, T. (2001):

Beitrag zur Effizienzsteigerung während Produktionsanläufen in der Automobilindustrie, Selbstverlag der Technischen Universität Chemnitz, Chemnitz.

Schmidt, R. H. (1999):

Erich Gutenberg und die Theorie der Unternehmung, in: Die Theorie der Unternehmung in Forschung und Praxis, Horst Albach, Egbert Eymann, Alfred Luhmer, Marion Steven (Hrsg.), Springer, Berlin / Heidelberg / New York, S. 59 - 91.

Schnaars, S. P. (1986):

When Entering Growth Markets, Are Pioneers Better Than Poachers?, in: Business Horizons, Volume 29, Issue 2, Page 27 - 36.

Schneider, D. (1991):

Versagen des Controlling durch eine überholte Kostenrechnung, in: Der Betrieb, Jg. 44, Heft 15, S. 765 - 772.

Scholz-Reiter, B. / Höhns, H. / König, F. (2005):

Intelligentes Änderungsmanagement für die Produktanlaufphase in Produktnetzwerken, in: Synchronisation von Produktentwicklung und Produktionsprozess: Produktreif – Produktneuanläufe – Produktionsauslauf, Horst Wildemann (Hrsg.), TCW, München, S. 111 - 136.

Schreyögg, G. (1978):

Umwelt, Technologie und Organisationsstruktur: eine Analyse des kontingenztheoretischen Ansatzes, Haupt, Bern / Stuttgart / Wien.

Schreyögg, G. / Geiger, D. (2003)

Wenn alles Wissen ist, ist Wissen am Ende nichts?!: Vorschläge zur Neuorientierung des Wissensmanagement, in: Die Betriebswirtschaft, 63. Jg., Heft 1, S. 7 - 22.

Schuh, G. / Franzkoch, B. (2004):

Fast Ramp-Up: Anlaufstrategien, Deviationsmanagement und Wissensmanagement für den Anlauf, in: Zeitgewinnen durch flexible Strukturen, Verein Deutscher Ingenieure-Berichte Nr. 1849, S. 69 - 79.

Schumann, K. (1981):

Der Lebenszyklus von Produkten und sein Einfluß auf Produktion und Vertrieb, ohne Verlag, Berlin.

Schumpeter, J. A. (1993a):

Theorie der wirtschaftlichen Entwicklung : Eine Untersuchung über Unternehmergewinn, Kapital, Kredit, Zins und den Konjunkturzyklus, 8. Auflage, Dunker & Humblot, Berlin.

Schumpeter, J. A. (1993b):

Kapitalismus, Sozialismus und Demokratie, 7. Auflage, Francke, Tübingen / Basel.

Schwarz, R. (2002a):

Controlling-Systeme : Eine Einführung in Grundlagen, Komponenten und Methoden des Controlling, Gabler, Wiesbaden.

Schwarz, R. (2002b):

Entwicklungslinien der Controllingforschung, in: Controlling als akademische Disziplin: Eine Bestandsaufnahme, Jürgen Weber und Bernhard Hirsch, (Hrsg.), Deutscher Universitätsverlag, Wiesbaden, S. 3 - 20.

Schwarz, R. (2004):

Ein interdisziplinärer Bezugsrahmen für die Controllingforschung, in: Controlling: Theorien und Konzeptionen, Ewald Scherm und Gotthard Pietsch (Hrsg.), Vahlen, München, S. 41 - 56.

Schwarz, R. (2008):

Anforderungen an das Controlling im Bayer Konzern und Überlegungen zu einem Controllerleitbild, in: Die neue Rolle des Controllers: Aufgaben, Anforderungen, Best Practices, Jürgen Weber, Hendrik Vater, Walter Schmidt und Hartmut Reinhard (Hrsg.), Schäffer-Poeschel, Stuttgart, S. 111 - 122.

Schweitzer, M. / Küpper, H.-U. (1975):

Rationalisierung, in: Handwörterbuch der Betriebswirtschaft, Erwin Grochla und Waldemar Wittmann (Hrsg.), Schäffer-Poeschel, Stuttgart, Sp. 3303 - 3311.

Schweitzer, M. /Küpper, H.-U. (2008):

Systeme der Kosten- und Erlösrechnung, 9. überarbeitete und erweiterte Auflage, Vahlen, München.

Schwer, D. (1985):

Zum Innovationsmanagement: betriebsgrössenbezogene Innovationsstrategien, Marchal-und-Matzenbacher-Wissenschaftsverlag, Krefeld.

Schwetje, G. / Vaseghi, S. (2006):

Der Businessplan: wie Sie Kapitalgeber überzeugen, 2. überarbeitete und erweiterte Auflage, Springer, Berlin / Heidelberg / New York.

Seiler, C.-M. / Grauer, M. / Schäfer, W. (2003):

Produktlebenszyklusmanagement, in: Wirtschaftsinformatik, 45. Jg., Heft 1, S. 67 - 75.

Serfling, K. (1992):

Controlling, 2. überarbeitete und erweiterte Auflage, Kohlhammer, Stuttgart / Berlin / Köln.

Shank, J. K. (1989):

Strategic Cost Management: New Wine, or Just New Bottles?, in: Journal of Management Accounting Research, Volume 1, Page 47 - 65.

Shapiro, C. (1985):

Patent Licensing and R & D Rivalry., in: American Economic Review, Volume 75, Issue 2, Page 25 - 30.

Sharma, S. C. / Sylwester, K. / Margono, H. (2007):

Decomposition of total factor productivity growth in U.S. states, in: The Quarterly Review of Economics and Finance, Volume 47, Issue 2, Page 215 - 241.

Shields, M. D. / Young, S. M. (1991):

Managing Product Life Cycle Costs: An Organizational Model, in: Journal of cost management, Volume 5, Issue 3, Page 39 - 52.

Siegwart, H. / Senti, R. (1995):

Product Life Cycle Management: Die Gestaltung eines integrierten Produktlebenszyklus, Schäffer-Poeschel, Stuttgart.

Simon, H. (1992):

Preismanagement, 2. vollständig überarbeitete und erweiterte Auflage, Gabler, Wiesbaden.

Simon, H. A. / Guetzkow, H. / Kozmetsky, G. / Tyndall, G. (1954):

Centralization vs. Decentralization in Organizing the Controller's Department, Controllership Foundation, New York.

Simons, R. (1995):

Levers of Control. How Manager use innovative Control Systems to drive strategic renewal, Harvard Business School Press, Boston.

Sinzig, W. (1993):

Lean Controlling – Herausforderung an eine Standardsoftware, in: Marktnähe und Kosteneffizienz schaffen: Effektives Controlling für neue Führungsstrukturen, Péter Horváth (Hrsg.), Schäffer-Poeschel, Stuttgart, S. 289 - 312.

Spath, D. / Hirsch-Kreinsen, H. / Kinkel, S. (2008):

Organisatorische Wandlungsfähigkeit produzierender Unternehmen: Unternehmenserfahrungen, Forschungs- und Transferbedarfe, Fraunhofer Verlag, Stuttgart.

Specht, G. (1993):

Technologiemanagement, in: Enzyklopädie der Betriebswirtschaftslehre I: Teilband 3: Handwörterbuch der Betriebswirtschaft, 5. völlig neu gestaltete Auflage, Waldemar Wittmann et al. (Hrsg.), Schäffer-Poeschel, Stuttgart, Sp. 4154 - 4168.

Staehle, W. H. (1976):

Der situative Ansatz in der Betriebswirtschaftslehre, in: Zum Praxisbezug der Betriebswirtschaftslehre in wissenschaftstheoretischer Sicht, Hans Ulrich (Hrsg.), Haupt, Bern / Stuttgart, S. 33 - 50.

Staehle, W. H. (1999):

Management – Eine verhaltenswissenschaftliche Perspektive, 8. Auflage, Vahlen, München.

Stähler, P. (2002):

Geschäftsmodelle in der digitalen Ökonomie: Merkmale, Strategien und Auswirkungen, 2. Auflage, Eul, Lohmar / Köln.

Staudt, T. A. / Taylor, D. A. / Bowersox, D. J. (1976):

A Managerial Introduction to Marketing, 3rd Edition, Prentice-Hall International, Englewood Cliffs et al.

Stauss, B. (2000):

Servicekosten, in: Kosten-Controlling: Neue Methoden und Inhalte, Thomas M. Fischer (Hrsg.), Schäffer-Poeschel, Stuttgart, S. 429 - 452.

Steger, J. (2001):

Kosten- und Leistungsrechnung: Eine Einführung in das betriebliche Rechnungswesen; Grundlagen der Vollkosten-, Teilkosten-, Plankosten- und Prozesskostenrechnung; mit 62 Fallbeispielen und Lösungen der Sutter Maschinenfabrik GmbH, 3. vollständig überarbeitete und erweiterte Auflage, Oldenbourg, München.

Stein, V. (2000):

Emergentes Organisationswachstum: Eine systemtheoretische „Rationalisierung", Hampp, München.

Steinmann, H. / Schreyögg, G. (2005):

Management: Grundlagen der Unternehmensführung; Konzepte - Funktionen - Fallstudien, 6. Auflage, Gabler, Wiesbaden.

Stern, H. (1963):

Zur rechten Zeit das Rechte tun, in: Absatzwirtschaft, 10. Jg., Heft 6, S. 140 - 142.

Steven, M. (1994):

Hierarchische Produktionsplanung, 2. überarbeitete und erweiterte Auflage, Physica, Heidelberg.

Steven, M. (1996):

Kapazitätsgestaltung und -optimierung, in: Handwörterbuch der Produktionswirtschaft, 2. völlig neu gestaltete Auflage, Werner Kern, Hans-Horst Schröder und Jürgen Weber (Hrsg.), Schäffer-Poeschel, Stuttgart, Sp. 874 - 883.

Stoffel, K. (1995):

Controllership im internationalen Vergleich, Gabler, Wiesbaden.

Stratmann, J. (2001):

Bedarfsgerechte Informationsversorgung im Rahmen eines produktlebenszyklusorientierten Controlling, Eul, Lohmar / Köln.

Strebel, H. / Hildebrandt, T. (1989):

Produktlebenszyklus und Rückstandszyklen: Konzept eines erweiterten Lebenszyklusmodells, in: Zeitschrift für Führung und Organisation, 58. Jg., Heft 2, S. 101 - 106.

Stremersch, S. / Tellis, G. J. (2002):

Strategic Bundling of Products and Prices: A New Synthesis for Marketing, in: Journal of Marketing, Volume 66, Issue 1, Page 55 - 72.

Susman, G. (1989):

Product Life Cycle Management, in: Journal of cost management, Volume 3, Page 8 - 22.

Swan, J. E. / Rink, D. R. (1982):

Fitting Market Strategy to Varying Product Life Cycles, in: Business Horizons, Volume 25, Issue 1, Page 72 - 76.

Swink, M. (2003):

Completing projects on-time: how project acceleration affects new product development, in: Journal of Engineering and Technology Management, Volume 20, Issue 4, Page 319 - 344.

Tan, K. C. / Xie, M. / Shen, X.-X. (1999):

Development of Innovative Products using Kano's Model and Quality Function Deployment, in: International Journal of Innovation Management, Volume 3, Issue 3, Page 271 - 286.

Teece, D. J. / Pisano, G. / Shuen, A. (1997):

Dynamic Capabilities and Strategic Management, in: Strategic Management Journal, Volume 18, Issue 7, Page 509 - 533.

Tellis, G. J. / Crawford, C. M. (1981):

An Evolutionary Approach to Product Growth Theory, in: Journal of Marketing, Volume 45, Issue 4, Page 125 - 132.

Teufelsdorfer, H. / Conrad, A. (1998):

Kreatives Entwickeln und innovatives Problemlösen mit TRIZ/TIPS: Einführung in die Methodik und ihre Verknüpfung mit QFD, Publicis MCD Verlag, Berlin / München.

Thiele, M. (1997):

Kernkompetenzorientierte Unternehmensstrukturen: Ansätze zur Neugestaltung von Geschäftsbereichsorganisationen, Gabler, Wiesbaden.

Thom, N. (1980):

Grundlagen des betrieblichen Innovationsmanagements, 2. völlig neu bearbeitete Auflage, Hanstein, Königstein.

Thompson, J. D. (1967):

Organizations in Action: social science bases of administrative theory, McGraw-Hill, New York et al.

Timmers, P. (1998):

Business Models for Electronic Markets, in: Electronic Markets, Volume 8, Issue 2, Page 3 - 8.

Timmons, J. A. (1999):

New venture creation: entrepreneurship for the 21st century, 5th Edition, Irwin McGraw-Hill, Boston et al.

Tirole, J. (1994):

The theory of industrial organization, 7th Edition, MIT Press, Cambridge et al.

Teece, D. J. / Pisano, G. / Shuen, A. (1997):
Dynamic Capabilities and Strategic Management, in: Strategic Management Journal, Volume 18, Issue 7, Page 509 - 533.

Töpfer, A. (2007):
Betriebswirtschaftslehre: Anwendungs- und prozessorientierte Grundlagen, 2. überarbeitete Auflage, Springer, Berlin / Heidelberg / New York.

Trommsdorff, V. / Schneider, P. (1990):
Grundzüge des betrieblichen Innovationsmanagement, in: Innovationsmanagement in kleinen und mittleren Unternehmen, Volker Trommsdorff (Hrsg.), Vahlen, München, S. 1 - 26.

Uhl, H. (2002):
Mehrdimensionale Optimierung der Lifecycle Costs von komplexen (Industrie-) Anlagen und Systemen unter Beachtung von Wissensmanagement-Ansätzen, Url: http://deposit.ddb.de/cgi-bin/dokserv?idn=968772986& dok_var=d1&dok_ext=pdf&filename=968772986.pdf , Stand: 17.07.2007.

Urban, G. L. / Carter, T. / Gaskin, S. / Mucha, Z. (1986):
Market Share Rewards to Pioneering Brands: An empirical Analysis and strategic Implications, Management Science, Volume 32, Issue 6, Page 645 - 659.

Urigshardt, T. / Jacobs, J. / Letmathe, P. (2008):
Externes Controlling als Ansatz für Kleinst- und Kleinunternehmen?, in: Die Rolle des Controllers im Mittelstand: Funktionale, institutionale und instrumentelle Ausgestaltung, Volker Lingnau (Hrsg.), Eul, Lohmar / Köln, S. 1 - 24.

Uthmann, K.-A. v. / Gentner, A. / Gemmingen, B. v. (1995):
Reengineering braucht Controlling und Controlling braucht Reengineering – Plädoyer für einen integralen Ansatz, in: Jahrbuch Controlling 1995, ohne Ort, S. 63 - 70.

Vahs, D. / Burmester, R. (2005):
Innovationsmanagement: Von der Produktidee zur erfolgreichen Vermarktung, 3. Auflage, Schäffer-Poeschel, Stuttgart.

Valoir, T. V. / Abdon, R. L. / Wong, L. (2007):
Calculating Patent Term: A Tricky Business, in: Intellectual Property and Technology Law Journal, Volume 19, Issue 4, Page 15 - 19.

van der Panne, G. / van Beers, C. / Kleinknecht, A. (2003):
Success and Failure of Innovation:: A Literature Review, in: International Journal of Innovation Management, Volume 7, Issue 3, Page 309 - 338.

Verein Deutscher Ingenieure (2005):
VDI 2884: Beschaffung, Betrieb und Instandhaltung von Produktionsmitteln unter Anwendung von Life Cycle Costing (LCC), Beuth, Berlin.

Verein Deutscher Ingenieure (2008):
VDI 4499: Digitale Fabrik: Grundlagen, Beuth, Berlin.

Vielhaber, W. (2004a):
Die wandlungsfähige Farbik, in: Neue Konzepte für wandlungsfähige Fabriken und Fabrikparks, Karl-Werner Witte und Wolfgang Vielhaber (Hrsg.), Shaker, Aachen, S. 1 - 6.

Vielhaber, W. (2004b):
Planung und Gestaltung wandlungsfähiger Satellitenfabriken und Fabrikparks, in: Neue Konzepte für wandlungsfähige Fabriken und Fabrikparks, Karl-Werner Witte und Wolfgang Vielhaber (Hrsg.), Shaker, Aachen, S. 19 - 48.

Vining, A. R. / Shapiro, D. M. / Borges, B. (2005):
Building the firm's political (lobbying) strategy, in: Journal of Public Affairs, Volume 5, Issue 2, Page 150 - 175.

Vockel, J. (2001):
Der Business Plan: Kern des Controlling, 2. vollständig überarbeitete und erweiterte Auflage, PapyRosse, Köln.

Voigt, K.-I. / Thiell, M. (2005):
Fast Ramp-up – Handlungs- und Forschungsfeld für Innovations- und Produktionsmanagement, in: Synchronisation von Produktentwicklung und Produktionsprozess: Produktreif – Produktneuanläufe – Produktionsauslauf, Horst Wildemann (Hrsg.), TCW, München, S. 9 - 40.

Wangenheim, S. (1998):
Integrationsbedarfe im Serienanlauf – dargestellt am Beispiel der Automobilindustrie, in: Integrationsmanagement für neue Produkte, Péter Horváth und Günther Fleig (Hrsg.), Schäffer-Poeschel, Stuttgart, S. 57 - 86.

Wasson, C. R. (1968):
How Predictable Are Fashion and Other Product Life Cycles?, in: Journal of Marketing, Volume 32, Issue 3, Page 36 - 43.

Weber, A. (1909):

Ueber den Standort der Industrien: Reine Theorie des Standorts: Mit einem mathematischen Anhang von Georg Pick, Mohr Siebeck, Tübingen.

Weber, J. / Hirsch, B. / Linder, S. / Zayer, E. (2003):

Verhaltensorientiertes Controlling: Der Mensch im Mittelpunkt, Wiley-VCH, Weinheim.

Weber, J. / Schäffer, U. (2000):

Controlling als Koordinationsfunktion?, in: Kostenrechnungspraxis, 44. Jg., Heft 2, S. 109 - 118.

Weber, J. / Schäffer, U. (2008):

Einführung in das Controlling, 12. überarbeitete und aktualisierte Auflage, Schäffer-Poeschel, Stuttgart.

Weber, M. (1980):

Wirtschaft und Gesellschaft: Grundriß der verstehenden Soziologie, 5. Auflage, Mohr Siebeck, Tübingen.

Weber, M. (1988):

Die drei reinen Typen der legitimen Herrschaft, in: Gesammelte Aufsätze zur Wissenschaftslehre, 7. Auflage, Max Weber (Hrsg.), Mohr Siebeck, Tübingen, S. 475 - 488.

Weiber, R. / Pohl, A. (1996):

Leapfrogging-Behavior – Ein adotionstheoretischer Erklärungsansatz, in: Zeitschrift für Betriebswirtschaft, 66. Jg., Heft 10, S. 1203 - 1222.

Weinhold-Stünzi, H. (1997):

Re-Marketing, in: Marketingdynamik, Heinz Weinhold-Stünzi, Sven Reinecke und Marcus Schögel (Hrsg.), Thexis, St. Gallen, S. 8 - 15.

Weise, J. (2007):

Planung und Steuerung von Innovationsprojekten, Gabler, Wiesbaden.

Welge, M.K. (1985):

Unternehmensführung: Band 1: Planung, Poeschel, Stuttgart.

Welge, M.K. / Al-Laham, A. (1992):

Planung: Prozesse – Strategien – Maßnahmen, Gabler, Wiesbaden.

Wernerfelt, B. (1984):

A resource-based View of the Firm, in: Strategic Management Journal, Volume 5, Issue 2, Page 171 - 180.

Werther Jr., W. B. / Berman, E. / Vasconcellos, E. (1994):
The Future of Technology Management, in: Organizational Dynamics, Volume 22, Issue 3, Page 20 - 32.

Wesner, E. (1977):
Die Planung von Marketing-Strategien auf der Grundlage des Modells des Produktlebenszyklus, Freie Universität Berlin, Berlin.

Westkämper, E. / Balve, P. (2003):
Technologiemanagement in produzierenden Unternehmen, in: Neue Organisationsformen im Unternehmen, 2. neu bearbeitete und erweiterte Auflage, Hans-Jörg Bullinger, Hans-Jürgen Warnecke und Engelbert Westkämper (Hrsg.), Springer, Berlin / Heidelberg / New York, S. 274 - 289.

Wheelwright, S. C. / Clark, K. B. (1994):
Revolution der Produktentwicklung: Spitzenleistungen in Schnelligkeit, Effizienz und Qualität durch dynamische Teams, Campus, Frankfurt am Main / New York.

Wiendahl, H.-P. (2002):
Wandlungsfähigkeit: Schlüsselbegriff der zukunftsfähigen Fabrik. in: wt-Werkstattstechnik online, 92. Jg., Heft 4, S. 122 - 127.

Wiener, N. (1963):
Kybernetik: Regelung und Nachrichtenübertragung im Lebewesen und in der Maschine, 2. Auflage, Econ, Düsseldorf.

Wiese, H. / Geisler, M. (1996):
Standardisierung, in: Handwörterbuch der Produktionswirtschaft, Werner Kern, Hans-Horst Schröder und Jürgen Weber (Hrsg.), Schäffer-Poeschel, Stuttgart, Sp. 1897 - 1912.

Wild, J. (1974):
Grundlagen der Unternehmensplanung, Rowohlt-Taschenbuch-Verlag, Reinbek bei Hamburg.

Wildemann, H. (1982):
Kostenprognosen bei Großprojekten, Poeschel, Stuttgart.

Wildemann, H. (1992):
Simultaneous Engineering als Baustein für Just-in-time in Forschung, Entwicklung und Konstruktion, in: VDI-Z, 134. Jg., Heft 12, S. 18 - 23.

Wildemann, H. (2005):

Logistische Instrumente zur Anlaufoptimierung in komplexen Wertschöpfungsketten, in: Synchronisation von Produktentwicklung und Produktionsprozess: Produktreif – Produktneuanläufe – Produktionsauslauf, Horst Wildemann (Hrsg.), TCW, München, S. 41 - 68.

Willer, P. (2007):

Businessplan und Markterfolg eines Geschäftskonzepts, Deutscher Universitätsverlag, Wiesbaden.

Winkler, H. (2007):

Modellierung vernetzter Wirkbeziehungen im Produktionsanlauf, Produktionstechnisches Zentrum, Garbsen.

Wittenberg, V. (2006):

Controlling in jungen Unternehmen: Phasenspezifische Controllingkonzeptionen für Unternehmen in der Gründungs- und Wachstumsphase, Deutscher Universitätsverlag, Wiesbaden.

Wittmann, E. (2000):

Risikomanagement im internationalen Konzern, in: Praxis des Risikomanagement, Dietrich Doerner, Péter Horváth und Henning Kagermann (Hrsg.), Stuttgart, S. 789 - 820.

Wolf, J. (2005):

Organisation, Management, Unternehmensführung: Theorien und Kritik, 2. aktualisierte Auflage, Gabler, Wiesbaden.

Wolfrum, B. (1992):

Technologiestrategien im strategischen Management, in: Marketing - Zeitschrift für Forschung und Praxis, 14. Jg., Heft 1, S. 23 - 36.

Woratschek, H. (1996):

Die Typologie von Dienstleistungen aus informationsökonomischer Sicht, in: Der Markt, 35. Jg., Heft 136, S. 59 - 71.

Wübbenhorst, K. L. (1992):

Lebenszykluskosten, in: Effektives Kostenmanagement, Christof Schulte (Hrsg.), Schäffer-Poeschel, Stuttgart, S. 245 - 272.

Wupperfeld, U. (1999):

Der Business-Plan für den erfolgreichen Start: Anforderungen – Aufbau – Gestaltung – Präsentation, mvg-Verlag, Landsberg am Lech.

Wutz, A. (2008):

Das Produktalterungsmodell und deterministische Losgrößenmodelle im Rahmen von Reverse Logistics, Kovač, Hamburg.

Yelle, L. E. (1980):

Industrial Life Cycles and Learning Curves: Interaction of Marketing and Production, in: Industrial Marketing Management, Volume 9, Issue 4, Page 311 - 318.

Yelle, L. E. (1983a):

The Learning Curve: Historical Review and Comprehensive Survey, in: Decision Sciences, Volume 10, Issue 2, Page 302 - 328.

Yelle, L. E. (1983b):

Adding Life Cycles to Learning Curves, in: Long Rang Planning, Volume 16, Issue 6, Page 82 - 87.

Zahn, E. (1986):

Innovations- und Technologiemanagement. Eine strategische Schlüsselaufgabe der Unternehmen, in: Technologie- und Innovationsmanagement, Erich Zahn (Hrsg.), Dunker & Humblot, Berlin, S. 9 - 48.

Zahn, E. (1995):

Gegenstand und Zweck des Technologiemanagements, in: Handbuch Technologiemanagement, Erich Zahn (Hrsg.), Schäffer-Poeschel, Stuttgart, S. 3 - 32.

Zanner, S. / Jäger, S. / Stotoko, C. M. (2002):

Änderungsmanagement bei verteilten Standorten, in: Industrie Management, 18. Jg., Heft 3, S. 40 - 43.

Zäpfel, G. (1982):

Produktionswirtschaft: operatives Produktions-Management, de Gruyter, Berlin.

Zäpfel, G. (2000):

Strategisches Produktions-Management, 2. unwesentlich veränderte Auflage, Oldenbourg, München / Wien.

Zehbold, C. (1996):

Lebenszykluskostenrechnung, Gabler, Wiesbaden.

Zetzl, R. / Käuper, V. (2006):

Product-Lifecycle-Management: Informationsdrehscheibe für den Produktlebenszyklus, in: HMD - Praxis der Wirtschaftsinformatik, Karl Liebstückel und Stefan Meinhardt (Hrsg.), Heft 249, S. 72 - 80.

Ziamou, P. L. / Veryzer, R. W. (2005):

The Influence of Temporal Distance on Consumer Preferences for Technology-Based Innovations, in: Journal of Product Innovation Management, Volume 22, Issue 4, Page 336 - 346.

Zimmermann, H.-D. (2000):

Understanding the Digital Economy: Challenges for new Business Models, in: Proceedings of the Americas Conference on Information Systems (AMCIS 2000), Michael H. Chung (Hrsg.), Association for Information Systems, Long Beach, S. 729 - 732.

Zimmermann, J. / Stark, C. / Riek, J. (2006):

Projektplanung – Modelle, Methoden, Management, Springer, Berlin / Heidelberg.

Zinser, S. (2000):

Eine Vorgehensweise zur szenariobasierten Frühnavigation im strategischen Technologiemanagement, Jost-Jetter, Heimsheim.

The manufacturer's authorised representative in the EU is Springer
Nature Customer Service Centre GmbH, Europaplatz 3, 69115 Heidelberg,
Germany. If you have any concerns regarding our products, please
contact ProductSafety@springernature.com

Printed and bound by CPI Group (UK) Ltd, Croydon, CR0 4YY
27/04/2026
02097658-0011